应用型本科汽车类专业“十二五”规划教材

汽车车身结构与设计

智淑亚　主　编

机 械 工 业 出 版 社

本书全面介绍了汽车车身结构和车身设计的基本知识和基本设计方法。全书共8章，内容包括车身概论、汽车车身结构、汽车车身结构分析与设计、基于人机工程学的车身布置设计、汽车造型与空气动力学、车身结构碰撞安全性、车身结构有限元分析和汽车车身材料与结构轻量化。

本书融合多学科知识点，力求反映现代技术和设计方法在车身设计中的应用，在内容上注重理论联系实际，突出应用性，取材丰富，图文并茂，阐述深入浅出，通俗易懂，以使学生学以致用。本书可作为高等院校车辆工程专业本科生教材或教学参考书，也可作为机械类相关专业本科生选修教材，还可作为汽车行业工程技术及研究人员的参考用书。

图书在版编目(CIP)数据

汽车车身结构与设计/智淑亚主编. —北京：机械工业出版社，2014.9

应用型本科汽车类专业“十二五”规划教材

ISBN 978-7-111-47989-5

Ⅰ.①汽… Ⅱ.①智… Ⅲ.①汽车－车体结构－高等学校－教材②汽车－车体－设计－高等学校－教材 Ⅳ.①U463.82

中国版本图书馆CIP数据核字(2014)第214586号

机械工业出版社(北京市百万庄大街22号 邮政编码100037)

策划编辑：赵海青 责任编辑：赵海青

版式设计：霍永明 责任校对：陈立辉

封面设计：路恩中 责任印制：乔 宇

北京铭成印刷有限公司印刷

2014年11月第1版第1次印刷

184mm×260mm·20.75印张·496千字

0001—2500册

标准书号：ISBN 978-7-111-47989-5

定价：49.00元

凡购本书，如有缺页、倒页、脱页，由本社发行部调换

电话服务	网络服务
社服务中心：(010)88361066	教材网：http://www.cmpedu.com
销售一部：(010)68326294	机工官网：http://www.cmpbook.com
销售二部：(010)88379649	机工官博：http://weibo.com/cmp1952
读者购书热线：(010)88379203	封面无防伪标均为盗版

车辆工程方向教材编审委员会

汽车服务工程方向教材编审委员会

交通运输方向教材编审委员会

丛 书 序

进入21世纪以来，我国高等教育得到了迅猛发展，已经进入了大众化的发展阶段，全国高等教育的毛入学率已达到20%，上海、北京等高等教育发达地区的毛入学率已经超过50%，率先进入了高等教育大众化的发展阶段。

在高等教育大众化发展阶段，受教育者和社会对高等学校的要求趋向于多元化和复杂化，对人才的认识和评价标准趋向于多样化，它的发展必然要求高等教育理念、办学形式的多元化和高等学校办学层次、类型的多样化。我国传统的“精英式”高等教育理念、“研究型”高等学校办学模式和“学术性”人才培养模式在高等教育大众化阶段受到了严重挑战。也就是说，高等教育大众化在提高适龄青年接受高等教育比例的同时，使教育的对象、目标和教育结构发生了变化，接受高等教育的人具有了不同的类型和不同的特点，这就需要高等教育具有不同层次和不同类型，因此，产生了学校设置的不同类型和不同定位。应用型本科人才的培养正是在这种情况下越来越得到社会的重视。

为适应社会对应用型人才的需求，对高等学校尤其是新建本科院校来说，应用型本科人才的培养工作重任在肩。应用型本科如何定位、分类和发展，是国内教育界非常关注的问题。定位于职业取向的应用型大学，既有普通本科教育的共性，又有区别于普通本科的自身特点，它更加注重的是实践性、应用性和技术性。有人认为，“后劲足、上手快”，即基础知识比高职高专学生深厚、实践能力比传统本科生强，是本科应用型人才最本质的特征，但是由于类型多而复杂，应用型本科院校之间缺乏横向交流和适用于应用型人才培养的针对性教材一直是制约院校发展的瓶颈。

2011年12月，围绕应用型本科人才培养和教材开发，机械工业出版社牵头在上海建桥学院召开了“汽车类专业应用型本科示范教材”开发研讨会。上海建桥学院、上海电机学院、鲁东大学、九江学院、长安大学、河南科技大学、南昌工程学院、黑龙江工程学院、武汉科技大学、山东交通学院、河南工业大学、长春工业大学、哈尔滨理工大学、沈阳理工大学、浙江师范大学、吉林农业大学、金陵科技学院等来自全国20多所设有汽车类专业的应用型本科院校的30多位汽车专业系主任和骨干教师参加了此次会议。此次会议组建成立了“全国汽车类专业应用型本科院校联盟”，审议并通过了“全国汽车类专业应用型本科院校联盟”章程和联盟理事会工作细则，确定了教材联编共同的思路。

在此次会议上，与会代表对汽车类专业应用型本科的培养方案、专业建设、教材建设等问题进行了深入而广泛的探讨，并成立了教材编审专家委员会，对教材编例、内容组织、教材体系等多方面问题进行了探讨。

本套教材具有如下特点：

- 强调以知识为基础，以能力为重点，知识、能力、素质协调发展。具体培养目标强调学生综合素质和专业核心能力的培养。

- 内容组织和体现形式符合学生认知和技能养成规律，体现以应用为主线。
- 体现行业需求、职业要求和岗位规范，尤其是要注意紧跟技术更新。
- 注重对学生分析能力、判断能力、创新能力和沟通能力的综合能力培养。
- 配套开发了课程设计指导和实训教学指导书，配备多媒体教学课件，打造立体化教材。

本套教材附赠多媒体课件、练习题答案等教学资料供任课老师采用，可在机械工业出版社教材服务网（www. cmpedu. com）免费下载或拨打编辑热线（010 - 88379353）获取。

虽然本套教材的各参编院校在应用型本科人才培养和教学改革方面进行了有益的探索，但限于认识水平和工作经历，教材中难免仍有许多不足之处，恳请各位专家、同行和广大使用本套教材的师生给予批评指正。

应用型本科汽车类专业“十二五”规划教材编委会

前　言

近年来，随着我国汽车工业的飞速发展，人们对汽车安全性、舒适性、可靠性以及造型美观和个性化的要求越来越高。车身作为汽车的三大总成之一，越来越显示出其重要性；汽车行业将需要大批应用型、技能型和创新型的汽车车身方面的技术人才。近几年，随着应用型本科院校的不断发展，许多院校设置了车辆工程专业，并开设了“汽车车身结构与设计”课程。目前，适用于本课程能反映本领域技术发展的教材较少，且主要侧重于车身设计，理论性较强，难度较大，主要适用于车身设计本科及研究生相关专业。适用于应用型本科车辆工程专业及机械类相关专业的车身结构与设计教材匮乏。由于应用型本科车辆工程专业及机械类相关专业毕业生大多不直接从事车身设计工作，但又需要掌握和了解车身结构及车身设计的一些基础知识，因此，只能开设学时较少的选修课来满足要求。本书就是为了适应应用型本科院校的教学要求和我国汽车工业高速发展的需要而编写的。2011 年 12 月，金陵科技学院机电学院车辆工程系智淑亚副教授参加了在上海由机械工业出版社主办的全国“汽车类专业应用型本科示范教材”开发研讨会，与机械工业出版社商议，承担了本教材的主编工作。

本书涉及多学科交叉知识，书中综合了结构设计、空气动力学、人机工程学、造型艺术、工程材料及工艺等多学科知识。本书以车身结构与车身设计基本方法为主线，将涉及的多学科知识串联起来且融入于车身中，并使内容模块化，各模块密切相关又相互独立，方便学习。在本书编写中，力求将深奥的理论基础化、通俗化，以应用为主线，将理论与实践紧密结合，突出实用性；注重吸收现代汽车车身设计发展的新知识、新技术、新工艺、新方法和新成果；通过导读、阅读材料及案例分析等形式，增强可读性与趣味性。本书获得 2013 年金陵科技学院精品教材立项。通过本课程的学习，学生可以掌握车身结构并学会分析其结构，了解车身开发流程，掌握车身总布置要求及设计的基本方法，了解汽车造型设计要求及其与空气动力学的关系，了解车身结构如何满足碰撞安全性和轻量化要求，学会车身结构有限元分析方法。

本书的编写既是编者多年来教学和实践经验的概括和总结，同时引用了许多优秀教材和研究成果的结晶与精华。全书由金陵科技学院智淑亚主编并统稿，共 8 章，第 1、2、3、5、6 章由智淑亚编写，第 4 章由金陵科技学院孟妍妮编写，第 7、8 章由金陵科技学院李鸿秋编写，同时金陵科技学院凌秀军，奇瑞汽车股份有限公司高级工程师王璐参加了部分内容的编写工作，全书由金陵科技学院鞠全勇教授主审。在本书编写过程中，得到长安福特南京公司、奇瑞汽车有限公司等企业的大力支持与帮助；在出版过程中，也得到机械工业出版社的大力支持，在此一并表示最诚挚的敬意与感谢！由于编者水平有限，书中难免有不妥和错漏之处，诚恳欢迎使用本书的师生和广大读者批评指正。

编　者

目　录

第1章 车身概论

学习目标

1. 了解车身发展概况
2. 掌握轿车车身设计特点和方法
3. 熟悉现代车身开发流程和设计技术

学习要求

知识要点	能力要求	相关知识
轿车车身设计特点	掌握轿车车身设计特点和技术要求	安全、节能、舒适、环保等
车身传统设计方法	了解车身传统设计方法的特点	油泥模型、总布置图
车身现代设计方法	熟悉现代车身开发流程和设计技术	概念设计、技术设计

【导读】 纵观世界汽车工业史，可以看出现代汽车是按“底盘—发动机—车身”的顺序逐步发展完善起来的，其发展过程在很大程度上取决于当时的科学技术和物质条件。汽车的更新换代、改型改装、产品促销等在很大程度上取决于车身。车身工程是汽车工业中发展迅速的一个分支。

从19世纪末到20世纪初期，汽车设计师把主要精力都用在汽车机械工程学的发展和革新上。到了20世纪前半期，汽车设计者们开始着手从汽车外部造型上进行改进，并相继引入了空气动力学、人机工程学以及工业造型设计等概念，力求让汽车能够从外形上满足各种年龄、各种阶层，甚至各种文化背景的人的不同需求，使汽车从一个冷冰冰的机械变成具有非凡魅力的艺术品。

1.1 车身发展概况

汽车车身是实现汽车功能的重要系统，车身的设计与制造水平将影响整车的动力性、操纵性、平顺性、安全性、舒适性和经济性。特别是轿车车身，它在很大程度上影响汽车的质量和市场销售。近年来，随着汽车工业的飞速发展，人们对汽车安全性、舒适性、可靠性、耐久性和造型美观性的要求越来越高。汽车车身不同于一般的机械产品，有其自身的特点和设计要求。本章主要以轿车车身为例，以车身特点为导向，以它的发展历程和发展趋势为主线，介绍车身的演变及车身研发流程，并概述传统与现代车身设计方法的特点。

轿车车身在发展过程中，最富有特色、最具有直观性的首先是车身外形的演变，它主要经历了具有里程碑意义的7个阶段，分别是马车形车、箱形车、甲壳虫形车、船形车、鱼形车、楔形车和子弹头形车。

1.1.1　马车形车身

自 1886 年德国工程师卡尔 · 奔驰发明第一辆汽车以来，世界各国都争先恐后地生产自己设计的汽车。最初的汽车车身基本上沿用了马车的造型，因此被人们把汽车称为无马的“马车”。当时的汽油机功率太小，一般都只是在木质框架上加装结构简单的敞开式车篷。随着乘坐舒适性要求的发展，车身上加装了挡风板、挡泥板等构件。世界上的第一辆三轮汽车“奔驰一号”和第一辆四轮汽车“戴姆勒一号”都是马和发动机两个动力源互换的产物，如图 1-1 所示。

a）奔驰一号

b）戴姆勒一号

图 1-1　世界上最早的汽车

1.1.2　箱形车身

马车形车身很难抵挡风雨的侵袭，美国福特汽车公司在 1915 年生产出一种新型的福特 T 型车，其车室部分像一只大箱子，并装有门和窗，人们把这类车称为“箱形车”，其车身由简陋的帆布篷发展为带有木质框架的箱形车身，这是车身外形设计的开端。箱形车车身高大，室内空间大，然而巨大空间带来了巨大的空气阻力，要想让车速快，最初的简单设想是依靠加大发动机的功率来克服空气阻力，发动机由单缸变成 4 缸、6 缸、8 缸，气缸一列排开，发动机罩也随之变长。箱形车的出现，实现了汽车零件标准化及采用流水线装配方式两大突破，奠定了汽车工业发展到今天的基础，图 1-2 所示为一款福特 T 型车。

图 1-2　福特 T 型车

1.1.3　甲壳虫形车身

随着生活节奏的加快，人们对车速的要求也越来越高。人们已注意到，因为箱形车的空气阻力大，大大妨碍了汽车前进的速度，车身外形设计的主要内容是要减小空气阻力。所以人们开始研究一种新的车型——流线形汽车，流线形车身空气阻力小，有利于提高车速。随着机床制造业和冲压技术的不断完善，使得生产具有柔和光顺曲面的流线形车身成为可能。

1934 年，美国克莱斯勒公司生产的“气流”牌小客车，首先采用了流线形的车身外形。1936 年，福特公司在“气流”牌小客车的基础上，研制成功林肯·和风牌流线形小客车，如图 1-3 所示。此车设计精心，具有动感，整个车身呈纺锤形，很有特色。流线形在 20 世纪 30 年代几乎就是时尚的代名词，车头变宽，将轮胎包入，前照灯陷入车头，挂在车尾的独立式行李箱也与车尾融为一体，奠定了现代三厢轿车的雏形，完全摆脱了马车的影子。

图 1-3　林肯·和风牌流线形小客车

流线形车身的大量生产是从德国大众公司的“甲壳虫”开始的，“甲壳虫”的形状符合空气动力学性能，空气阻力小。工程师波尔舍博士最大限度地发挥了甲壳虫外形的长处，使其成为同类车之王，“甲壳虫”也成为该车的代名词，如图 1-4 所示。大众甲壳虫 1939 年正式开始生产，简单耐用，便宜省油，迅速成为当时世界上最畅销的车，也奠定了大众汽车今后在汽车界的地位。大众甲壳虫，是汽车史上划时代的经典，也是历史上生产周期最长的一款车。

图 1-4　德国大众的甲壳虫形轿车

然而，甲壳虫形车的缺点也是显而易见的。与箱形车相比，乘员空间狭小。因车身后部斜度较大，使后排乘员舒适性不好，后方视野变差。高速行驶时，车身会产生升力作用而“漂浮”起来，使前轮与地面的摩擦力减小，驾驶人会感觉转向盘发飘，即使转动转向盘，车辆也不会准确地按所要求的方向行驶，尤其是遇到横风时，车身可能会摆动，有脱离行驶轨道的危险。显然，作用于车身的升力问题不容忽视。

1.1.4　船形车身

美国福特公司经过几年的努力，于 1949 年推出具有历史意义的福特 V8 船形小客车，开创了汽车造型史上一个崭新的时代，这种车型改变了以往汽车造型的模式，将整个车室置于前后两轮之间，前面为发动机舱，后面为行李箱，使前翼子板和发动机罩、后翼子板和行李箱盖融于一体，前照灯和散热器罩也形成整体，车身两侧形成一个平滑的面，车室位于车的中部，整个造型很像一只小船，所以称为“船形汽车”，如图 1-5 所示。

图 1-5　美国福特 V8 船形小客车(1949 年)

福特 V8 船形汽车，不仅仅在外形上有所“突破”，还首次把人体工程学应用在汽车的设计上，强调以人为主体的设计思想，让设计师置身于驾驶人及其乘员的位置，设计便于操纵、乘坐舒适的汽车。船形车不论从外形上还是从性能上来看，都优于甲壳虫形车，不仅减小了侧面的空气阻力，扩大了车内空间，改善了后方视野，而且解决了甲壳虫形汽车横风不稳定的问题。至今该车型仍是汽车的基本造型之一。大众桑塔纳和我国的红旗牌轿车都是典型的船形车，如图 1-6 所示。

a) 桑塔纳2000

b) 红旗牌轿车

图 1-6　典型的船形车

1.1.5　鱼形车身

为了减小空气阻力，提高车速和节省燃料，箱形车演变为甲壳虫形车；为了解决狭小的乘坐空间，考虑到舒适性、视野等因素，甲壳虫形车又逐渐演变为船形车。但船形车的尾部过度向后伸出，形成阶梯状，在高速时会产生较强的空气涡流。为了克服这一缺陷，人们把船形车的后窗玻璃逐渐倾斜，倾斜的极限即成为斜背式，由于斜背式汽车的背部像鱼的脊背，所以称这类车为“鱼形汽车”，如图 1-7 所示。鱼形车与甲壳虫形车相比，属于新一代流线形轿车，前后翼子板与车身几乎成一体，斜背式的倾斜比较平缓，围绕车身的气流较平顺，具有良好的空气动力性能。

图 1-7　法国生产的鱼形小轿车

但由于鱼形车后窗玻璃倾斜太甚，使车身强度下降。又由于鱼形车发动机前置，车身重心相对前移，风压中心和车身重心接近，对横风产生不稳定性，且由于鱼形车的造型关系，在高速(150km/h 以上)时会产生升力，使车轮附着力减小，从而抵挡不住横风的吹袭，发生偏离的危险。为了克服这一缺点，人们在鱼形车的尾部安上一只翘翘的“鸭尾”以克服一部分升力，这便是“鱼形鸭尾”式车型，如图 1-8 所示。另外，鱼形汽车后方视野性差，车身强度低而车内温度高，目前仅见于两门车和跑车，如图 1-9 所示。

图 1-8　“鱼形鸭尾”式车(保时捷 911 GT2)

图 1-9　发展中的鱼形车(本田 Insight)

1.1.6　楔形车身

1963 年，美国斯蒂贝克汽车公司首次设计出了楔形汽车。这款车的外形是将车身整体向前下方倾斜，车前部减低，后部比前部略高，这种汽车造型很像一个楔形，所以称为“楔形汽车”。汽车发展到鱼形，关于空气阻力的问题已经基本解决，而楔形继承了这一成果，并有效地克服了鱼形车的升力问题，使汽车的行驶稳定性有了显著提高，对于高速行驶的汽车来说，楔形汽车是最理想的造型。

今天，楔形车仍是汽车外形的潮流，只是不那么典型了，一般是将船形车、鱼形车改造成楔形，线条更趋于圆滑。目前发展中的楔形车如图 1-10 所示。

图 1-10　发展中的楔形车

1.1.7　子弹头形车身

汽车外形发展到楔形以后，升力问题基本上得到了圆满解决。但人们追求至善至美的心态是永不满足的，当轿车的升力问题基本解决以后，人们又从改变轿车的基本概念上做起了文章。于是，一种新型的多用途轿车——MPV 问世了。由于这种车的造型酷似子弹头，通常称为“子弹头形”汽车。20 世纪 80 年代以后，克莱斯勒汽车公司率先推出了“商队”和“航海家”子弹头形轿车。随后，通用、福特、丰田、雷诺和戴姆勒—奔驰等汽车公司也先后推出了自己的子弹头形轿车。图 1-11 为丰田 MPV。子弹头形轿车一改传统的两厢和三厢式结构概念，在小型客车车型概念基础上进一步延伸发展，使之成为既有轿车的造型风格、操纵性能和乘坐感觉等特性，又具有小型客车的多乘用和大空间的优点，成为集商用、家用和旅游休闲等功能为一体的多用途车。这种车的造型线条流畅、色调温和、动感性强，具有鲜明的时代气息和时尚风格，并且前风窗玻璃倾斜度很大，外形圆滑，风阻系数很小，非常有利于车速的提高。子弹头形轿车一问世，备受消费者青睐，迅速风靡世界各国。

图 1-11　丰田 MPV

纵观汽车车身造型的发展历程，汽车造型经历了上述 7 个阶段的演变，开拓了汽车造型的 7 个新时代，这是汽车的性能与各个时期的技术水平相适应而产生的必然结果。可以看出汽车造型一直是围绕着“高速、安全、舒适”这一主题进行的。在这个历史发展过程中，设计师不断协调着结构、材料、工艺、技术与造型之间的关系，使汽车设计既符合功能要求，又符合人的审美需求，使汽车造型在功能与形式上的演变体现出与科学技术、社会生活、文化观念、审美情趣和消费心理等因素的有机结合与统一。当今汽车造型的发展潮流是多样化和个性化的，未来的汽车造型变化将是无穷无尽的。

1.2 车身设计特点

汽车车身应为驾乘人员提供良好舒适的乘坐环境，使其免受振动、噪声、废气以及恶劣气候的影响；在运载货物时，应保证货物完好无损且装卸方便。同时，车身结构还应保证行车安全，减轻事故后果。但车身又受到质量和空气动力的限制，还被认为是一种具有特定功能和优美造型的艺术品，其结构包括车身壳体、车前钣金件、车门、车窗、车身外部装饰件和内部装饰件、座椅以及通风、空调装置等。车身的独特性决定了自身的设计特点。

1.2.1 车身设计主要特点

1. 车身设计涉及面广，远远超出一般机械产品的范畴

汽车车身设计要考虑安全、节能和环保三大主题。设计和造型中要考虑空气动力学的影响，使其空气阻力最小以便降低能耗，提高燃油经济性；还应满足人机工程学要求，使驾乘人员乘坐舒适，操作轻巧、方便；设计时还涉及车身造型艺术、内部装饰、取暖、通风，防振、隔声、密封、照明以及人体工程等。同时，一方面要考虑使车身轻量化，另一方面又要具有足够的强度和刚度，以保证运行中的安全性和可靠性。

总之，汽车车身的独特性，决定了其设计涉及生产工艺、结构力学、人机工程学、空气动力学、造型艺术、技术美学、计算数学、计算机技术、用户心理学、交通运输工程、企业管理等多学科、多领域的知识，并要求将这些知识紧密而有机地结合在一起。可以毫不夸张地说，汽车车身技术的发展状况足以反映出一个国家的工业水平。

2. 车身设计方法有别于其他总成

汽车车身的零件繁多、结构复杂，如普通轿车白车身由约 400 ~ 500 个冲压件组成。车身所受载荷复杂，既包括车身、车架以及固定在车身或车架上的所有总成和设备的重力、乘员及行李等静载荷，又包括驱动、制动、转弯等惯性力，及各种路况下的路面反力等动载荷。车身边界复杂，不同的悬架种类在不同情况下对车身产生不同的约束和支承。

汽车车身不仅是一个产品，还是一件精致的综合艺术品，其设计应遵循美学原则，应以它明晰的雕塑车体、优雅的装饰件和内部覆饰材料，以及悦目的色彩使人获得美的享受。车身外形还应反映时代风貌、民族传统和独特的企业形象。车身外形的设计、制图和结构计算方法、制造与装配工艺均不同于其他总成的设计。

在现代汽车车身设计中，要建立数字化车身模型。车身结构设计通常采用有限元分析方法，使轿车的安全性和轻量化变得更加合理。其设计方法详见本章 1.3 节。

1.2.2 车身设计的技术要求

汽车车身所特有的使用性能要求和使用环境，决定了现代汽车车身设计必须满足一定的技术要求，主要包括性能、结构、制造、维修等方面。

1. 方便舒适性

车身室内布置应提供良好的操纵性、乘坐方便性、舒适性和行驶稳定性，且通风良好，保护乘员免受行驶时的振动、噪声、废气的侵袭，以及外界恶劣气候的影响。

2. 安全可靠性

车身设计时的安全性考虑有两个方面，即正常行驶时的防护措施，以及发生意外事故时的补救措施。车身设计的可靠性是指既要保证在常规负荷下车身结构及其附件的耐用性和有效性，又要考虑到在允许超负荷下的安全性。

良好车身设计有助于提高汽车的行驶稳定性、改善发动机的冷却效果、保证行车安全性和减轻交通事故的后果。

3. 动力性和经济性

车身外形必须具有较低的空气阻力以提高汽车的动力性和燃料经济性；车身结构材料应在满足强度、刚度要求的条件下，质量轻、成本低。

4. 视野性

车身外形布置必须保证驾驶人和乘员具有良好的视野性。

5. 时代性

车身造型应美观、新颖、时代感强。

6. 维护、保养与拆装方便性

维护、保养是保证汽车正常使用的必要手段，车身设计必须考虑所有需要经常维修和保养的零部件、总成的可及性与维护方便性。一切具有独立性功能的附件总成的润滑、清理与拆装应以最少或不需拆卸车身本身的构件为好。

7. 遵守“三化”标准

车身设计必须遵守有关标准和法规的要求，实现“三化”即零件标准化、部件通用化、产品系列化。

1.3 现代汽车车身开发流程与设计方法

汽车车身是工业技术和造型艺术相结合的产物，在外形结构上，轿车车身壳体是由许多具有空间曲面外形的大型覆盖件光顺地组合而成，在装配这些大型覆盖件时，对互换性和装配精度有严格的要求，这决定了车身设计不同于一般机械总成设计，其在结构、选材、加工、装配和使用功能等各方面都与汽车的其他总成大相径庭。

1.3.1 现代汽车车身开发流程

自1946年世界第一台电子计算机的诞生，计算机技术和工业一直处于高速发展的阶段。计算机科学已成为一门发展快、渗透性强、影响深远的学科。

近年来，随着计算机辅助设计的迅速发展，在车身设计中越来越多地引入了计算机辅助设计(Computer Aided Design，CAD)和计算机辅助制造(Computer Aided Manufacturing，CAM)的设计手段，改变了车身传统设计方法固有的开发周期长、设计累计误差大等问题。计算机三维建模具有快速、精确等优势，尤其是新开发的虚拟现实(Virtual Reality，VR)技术给实体油泥模型制作的必要性带来了冲击。曲面造型系统软件CATIA改变了以往只能借助油泥模型近似准确表达曲面的工作方式，它利用CAD/CAM系统在计算机中建立一个数字模型取代传统设计方法中的立体实物模型，通过图形输入输出设备对生成的数字模型进行各种功能操作，观察效果，满意之后通过数控程序加工出立体模型，完成几何造型设计。随后再对形成的车身外表面数字模型进行结构设计、结构分析和生产准备。它使结构设计、有限元分析和模具加工共享统一的车身设计数据和图形库，确保数据和图形的传递准确无误，而且设计、工艺和检验人员可以使用同一数据资源，既方便又准确。

近年来，采用新的3D造型技术和VR技术发展的新成果进行外形三维模型建模，人们可以实现在计算机内部建立汽车虚拟油泥模型，利用虚拟造型工具，如虚拟刮刀、刮片、模板等，对汽车虚拟油泥模型进行刮、削、扫操作。该建模过程与真正的汽车油泥建模过程相一致。这种方法彻底取代了车身传统设计方法中手工制作1:5和1:1油泥模型的过程，是车身设计方法发展的方向。

计算机辅助设计手段在车身设计中介入的范围越来越广，最终车身设计的整个过程会实现完全在计算机上完成。但是以现在的技术水平而言，数字模型和实体模型相比，灵活性还较低，实时数字影像技术也远未达到完美的程度。所以，即使在汽车工业和数字技术都相当发达的国家，油泥模型制作技术长期内仍处于不可动摇的位置。在近期及以后相当长的一段时间，车身设计中仍将采用油泥模型制作来体现设计思想和方案的具体细节，用于方案的评选和修改。

1. 现代汽车开发流程

从整个汽车设计与制造的发展趋势看，现代汽车产品设计过程是一种并行的、协同的、面向全生命周期的设计模式。在当前日趋激烈的全球竞争、愈来愈挑剔的用户、瞬息万变的市场，以及日新月异的技术变革等客观条件下，汽车产品必须拥有较高的技术含量、上乘的质量、符合法规要求，按照市场期望的价格投放市场后，才能使企业获得适当的利润。

一辆全新轿车的开发，从项目开始到最终产品批量生产，一般需要36~50个月的时间。为保障企业具有持久的竞争力，必须合理安排汽车开发流程。整车开发流程包括四个主要阶段：产品管理、概念开发、批量开发和批量准备。其中有几个主要环节：产品规划启动(Product Planning to Start，PPS)、项目决策(Projektentscheidung，PE)、启动认可(Laufenfreigabe，LF)、市场投放(Marketeinfuehrung，ME)、终止生产(End of Production，EOP)。此外，还包括汽车产品定义、产品预开发等辅助开发流程，如图1-12所示。

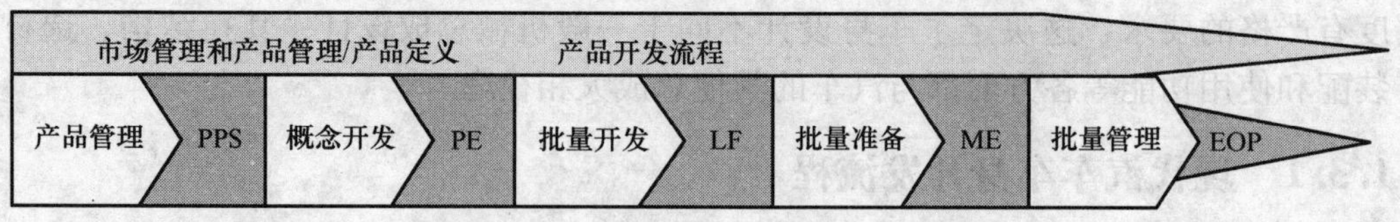

图1-12　整车开发流程

PPS——产品规划启动　PE——项目决策　LF——启动认可

ME——市场投放　EOP——终止生产

产品管理包括项目管理、技术管理、文档管理、质量管理和成本管理等多方面内容，它伴随着所有与产品有关的流程直到终止生产。概念开发更多侧重于面向造型的概念性开发；批量开发是具体的平台和车型的开发，其结果用虚拟仿真和实体实验进行确认，其输出环节是项目启动认可；启动认可确定后进入批量准备阶段，各种市场投放工作也开始展开。六个月左右的预批量阶段结束后，就进入正式批量生产，产品开发过程随着市场的投放而结束；批量管理是指在批量生产时，所有为了改变产品、物流和生产设备而必须完成的工作。

综上所述，整车开发流程主要围绕三个方面：开发一辆什么样的车，怎样设计这样的车，怎样将设计好的新车型批量制造出来。在整个开发过程中，都必须对新车型的所有指标进行严格的考核、审查和验收。各大汽车企业都有自己的开发流程，以便实现质量控制和产品管理。流程没有优劣之分，只有合适与不合适。好的流程就是把“合适”的产品，在“合适”的时间，以“合适”的价格投放市场。

2. 现代汽车车身开发流程

汽车的更新换代、改型改装、产品促销等在很大程度上取决于车身，所以汽车产品的开发在很大程度上取决于车身的开发。现代车身开发流程是一个循序渐进、步步相关的环节链。

一般来说，车身产品开发流程可归纳为产品策划、概念设计、技术设计、产品试制、样车试验和生产准备等几个阶段，如图1-13所示。

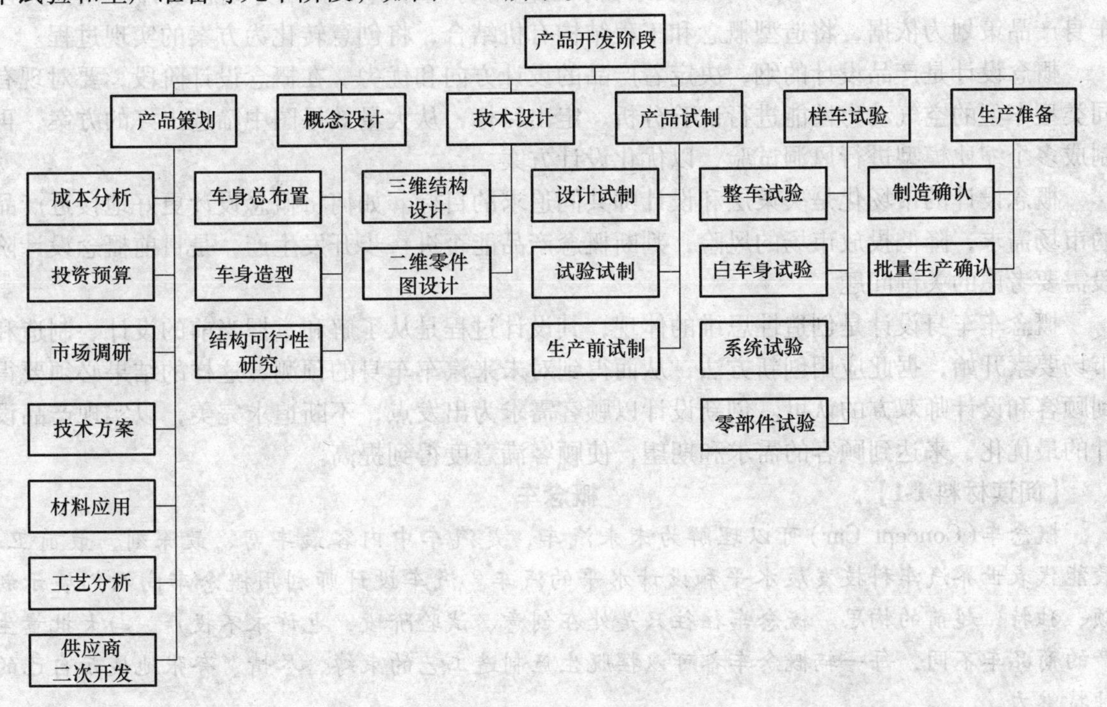

图1-13　产品开发过程

(1)产品策划

企业为了生存，必须不断有新产品来替代老产品，才能保持利润的稳定增长。显然，产品策划在项目开发中的作用越来越重要，它不仅反映用户需求、市场前景，而且直接影响产品开发形式、产品资源利用，以及产品性能指标等关键问题。此外，产品策划设计范围很广，包括开发调研(科技调研、市场调研、竞争环境调研、企业内部调研等)、立项决策(成本分析、投资预算、风险分析等)、技术方案、材料应用、工艺分析，以及产品的二次开发等内容，需要有产品策划团队协作完成。

产品策划中的一项重要基础工作是产品对标(Bench Marketing)。根据用户要求和市场调研情况，在新产品开发初步定位的基础上，确定目标车型和竞争对手车型，对产品进行产品行销、技术含量、开发目标及产品模块等方面的对比评估和定位。在对标分析的基础上形成完整的开发建议书和产品描述报告。从宏观上初步定义车身开发任务，明确关键性能指标、目标成本，以及开发阶段重要的试验验证标准。

准确的对标定位、科学的质量功能分析、周详的产品描述，以及客观的企业条件优劣分析，是产品策划的关键所在。它们为项目的后期开发提供参考蓝本和指导纲要，同时也是性能设计的前提条件和基准依据。

(2)概念设计

概念设计是对未来投产汽车的总体概念进行概括性描述，属于设计的前期工作。现代轿车的车身概念设计包括车身总布置、车身造型和结构可行性研究三大方面内容，具体包括车身硬点尺寸参数确定、主要结构端面和分块确定、人机工程学布置、造型效果图制作、计算机辅助造型(Computer Aided Styling,CAS)建模、测量和线图、前期计算机辅助工程(Computer Aided Engineering,CAE)分析，以及结构和工艺可行性分析等。车身概念设计可概括为以车身产品策划为依据，将造型概念和工程结构有机结合，将创意转化为方案的实现过程。

概念设计是产品设计的纲，决定着产品的设计方向和优劣。在概念设计阶段，要对现有同类型车型的空气动力性能进行试验分析，定出目标，从大量效果图中筛选出好的方案，再制成多个缩比模型进行风洞试验，以优化设计方案。

概念设计的市场化是决策层和设计师共同追求的目标。如何将概念设计更好地接近产品的市场需求，降低投放市场的风险，判断概念产品能否进一步开发生产，是目前概念设计阶段需要考虑的关键问题。

概念车车身设计是创造性思维的体现，其设计过程是从了解和掌握当前的设计、制造和市场要素开始，据此应用创新方法，从而得到对未来汽车车身的预测，这样的结果必须要得到顾客和设计师双方的认可。创新设计以顾客需求为出发点，不断追求完美，以实现产品设计的最优化，来达到顾客的需求和期望，使顾客满意度得到提高。

【阅读材料 1-1】　概念车

概念车(Concept Car)可以理解为未来汽车，是汽车中内容最丰富、最深刻、最前卫、最能代表世界汽车科技发展水平和设计水平的汽车。汽车设计师利用概念车向人们展示新颖、独特、超前的构思。概念车往往只是处在创意、试验阶段，也许永不投产。与大批量生产的商品车不同，每一辆概念车都可以摆脱生产制造工艺的束缚，尽情、夸张地展示自己的独特魅力。

世界各大汽车公司都不惜巨资研制概念车，并在国际汽车展上亮相，一方面了解消费者对概念车的反映，从而继续改进；另一方面也是为了向公众显示本公司的技术进步，从而提高自身形象。概念汽车的展示，是世界各大汽车公司借以展示其科技实力和设计观念的最重要的方式，因而概念车也是艺术性最强、最具吸引力的汽车。随着时代的进步，概念车的设计思想已经从高科技、强动力走向低耗能、高环保。

汽车工业界公认的世界第一辆概念车是别克 YJob，它于 1938 年由美国汽车造型之父——哈利杰·厄尔(Harley Earl)发明的，如图 1-14 所示。这是一部梦想之作，连续的弯曲表面和凸出于车身外的平行合金饰带创造了一种狭长的流线形车身。YJob 还充分利用了现代技术，具有电控折叠顶篷和车窗，也是第一款去掉了脚踏板的汽车。

20世纪50年代，美国人将飞机、火箭的设计元素移植到汽车上。1951年，哈里·厄尔设计了概念车别克LeSabre，如图1-15所示。尾鳍首次出现在汽车的尾部，在以后的十年里，尾鳍的设计越变越大。随后，来自飞机驾驶室的曲面风窗玻璃的理念也出现在轿车上。LeSabre引导了概念车的潮流。

图1-14　世界上第一辆概念车别克YJob

图1-15　别克LeSabre

奥迪的Rosemeyer是一辆具有神秘色彩的概念车，如图1-16所示，它是奥迪最早的“大嘴巴”！该车浑身充满未来感与肌肉线条，全铝车身结构，配有铝合金选装组件，车身内饰则主要使用高档碳纤维以及防滑麂皮。

标致4002的设计者是一位32岁的德国设计师——Stefan Schulze，他以1936年的标致402为原形，赋予其“复古兼前卫”的理念，创造出了一头双眼坚毅地注视着未来的雄狮——一部改进型单排双座运动跑车，如图1-17所示。最重要设计元素是从前部开始沿车顶贯穿至车尾的铬合金散热格栅，包含了标致402车型中经典的双头灯，车灯呈向上的走向，与轮胎角度的巧妙搭配，更加突出了整车独特的外形曲线。

图1-16　奥迪Rosemeyer

图1-17　标致4002

本田PUYO概念车的亮点是柔软的车身有类似于果冻的触感，本田认为这更能增强这款车的安全性，如图1-18所示。PUYO在暗的环境下可以发光，因此它在街上行驶的时候很容易引起人们的注意。PUYO采用了无角的箱体设计，这个设计使得它箱体般的车身不存在任何尖角，转折都有柔软的过渡，腰线以上的全玻璃设计表明了本田设计者想给PUYO车内的乘客带来更大限度的舒畅开阔的感受。

日产Pivo概念车亮点是360°旋转驾驶室，Pivo有着如同蜗牛般的滑稽造型，更为奇特的是它的驾驶室能够进行360°旋转，可以说能在拥挤的大都市里畅行无阻。Pivo前、后各配备1台可通过2个轴输出的发动机，可单独控制4个车轮的驱动力，如图1-19所示。

图1-18 本田PUYO概念车

图1-19 日产Pivo

(3)技术设计

技术设计是在汽车造型评审通过并冻结后进行的结构方面详细的设计工作。技术设计包括三维结构设计和二维工作图设计两大方面。

图样是设计师与工艺师及其他相关人员交流的“工程语言”。车身三维结构设计需要确定系统、部件(总成)和零件的结构，因此设计师必须把所设计的三维结构用图样表达出来，而零件设计是产品设计的基础。在进行零件设计时，首先要考虑该零件在整个部件中的功能和要求；其次，为了满足这个要求，应确定零件材料的选用和结构、形状的设计；最后，确定零件如何与部件中的其他零件相互配合和安装。

设计时，设计师必须无条件地执行国家的有关法规和标准。对于出口产品或合资企业产品，还必须执行国外的相关标准，如ISO(国际标准化组织)、SAE(美国汽车工程师协会)、JIS(日本工业标准)、EEC(欧盟)、ECE(欧洲经济委员会)等标准。图样绘制完成后，需要将部件和零件按照它们所属的装配关系编组，每个部件、每个零件及其图样都给定一个编号，以便对全部图样进行管理。

(4)产品试制

汽车产品设计完毕后是试制，在这个过程中需要实现设计所要求达到的各项性能指标、样车试制要求的车型外观、动力传动配置、结构合理性和整体平衡性等，在必要时还会对产品设计进行改良修正。一项设计优良的汽车产品最终投产离不开高技术含量的试制过程。

汽车产品试制一般发生在整车企业需要推出全新车型，或对原有车型改进或升级时。汽车产品试制的对象主要指样车、车身、车身局部、内外饰件和零部件。根据产品的材料和工艺不同，车身试制分为内外饰件和白车身试制两大类。试制样车一般有概念车、验证车和试验用车三种。概念车更多关注外观和造型，而验证车和试验用车设计和试制更多强调尺寸合理及质量合格等。汽车产品试制绝大部分由受委托的设计公司、整车企业内部试制车间或零部件供应商完成。

由于先进制造技术的发展，车身试制以CAD/CAM/CAE为支撑，以快速成型技术与快速模具为主要手段，配备多功能五轴激光加工工艺装备和三坐标测量设备与分析系统，实现了车身试制的快速、精确和产业化。由于快速成型制造技术可在短期内迅速完成满足用户需求的一定批量的产品，大幅度降低了新产品开发研制的成本和投资风险，所以在小批量、多品种和改型快的现代制造模式下，具有强劲的发展势头，同时也成为车身试制的主要手段之一。

目前在我国，汽车产品试制公司很少，只有苏州雪樱、芜湖普泰、天津华庆等几家，随着国外汽车试制公司的进入，如日本三立、韩国DAEJIN(大真产业)公司，以及本土资金进入该行业，专门从事汽车试制的企业会逐渐增多。

(5)样车试验

样车试验是产品验证的重要环节。根据试验对象不同，车身试验分为整车试验、白车身试验、系统试验和零部件试验；根据试验对象的制造状态不同，车身试验分为A样车试验、B样车试验和C样车试验；根据试验目的不同，车身试验可分为性能试验和可靠性试验。试验类型不同，试验项目数量、试验依据、试验规范和评价标准也不完全相同。

车身试验流程大致可分为以下几个步骤。

1)试验准备：确定试验方案，准备试验条件，设计夹具以及准备试件。

2)安装调试：按规定条件安装试件，调试设备。

3)试验条件评审：对试验现场的安装、加载和测试条件进行评审。

4)试验：对样车进行性能测试，记录数据。

5)数据分析：对试验数据进行整理分析，编写试验报告。

6)报告评审：评审数据的正确性和报告的规范性。

7)报告归档：试验报告存入产品数据管理(Product Data Management,PDM)数据库。

(6)生产准备

经过几轮产品试制和试验后，设计最终冻结，产品的生产准备开始全面启动。生产准备主要完成制造确认和批量生产确认工作。制造确认要求生产部门对所有生产设备完成调试并确认合格；批量生产确认要求生产部门确认生产能力可满足生产纲领，且在生产准备阶段完成所有试生产车辆的生产，解决遗留的生产问题，为全面批量生产做好充分准备。

生产准备阶段主要涉及以下几方面内容：

①持续对市场进行评估，更新并确认市场推广计划。

②完成工程设计或工艺变更，确认所有生产设备和工艺都经过调试并具备足够的能力。

③完成样车的试制和试验工作，并对样车进行评估，更新车辆的性能、可靠性和耐久性。

④持续性控制项目成本，并监督项目收益的变化。

⑤确认所有物流和生产控制系统都能正常且充分地运作，并制订售后服务计划。

⑥对生产的整车质量进行评审，确认整车的销售价格，并确认市场发布工作准备就绪。

汽车样车在投产前要进行一系列的试验，其中室内试验包括风洞测试、噪声测试、碰撞测试、抗电磁干扰测试、等速油耗测试等。室外测试项目主要有耐久性测试、加速性测试、制动测试、高速行驶稳定性测试、超高温和超低温测试、可靠性(异响、磨损、变形、裂纹)测试等。

从车身设计过程看，现代设计方法与传统设计方法最大区别是：设计程序由串行设计发展为并行设计；设计方法更多地引入计算机辅助系统；设计内容更加注重产品的策划和关键环节的控制。以确保最大限度地缩短开发周期和降低开发成本。

【阅读材料1-2】　　两种车身开发流程分析比较

资料表明，目前国内大多数汽车主机厂都建立了统一的数据库并大量采用计算机和网络技术，但由于开发流程的局限，车身设计开发主要偏重于制造规划的同步工程，车身成本和车身质量等关键控制点要等到车身设计数据完全冻结以后再进行控制，如图1-20所示，车身工程师在设计时只考虑性能和制造工艺的要求，不仅容易造成设计性能过剩，而且成本很难控制。同时没有质保等相关人员和供应商的同步介入，无法及时获得优化改进意见与建议，质量上也很难保证。一旦车身成本和质量超过预定要求，就很有可能要把冻结的设计推翻，返回概念设计从头开始，造成时间失去控制，否则，为保证时间进度只能牺牲成本和质量。

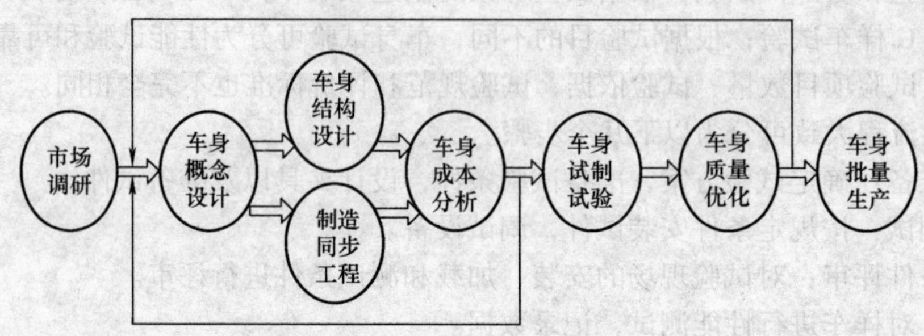

图 1-20　目前国内车身设计开发流程

国外汽车研发部门已开始采用业务流程再造(Business Process Reengineering, BPR)后的车身开发流程。

BPR 是对企业的业务流程进行根本性的思考和彻底性重建，其目的是在成本、质量、服务和速度等方面取得显著改善，使得企业能最大限度地适应以顾客、竞争、变化为特征的现代企业经营环境。实施 BPR，就要有全局的思想，从整体上确认企业的作业流程，追求全局最优，而不是个别最优。

进行 BPR 后的汽车车身设计开发流程中，车身成本及质量的设计与控制是与性能及时间的控制同步进行的，如图 1-21 所示。在概念设计阶段，采购、制造、质保、财务、市场、销售与售后等相关人员同步参与，通过组建跨系统的产品开发小组，对车身主要性能、成本和质量目标等进行同步定义和评估，并在概念设计阶段就挑选能满足上述综合目标的供应商参与同步工程，这样就能在总体最优的情况下锁定概念设计，然后在具体的车身结构设计同步工程中进行进一步的细化和控制，这样既避免了后期由于成本或质量问题而推翻原有设计开发方案，大大降低了项目的整体风险，也能保证在性能、成本和质量等方面具有综合竞争优势。当然，这对整个设计开发体系也提出了更高的要求，要求打破现有流程和体系的限制，进行体系的彻底改造。

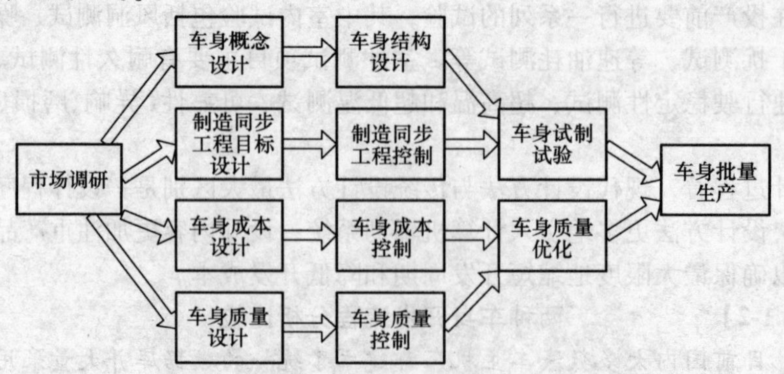

图 1-21　进行 BPR 后的汽车车身设计开发流程

1.3.2　现代汽车车身设计内容与方法

1. 现代汽车车身设计的主要内容

1）车身总布置设计及安全法规计算校核（或三维数字虚拟样机）。

2）造型设计。

3）三维曲面和造型面设计。

4）1∶5 或 1∶4 模型及 1∶1 外模型制作或数控加工（或三维数字模型）。

5）1∶1 内模型（或三维数字模型）。

6）发动机舱三维数字模型。

7）地板三维数字模型。

8）测量与曲面光顺。

9）白车身（Body in White，BIW）结构详细设计。

①1∶1 外模型光顺后数据分块。

②车身设计断面的定义与尺寸确定。

③密封结构确定与密封件选择。

④确定分块线。

⑤与车身有关的设计硬点的确定。

⑥左右侧围设计（A、B、C 立柱设计，前后翼子板设计）。

⑦顶盖设计（外板、横梁与纵边梁设计）。

⑧发动机前围板设计。

⑨A 柱下段设计。

⑩发动机舱与前轮罩设计。

⑪前后灯具设计。

⑫格栅设计。

⑬前围板设计。

⑭前保险杠设计。

⑮地板总成设计（前中后）。

⑯后门总成设计。

⑰前门总成设计。

⑱尾门总成设计。

⑲发动机罩设计。

⑳前风窗总成设计。

10）内饰、外饰设计。

11）概念车的试制，第二轮试验样车（定型车）试制。

12）碰撞与结构分析及结构优化设计。

13）成形过程仿真。

14）模具与工艺工装设计。

2. 现代汽车车身设计方法

（1）设计可行性有限元分析

用有限元方法进行车身计算，首先要把汽车车身转换成能为计算机所接受的计算模型，即把车身实物(或图样)抽象为一组由力学元件构成的模型，同时要给出车身载荷及支持状态的数学描述，即模型化。在结构简化过程中，必须坚持的总原则是：在尽可能如实反映汽车车身结构主要力学特性的前提下，力求用较少的单元和简单的单元形式。有限元分析方法详见第 7 章。

(2)设计可靠性分析

目前，设计可靠性分析在各国都受到了足够的重视。日本断言今后产品的市场竞争点是可靠性，美国把可靠性列为企业的主要奋斗目标。

由于汽车车身结构的复杂，其不同部位施加的载荷、不同部位的疲劳强度等具有不同的概率分布形式，为了保证车身结构设计的可靠性，需要进行设计可靠性分析。随机有限元是 20 世纪 80 年代初发展起来的处理随机现象的分析工具，它指的是引进相应的确定性分析方法，显式处理任意不定参数，并求其对所求物理量的响应。此法的特点在于将随机参数空间离散化，并将随机输入变为一个方差矩阵依赖于有限元网格划分的随机变量。具体的随机有限元理论和可靠性理论可参阅有关专业文献。

(3)优化设计

为了设计得更好、更优，还需要对车身进行优化设计，详见第 7 章。

现代汽车车身设计和分析方法，并行虚拟样机方法，可加快开发周期，节约高额开发费用，降低研发成本。在具体研究中，利用 CAD 软件的强大功能，特别是复合建模功能，运用各种技巧对车身结构进行设计；利用数据接口进行软件间的数据交换，可以保证设计和分析计算机模型的一致性，减少误差的积累，并使设计和分析实现并行进行。

1.4　现代汽车车身设计技术及发展趋势

车身设计是新车型开发的主要内容。任何新车型的开发或改型设计，其车身都是重新设计的，而车身设计又是决定车型开发成败的关键因素之一。因此，汽车制造公司都非常重视车身设计，不断扩大设计队伍，增加资金投入，充分应用先进的设计技术和手段。

1.4.1　现代汽车车身设计技术

1. 数字化车身设计技术

数字化车身设计的核心是数字化建模。数字化建模技术是根据已有的草图或设想，利用交互式方法将物体的形状在计算机上建立起数学模型。利用该数学模型可在车身产品生产出来之前，就对车身进行测量，并进行空气动力学测试、应力分析、模拟加工和演示等，它是对车身进行分析计算的基础。

数字化车身设计的主要步骤：

1)确定车身总布置，并利用车身扫描技术和矢量化技术，将车身总布置图由三维扫描仪直接输入计算机工作站，经过矢量处理后得到原始数据点。

2)根据已有的总布置尺寸和图形，在计算机屏幕上用线条和色彩覆盖总布置图，再借助于 Alias 软件构造出三维数学模型，进而绘制出立体效果图。

3)通过三维图像的屏幕投影，从任意角度观看造型形体，并对三维数学模型进行修改，从而建立起车身外表面的数学模型。

4) 利用 CAD 技术、数控技术、激光技术和从设计到实体模型加工一体化的系统技术，用 CAS 数据加工出 1∶1 的油泥模型，进行外观评价和性能参数调试分析。

5) 根据车身表面的数学模型进行车身结构及内饰、仪表板等内部部件的设计，建立模具加工文件，并利用 CAE 技术进行车身强度、刚度、碰撞和空气动力学方面的计算和模拟。

数字化车身设计流程如图 1-22 所示。

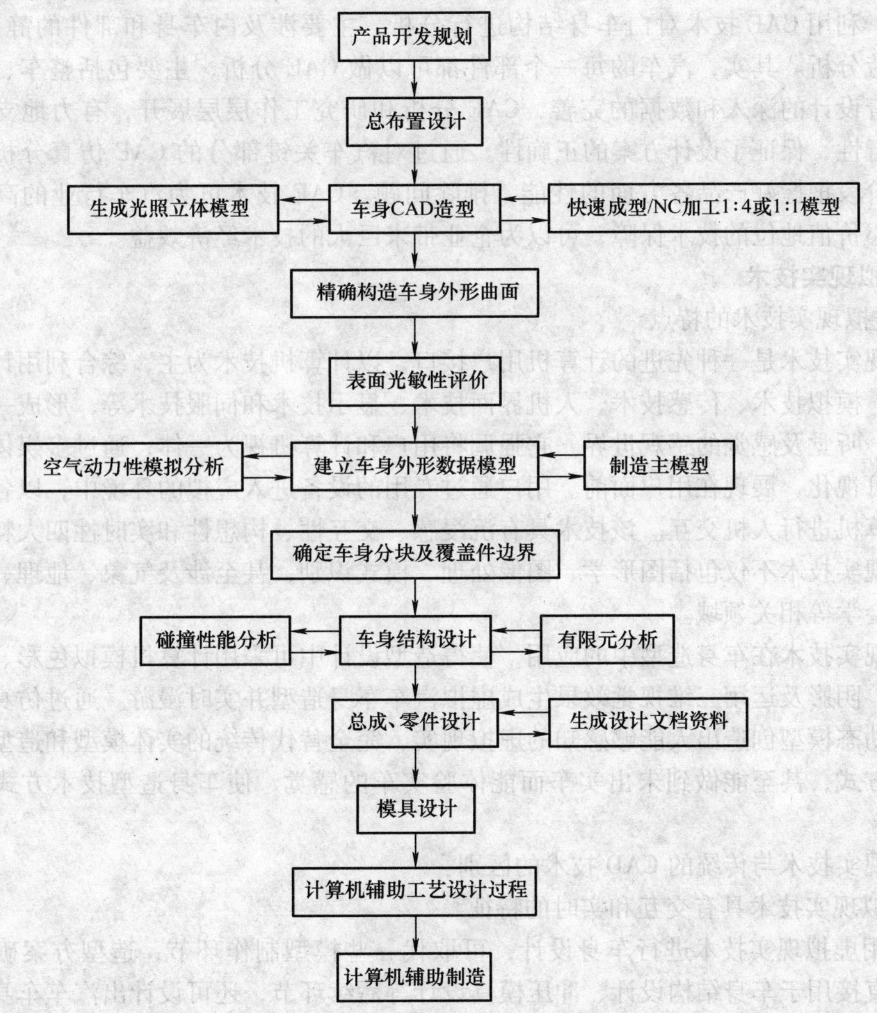

图 1-22　数字化车身设计的流程图

数字化车身设计的特点：摆脱了前期手工塑制 1∶1 缩比油泥模型的过程和三坐标测量的误差，设计周期短、精度高且减轻了设计者的劳动强度，还能充分发挥人的创造性。

2. 计算机辅助造型技术

车身造型是车身设计的关键环节。计算机辅助造型（Computer Aided Styling, CAS）技术是随着扫描技术和矢量技术的发展，在现代车身设计中新兴的一门造型技术。CAS 将造型胶带图由三维扫描仪直接输入工作站，经过矢量处理后得到原始数据点，利用 CAS/CAD/CAM 系统在计算机中建立一个数字模型取代传统设计方法中的三维实物模型，通过图形输入和输出设备对生成的数字模型进行各种功能操作，观察效果，满意之后通过数控程序加工出立体模型，完成几何造型设计。随后再对形成的车身外表面数字模型进行结构设计、结构分析和生产准备，形成结构设计、有限元分析和模具加工共享统一的车身设计数据库，确保数据和图形传递的准确无误。此外，设计、工艺和检验人员使用统一数据库，既方便又准确。

3. 计算机辅助分析技术

计算机辅助分析(Computer Aided Engineering,CAE)技术在汽车开发过程中已得到广泛应用。比如，利用 CAE 技术对白车身结构进行分析，主要涉及白车身和部件的静态、动态、安全和疲劳分析。其实，汽车的每一个部件都可以做 CAE 分析，主要包括整车、总成和零部件。随着设计的深入和数据的完善，CAE 分析和研究工作层层展开，有力地支持了结构设计的可行性，保证了设计方案的正确性。通过对汽车关键部分的 CAE 仿真分析，可以在概念设计阶段把握好产品各方面的性能，排除问题。CAE 技术可为汽车行业的高速发展提供具有中心价值地位的技术保障，可以为企业带来巨大的技术经济效益。

4. 虚拟现实技术

(1)虚拟现实技术的特点

虚拟现实技术是一种先进的计算机用户接口，以计算机技术为主，综合利用计算机三维图形技术、模拟技术、传感技术、人机界面技术、显示技术和伺服技术等，形成一个逼真的三维视觉、听觉及感觉的感观世界。它强调将用户和计算机视为一体，通过多媒体的方法将信息进行可视化，展现在用户面前。用户通过专用的设备进入虚拟的环境中，以各种习惯的方式与计算机进行人机交互。该技术具有沉浸感、交互性、构想性和实时性四大特点。

虚拟现实技术不仅包括图形学、图像处理、模式识别，甚至涉及气象、地理、美学、心理学和社会学等相关领域。

虚拟现实技术在车身造型中的应用，使得造型设计中可采用计算机模拟色彩、纹理、质感、背景、阴影及运用三维视觉效果生成虚拟汽车车身造型并实时漫游。通过仿真设备和虚幻环境的动态模型创造出人能够感知的虚拟现实，完全替代传统的实体模型和造型效果图的平面表达方式，甚至能做到未出实车而能体验实车的感觉，使车身造型技术方式发生质的变革。

虚拟现实技术与传统的 CAD 技术的区别:

1)虚拟现实技术具有交互和实时的特征。

2)利用虚拟现实技术进行车身设计，可取代一些模型制作环节，造型方案确定后的建模数据可直接用于车身结构设计、冲压模具设计等后续环节，还可设计出汽车车身的各种零部件，甚至可装配出完整的虚拟样车。

3)虚拟现实技术的实现需要大量设备支持，这些设备包括计算机平台、显示装置及交互式附件等。

(2)虚拟产品开发

虚拟产品开发(Virtual Product Development,VPD)也称虚拟设计制造，是产品设计制造的真实过程在虚拟环境中的映射。从本质上讲，虚拟产品开发是将产品从概念设计到投入使用的全过程在计算机上构造的虚拟环境中虚拟地实现，从狭义上讲，可分为虚拟设计和虚拟制造两部分。

传统产品开发过程一般需要经过概念设计、方案设计、详细设计、试制试验、小批量投放和批量生产等诸多阶段，整个产品开发周期较长。虚拟产品开发与现实产品开发的过程有一定对应性，所不同的是虚拟产品开发不消耗物质资源和能源，因此可以大大降低产品开发成本。由于虚拟产品开发可在产品投产前对产品实现的方案进行评估和优化，提高了产品的市场竞争力。

(3)虚拟产品开发的发展趋势

1)数字化。虚拟环境下开发的产品是全数字化产品，产品的开发过程、测试过程、检验过程、制造过程和销售过程等，将告别现在的纸质介质，并与数字化产品信息紧密结合。

2)集成化。包括虚拟产品的集成建模技术，虚拟产品开发系统的集成化，虚拟产品设计、测试和制造的集成化等。

3)智能化。将人的知识和智能融入虚拟产品开发技术中，使新产品开发过程实现自动化。

4)协同化。分布式异地协同虚拟开发将是CAD支撑层的重要发展趋势。

5)虚拟化。包括虚拟环境的建立、产品的表达，虚拟产品装配模型和虚拟产品模型分析，进而发展到产品的虚拟制造(Virtual Manufacturing,VM)和虚拟企业(Virtual Enterprise,VE)。

5. 空气动力学模拟

汽车空气动力学主要是运用流体力学的知识，研究汽车行驶时，汽车周围的空气流动情况和空气对汽车的作用力(称为空气动力)，以及汽车的各种外部形状对空气流动和空气动力的影响。此外，空气对汽车的作用还包括对汽车发动机的冷却、车厢内的通风换气、车身表面的清洁、气流噪声、车身表面覆盖件的振动等方面的影响。

传统的汽车空气动力学研究方式，即风洞试验，需要准备实车或实车模型，周期长、费用高，各种状态的三维流场的详细情况在试验中很难观察到，使试验研究受到很大限制。而采用空气动力学模拟(Computational Fluid Dynamics,CFD)计算，不需要实车或模型，缩短了研发周期，节省了大量试验经费，可在开发前期进行预测，随时对设计方案进行修改，并可得到三维流场的详细信息，以供设计部门参考。

1.4.2　现代汽车车身技术发展趋势

汽车的基本设计思想和基本构造在20世纪中期已基本确定，其后的工作和任务则是努力提高汽车的各方面性能，协调汽车与人类社会的关系。

随着汽车技术的飞速发展，新材料、新工艺和新能源的不断开发和利用，使得汽车在外形设计上有了自由创造的可能，设计师的创造力得以充分发挥，各国汽车车身造型的流行式样在不断更新。进入21世纪后，从世界各大汽车博览会推出的多款概念车来看，汽车造型更具特色和个性化。汽车造型的未来发展趋势主要有以下几方面。

1. 多样化和个性化

从早期的箱形到流线形，从船形到富有人情味的仿生型，再发展到楔形，汽车的发展历程不仅体现了性能的优化，而且体现了人们追求新潮和风格多样的人性化设计。随着社会的发展，社会意识和美学观念在造型过程中发挥着越来越重要的作用，轿车已不仅仅是一种运载交通工具，更成为人们享受生活的一种工具，对汽车式样个性化的要求也越来越高。为了适应不同层次、不同行业、不同群体的审美意识，作为大众化商品的轿车无疑将会出现各式各样的新造型。

从楔形造型到造型风格多样化，风阻系数更小，制造工艺更加完美，汽车的外形、色彩与周围的建筑和风景更加融洽。预计在 21 世纪的中后期，将会出现几何风格的汽车造型，并可根据个人用途、爱好、习惯等进行自由拆装，长短宽窄可随意变换。

2. 空气动力学性能最优化

汽车车身造型的发展史，从某种意义上来说，就是一部不断追求具有最佳空气动力学造型的历史，人们一直努力研究能够减小空气阻力的车身造型，这是未来汽车造型追求的目标之一。另一项主要的工作是确定空气动力学性能对汽车行驶稳定性的影响。

3. 综合性设计

对汽车来说，安全、舒适、经济、美观、轻量化、低污染、低能耗、可靠性和高效率等要求，缺一不可。这就决定了汽车外形设计并非仅追求造型，而是一种要体现各种要求的综合设计。未来的车身造型设计将在车身外形设计、人机工程以及车内环境等方面更加注重人性化设计，体现人机协调。

总之，未来的汽车车身造型设计，将在设计师掌握广泛的基础知识和高新科技的基础上，最大限度地施展设计师的才能，发挥设计师的创造性，汽车造型将逐步走向完美。

技术是汽车外形设计的基础，技术越纯熟，造型越自由。随着设计程序的不断完善和革新，新设计层出不穷。轿车车身技术的发展趋势主要体现在以下几方面。

1）利用人机工程研究成果和电子控制技术，不断提高车内装备性能，实现轿车车身的高实用性和高舒适性。

2）通过车身空气动力特性研究，进一步减小空气阻力，降低升力。

3）车身结构不断采用新型材料，以达到轻量、美观、降低成本、提高防腐性等目的。

4）不断进行车身安全性研究和试验，努力提高汽车安全性。

5）借助 CAD 技术设计出符合工程学及美学要求的、不拘一格的轿车车身外形。

【阅读材料 1-3】　　福特汽车体验主题设计的成功案例

1. 主题设计

创造出一种强调体验的品牌形象，消费者们就会蜂拥而至，争相购买、使用，拥有这种商品。1960 年，美国汽车业领导人艾柯卡就任福特汽车公司首脑，开始注意研究如何配合社会各群体的生活风格来产销轿车。他认为一般美国驾驶人对轿车所表露的文化形象十分关切，不管是时髦漂亮或炫耀自我的形象，都远比轿车的价格更为重要。他指示设计部门开始研制一种新车，这种轿车必须具体而微妙地呈现自由与独立的理想，以吸引年轻一代。

2. 产品设计

根据所选择的主题，研制出车身长、车尾短、目光如炬、气孔大张、很像欧洲赛车的新车，命名为“野马”，如图 1-23 所示。

图 1-23　福特“野马”跑车

3. 广告展示设计

通过广告，把“野马”活泼的个性传达给数百万好动且叛逆心强的年轻驾驶人。汤普森广告公司成功地设计了一套富有戏剧性的宣传广告，使“野马”轿车广告深深打动了年轻驾驶人的心，使他们纷纷涌向福特汽车公司的展示室。“野马”推出后一年，1965 年就在市场上销售了 100 万辆，成为战后美国最畅销的车型之一。

复习与练习题

一、简答题

1. 汽车车身造型经历了哪几个发展阶段？
2. 简述现代轿车车身设计的特点。
3. 现代轿车车身设计有哪些技术要求。
4. 绘制车身总布置图时，应该注意哪些方面问题？
5. 什么是车身概念设计？轿车车身概念设计包括哪些内容？
6. 简述现代轿车车身的开发流程。
7. 简述现代轿车车身的造型方法。

二、思考题

1. 为什么说轿车概念设计是决定整车设计方向和优劣的关键阶段？
2. 现代车身设计方法与传统车身设计的区别和关系如何？

三、讨论题

1. 试举例说明车身设计的最新技术。
2. 试分析讨论现代轿车车身技术发展趋势。
3. 试设想 20 年后的汽车是什么样子。

第2章　汽车车身结构

学习目标

1. 了解汽车车身功能
2. 掌握轿车车身结构常见类型、组成及特点
3. 掌握轿车车门组成和功能要求
4. 熟悉客车及货车车身结构和类型

学习要求

知识要点	能力要求	相关知识
轿车车身结构类型	1. 掌握轿车承载式和非承载式车身的结构、优缺点 2. 从车身外形上熟悉各轿车类型及特点	承载式、非承载式、半承载式
轿车车身结构总成	掌握轿车车身结构总成	车身壳体、结构件、覆盖件、车身附件
轿车车门	掌握轿车车门的组成和功能要求	车门材料、车门附件
客车和货车车身	了解客车和货车车身结构和类型	车身骨架、蒙皮

【导读】 汽车车身的主要功用：①为驾驶人提供良好的操作条件和舒适的工作场所。②由于车身可以隔离汽车行驶时的振动、噪声、废气以及恶劣气候的影响，所以车身可以为乘员提供舒适的乘坐条件。③保证安全地运载乘员、完好无损地运载货物且装卸方便。④车身结构和设备可以保证行车安全和减轻事故后果。⑤车身合理的外部形状，可以在汽车行驶时有效引导周围的气流，提高汽车的动力性、燃料经济性和行驶稳定性，改善发动机的冷却条件和乘员室内的通风。

由于汽车使用功能的多样性，决定了不同汽车车身具有不同的结构。本章主要研究轿车车身结构，简要介绍客车车身结构。

2.1　轿车车身的结构类型

轿车主要用于载运人员及其行李，其车身是一个较为刚性但具有柔性内饰的结构。不同生产厂家、不同系列和不同时期的轿车，其结构也存在着差异，其分类方法按照车身承载形式以及发动机、传动系、乘员室、行李箱等的布置和车身外形的变化而不同。

2.1.1　按承载形式分

根据承载形式不同，车身可分为非承载式、承载式和半承载式三大类。

1. 非承载式车身(有车架式)

图 2-1　非承载式车架结构

非承载式车身结构即带有独立、完整车架的车身结构，图 2-1 为某车型的非承载式车架结构，上面有很多横纵梁，构成一个矩形结构。车架承载着整个车体，发动机、传动系、行驶系、转向系和其他附件等直接安装在车架上，车架总成与车身通过悬置装置(橡胶垫或悬置用螺栓)连接，再安装上车身前钣金件(包括散热器框架、前围、前翼子板、挡泥板、发动机罩及各种加强板等)，便形成了车身结构。显然，载荷主要由车架承担，车身结构不承受载荷，所以车架具有很大的抗弯曲与抗扭强度和刚度，而车身主体是一个焊接形成的整体空间结构，具有很大的刚度，当它与车架连接起来后，能大大提高整车结构的刚性。实际上，由于车架并非绝对刚性，所以车身仍在一定程度上承受着由车架弯曲和扭转变形所引起的载荷。

非承载式车身适合载重和高强度越野。目前，非承载式轿车较少，多数用于货车和专业越野车上。高级轿车如果为了提高汽车的舒适性，减轻发动机及底盘各总成工作时传来的振动，以及汽车行驶时由路面通过车轮和悬架传给车身的冲击，则可采用非承载式结构。非承载式车架及底盘安装方式如图 2-2 所示。

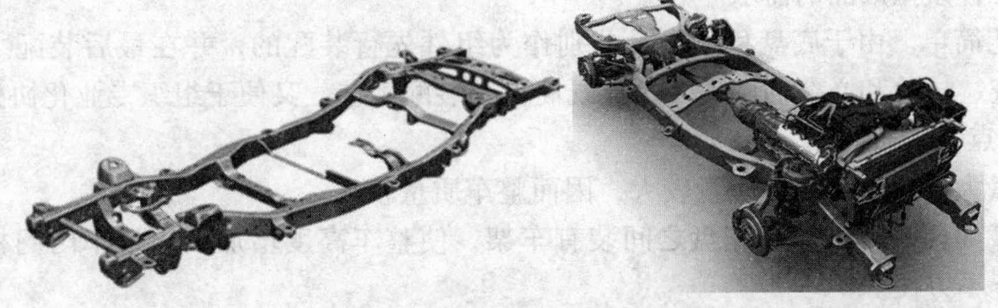

图 2-2　非承载式轿车车架及底盘安装方式

比如，荣威 W5 采用的是 HFA 高强度越野车体设计，其核心是贯穿车首尾的底盘大梁框架形结构的非承载式车身设计，图 2-3 所示为荣威 W5 底盘及大梁架构造。其底盘大梁架的样子就像一条平躺着的梯子，由两条纵向主梁结合许多大小、粗细不同的副横梁组成，有时还会加上斜梁进行加固。

对于荣威 W5 的 HFA 高强度越野车体而言，承载发动机、变速器以及悬架安装的不是车身，而是框架形的底盘大梁，对于这种结构而言，车身不是承载主体。底盘大梁上有用于固定车身的螺孔以及固定弹簧的基座，发动机、传动系统的一部分以及车身等总成部件，都是用连接装置固定在大梁上的，大梁通过前后悬架装置与车轮连接。因此，在崎岖路面上，车辆的扭曲都由坚固的梯形车架所吸收，阻止了车壳的扭动，这对于越野车来说是非常必要的设计。从结构上来说，荣威 W5 的 HFA 高强度越野车体最大优点就是车身强度高，底盘

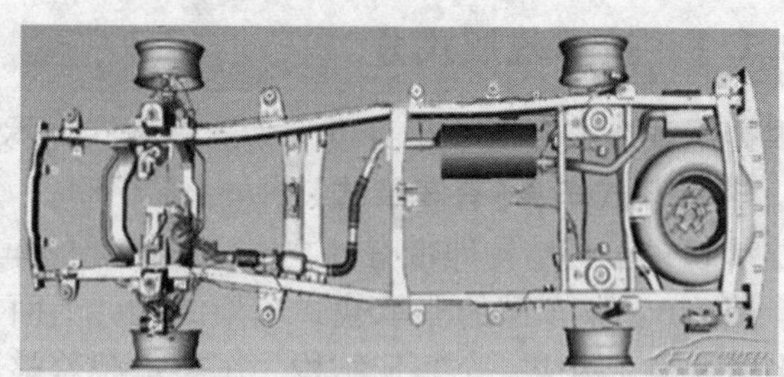

图 2-3　荣威 W5 底盘及大梁架构造

刚性大梁能够确保很强的车身刚性，同时也有利于提高安全性，这对于 SUV 来说非常重要。而且，由于车身和底盘之间的连接采用弹性元件减少冲击，因此在车内感觉到的路面颠簸的反馈要轻微很多，所以驾驶采用非承载式车身的车辆通过颠簸路面时，感觉会比采用承载式车身的“城市 SUV”舒服许多。

非承载式车身结构具有以下特点：

(1)优点

1)减振性好。由于车身与车架间采用弹性连接，能减缓车身振动，降低噪声，既提高了乘坐舒适性，又延长了车身使用寿命。

2)安全性好。碰撞时，独立的车架能使车体碰撞能量迅速传导，从而保证车身的结构完整性，这对于提高碰撞安全性起着极大作用。

3)易于改型。由于车架是车辆承载的基础，车身承载小，从而使车身改型方便，可满足市场对各种改型产品的需求。

4)工艺简单。由于底盘和车身是分别作为组件先行装配的，并在最后装配之前能够单独进行检查、试验和必要的调整，这样既简化了装配工艺，又便于组织专业化协作生产。

(2)缺点

1)质量大。由于车架的质量较大，因而整车质量较大。

2)承载面高。因车身和底盘之间装有车架，使整车高度增加，导致车门门槛过高，使乘员上下车不方便。

3)成本较高。车架的型材截面较大，必须具备大型的压力机、夹具及检验等一系列较昂贵而复杂的制造设备。

2. 承载式车身

对于家用轿车来说，非承载式车身最大的问题就是车身重量太大，随着汽车技术的发展，为使汽车轻量化，取消了非承载式结构中独立的刚性车架，使整个车身成为一个单体结构，这就是承载式车身，又称整体式车身。

承载式车身是指在前、后轴之间没有起连接作用的车架，在车身上直接安装发动机、传动系各总成、悬架装置及燃油箱、备胎等设备，所以车身要直接承受整车自身重量以及动力系统传来的力，同时要承受行驶时从地面传来的力等，其结构如图 2-4 所示。其前端由两根前纵梁、前围板、两侧挡泥板、前围内侧板等形成刚性较强的敞开式框架(安装发动机的部位)；车身中部由左右侧围(包括车门上框，门槛梁和前、中、后立柱等)和地板、顶盖、前围板、前风窗框、行李箱围板、后风窗框等形成的封闭式的盒形结构，即乘员室。车身的中部主要采用点焊结构，其后端则由与后纵梁相焊接的行李箱地板及后轮内、外轮罩构成行李箱。

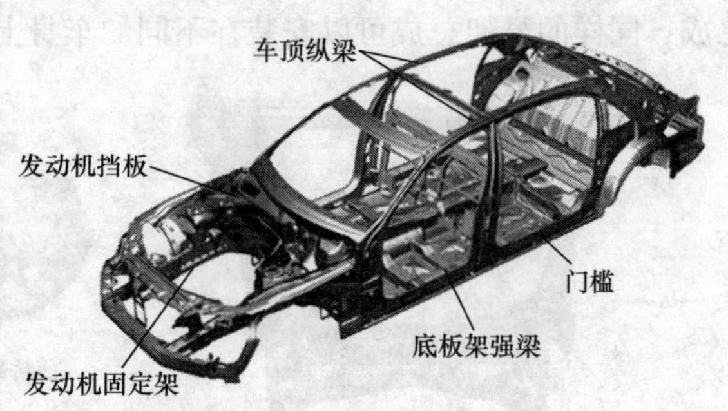

图2-4 承载式轿车车身结构

承载式车身可看成是将车架和车身焊在一起而形成的一个整体结构，因没有车架，需要车身承受整车所受载荷，所以车身结构应具有足够的强度和刚度。通常，在车身底板部分、车前部分、侧围和后围部分采取结构加强措施，采用在构件上冲出加强筋、将板件冲压成各种曲面形状、增设加强梁等方式来加强构件的强度和刚度，使焊装成的整体车身满足车辆的强度和刚度要求。

承载式车身结构具有以下优点：

1)质量小。承载式车身是由薄板冲压成形组焊而成的空间框架结构，充分利用车身承受载荷，车身整体刚度增大，自重降低，有利于实现车身轻量化。

2)整车高度降低，车门门槛低，上下车方便。

3)安全性好。车身具有均匀承受载荷并加以扩散的功能，对冲击能量的吸收性好。尽管当汽车发生碰撞时车身局部变形较大，但对乘员室的影响却相对较小，使汽车的安全保障性得到改善与提高。

4)生产率高。点焊工艺和多工位自动焊接等自动化生产方式的采用，使车身组合后的整体变形小、生产率高、结构紧凑、质量保障性好，适合现代化大批量生产。

承载式车身结构的不足之处：底盘部件与车身结合部在汽车运动载荷的冲击下，极易发生疲劳破坏，乘员室也更容易受到来自汽车底盘的振动与噪声的影响。为此，需要有针对性地采取一些减振、消声等技术措施。因车身整体结构性强、刚度大，改型较困难。另外，对于这种一体式构造的车身，由事故所导致的整体变形较复杂，车身整体定位参数的变化，还会直接影响汽车的行驶性能。

为了减小汽车的整车质量和节约材料，中级、普通级、微型轿车和部分大客车及城市型SUV都采用承载式车身结构。但对于大批量生产的轿车，当质量在1500kg以上，轴距大于2900mm时，因车身底板平坦部分和其他部位的尺寸需要随着轿车轴距的增大而增大，从而削弱了这些构件的刚度，此时采用承载式车身，其优点就不明显了。这就是为什么大型轿车通常采用有车架的非承载式车身的缘故。

3. 半承载式

汽车的底盘性能无外乎舒适性、操控性两大主题，而这两大功能又是一对相互制约的矛盾。为了较好地解决这一矛盾，设计师们在悬架系统的设计和匹配上都尽可能地用一些复杂结构来实现舒适性和操控性的平衡，副车架就是一个典型的代表。由于副车架能够分担部分载荷，使前纵梁变形减小，因此有人称带有副车架的车身为半承载式车身。

简单地讲，副车架可以看成是前、后车桥的骨架，是前、后车桥的组成部分。传统的没有副车架的承载式车身，其悬架是直接与车身钢板相连的，因此前、后车桥悬架摇臂机构都为散件，并非总成。在副车架诞生以后，前、后悬架可以先组装在副车架上，构成一个车桥总成，然后再将这个总成一同安装到车身上，如图2-5所示。复杂的悬架系统由散件变成了总成，同样的悬架总成可以安装在不同的车身上。

图 2-5　副车架及半承载式轿车

副车架在性能上的主要目的是减小路面振动的传入，以及提高悬架系统的连接刚度。装有副车架的车驾驶起来会感觉底盘非常扎实、紧凑。而副车架悬置软硬度的设定面临着一个不可规避的矛盾。副车架悬置如果设计得较软，虽能够很好地隔绝汽车行驶时产生的振动，但过软的副车架悬置设计会在高速转弯时带来较大的运动形变，会导致轮胎定位不准确，从而降低汽车的操纵稳定性。较硬的副车架悬置，能带来很高的连接刚度，但对振动、噪声的隔绝却十分有限。所以，工程师们在设计和匹配副车架时通常会针对车型的定位和用途，在副车架与承载式车身壳体前部底面选择合适刚度的弹性橡胶垫连接，以隔离振动和冲击，提高车身的舒适性。

现代轿车的承载式车身壳体前部都有副车架。在副车架上安装发动机、传动系、前悬架和前轮，组合成便于装配和维修的整体。美国、德国、日本、法国、意大利等国家近年来对生产的轿车进行统计分析，结果表明，即使是整体承载式车身，其前端和后端大多加装了副车架。这种结构具有隔振、隔声、轻量、底板较低、空间利用率高等特点，故被广泛使用。

【阅读材料 2-1】

梅赛德斯-奔驰公司拥有领先的车架钢管制造工艺。本特勒先进的钢材制造工艺在福建奔驰的车型中得到了充分应用，凌特车上的前桥副车架，如图 2-6 所示。此款前桥副车架的主要技术亮点为车架上的两根弯曲钢管，采用领先的水力成形技术，具有成形准确、强度高的特点，除保证底盘的超强承载性能外，较普通工艺制造的钢管能承受更强的冲击力。当车辆在高速转弯或者紧急制动的时候，来自车轮和制动所产生的巨大冲击力对行车安全来说是一个重大的考验，而高强度的钢管能游刃有余地消化强大的冲击力，保证车辆在应急驾驶情况下的安全性和操控性。

凌特的前桥副车架采用玻璃纤维增强塑料材质的叶片弹簧来代替传统的钢质弹簧片。玻璃纤维增强塑料材质的叶片弹簧与传统钢质弹簧片相比，虽然生产成本增加了 10% 左右，但重量减少约 60%，性能更提升了 30%，不仅能减轻车辆的重量，提高车辆的燃油经济性，而且更有效地降低车辆行驶过程中所产生的振动，大大提升乘坐的舒适性。此外，玻璃纤维增强塑料材质叶片弹簧的使用寿命更为长久，其良好的弹簧性能能保持 15 年，并且在弹簧失效时候可避免突然断裂，使车辆在行驶中不会因为弹簧突然断裂而出现严重的侧倾，确保车辆的行驶安全。

图 2-7 所示为使用半承载式车身的中型客车威麟 H5，这种客车的车体结构通常在客车

专用底盘上将车架用若干悬臂梁加宽并与车身侧壁刚性相连，使车身也分担车架的一部分载荷。许多大、中型客车车身均采用这种结构形式。

图2-6　凌特前桥副车架

图2-7　中型客车威麟H5(半承载式车身)

2.1.2　按车身外形分

轿车车身按车身外形可分为两厢车、三厢车、敞篷车等。

1. 两厢车

在国外，两厢车通常称为“掀背车”（hatchback），这与国内的“掀背车”概念有所区别。在国内，两厢车是指少了突出的行李箱的轿车，它将车厢与行李箱做成同一个厢体，并且发动机独立的布置形式。这种布局形式能增加车内空间，尽可能体现“MM”理念(即Man Maximum & Mechanism Minimum,乘客享受最大空间和机械占用最小空间)，多用于小型车和紧凑型车。标准的两厢轿车车身如图2-8所示。

2. 三厢车

三厢式汽车是轿车的标准形式。常见的轿车一般是三厢车，其车身结构由三个相互封闭用途各异的“厢”所组成：前部的发动机舱、车身中部的乘员室和后部的行李箱。图2-9所示为标准的三厢轿车车身。

图2-8　两厢轿车车身

图2-9　三厢轿车车身

3. 敞篷车

敞篷车一般是指带有折叠式可开启车顶的跑车，通常为两门两座或者两门四座，根据车顶材料，可以分为软顶敞篷车和硬顶敞篷车。也有敞篷SUV和敞篷豪华车，如迈巴赫Landaulet属于敞篷豪华车，如图2-10所示。

软顶敞篷车通常为两门两座或者两门四座的设计，车顶的材料通常为帆布、乙烯或塑料，配以可折叠的支架。车顶的收放可以分为手动和电动。代表车型是甲壳虫敞篷版、MINI敞篷版、保时捷Boxster、奔驰E级敞篷版。软顶敞篷车特点是重量轻、价格低、折叠后占用空间小，但隔声、隔热及安全性较差。图2-11所示为标准软顶敞篷车。

图2-10　迈巴赫Landaulet

硬顶敞篷车是指车顶为金属材质，自动折叠后放入行李箱内。硬顶敞篷是近十年才发展起来的，最早应用在奔驰SLK上，合上篷后造型与普通跑车没有太大区别。代表车型是奔驰SLK、宝马Z4、标致207CC。硬顶敞篷车的特点是密封性、安全性高，造型更加协调，但造价高，占用行李箱空间大。图2-12所示为标准硬顶敞篷车。

图2-11　标准软顶敞篷车

图2-12　标准硬顶敞篷车

2.1.3　按级别分

1. 微型车

微型车也被称为A00级车，一般情况下，其轴距在2000~2300mm之间，车身长度在4000mm之内，发动机排量在1.0L左右。由于微型车的体积较小、油耗较低、价格便宜，所以比较适合代步。比较典型的微型车是奇瑞QQ3、比亚迪F0、铃木奥拓等，如图2-13、图2-14所示。随着市场的发展，微型车的尺寸、发动机排量也在不断增加，比如经过换代的奥拓，轴距从2175mm增长到2360mm；吉利熊猫采用了1.3L发动机；而进口到中国的Smart fortwo售价超过10万元。

图2-13　奇瑞QQ3

图2-14　比亚迪F0

2. 小型车

小型车也被称为A0级车，一般情况下，属于该级别的车，轴距在2300~2500mm之间，车身长度在4000~4300mm之间，发动机排量在1.0~1.5L之间，比较典型的小型车有铃木雨燕、本田飞度、赛欧等，如图2-15、图2-16所示。

图2-15　铃木雨燕

图2-16　本田飞度

由于市场的需求，目前小型车的尺寸、发动机排量也在增加，比如骊威的轴距为2600mm，发动机排量为1.6L。此外，基于小型车平台经过加长的车，也归属于小型车，比如以飞度的平台研发生产的锋范，虽然轴距达到了2550mm、搭载1.8L发动机，但仍属于小型车的范畴。

3. 紧凑型车

紧凑型车也被称为A级车，一般情况下，属于该级别的车，轴距在2500~2700mm之间，车身长度在4200~4600mm之间，发动机排量在1.6~2.0L之间，比较典型的紧凑型车是奥迪A3、大众速腾、马自达3等，如图2-17、图2-18所示。

图2-17　奥迪A3

图2-18　大众速腾

由于市场的需求，目前紧凑型车的尺寸有所增大，比如荣威550的轴距就达到了2705mm；而基于紧凑型车平台经过加长的车，也归属于紧凑型车，如以雪铁龙C4平台研发生产的凯旋，虽然轴距加长到了2710mm，但仍属于紧凑型车；一些中等性能跑车，比如Lancer EVO同样属于紧凑型车。

4. 中型车

中型车也被称为B级车，一般情况下，属于该级别的车，轴距在2700~2900mm之间，车身长度在4500~4900mm之间，发动机排量在1.8~2.4L之间，比较典型的中型车是本田雅阁、宝马3系、大众迈腾、别克新君威等，如图2-19、图2-20所示。

图 2-19　本田雅阁

图 2-20　大众迈腾

目前，中型车的尺寸、发动机排量有所增加，如奥迪 A4 针对中国市场将轴距加长到 2869mm；天籁搭载了 3. 5L 发动机。出自于中型车平台的产品也都属于中型车，如桑塔纳和迈腾虽然投产时间相差很久，尺寸和技术的差异也很大，但两者都出自大众 B 级车平台，所以它们都属于中型车。

5. 中大型车

中大型车也被称为 C 级车，一般情况下，属于该级别的车，轴距约在 2800 ~ 3000mm 之间，车身长度在 4800 ~ 5000mm 之间，发动机排量超过 2. 4L，比较典型的中大型车是奥迪 A6L、奔驰 E 级、丰田皇冠等，如图 2-21、图 2-22 所示。

图 2-21　奔驰 E 级

图 2-22　丰田皇冠

在中大型车这个级别中，加长现象比较普遍，例如国产的奥迪 A6L、宝马 5 系 Li、沃尔沃 S80L 等，都要比其原型车在轴距等方面增加不少，可以为后排乘客提供更宽敞的空间。在入门级的中大型车上，也会提供较低排量的发动机，如奔驰 E200L 就采用了 1. 8L 直列四缸涡轮增压发动机。

6. 豪华车

豪华车也被称为 D 级车，一般情况下，属于该级别的车，轴距超过 3000mm，车身长度超过 5000mm，发动机排量超过 3. 0L，比较典型的豪华车是奥迪 A8L、宝马 7 系、奔驰 S 系、劳斯莱斯幻影等，如图 2-23、图 2-24 所示。

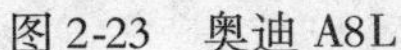

图 2-23　奥迪 A8L

图 2-24　奔驰 S 系

豪华车可以分为两种，一种是民用级豪华车，也就是常规品牌的顶级车型，比如奥迪 A8L 等；还有一种就是豪华品牌的豪华车型，比如宾利雅致等，其售价通常都不低于 300 万元，并且加长现象非常普遍，车内空间极为宽敞。很多车都是根据顾客的需求量身定制的，不少配置可以用“奢华”来形容。

7. 运动型多用途车（SUV）

运动型多用途车(Sport Utility Vehicle,SUV)SUV 类别繁多，车身尺寸有大有小，价格也是横跨几万元到几百万元的区间。传统的 SUV 由于为了顾全越野能力，采用高刚性的底盘和悬架系统以及四轮驱动，造成车重偏重。为了得到足够牵引力，SUV 也都采用大功率高排量的发动机，加上重视越野和空间，使用高底盘和高车身的设计，风阻系数偏大，种种原因，使 SUV 的油耗远比轿车高很多，在油价飙涨的时代，SUV 瞬间从最受消费者欢迎的车型变成了最不受消费者欢迎的车型，使 SUV 的发展暂时停顿了下来，让轿车和旅行车重新获得了发展的空间。

现在的新式 SUV 和过去的传统 SUV 相比，车体的重量已减轻了不少，同时外观也更加流线形，发动机也更省油，SUV 的油耗降低且不失越野性能，在一定程度上既具有轿车的舒适性，又有越野车的通过性。根据 SUV 的车身长度、轴距等不同又分为小型(车长一般为 3850 ~ 4350mm，轴距小于 2670mm)、紧凑型(车长一般为 4300 ~ 4750mm，轴距为 2600 ~ 2760mm)、中型(车长为 4400 ~ 4850mm，轴距为 2650 ~ 2800mm)、大中型(车长为 4750 ~ 5150mm，轴距为 2790 ~ 3050mm)和全尺寸 SUV。全尺寸 SUV 车型是各方面的设计都以大及宽敞为主要诉求的 SUV，其他诸如经济性、成本甚至造型等因素都可以为此作出牺牲。图 2-25 为标准的 SUV，图 2-26 为紧凑型 SUV(本田 CR-V)，在外观设计上采用了融合坚固性和运动性的车身，凸显动感。由于配备了后挂式备胎，后门运用了上掀式设计，提高了使用的便利性。而且副驾驶席一侧的反光镜下部嵌入了棱镜后视镜，取代了原有的装配在挡泥板上的侧后镜，使车身设计更加简洁，观察范围也超过以往车型。

图 2-25　标准的 SUV(奥迪 Q5)

图 2-26　紧凑型 SUV(本田 CR-V)

【阅读材料 2-2】　**美国的全尺寸 SUV**

全尺寸 SUV 的典型代表就是美国的 SUV，如图 2-27 所示。美国地域辽阔，不需要考虑停车方便等问题，因此美国车都造得很大。在美国人眼里，SUV 就必须这么造——空间巨大，可以让所有的人都能舒适乘坐，而且发动机必须低速转矩巨大，牵引如此巨大的车身要毫不费力。美国的公路非常发达，真正特别难以通过的道路很少，加上美国的地貌以平原居多，公路宽而直，不需要那种所谓的过弯性能，因此对于车辆的通过性和操控性就没有刻意追求。

a) 悍马

b) 林肯领航员

图 2-27　全尺寸 SUV

8. 多功能车（MPV）

多功能车（Multi Purpose Vehicle，MPV）是从旅行轿车逐渐演变而来的，它集旅行车宽大乘员空间、轿车的舒适性，以及厢式货车的功能于一身，一般为两厢式结构。

MPV 与面包车存在明显的区别。面包车是单厢式结构，即乘客空间和发动机共同在一个框架结构内，发动机被安放在驾驶人座位的后下方，采用这种布局，车体结构简单，但整车高度相对增加，同时车内空间增加，发动机室相对较大，并且由于前排座椅处在全车的最前面，在发生正面撞击事故时，驾驶人及前排乘客前方的缓冲空间很小，所以安全系数较低。而 MPV 具备两厢式结构，布局以轿车结构为基础，一般直接采用轿车的底盘、发动机，因而具有和轿车相近的外形与同样的驾驶感、乘坐舒适感。由于车身最前方是发动机舱，因此可以有效地缓冲来自正前方的撞击，保护前排乘员的安全。许多 MPV 都是在轿车平台上生产出来的，如广州本田的 MPV 奥德赛，其车型开发完全是按照轿车的理念进行的，这是 MPV 与轻型客车最大的不同。

MPV 拥有一个完整、宽大乘员空间，这使它在内部结构上具有很大的灵活性，这也是 MPV 最具吸引力的地方。MPV 车厢内可以布置下 7 ~ 8 个人的座位，还有一定的行李空间；座椅布置灵活，可全部折叠或放倒，有些还可以前后左右移动，甚至旋转。图 2-28 所示为 MPV 的乘员室结构。

图 2-28　MPV 的乘员室

9. 跑车

跑车一般为双门设计，车身较低、造型流畅，有着比较强烈的运动感，座椅为双座或2+2式设计。与其他级别车型区别比较明显的是，跑车的发动机有前置、中置和后置三种形式；其车顶形式也有硬顶、硬顶敞篷和软顶敞篷三种。跑车的种类很多，有追求性能的，如兰博基尼Murcielago；有的只追求样式，比如起亚速迈等。随着市场的发展，跑车也不再局限于两门设计，比如奔驰CLS就是四门轿跑车的引领者，如图2-29所示。

图2-29　奔驰CLS四门轿跑车

10. 旅行车

旅行车是在人类崇尚自然、热衷旅游的风潮下衍生出来的一种轿车派生车型，一般来说，大多数旅行车都是以轿车为基础，把轿车的行李箱加高到与车顶齐平，用来增加行李空间。旅行车不仅具有轿车的舒适性，能够长途跋涉，而且空间足够大，可以携带充足的旅行装备。与SUV和MPV相比，其购买价格和使用成本都较低，且具有更灵巧的车身，因此在经济发达国家(尤其在欧洲)的民众生活中非常普及。在我国较早出现的旅行车是桑塔纳旅行版，如图2-30所示。此外，还有皮卡、微面、微货、轻客等车型。

皮卡是英文Pickup的音译，又名轿卡，顾名思义，亦轿亦卡，是一种采用轿车车头和驾驶室，同时带有敞开式货车车厢的车型。其特点是既有轿车般的舒适性，又不失动力强劲，而且比轿车的载货和适应不良路面的能力还强。皮卡既可作为专用车、多用车、公务车、商务车，也可作为家用车，用于载货、旅游、出租等使用。在国际上，皮卡的主要生产国是美国和日本。日式皮卡大多由小型轿车或小型货车演变而来，小巧玲珑，省油，价廉。而美国皮卡装备豪华，价格高于轿车，车身宽大，采用大排量的发动机配合自动变速器。国内皮卡主要生产厂有：长城汽车、郑州日产、江铃汽车、中兴汽车、庆铃汽车、福田汽车。

图2-30　桑塔纳旅行版

微面，是微型面包车的简称，是一种小型的客货两用型小汽车。其命名由其外形得来，方方正正像个面包。国内在售的微面汽车基本上都属于商用车，其发动机排量都不大，以经济实用为主。微面既可作为专用车、多用车、公务车、商务车，也可当成家用车，用于载货、旅游、出租等使用。国内微面主要生产厂有：昌河汽车、开瑞汽车、长安商用、昌河铃木、哈飞汽车、五菱汽车、一汽吉林等。

微货是微型货车的简称，是一种小型载货用汽车。其外形是在微面的基础上，车体后面加入封闭式货箱或货斗。国内在售的微货汽车，其发动机排量都不大，以经济实用为主。微货可作为载货车、专用车、公务车等。国内常见的微货主要有长安微货、哈飞微货、五菱微货、东风微货等。

轻客，是轻型客车的简称，指在设计和技术特征上用于载运乘客及其随身行李的商用车辆，包括驾驶人座位在内的座位数超过9座。常见的轻型客车有金杯大海师、依维柯等。

除此之外，轿车车身还可以按座椅排数、车门数以及车身用途等多种方法分类。

2.2　汽车车身详细结构

2.2.1　车身结构组成

汽车车身结构主要包括车身壳体、车门、车窗、车前钣件、车身外部装饰件和内部装饰件、车身附件以及通风、暖气及空调装置等。在货车和专用汽车上还包括货箱和其他装备。图 2-31 所示是某轿车车身结构分解图及装配图。

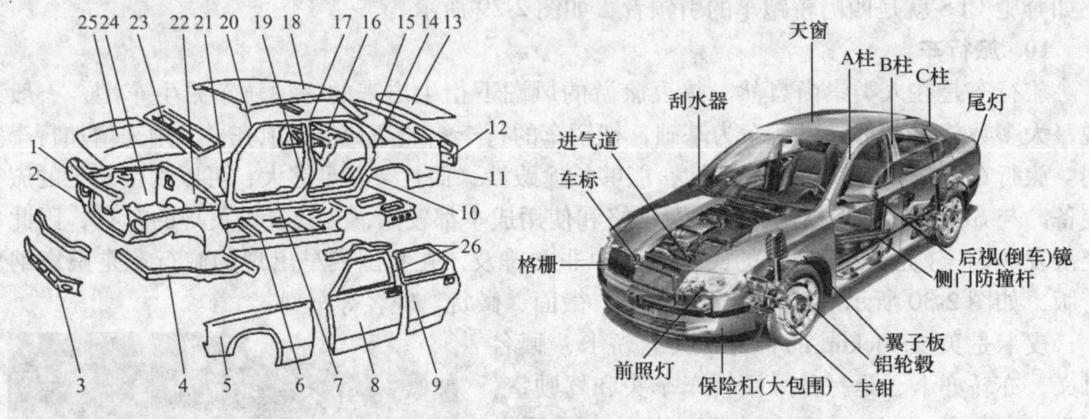

图 2-31　轿车车身结构分解图及整车装配图

1—发动机罩前支撑板　2—散热器固定支架　3—前裙板　4—前框架　5—前翼子板　6—地板总成　7—门槛　8—前门　9—后门　10—车轮挡泥板　11—后翼子板　12—后围板　13—行李箱盖　14—后立柱(C 柱)　15—后围上盖板　16—后窗台板　17—上边梁　18—顶盖　19—中立柱(B 柱)　20—前立柱(A)　21—前围侧板　22—前围板　23—前围上盖板　24—前挡泥板　25—发动机罩　26—门窗框

承载式车身结构因没有车架，所以要求具有高刚度车身，这种形式的车身具有较大的抗弯强度和抗扭刚度。现代承载式轿车车身，通常具有一体化的整体式钢板冲压侧围、前后加强的防撞钢梁以及车门内置防侧撞梁等车身加强结构件。比如，比亚迪 S6 的承载式车身没有车架，而是由外部覆盖零件和内部钣金件焊合而成的一个整体空间结构，车身作为发动机和底盘各总成的安装基础。整个车身主体只是加强了车头、侧围、车尾、底板等部位，车身和底架共同组成了车身本体的刚性空间结构。这种承载式车身除了固有的乘载功能外，还要直接承受各种负荷，图 2-32 所示为比亚迪 S6 底盘结构。

图 2-32　比亚迪 S6 底盘

2.2.2　车身壳体结构

车身壳体是一切车身部件的安装基础，通常指纵、横梁和立柱等主要承力元件，以及与它们相连接的钣金件共同组成的空间结构，通常还包括在其上敷设的隔声、隔热、防振、防腐、密封等材料及涂层。

车身壳体是车身结构件和覆盖件的焊接总成，该总成必须保证车身的强度和刚度。车身壳体构件(包括外蒙皮和内蒙皮)一般都参与承载，经过精心设计计算，使各构件承载时相互牵连和协调，充分发挥材料的最大潜力，使车身重量最小而强度和刚度最大。

如图2-33所示为捷达轿车车身壳体分解图。

车身结构件是指在车身上起主要支撑及承载作用的构件，是车身零部件的安装基础，如横梁、纵梁、门柱及下边梁等，图2-34所示为车身结构件焊接结构。车身结构件大多是由薄钢板成形件，通常是采用薄钢板冲压成形后焊接而成的薄壁杆件，也称之为骨架。这类构件通常具有非常高的强度，结构多为封闭式的异形截面。

分布在车身各处的钢梁是车身结构件的一种。图2-35是典型的车身前部钢梁，它由钢板围成一个闭合断面结构，钢板的厚度和材质规格都要比车身覆盖件高很多，而且为了在碰撞时能有效吸收撞击能量，这些钢梁还会将不同强度的钢材焊接在一起，形成有效的溃缩吸能区。

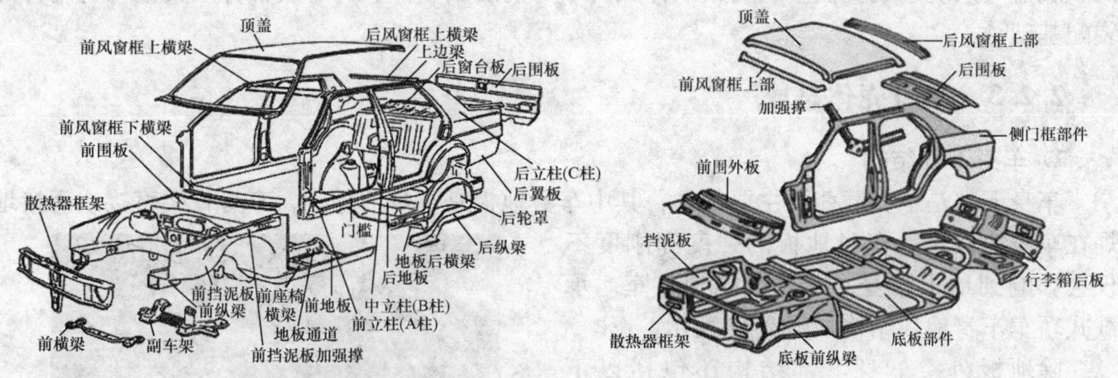

图2-33　捷达轿车车身壳体分解图(承载式轿车)

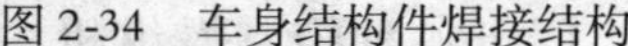

图2-34　车身结构件焊接结构

图2-35　典型的车身前部钢梁

车身覆盖件是指车身内、外表面的薄壳板件，外覆盖件如发动机罩外板、顶盖、车门外板、翼子板等，内覆盖件如前围板、地板、车门内板等，如图2-36所示。车身覆盖件大部分焊接在车身上，如前围板、翼子板、顶盖、地板等，而车门、发动机罩、行李箱盖是通过铰链连接在车身上的。它们通常起到美观和遮风挡雨的作用，一般用厚度不超过 1mm 的钢板冲压而成。其实，这些部位对车身强度的影响很有限，不能从车身覆盖件的厚薄来判断安全性。

图 2-36　车身覆盖件

车身壳体是整车的骨架，一般由以下总成及零件焊接而成。

1)车身下部结构，主要是地板焊接总成。

2)左、右侧围板焊接总成。

3)前围焊接总成。

4)顶盖及前后梁。

5)后围焊接总成。

将上述各分总成焊接在一起，加上车身外覆盖件和车门边，构成了完整的轿车车身壳体，是主要的车身承载结构，承受汽车行驶过程中的各种载荷，对乘员提供保护，为发动机、底盘等系统总成提供安装支架，并成为车身前后钣金件、内外装饰件及其他车身附件的装配基础。

2.2.3　车身壳体总成

1. 车身下部结构

车身下部是承受载荷的主要部件，其中车身地板是车身的基础，车身骨架直接或间接地焊在车身地板上，车身地板的强度和刚度不仅会影响到地板自身，而且影响到整车。承载式轿车车身地板结构如图 2-37 所示。

图 2-37　承载式轿车车身地板

除地板外，车身下部结构还包括以下总成：

1)左右前轮罩、前纵梁焊接总成。包括左、右前轮罩焊接总成；左、右前纵梁焊接总成；左、右前悬架固定座；左、右加强板焊接总成。该总成是发动机、前悬架及底盘各零件的固定承载件。

2)中后地板焊接总成。主要包括左后地板焊接总成，右后地板，前座椅横梁焊接总成，后座椅横梁焊接总成，中地板前、后段焊接总成，左、右后纵梁和后轮罩焊接总成。它是整个车身的基础，直接承受乘客及货物的载荷。

3)前地板焊接总成。前地板连接发动机舱与乘员室，固定各种控制操纵机构。由前地板、行车制动固定架及一些焊接螺栓等组成。前地板焊接总成与水槽焊接总成共同组成前围。

4)后挡板焊接总成。为整体冲压 L 形薄板体，将乘员空间与行李箱分隔开。

5) 水槽焊接总成。水槽焊接总成将在前围中介绍。

2. 左、右侧围板焊接总成

侧围指车身侧面由前支撑板、前立柱、中立柱、后立柱、后风窗支柱、顶盖侧梁、门槛外板及后翼子板组合成的焊接框架，装配时作为独立的大总成与地板、前后围等焊接成一个整体。侧围总成贯穿于车身的中后部。图 2-38 为承载式车身 SUV 侧围结构。

图 2-38　承载式车身 SUV 侧围结构

(1) 立柱

一般，轿车车身有三个立柱，从前往后依次为前立柱（A 柱）、中立柱（B 柱）、后立柱（C 柱）。对轿车而言，立柱的刚度在很大程度上决定了车身的整体刚度，因此在整个车身结构中，立柱要有足够高的刚度。立柱除了起支撑作用外，也起到门框的作用。另外，立柱的位置涉及轿车的整体布置、安全及驾乘舒适性。

1) 前立柱。前立柱由上段的前风窗支柱和下段的前围支柱焊接而成。前风窗支柱既是侧围的重要零件，又参与构成前风窗框。前围支柱断面尺寸较大，最主要的功能是承担前门负荷。设计前立柱几何形状方案时，必须考虑到前立柱遮挡驾驶人视线的角度问题。既要有一定的几何尺寸保持前立柱的高刚度，又要减少驾驶人的视线遮挡影响，这是一个矛盾问题。设计师必须尽量使两者平衡以取得最佳效果。在 2001 年北美国际车展上，瑞典沃尔沃推出的最新概念车 SCC，就将前立柱改为通透形式，镶嵌透明玻璃让驾驶人可以透过柱体观察外界，令视野盲点减少到最低程度。

2) 中立柱。中立柱不但支撑车顶盖，还要承受前、后车门的支承力，在中立柱上还要装置一些附加零部件，例如前排座位的安全带，有时还要穿电线线束。因此中立柱大都有外凸半径，以保证具有较好的力传递性能。现代轿车的中立柱截面形状比较复杂，它由多件冲压钢板焊接而成。随着汽车制造技术的发展，不用焊接而直接采用液压成形的封闭式截面中立柱已经问世，其刚度大大提高而重量明显减小，有利于现代轿车的轻量化。有些设计师则从乘客上下车的便利性考虑，索性取消中立柱。最典型的是法国雪铁龙 C3 轿车，车身左右两侧的中立柱都被取消，前后门对开，乘员完全无障碍上下车。当然，取消中立柱就要相应增强前、后立柱，其车身结构必须要用新的形式，材料选用也有所不同。

3) 后立柱。后立柱与前立柱、中立柱不同的是不存在视线遮挡及上下车障碍等问题，因此构造尺寸大些也无妨，关键是后立柱与车身的密封性要可靠。

(2) 后侧围内板

后立柱、后风窗支柱、连接板、加强板、后轮罩外板及安全带固定板等共同组成后侧围内板焊接分总成，是车身骨架中较大的一个分总成，可靠地支撑着乘客区的后部。

(3) 后翼子板

又称为后侧围外板，后翼子板与侧围一体化是现代轿车车身结构的一个突出特点。翼子板包容轮胎，以防止流水飞溅，并满足外观要求。

(4) 顶盖侧梁

顶盖侧梁的形状极为复杂，它既要承受纵向载荷，又要与前、中、后三个支柱及内饰拉手搭接。从安全性出发，顶盖侧梁在前支柱至中支柱之间加设侧梁加强板，使之与侧梁组成闭合断面，以提高结构强度和抗弯、抗扭刚度。侧梁的下侧翻边与顶盖的垂直翻边点焊连接，上侧翻边与顶盖内表面粘结，既保证了顶盖外表的表面质量，又起到密封、隔振的效果。

(5)门槛外板

侧围下部的门槛属地板焊接总成，为使焊接工艺简便，先与侧围各零件焊于一体，其内部与前支柱和后支柱连接处分别设有加强板，以提高接口刚度。此外，在下表面设置有千斤顶支座固定孔，以方便厂内运输及维修调整。

3. 前围焊接总成

前围焊接总成由水槽、转向柱支架、仪表板支架及加强板组成。前部两侧靠两个翼形连接板分别同左、右前轮罩焊接固定，下边缘与前地板即发动机挡板点焊连接。这样，前围焊接总成与倾斜的前地板一起将发动机舱与乘员室分开，起隔声、隔热、隔振和碰撞防护的作用。

水槽是用厚0.8mm的钢板冲压而成的凹槽形构件。它是为暖风机、蓄电池的安装及发动机、底盘、电气等各系统有关线束的敷设而设计的大支架。水槽通过橡胶塞、密封条等保证暖风机、蓄电池等与前部的发动机完全隔离。

转向柱横梁是主要的横向受力构件，靠横梁与加强梁组成闭合断面，以及本身的弯曲形状和表面的冲压筋保证其具有较高的抗弯、抗扭刚度。

前围焊接总成同左、右前围支柱一起组成乘员区前部坚固的受力框架。

4. 顶盖及前后梁

(1)顶盖

轿车顶盖是轮廓尺寸较大的大型覆盖件，大多是曲率较小的整体式冲压板件，其作用不只是避雨，更重要的是具有较高的刚性，在轿车侧翻时可起到保护乘员安全的作用。

汽车顶盖通常分为固定式顶盖和敞篷式顶盖两种。

固定式顶盖是常见的轿车顶盖形式，属于轮廓尺寸较大的大型覆盖件。它具有刚性强，安全性好，在汽车侧翻时起到保护乘员的作用；缺点是固定不变，无通风性，无法享受到阳光及兜风的乐趣。敞篷式顶盖一般用于高级轿车或跑车上，通过电动和机械传动移动部分或全部顶盖，可以充分享受阳光和空气，体验兜风的乐趣；缺点是机构复杂，安全性和密封性较差。

设计师考虑固定式和敞篷式顶盖各自的优缺点，在固定顶盖上开“天窗”，既可保持固定顶盖的优点，又可在一定程度上获得敞篷效果，两者兼顾，还可增加车内光线。20世纪80年代以后，开天窗的轿车迅速流行起来。一般来说，天窗主要由玻璃窗、密封橡胶条和驱动机构组成。顶盖天窗设计中最重要的问题是防漏水。天窗内侧应设流水槽和嵌有密封橡胶条的框架，从缝隙漏入的水通过流水槽和排水管流出车外。图2-39所示为天窗结构。

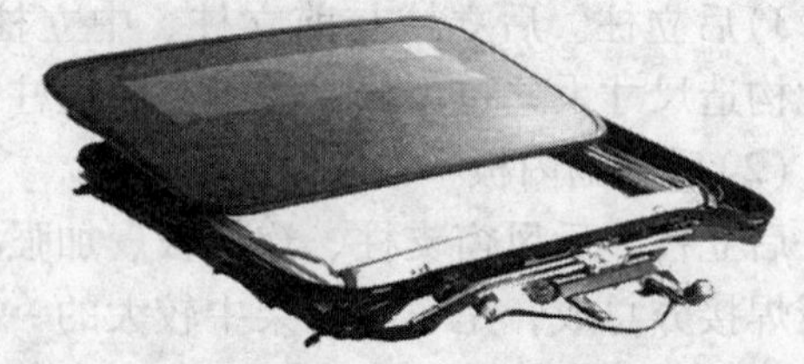

图2-39 天窗结构

【阅读材料2-3】 天窗(活动车顶)驱动机构

天窗驱动机构将天窗升降和移动功能联合起来，为此需要采用专门的电动机控制。在电动机控制中，机械闭锁极限行程开关可以按端子上的极性使天窗从关闭状态变为开启状态或举升状态。当天窗在开启或举升状态时，变换极限行程开关极性又可使天窗处于关闭状态或下降状态。天窗驱动控制使用微型计算机。微型计算机处理天窗运动的输入信号并监控天窗移动的位置。利用微动开关或 Hall 位置传感器可以控制天窗的原始位置和移动的极限位置。另外还有其他一些功能，比如可预测的位置控制、利用下雨传感器关闭天窗、驱动电动机转速控制、驱动电动机的电子保护等功能。

(2) 顶盖前后横梁

顶盖前后横梁均为单板冲压件。前横梁两端分别与左、右前风窗支柱内板点焊，后横梁两端与左、右后风窗支柱内板点焊，这样，顶盖前后横梁、左右侧梁、左右前风窗支柱及左右后风窗支柱共同构成了乘客区上部的完整的受力骨架。

5. 后围焊接总成

后围焊接总成包括后围上连接板、后围下连接板、后围加强板、锁销加强板和后围托架等零件，构成行李箱和车体后围板，为尾灯及后保险杠提供安装配合面及相应的固定孔，是车身骨架中承受横向载荷的主要零件之一。

2.2.4　车身前板制件

车身前板制件俗称车头，主要由发动机罩、散热器面罩及散热器固定板、前翼子板、保险杠、挡泥板以及各种加强件、固定件和装饰件等组成。车身前部是整个车身重要组成部分之一，对于汽车的外部选型，提高整车的动力经济性、安全性，改善冷却通风，减少灰尘积垢和噪声都有重要影响。图 2-40 为北京 BJ2020 轻型汽车车身前板制件。

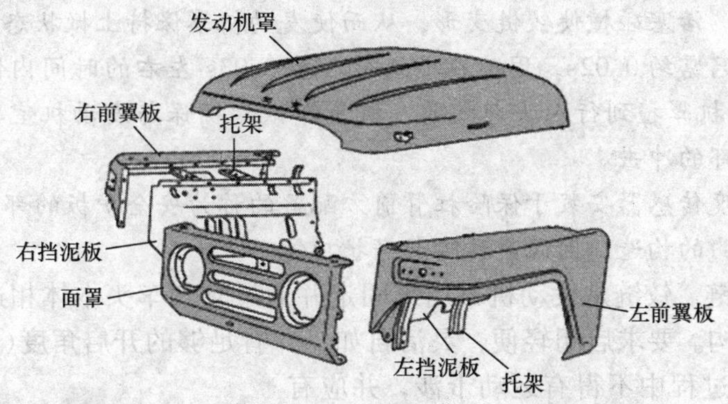

图 2-40　北京 BJ2020 轻型汽车车身前板制件

(1) 发动机罩

1) 发动机罩总成。发动机罩总成一般由外板及内板焊接组成，中间夹以隔热材料。外板为适应整车造型的需要是较为平整（或稍有拱曲）的大覆盖件。有的发动机罩外板表面还布置有两条相差不大且较长的加强筋。内板起到增强刚性的作用，其几何形状由厂家选取，基本上是骨架形式，一般由薄钢板经整体冲压后成形，内板筋条网格布置，凸筋的布局既增加美感、提高刚度，又考虑到它们在发动机罩上的位置避让如铰链、锁机构等零件的需要，如图 2-41 所示。对发动机罩的主要要求是隔热隔声、自身质量轻、刚性强。

2) 发动机罩开启方式。现代轿车的发动机罩大多数采用铰链在后的向后开启方式。由于向后开启的发动机罩整体刚性好，相对位置稳定，间隙均匀，整个车头流线形好，容易适应造型的需要；在对发动机进行检查、维修时，容易从头部和侧面接近发动机，因而维修方便。但这种开启方式在发动机罩锁爪磨损后，车辆在行驶中受到风压作用，可能掀开车盖，妨碍驾驶人视线。为防止在行驶中由于振动自行开启，发动机罩前端要有保险锁钩锁止装置，锁止装置开关设置在车厢仪表板下面，当车门锁住时，发动机罩也应同时锁住。向后翻转的发动机罩打开至预定角度，不应与前风窗玻璃接触，应有一个约为10mm的最小间距。

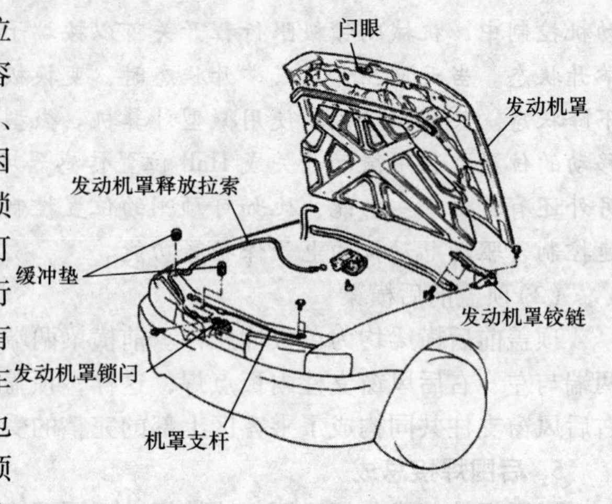

图 2-41　发动机罩

【阅读资料 2-4】　　上弹发动机罩系统

本田公司于2008年9月在局部改进的高级轿车“里程”中采用了“上弹发动机罩系统”(欧洲于2006年已开始采用)。在传感器检测到与行人发生正面冲撞后，致动器就会将发动机罩上掀约10cm，以减轻发动机罩对行人头部撞击的冲击力。在“里程”这种发动机罩与发动机之间的空隙较小的车型中采用该系统主要是为了提高安全性。

上弹发动机罩系统利用配备在前保险杠上的3个加速度传感器检测是否与行人发生了冲撞。检测时间仅为约0.01s。致动器在收到加速度传感器的信息之后，就会点燃致动器内部的火药，顶起活塞。活塞碰撞使铰链变形，从而使发动机罩保持上掀状态。另外，以致动器将发动机罩掀起也只需约0.02s，因此在撞到行人后0.03s左右的时间内便可将发动机罩掀起约10cm。在发动机罩撞到行人头部之前，机罩即掀起确保与发动机室之间的空隙，从而可以减轻对行人头部的冲击。

实际上，加速度传感器安装于保险杠臂前方配备的称为安全护板的部件上。该安全护板采用了可以轻易弯曲的构造，因此兼具脚部保护功能。

3)发动机罩铰链。铰链是发动机罩用来固定并通过它和车头本体相连接的机构，也是发动机罩的开闭机构。要求启闭轻便，灵活自如，并有足够的开启角度(一般开度在40°~50°为宜)，在开启过程中不得有运动干涉，并应有足够的强度和刚度，可靠耐久和易于制造。

发动机罩铰链有明铰链与暗铰链。明铰链虽然结构简单，但操作笨重，铰链外露，影响外观质量，增大空气阻力。轿车主要采用暗铰链，暗铰链通常有臂式铰链、合页式铰链及平衡式铰链等多种形式，图2-42所示为比亚迪发动机罩的臂式左、右铰链。

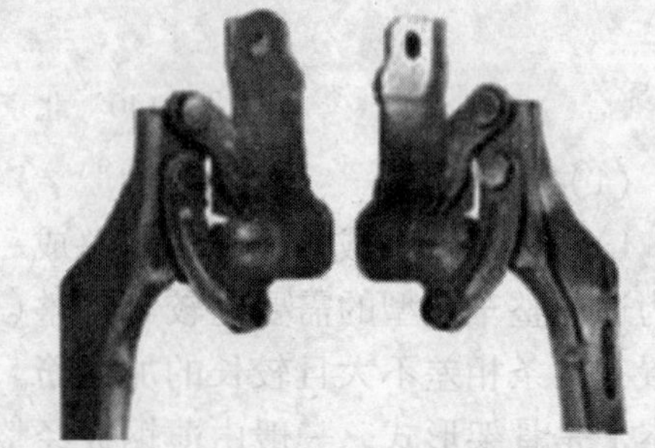

图 2-42　比亚迪发动机罩臂式左、右铰链

配合铰链的开启，发动机罩上应设置支撑杆，一般有以下几种形式：

①普通合页式铰链与支撑杆联合使用。这种铰链结构简单，使用可靠，一般在普及型轿车或吉普车上采用。如上海桑塔纳，依靠铰链使发动机开启一定角度，用一根一定长度的支

杆支撑，使发动机罩停留在固定的角度上。

②简单铰链与平衡机构联合使用

a. 简单铰链与有平衡弹簧的机构联合使用，这种形式结构简单、易于制造、承受的负荷较大，适于发动机罩自身重量较大的车型，但铰链与平衡机构分别装在两处，结构不够紧凑。

b. 简单铰链与气动杆联合使用。发动机罩的重量平衡依靠左右各设的一支空气弹簧支撑杆来平衡，如图 2-43 所示。内气动杆来平衡发动机罩自身质量产生的阻力矩。这种机构工作可靠、结构紧凑，适于大量生产。目前轿车上采用较多。

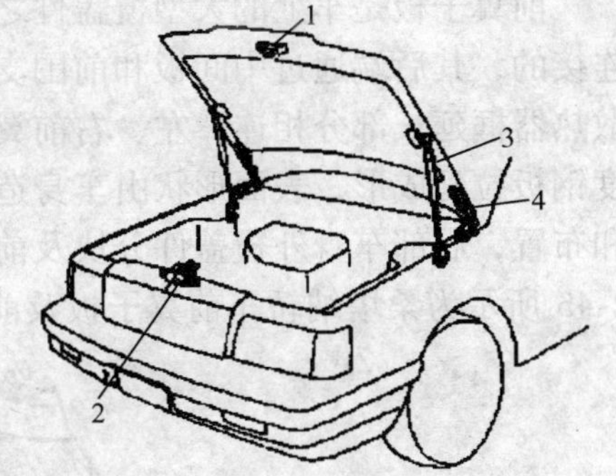

图 2-43　简单铰链与气动杆联合使用

1-锁环　2-卡板　3-发动机罩气动杆　4-铰链

4）平面连杆式铰链。发动机罩铰链采用平面四杆机构，在发动机罩开启时，瞬时旋转中心不断变化，采用不同杆件尺寸，可以实现所要求的运动轨迹和开启角度，可使发动机罩停留在任意开度上。

图 2-44 所示为奥迪 100 轿车上采用的平面四杆机构式发动机罩铰链，其发动机罩的开闭是四杆机构式铰链与气动杆联合使用。

发动机罩锁的功能，是使其安全锁闭，并保证发动机罩与车身的相对位置，在行车中不得自动开启。发动机罩锁包括锁本体、内开机构和安全锁三部分。发动机罩锁按其锁体结构划分，可分为钩子锁、舌簧锁及卡板锁三种形式。

（2）散热器面罩

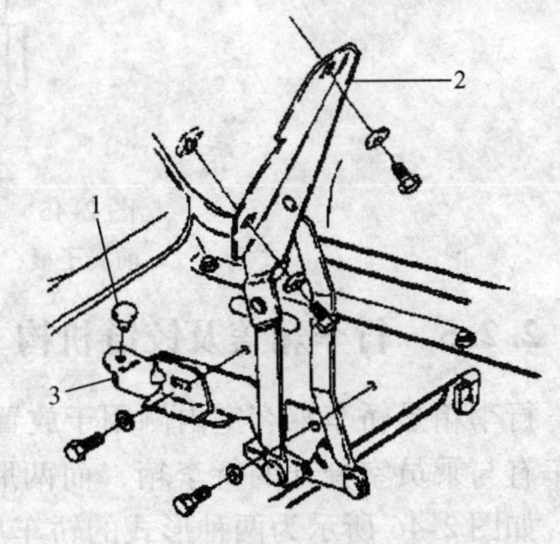

图 2-44　四杆机构式铰链（奥迪 100）

1-缓冲塞　2-铰链总成　3-限位角板

散热器面罩是装在散热器外部的保护零件，其功能是保护散热器不受冲击，同时为散热器提供足够的通风、冷却面积。随着人们审美要求的提高，散热器面罩早已超脱其原有的功能，成为车头乃至整车的一个重要装饰零件。目前，对散热器面罩设计的重点，不仅是为了防护、通风，更主要的是为了追求外观造型效果，因此，无论从材料选择、成形工艺到外表装饰都在进行不断地探索。

散热器面罩材料，主要分为钢板冲压件、铝合金压铸件、塑料树脂件等。钢板冲压件工艺要求低、成本低，为载货车所广泛采用，但难以满足复杂的成形要求，所以在轿车上很少使用。铝合金压铸件曾在过去轿车散热器面罩中广为使用，能满足造型要求，加工装配精度也较高，但重量大、成本高，目前已逐渐被塑料件所取代。采用塑料树脂注射成型制作散热器面罩在现代轿车中已广为采用，常用的塑料材料有 ABS 树脂、聚酯树脂。其优点是重量轻、耐腐蚀，可采用注射成型等高效、大量生产方式，产品表面及尺寸精度较高，零件表面可以电镀，也可进行各种装饰花纹处理。

从功能上考虑，散热器面罩应考虑面罩的开口面积，以及散热片的倾斜所引起的气流运动，促进散热器的冷却与散热的效果。

从装饰的角度考虑，因散热器面罩相当于轿车的“面孔”，因此对面罩的各种形式凝聚了设计师的匠心与创意。现代轿车中,常将散热器面罩与保险杠的横向布置以及车头灯罩整体注塑成型,其结构断面是门字形,既提高了车身前端的整体刚度,又增添了造型的协调感与纵深感。

(3)前翼子板和挡泥板

前翼子板是车上的大型覆盖件之一。在绝大多数轿车上，前翼子板是用螺钉与车身本体连接的，其后端通过中间板和前围支柱这接，侧面与发动机罩缝线处和挡泥板相连。前部和散热器框延长部分相连，左、右前翼子板也有联板。前翼子板一般由厚 0.6 ~ 0.8mm 的高强度钢板拉延成形，表面形状由车身造型确定。影响前翼子板周围边界的因素是前部车灯形式和布置，后部车身外覆盖件分块及前门的运动，内侧发动机罩的形状、尺寸及侧缝线等。图 2-45 所示为桑塔纳轿车前翼子板及前轮罩(挡泥板)结构。

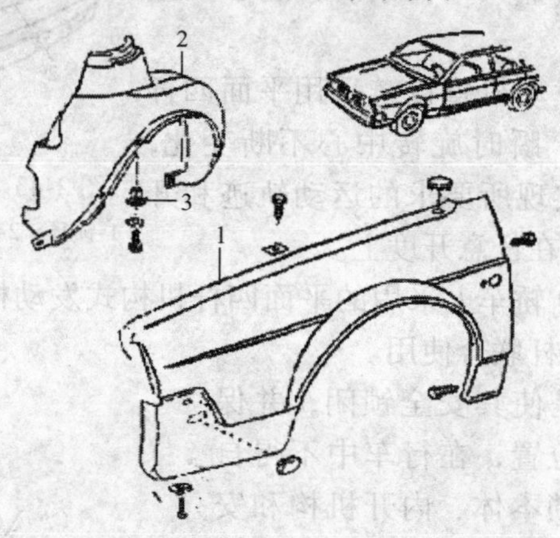

图 2-45　前翼子板与前轮罩(桑塔纳)

1-前翼子板　2-前轮罩　3-插入式弹性自锁螺母

2.2.5　行李箱盖及铰链机构

行李箱是轿车乘客室内侧用于放置行李、物品的那一部分，通常也称为后车身。三厢式轿车有与乘员室分开的行李箱，而两厢式轿车的行李箱则与乘员室合为一体成为相通的结构，如图 2-46 所示为两种形式的轿车后部。

图 2-46　三厢式和两厢式轿车后部

行李箱盖由内板和外板构成，涂装后再装上装饰板。其中，内板的形状较复杂，既有纵向筋，又有横向筋，还有斜向筋和环状筋，以增强行李箱的刚度。图2-47所示为行李箱盖内板及铰链加强板。

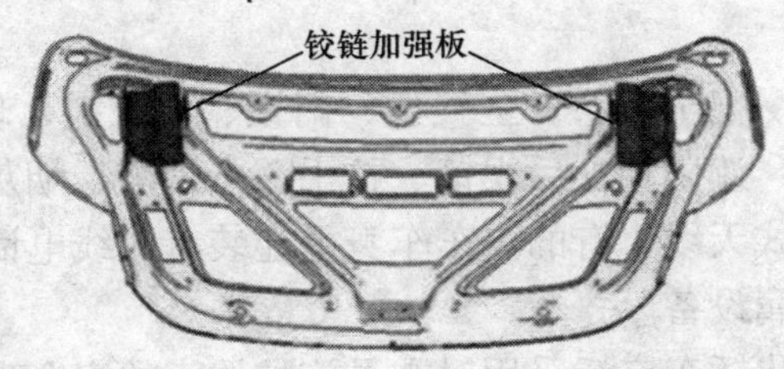

图2-47 行李箱盖内板及铰链加强板

为了适应行李出入的大开口，并保证行李箱盖有大的开启角(奥迪100为87°)，应设置铰链及平衡支撑杆。行李箱盖铰链常用臂式或四连杆式铰链。支撑杆则用扭力杆式或空气弹簧减振支撑杆。

(1)臂式铰链

图2-48所示为臂式铰链。铰链装在行李箱盖与车身之间，当行李箱锁被打开时，行李箱盖便在扭杆弹簧作用下，自动弹开至最大极限位量，为取放行李提供了方便。

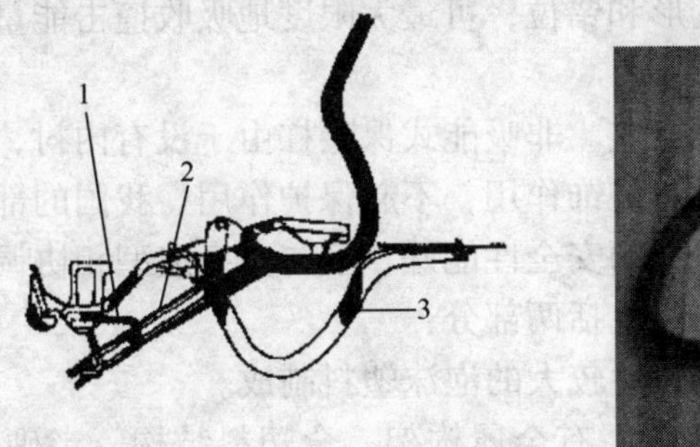

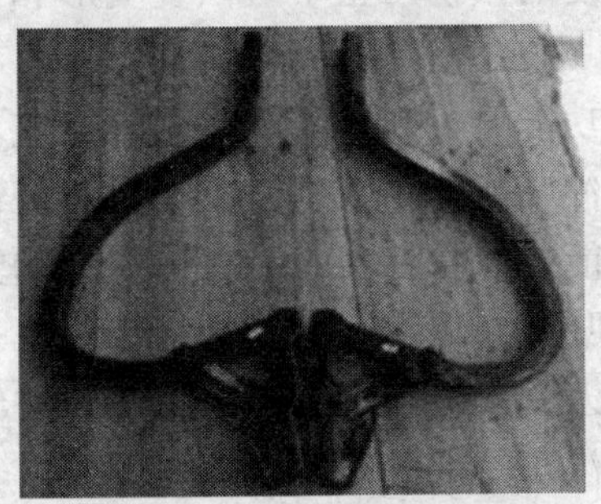

图2-48 臂式铰链

1—扭杆弹簧 2—连接杆 3—臂

(2)四连杆式铰链

如图2-49所示，四连杆式铰链可确保行李箱盖的开度。开启时用空气弹簧支撑杆；关闭时，行李箱盖在挡泥板及密封凸缘之间合拢。

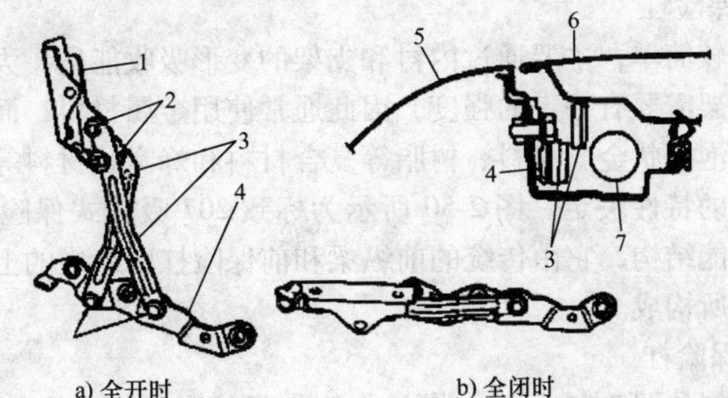

图2-49 四连杆式铰链

1—箱盖侧铰链 2—铰链结 3—连杆 4—车身侧铰链 5—后挡泥板 6—行李箱盖 7—气体支撑杆

2.2.6　车身附件

车身附件包括保险杠、安全带、安全气囊、门锁、门铰链、玻璃升降器、各种密封件、风窗刮水器、风窗洗涤器、遮阳板、后视镜、拉手、点烟器、烟灰盒等。在现代汽车上，常装有无线电收放音机和杆式天线，有的汽车车身上还装有无线电话机、电视机或加热食品的微小炉和小型电冰箱等附属设备。

为保证行车安全，现代轿车广泛采用对乘员施加约束的安全带、头枕、安全气囊，以及汽车碰撞时防止乘员受伤的各种缓冲装置等。这些安全防护装置是现代汽车结构的重要组成部分。在发生汽车碰撞事故时，安全防护装置能有效地减轻乘员的伤亡和汽车的损坏。

保险杠

汽车的最前端和最后端都装有保险杠，保险杠作为汽车上一个独立的总成，它对车辆的安全防护、造型效果、空气动力学特性等有较大影响。保险杠系统作为汽车安全防护装置是现代汽车结构的重要组成部分，在“低速碰撞”和“行人保护”方面起着决定性的作用。保险杠是车身前后部重要的被动安全防护装置。汽车发生前后碰撞时，通过保险杠本身的可恢复变形、轻度的损伤乃至不可恢复变形和错位，可最大限度地吸收撞击能量，防止或减轻伤害。

保险杠按功能可分为非吸能式和吸能式。非吸能式保险杠由于没有内衬，支架也基本不吸能，所以缓冲吸能能力较差，基本只起装饰作用，不起保护作用。我国的部分轻型客车采用的就是非吸能式保险杠。吸能式保险杠的安全性能好，且与车身造型相协调，广泛应用于现代轿车上。吸能式保险杠的防护结构应包括两部分：

①减轻行人受伤的软表层，主要由弹性较大的泡沫塑料制成。

②能吸收汽车一部分碰撞能量的装置，有金属构架、全塑料结构、半硬质橡胶缓冲结构、液压或气压装置等形式。车身侧面的护条与行人接触的可能性很小，一般由半硬质塑料或橡胶制成。常见的吸能式保险杠系统通常由外盖板、内衬、横杠、支架等部分组成，其中内衬和支架都可作为缓冲吸能元件。

吸能式保险杠，按缓冲吸能方式不同可分为自身吸能式、液压吸能式、带气腔式和安全气囊式保险杠。

(1) 自身吸能式保险杠

这种保险杠结构较简单，主要通过内衬和支架的变形吸收能量。大部分轿车采用这种形式的保险杠。由于支架需要有一定的强度，因此通常使用金属材料，而内衬的材料则多种多样，包括各种塑料、泡沫状金属材料、树脂等复合材料和蜂窝状材料等。这种保险杠的缓冲性能通常由缓冲材料的特性决定。图 2-50 所示为标致 207 吸能式保险杠，发动机舱的结构设计采用双层碰撞吸能结构，它由传统的前纵梁和前保险杠所组成的上层吸能结构与副车架组成的下层吸能结构所构成。

(2) 液压吸能式保险杠

这种类型的保险杠如图 2-51 所示。横杠内侧加强件通过橡胶垫与液压缓冲减振器的活塞杆相连接，活塞杆为空心结构，内装有浮动活塞，活塞将其隔成左、右两腔，左腔充满氮气，右腔充满液压油，活塞杆外圆柱面与缓冲缸内圆柱面滑动配合，缓冲液压缸内液压油与

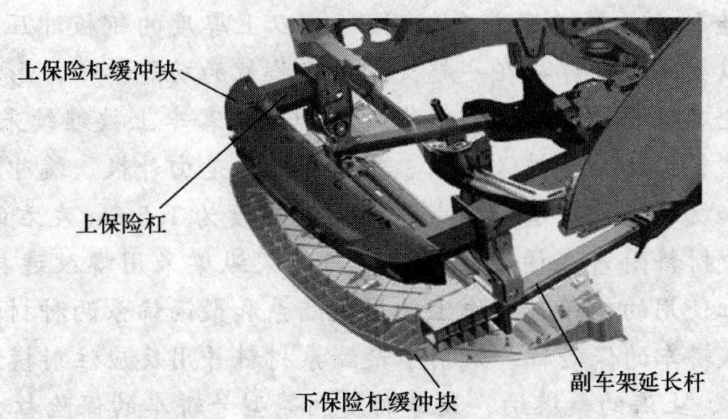

图 2-50　标致 207 吸能式保险杠

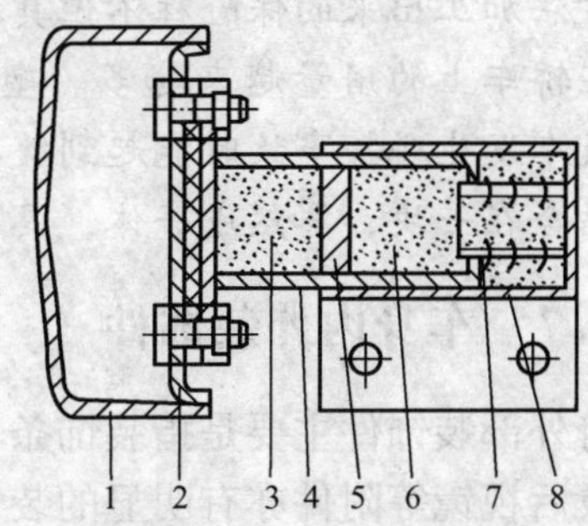

图 2-51　液压缓冲型保险杠

1—横杠　2—横杠内侧加强件　3—氮气　4—活塞杆　5—浮动活塞　6—液压油　7—节流孔　8—缓冲缸及其支座

活塞杆右腔相通。缓冲缸固定在车架或车身加强件上。当汽车与障碍物发生碰撞时，保险杠受到的冲击力传到活塞杆上，活塞杆端部向右移动，挤压液压油通过节流孔向活塞杆右腔流动，推动浮动活塞向左移动，并使氮气受到压缩。这样利用液压油通过节流孔时的粘性阻力吸收撞击的能量，吸收能量的效率可以高达 80%。这类油气弹簧式的缓冲减振器有效利用了气体缓冲、液体节流减振的工作方式，工作特性比较稳定。撞击后靠氮气产生复原动力，使保险杠复位。这种保险杠由于造价较高，通常用在高档轿车上。

(3)带气腔式保险杠

这种类型的保险杠的气腔通常作为内衬安装在外盖板和横杠之间。当碰撞发生时，气腔被压缩，进而影响其外面包裹部件的变形方式，从而改善吸能效果。资料表明，合理地设计气腔数量和气压能保证包裹气腔部件的强度，这种保险杠与普通式保险杠相比能使 15km/h、40% 偏置碰撞的减速度减小 20% ~50%。

(4)带安全气囊型

这是一种专门为了保护行人而设计的保险杠，即把安全气囊装入保险杠内。在行人触及保险杠的瞬间，保险杠内藏推板迅速落下，阻止行人被撞倒在车底下，与此同时，保险杠前方和两侧的气囊迅速充气，将被撞行人托起。这种保险杠可以有效地保证被撞行人的安全，但尚处于研究和试验阶段。

随着我国汽车的普及和人们对安全性关注的提高，吸能式保险杠在汽车碰撞中的重要性日益提高。这种保险杠能最大限度地保护汽车和行人，起到安全保护作用。

除保险杠外，经常致使行人受伤的构件主要有前翼子板、前照灯、发动机罩、车轮、风窗玻璃等。这些构件制造得不能尖锐而坚硬，最好是平整光滑而富有弹性。某些轿车包括保险杠在内的整个正面都用大块聚氨酯泡沫塑料制成，并将发动机罩的顶面用软材料包垫，使安全性大大提高。

【阅读材料 2-5】　　保险杠的材料

早期的汽车保险杠比较简单，大多数用 3mm 以上厚度的钢板冲压成 U 形槽钢。一般，保险杠与汽车车架纵梁铆接或焊接在一起，这种保险杠的功能单一，形状简单，具有不可拆卸性。目前，这种金属保险杠仅在重型载货汽车和大型客车上被继续采用。现代轿车的前、后保险杠大多采用塑料，称为塑料保险杠。塑料保险杠是由外板、缓冲材料和横梁等三部分组成，其中，外板和缓冲材料用塑料制成，横梁用厚度为 1.5mm 左右的冷轧薄板冲压而成 U 形槽；外板和缓冲材料附着在横梁上，横梁与车架纵梁采用螺纹连接，可以随时拆卸下来。这种塑料保险杠使用的塑料，大体上使用聚酯系和聚丙烯系两种材料，采用注射成型法制成。例如标致 405 轿车的保险杠，采用了聚酯系材料并用反应注射模成型法做成；而大众的奥迪 100、高尔夫、上海的桑塔纳、天津的夏利等型号轿车的保险杠，采用了聚丙烯系材料用注射成型法制成。国外还有一种称为聚碳酸酯系的塑料，掺进合金成分，采用合金注射成型的方法加工出来的保险杠不但具有高强度的刚性，还具有可以焊接的优点，而且涂装性能好，在轿车上的用量越来越多。塑料保险杠具有一定的强度、刚性和装饰性，从安全上看，在汽车发生碰撞事故时能起到缓冲作用，保护前、后车体，从外观上看，可以很自然地与车体结合在一块，浑然成一体，具有很好的装饰性，成为装饰轿车外形的重要部件。

2.2.7　车身内外装饰件

车身外部装饰件主要是指装饰条、车轮装饰罩、商标、字牌等。散热器面罩、保险杠、灯具以及后视镜等附件亦有明显的装饰性。

车身内部装饰件包括仪表板、座椅、门与门柱内饰、遮阳板与车顶内饰、窗帘、地毯、整车减振隔声垫等。在轿车上广泛采用天然纤维或合成纤维的纺织品、人造革或多层复合材料、泡沫塑料等表面覆饰材料；在客车上则大量采用纤维板、纸板、工程塑料板、铝板、花纹橡胶板以及复合装饰板等覆饰材料。

座椅是车身内部重要装置之一。座椅由骨架、坐垫、靠背和调节机构等组成。坐垫和靠背的弹性元件应保证坐垫有适当的弹性。调节机构可使座位前后或上下移动以及调节坐垫和靠背的倾斜角度。某些座椅还有弹性悬置和减振器，可对其弹性悬置加以调节，以便在驾驶人不同的体重作用下仍能保证坐垫离地板的高度适当。

双座椅骨架常用轧制型材(钢管、角钢)制造或用钢板冲压焊接而成，并用螺钉直接固定或通过座椅调节机构固定在车身上。坐垫和靠背的尺寸和形状应与人体相适应，以使人体与座椅接触的压力分布合理，保证乘坐舒适。若坐垫和靠背表面太光滑，会使人体在汽车行驶时左右摇晃，引起疲劳。为此，应将坐垫和靠背设计成中部略为凹陷(有些座椅甚至设计成簸箕形)并在其表面制成凹入的格线以提高对人体的附着性能且改善透气性。

坐垫和靠背的弹性元件若刚度过大会使人感到不舒适，而刚度过小的弹性元件则其振动频率容易与车身振动的低频合拍，引起共振。另外，刚度过小的靠背使人失去依靠，对驾驶人操作不利，也易使人过早疲劳。弹性元件分为金属和非金属两大类。金属弹性元件常用直径为 1.5～3.5mm 的弹簧钢丝绕制。由许多直立弹簧组成的坐垫或靠背，通常在其边缘上有金属框架。为避免各种金属零件互相摩擦而产生噪声，弹簧的螺距应较大，用结实的织物保持各种金属零件的相对位置。这种坐垫和靠背的厚度较大且零件数目较多。水平布置的回形弹簧和水平布置的拉伸弹簧通常安在座椅骨架上。这种结构的坐垫和靠背厚度较小，适用于车身布置尺寸更紧凑的汽车。非金属弹性元件有聚氨酯泡沫塑料、海绵橡胶和水平布置的橡胶条等。聚氨酯泡沫塑料是在金属模子中发泡成所需的形状，用以制造坐垫和靠背芯子时，其密度、刚度、阻尼等都可以按需要调配，是目前应用最广的金属弹性元件。

为了使坐垫和靠背有较大阻尼，以便使振动迅速衰减，常常将每个金属螺旋弹簧紧裹在织物缝制的套内或将坐垫底部封闭(只留若干通气小孔)，也可在座椅的悬置上加装专门的减振器。

车身的内外装饰件不仅起着装饰汽车、美化环境的作用，还有许多实用功能。如仪表板不仅在功能上为驾驶人提供视觉信息和方便、舒适的操作，而且在形体上是形成内饰风格的重要组成部分。

2.2.8　通风、暖气及空调装置

车身内部的通风、暖气、冷气以及空气调节装置是维持车内正常环境、保证驾驶人和乘客安全舒适的重要装置。在汽车行驶时必须保证室内通风，即对汽车室内不断充入新鲜空气，驱排混有尘埃、二氧化碳及其他来自发动机的有害气体。在寒冷季节还应对新鲜空气加热，以保证车内温度适宜。

(1)通风暖气装置

不依靠风机而利用汽车行驶时的迎面气流进行车内空气交换的办法称为自然通风。自然通风可依靠车身上的进、出风口和装在车门上的三角窗来实现。进风口通常布置在风窗玻璃下沿的前方或车身前围的两侧；出风口通常布置在车身侧面向后部的拐角处。三角窗可绕垂直(或略倾斜)的轴线转动和调节开度。三角窗开启时在其附近形成空气涡流，迫使车内空气绕车窗循环流动。

图2-52所示是在普通级和中级轿车以及货车驾驶室中广泛采用的通风采暖联合装置。车外新鲜空气经进风口2被风机3压入车内以进行强制通风。在寒冷季节，则可将发动机中的高温冷却液直接导入采暖装置的散热器8对空气加热，再将加热后的空气引至风窗进行除霜并同时引至室内供暖。较温暖的室内空气可经由进口12导入该装置重新加热，形成内循环。与直接加热室外冷空气相比，内循环能较迅速地使汽车室内温度上升。这种强制通风比自然通风更为有效，并可用过滤的办法保证空气更洁净。

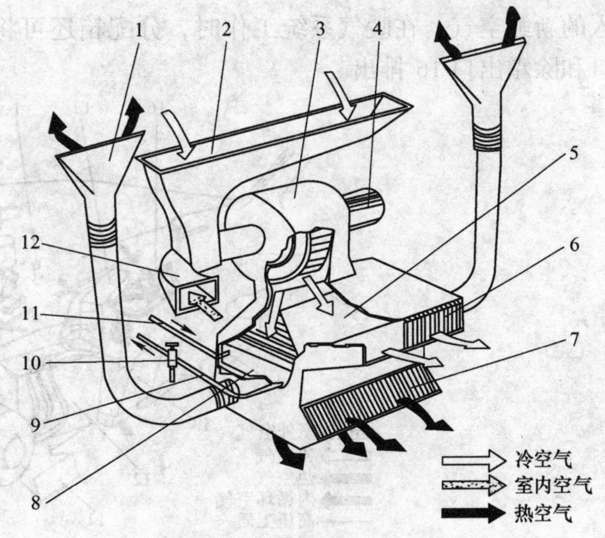

图2-52　通风采暖联合装置

1—除霜喷嘴　2—冷空气进口　3—风机　4-电动机
5—冷热变换阀门　6—冷空气出口　7—热空气出口　8—散热器
9—出水管　10—放水龙头　11—进水管　12—内循环空气进口

(2)空调装置

现代汽车为了使车内乘员有一个良好的气候条件，一般都有空调装置。汽车空调是用人为的方式调节车内温度和湿度，并能适时补充车内新鲜空气。汽车空调系统由制冷、采暖和通风三部分组成。通常所谓的汽车空调，一般是专指制冷空调。

各种汽车空调装置按其压缩机的驱动动力不同，可分为独立式和直连式。独立式空调是以辅助的发动机来驱动压缩机，主要用于制冷量要求很大的大型客车或豪华旅游车上。直连式空调是以汽车的主发动机直接带动压缩机，通常用在轿车、小型客车上。

直连式汽车空调的基本组成如图 2-53 所示，压缩机、冷凝器、储液干燥器、蒸发器等组成，用管路连成一个封闭的循环系统。为了保证制冷系统的正常工作，在系统中还有一些辅助部件。

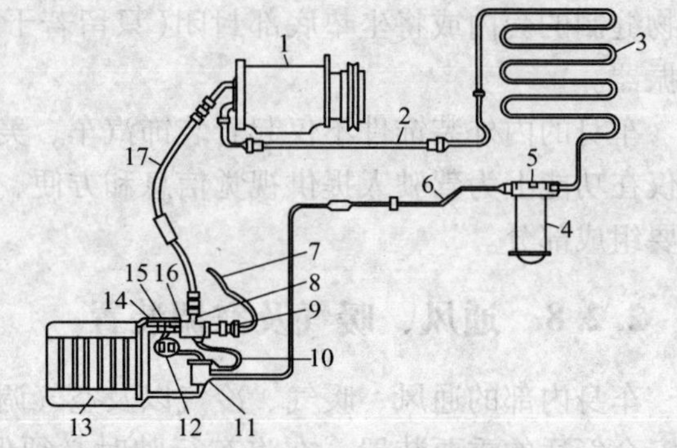

图 2-53　空调基本组成

1—压缩机　2—软管　3—冷凝器　4—储液干燥器　5—观察窗　6—液管　7—真空软管　8—吸入节流阀　9—真空装置　10—均衡管　11—膨胀阀　12—毛细管　13—蒸发器　14—感温包　15—放油管　16—止回阀　17—低压管路

如图 2-54 所示是高尔夫轿车的通风、采暖、冷气联合装置，其中冷气部分的结构如下：冷凝器 3 置于汽车的最前部，压缩机 4 右侧的带轮由发动机带动。带轮与压缩机主轴之间有电磁离合器，只有在制冷时方使主轴与带轮接合。在压缩机的作用下，制冷工质从储液罐 2 经由管道 5 通过膨胀阀 7 进入蒸发器 12，然后经由管道 6 被吸入压缩机，再通过冷凝器 3 回到储液罐 2。车外空气在风机 10 的作用下从进口 1 经由过滤进口 8 流过蒸发器 12 进入分配箱 13。在制冷系统工作时，分配箱可将冷却的空气导向出风口 11、14 和 15；制冷系统不工作时，出风口排出的是从室外导入的新鲜空气；在暖气系统工作时，分配箱还可将空气导向热交换器 17，然后经出各出风口和除霜出口 16 排出。

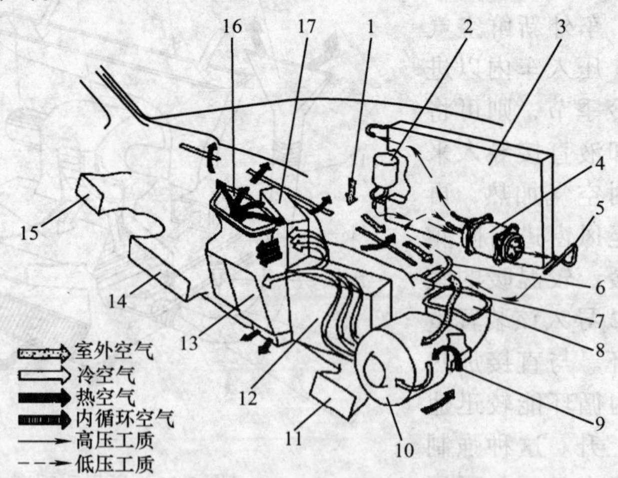

图 2-54　高尔夫轿车的通风、暖气、冷气联合装置

1—外部空气进口　2—储液罐　3—冷凝器　4—压缩机　5—高压管道　6—吸入管道　7—膨胀阀　8—空气过滤进口　9—内部循环空气进口　10—风机　11—右出风口　12—蒸发器　13—分配箱　14—中出风口　15—左出风口　16—除霜热空气出口　17—热交换器

2.3　轿车车门

2.3.1　车门的功能要求

车门是车身的一个独立总成，一般用铰链将车门安装在车身上。为了保证乘员的安全性、上下车的方便性、良好的视野性和密封性及低噪声等方面的性能，在车门设计时，应满足以下要求：

1）车门安全可靠。车门自身和安装都应具有足够的强度和刚度，减小行车时的振动，防止车门下沉，提高碰撞时的安全性；车门关闭后，车门锁应可靠、安全。

2）应有必要的开度。轿车车门开度一般为 60°~70°，以保证乘员上下车方便。

3）良好的操作性。车门启闭、玻璃升降等应轻便自如。

4）良好的密封性。不渗水和不漏灰，传入车室内的噪声最小，并应有防止门腔内积水的措施。

5）车门应有良好的工艺性和维修方便性，车辆报废时，拆解方便，不能回收的材料最少。

6）车门造型应与整车造型相协调，保持表面齐平，门缝间隙均匀，色彩与内饰和整车匹配。

7）设计应满足人机关系的要求，如空间位置合理、操作件位置方便和视野良好等要求，以提高乘员舒适性。

2.3.2　车门结构组成

车门一般内门体、车门附件和内饰件三部分组成。其主要组成部分是车门内板和外板，把它们合拢后会形成一个腔体，通常窗台以上部分称为窗框，窗框内有密封条，用于固定车门玻璃和导向玻璃升降，窗台以下的腔体内可以布置一些加强梁、加强板和一些功能附件，比如门锁和玻璃等。车门结构组成如图 2-55 所示。

1. 门体（即白车门）

门体是车门内外板、车门加强横梁、车门加强板和窗框等零件的焊接总成，如图 2-56 所示。

（1）车门外板

车门外板一般由厚度为 0.65~0.85mm 的薄钢板冲压成形，其外形和加工表面质量必须符合车身造型的要求，轻量化和侧面碰撞的安全性要求车门外板应具有足够的强度和刚度。轿车车门外板广泛使用高强度钢板。

（2）车门内板

车门内板是车门的重要支撑板件，几乎所有车门附件都安装在车门内板上，一般由厚度为 0.7~0.85mm 的薄钢板拉深成形。为了保证车门附件安装位置精度要求和车门周边的密封间隙要求，车门内板应有足够的刚度，所以内板周边需冲压出凸边、加强肋或使用加强板焊接在母板上。车门内板主要的立面称为 J 平面，为了安装车门附件机构，J 平面需冲压出各种形状的凸台、窝穴、手孔和安装孔等，如图 2-57 所示。

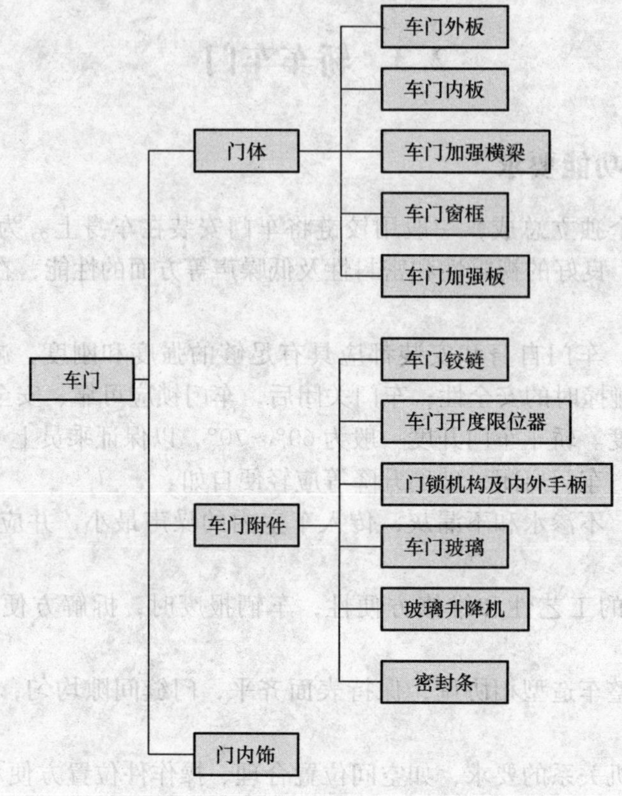

图 2-55　车门结构组成

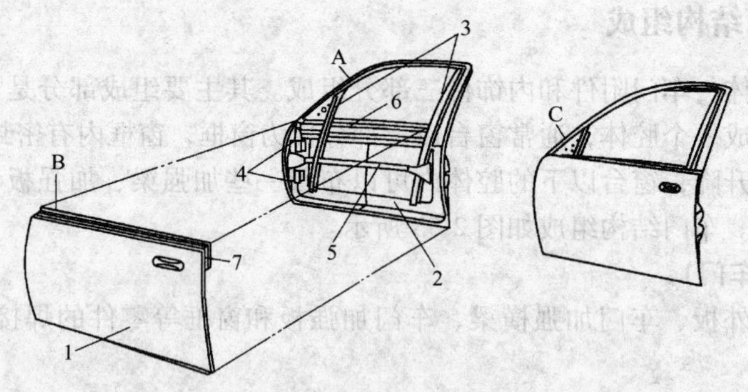

图 2-56　门体结构

A—内板总成　B—外板总成　C—前门体总成

1—外板　2—内板　3—前、后玻璃导轨　4—上、下铰链加强板

5—车门加强横梁　6、7—内、外板加强板

(3) 车门防撞梁

车门防撞梁的作用主要是在车辆遭遇侧面碰撞时，防止车门被外来物体侵入，导致车门和内饰部件飞脱对乘员造成伤害。为了使车辆抗侧撞性能达到安全标准，现代轿车大多在车门内装有车门防撞梁。通常是高刚度钢板冲压成形的异形截面梁或圆管，截面厚一般为 33 ~36mm，两端通过连接件焊接在门内板上，如图 2-58 示。

(4) 车门加强板

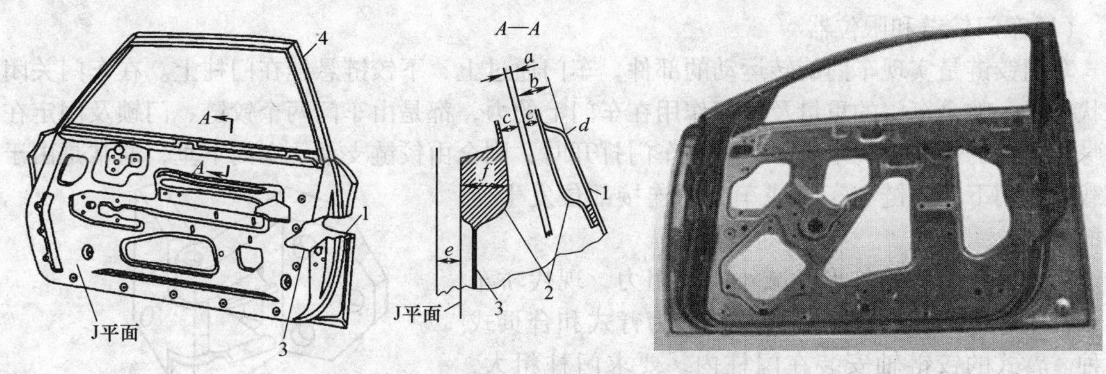

图2-57　车门内板

1—车门外板　2—内、外加强板　3—车门内板　4-窗框

a—玻璃厚度　b—腰线到玻璃的距离　c—金属到玻璃的距离

d—腰线上的点　e—内饰板厚度　f—内腰带梁截面宽

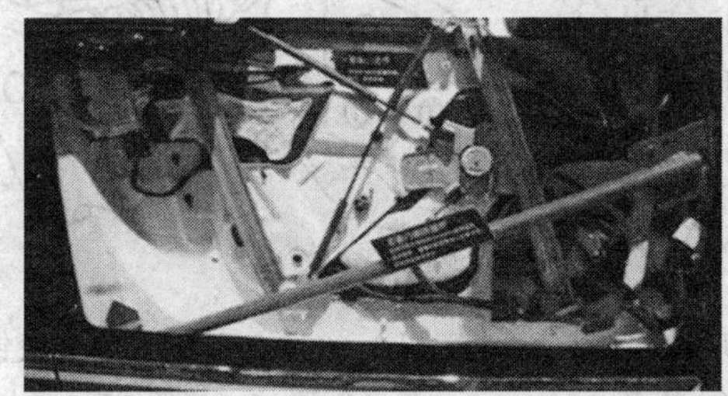
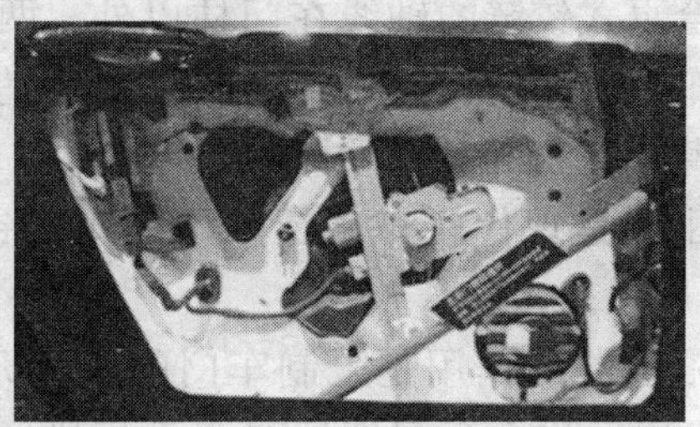

图2-58　车前门、后门防撞梁的布置(含内衬加强梁)

车门加强板用以提高附件安装部位的刚度和连接强度，一般由厚1.2～1.6mm的钢板冲压成形，后焊接在门体上。例如，在门体安装铰链和车门开度限位器或安装玻璃升降器底板等部件处焊有加强板，以便将较大的局部负荷有效地传到车门内板的较大面积上；再如，为加强车门窗台的刚度，以保证车门内、外板之间的装配关系，并使玻璃密封性良好，一般在车门窗台处内、外板的内侧分别焊装横向加强板，形成封闭或开口截面的内、外腰带梁，如图2-57所示。

(5)车门窗框

车门结构按照窗框的形式，可分为无窗框结构、组装式窗框结构、整体式结构和玻璃布置在窗框外侧的结构。现代轿车普遍采用的整体式结构，如图2-59所示。整体式结构的车门窗框的内外板分别与车门内外板一起冲压而成。其特点是车门本体零件少，制造方便；车门刚性好并便于设两道密封条，提高了密封性，但制造时压力机台面尺寸要求较大，且废料较多。

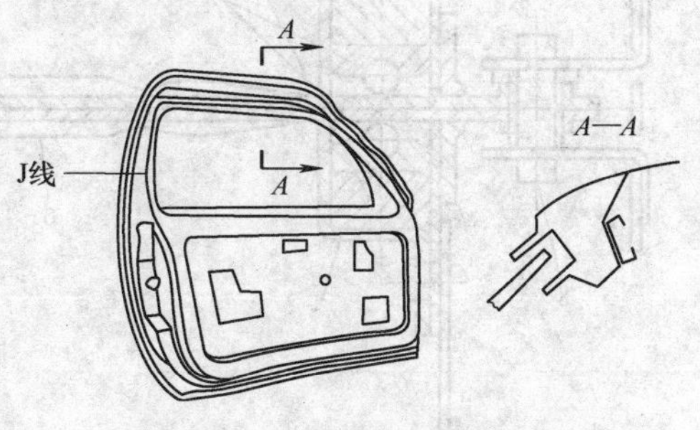

图2-59　整体式结构

2. 车门附件

车门附件包括铰链和车门开度限位器、门锁机构、玻璃及玻璃升降系统、密封系统、刮水器、外侧后视镜等。车门附件的性能及其在门体上的布置设计是直接影响着车门的使用性能。

（1）车门铰链和限位器

车门铰链是实现车门旋转运动的部件，车门通过上、下铰链悬挂在门柱上。在车门关闭的状态下，整个车门的重量及任何作用在车门上的力，都是由车门两个铰链、门锁及固定在车身门柱上的锁闩系统来支承；而在车门打开时，则全由铰链支承。车门下垂，通常是由于在载荷作用下，铰链与车身或车门的连接部位发生变形所致。

为了改善车身的外形和减小空气阻力，现代轿车大多采用隐藏式铰链。隐藏式铰链分为臂式和合页式两种。臂式的铰链轴安装在门柱内，要求门柱粗大，会使臂长、铰链刚性受到影响，但由于其布置设计中，铰链轴线相对于车门的位置较远，开门时能使车门往外移，因而车门开启时不易与门柱或车身其他部位发生干涉。合页式铰链的轴线在门柱以外，两个合页分别固定在车门和车身门柱上，合页之间用销轴定位和连接。与臂式铰链相比，质量轻、刚度高，结构紧凑且易于装配，是现代轿车广泛采用的车门铰链形式，如图 2-60 所示。

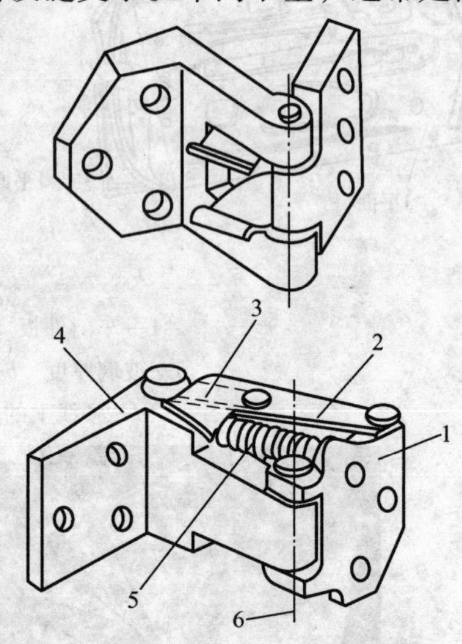

图 2-60　合页式上、下铰链

1—车门合页　2—连杆　3—二力构件
4—门柱合页　5—弹簧　6—铰链轴线

车门限位器的作用是限制车门的最大开度（一般为 65°～70°），防止车门外板与车身相碰，并使车门停留在所需开度，防止车门自动关闭。图 2-61 为车门限位器的结构，通过改变臂的形状，可设定车门半开的保持位置和保持力。

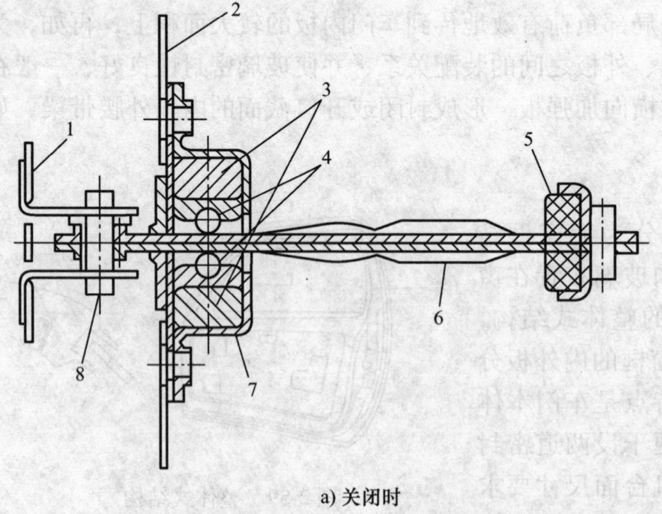

a) 关闭时

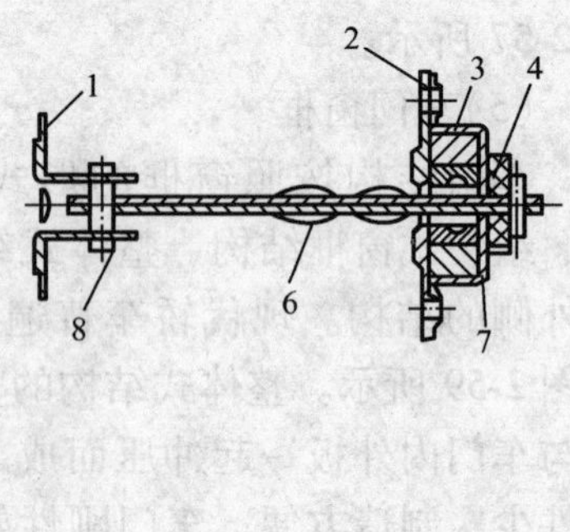

b) 全开时

图 2-61　车门限位器

1—车身　2—门内侧板　3—弹性体　4—滚轮　5—止动橡胶块　6—臂　7—壳体　8—销

(2)门锁装置

门锁装置主要由锁体、内开机构、外开机构、锁止机构、挡块、定位器和缓冲器等部分组成。设计时，车门门锁装置应满足轻便、安全、锁止和强度等方面的要求。

1)轻便。操纵内、外手柄时，门锁装置应保证车门能轻便自如地开启或关闭，它必须具有对车门运动的导向和定位作用(包括开门方向和上下方向的定位)。

2)安全。门锁应具有全锁紧和半锁紧两档锁紧功能，以防汽车在行驶途中车门突然开启。

3)锁止。当按下锁止机构时，在车内必须先解除锁止状态，在车外必须使用钥匙才能打开车门。但对于驾驶人侧车门，关闭车门撞动锁舌，通过联动杆可自行解除锁止状态，从而可防止钥匙遗忘在车内而打不开车门的情况。

4)强度。当车门处于全锁紧状态时，门锁装置应能经受一定的纵、横向载荷和冲击惯性力的作用，不因汽车颠簸、碰撞或翻车而使门锁失灵。

现代汽车越来越多地采用中央控制电动门锁系统，以提高汽车使用的方便性和行车的安全件。中央门锁开关的功用，是对中央控制电动门锁系统执行集中控制，开关全部或单个车门。中央控制电动门锁通常具有以下几个功能:

1)中央控制。当驾驶人锁住驾驶人侧车门时，其他三个车门也同时被锁住。驾驶人可通过门锁开关同时打开各个车门，也可以单独打开某个车门。

2)速度控制。当行驶速度达到一定数值时，各个车门能自行锁定，防止乘员误操作车内门把手而导致车门打开。

3)单独控制。除驾驶人车门以外的三个门上应设置单独的弹簧锁开关，可独立地控制一个车门的打开和锁住。

中央控制电动门锁的种类繁多，其组成的主要部件是门锁开关、门锁控制电路及门锁执行机构。门锁开关的种类，按照输入门锁指令方式来分，可分为机械式门锁开关和电子式门锁开关。机械式通常采用键盘(或组合按钮)输入方式和拨盘输入方式，其操作方便，工作可靠，但因有机械触点，容易产生烧蚀，要注意经常维护。电子式门锁开关又可分为触摸输入方式和遥控输入方式，遥控方式的联络信号可以是声、光、电和磁中的任何一种，这种门锁开关实际由电子指令发射器和指令接收器组成。

门锁执行机构是在门锁控制电路的控制及驱动下，执行门锁的锁定及开启的任务。门锁执行机构一般采用电磁驱动或电动机驱动，驱动门锁锁扣(锁头)作可逆移动，实现门锁的锁及开启。

车门内、外手柄有旋转式、掀拉式、手抠式多种，外手柄还有按钮式。现代轿车普遍使用的是手抠式外手柄，由于隐埋在车门外表面的凹穴内，不会碰伤人，也不会由于冲击加速度使车门自动打开，同时也有利于车身整体造型，使车身外表光顺，空气阻力减少。

(3)车窗玻璃升降机构

车窗玻璃升降机构要求操纵轻便、升降平顺、工作可靠，同时还应具有防止玻璃升降机倒转的制动功能和防盗功能。现代轿车中普遍安装了电动车窗，以使车窗的升降更加方便。电动车窗主要由车窗玻璃、车窗玻璃升降器、电动机和控制开关等组成。车窗电动机、控制开关及车窗继电器在车上的布置如图2-62所示。

电动车窗上的电动机是双向的，有永磁式的，也有双绕组串励式的。每个车门各有一个

图 2-62　电动车窗部件在车上的布置

电动机，通过开关控制电动机中的电流方向从而控制玻璃的升降。电动玻璃升降机可利用驾驶人座的总开关或各座椅旁的车门分开关来操作。总开关一般安装在驾驶人侧的车门上，驾驶人可以控制每个车窗玻璃的升降。分开关分别安装在每个车门上，乘员可以对各个车窗进行升降控制。总开关同时控制各车窗电源的开关。驾驶人座椅旁的车窗可以自动开闭，即按一下开关，车窗全开或全关，其余车窗在按动开关的时间内上下动作，可使玻璃停留在任意位置。由于所有车窗的电动机都要通过总开关搭铁，所以若总开关断开，则分开关不起作用。

常见电动车窗升降机构有绳轮式、交臂式和软轴式等几种，其中交臂式和绳轮式电动车窗升降机构应用较广泛。图 2-63、图 2-64 所示为交臂式和绳轮式电动车窗的升降机构。

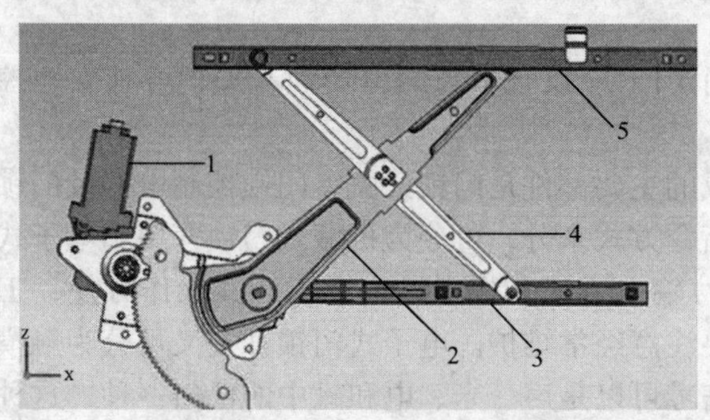

图 2-63　交臂式电动车窗的升降机构

1—驱动电动机　2—齿轮臂　3—导向板
4—从动臂　5—玻璃安装板

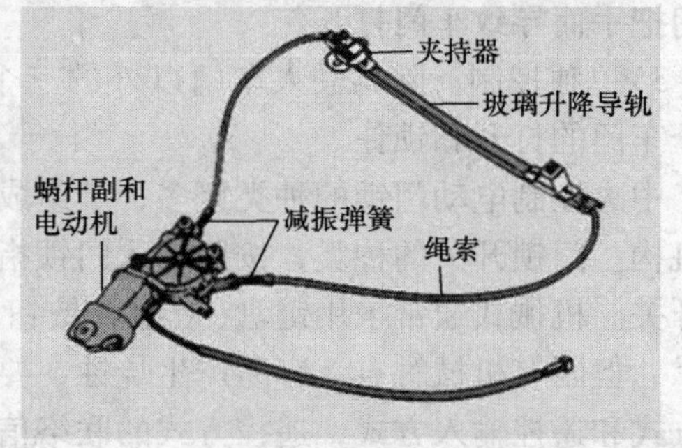

图 2-64　绳轮式电动车窗的升降机构

(4) 密封装置

密封条应满足的性能要求：

①弹性好，压缩永久变形小。

②具有一定的强度和表面护膜的耐磨性。

③具有良好的耐候性和耐老化性，低温下不发硬。

④吸水率低。

⑤与金属或油漆表面粘贴性好，且与之相接触油漆表面没有污染。

⑥便于挤压成形或模具成形。

汽车密封条的橡胶材料有密实胶、海绵胶和硬质橡胶三种。密封条的胶料较多使用耐老化、耐低温、耐水气、耐化学腐蚀，特别是耐臭氧老化的 EPDM 橡胶。EPDM 橡胶可以与钢带、钢丝编织带、TPE、绒布、植绒、PU涂层、有机硅涂层等复合，保证汽车室内与外界分隔及自身的防水、防尘、隔声、隔热、减振、防磨和装饰作用。一般情况下，EPDM橡胶密封条可稳定使用十几年。也可选择具有良好耐臭氧性能及良好耐老化性能的氯丁橡胶(CR)。考虑到常用胶料的工艺性能，有时还需要并用不同橡胶，如天然橡胶(NR)与CR橡胶及丁苯橡胶(SBR)三种橡胶并用，或聚乙烯(PE)、EPDM橡胶及NR橡胶并用型，以改进耐臭氧性。

车门密封系统主要包括车门与车身门框之间的密封(即门洞区域的密封)和风窗玻璃的密封。

1)车门与车身门框之间的密封。车门依靠铰链安装在车身壳体上。汽车行驶时，车身壳体将产生反复扭转变形。为避免车门与门框之间的摩擦产生振响，车门与门框之间留有较大的间隙，靠橡胶密封条将间隙密封。同时，密封条可以防止风、雨、水和灰尘侵入车内。门洞区域的密封主要是靠安装在侧围门洞翻边上的一圈内侧门密封条，或是安装在车门上的一圈外侧门密封条来密封整个门洞。有些车型两圈密封条都有，有些只用一圈密封条，不同车型根据性能需求或成本目标来选取采用何种密封策略。目前，轿车常用的不同结构形状的车门密封条如图2-65所示。

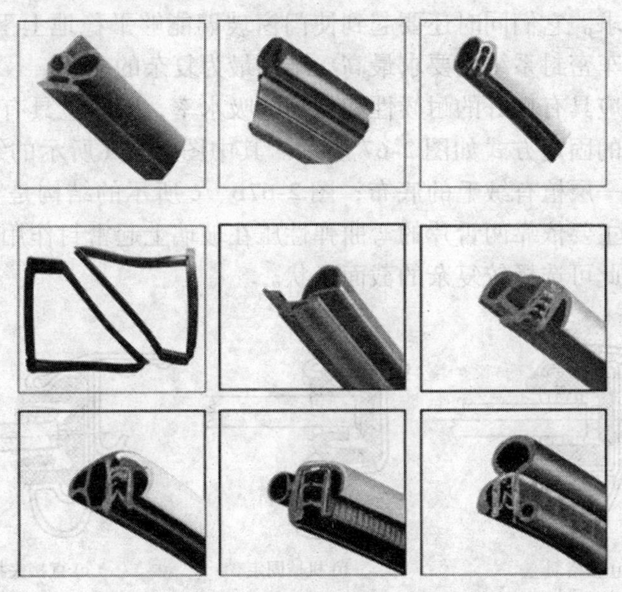

图2-65　不同结构形状的车门密封条

轿车车门密封目前常采用EPDM橡胶，经微波硫化工艺一次成形，表面光洁美观，具有良好的弹性和抗压缩变形，耐天候老化、耐臭氧、耐化学作用及较宽的使用温度范围(－40～＋120℃)等优异性能，可最大程度地保证车身各部件之间曲线的连续性，曲线斜率及曲线曲率变化的连续性，有效避免了车身多个部位产生气流分离，同时扰乱了带来噪声的周期性尾流，增强车辆气密性及防尘能力，高效抑制风噪，降低车内噪声，改善车内声场，提升音响效果，同时开关车门沉稳、厚重。

车门密封条在车门或门框上的固定方法有三种：

①用粘结剂粘结。

②用卡扣或卡槽进行机械固定。

③用带有钢带骨架的硬质橡胶、海绵、金属的复合式密封条可直接夹持在门框上。

车门防水密封膜是专为汽车门防漏、防潮保护内饰件而设计，贴附于汽车车门内侧钢板上。一般采用 PVC 薄膜(也可采用 PE、PP 薄膜)为主要材料，经专业设备加热软化成形后裁切成特定轮廓，再将相应的成形组件进行焊接组对，最后在相应的轮廓处贴上不干型丁基胶带或涂上自粘胶条，并贴附隔离纸后制成各种规格的车门防水密封膜，如图 2-66 所示。

图 2-66 车门防水密封膜

2)前后风窗及门窗区域的密封。汽车的前、后窗通常采用有利于视野而又美观的曲面玻璃，借橡胶密封条嵌在窗框上或用专门的粘结剂粘贴在窗框上。门窗区域的密封主要是依靠窗框上的玻璃导槽密封条和内外侧两根窗台密封条来实现，它们同时还要起到使门窗玻璃能够平稳地上下升降的作用。玻璃导槽密封条装在车门窗框的导轨内，通常在门窗玻璃与导轨之间装有呢绒或植绒橡胶等材料，起缓冲和密封作用。导槽应满足滑动阻力小、密封性好的要求。它们同时还要起到使门窗玻璃能够平稳地上下升降的作用。通常，玻璃导槽密封条是整车密封系统中要求最高、结构最为复杂的。

玻璃导槽密封条应具有良好的耐候性和较高的吸水率，同时应具有较高的硬度和抗拉强度。门窗玻璃密封条的固定方式如图 2-67 所示。其中图 2-67a 所示的结构是在挤压成形的橡胶上用粘结剂贴上一层植有绒毛的底布；图 2-67b、c 所示的结构是直接在挤压成形的橡胶上静电植绒。后者主要依靠两舌片的弯曲弹性压在玻璃上起密封作用，具有适应性好、滑动阻力小等优点，因此可选择较复杂的截面形状。

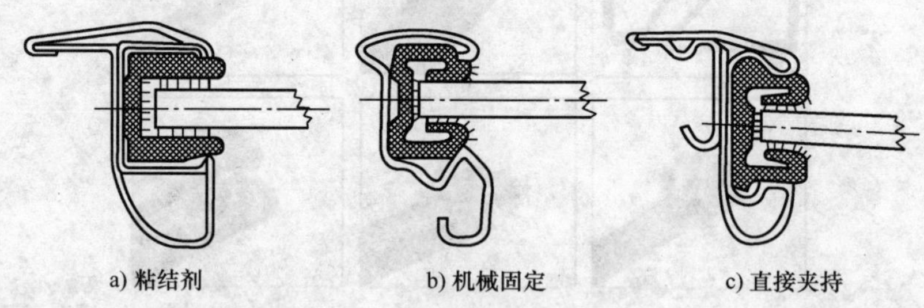

图 2-67 门窗玻璃密封条的固定

门窗横向密封条若采用静电植绒的结构，则只具有防尘作用但不能防水；如果把密封条改为橡胶条压在玻璃上，虽防水性好但玻璃升降阻力有所增大；若在玻璃夹槽中压入成形的密封条，则既能起到密封作用，又不会增加玻璃升降时的阻力。为了便于密封条的更换，一般将密封条设计成可拆式结构。门窗横向密封条的结构形式如图 2-68 所示。

某些汽车的门窗还采用有利于汽车布置的圆柱面玻璃。门窗玻璃采用茶色或隔热层可使室内保温并具有安闲、宁静的舒适感。具有完善的冷气、暖气、通风及空调设备的高级客车，常常将门窗玻璃设计成不可移动的，以提高车身的密封性。

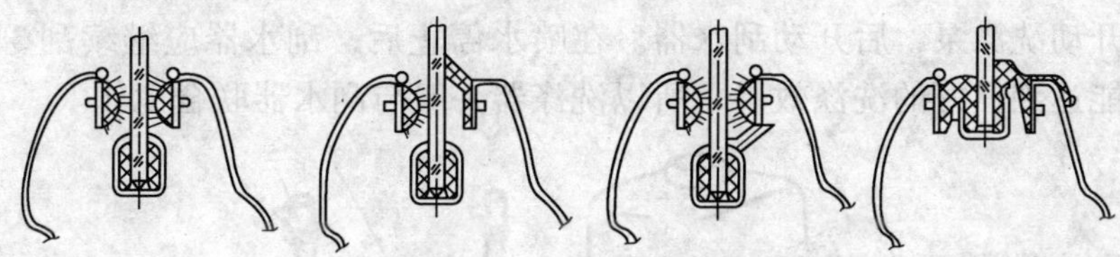

图 2-68　窗横向密封条

随着对车身外观和密封性能的要求越来越高，以及密封条制造工艺和模具水平的提高，车身密封系统呈现出新的设计趋势。

①对车门分缝线做密封处理，既可以减少风噪又能达到更好的外观效果。

②密封条集成化程度越来越高。很多设计师把三角窗、三角窗导轨和玻璃导槽密封条制成一体，甚至把窗台外侧密封条也集成进来形成一个零件，可以减少多个单件匹配产生的尺寸偏差，提高装配效率，同时得到更好的外观效果。

③更加注重节能和环保要求，传统的密封条使用的橡胶材料硫化后不利于废料的回收处理，一种新的材料 TPE/TPV 正在密封条行业被应用推广，容易实现回收再利用，而且其密度比橡胶更小，能够使密封条的重量减轻。

(5)刮水器

汽车在雨雪天行驶时，雨水和雪花落在汽车风窗玻璃表面上，会挡住驾驶人的视线，给行车带来隐患，因此必须安装风窗玻璃刮水器。轿车刮水器的构造如图 2-69 所示。刮水片靠刮水器臂上的弹簧力压在车窗玻璃上，刮水片与玻璃接触部分是橡胶制成的，它不仅能提高刮水能力，磨损后还可很方便地进行调换。刮水器依靠电动机工作，电动机的旋转运动被转化为连接在刮水器臂上连杆的活塞运动，用连杆连接的左、右刮水器臂以枢轴为中心做扇形运动。

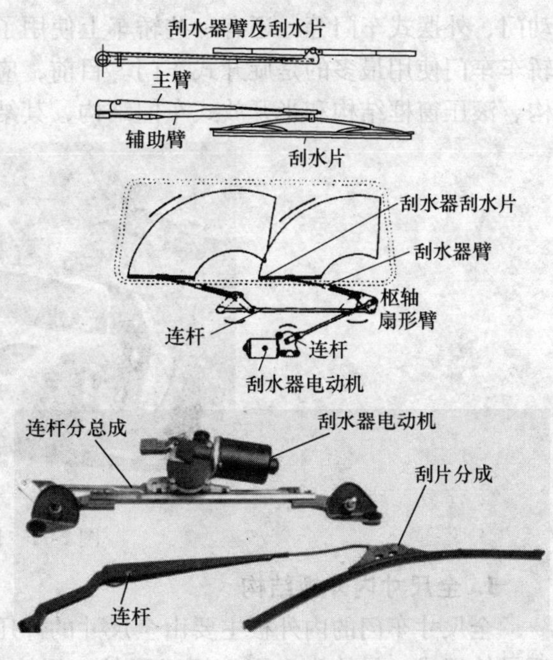

图 2-69　刮水器的构造

刮水器的电动机中都装有根据雨量和行驶速度来改变运动速度的机构。如桑塔纳轿车上设有低速和高速两个运动方式，低速和高速的转换是通过改变电动机的两个电刷的通电电路来实现的。刮水器机构还带有在刮拭范围最下端停止的功能，以保证在任何时候切断开关，刮水器都不会停留在影响视野的位置上。

(6)风窗玻璃洗涤器

现代汽车设有风窗玻璃洗涤器，并与刮水器配合使用。风窗玻璃洗涤器由洗涤液罐、聚氯乙烯软管、三通、喷嘴及刮水器开关等组成，如图 2-70 所示。洗涤泵由永磁直流电动机和离心式叶片泵组成，喷嘴安装在风窗玻璃下面，喷射压力 70～88kPa，喷射方向可以调整，使洗涤液能喷射到风窗玻璃的各个位置以便于清洗。洗涤泵连续工作时间一般不超过

1min，且应先开动洗涤泵，后开动刮水器。在喷水停止后，刮水器应继续刮 3～5 次。这样配合使用，才能达到良好的洗涤效果，所以洗涤器一般与刮水器联合工作。

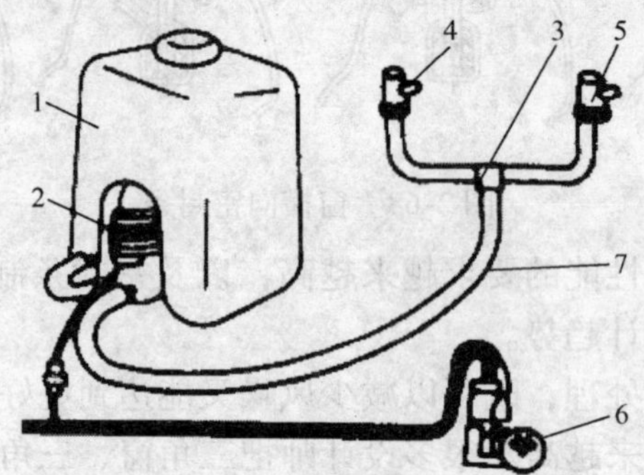

图 2-70　风窗玻璃洗涤器

1—洗涤液罐　2—洗涤泵　3—三通
4、5—喷嘴　6—脚踏洗涤开关　7—软管

2.3.3　车门结构形式

车门是车身侧围的重要组成部分。根据车型不同，车门结构形式一般有旋开式车门、滑动门、外摆式车门等，还有一些轿车上使用了上下车极方便的鸥翼式车门，如图 2-71 所示。轿车车门使用最多的是旋开式车门。目前，应用较多的轿车车门结构主要有全尺寸内外板结构、滚压窗框结构和半开放式车门结构，其结构具有各自不同的特点。

图 2-71　鸥翼式车门

1. 全尺寸内外板结构

全尺寸车门的内外板主要由全尺寸的冲压外板、全尺寸的冲压内板和嵌在内外板间的窗框导轨组成。导轨为 U 形滚压成形件，焊接在内板上，最后外板与内板通过包边方式闭合起来，如图 2-72 所示。

这种车门结构在许多早期的车型中被普遍采用，其优点是具有较好的完整性，整个车门的刚性较好，一体冲压出来的门板尺寸精度较高，且加工工序较少、工艺简单。但也存在一些缺陷，比如窗框外边框通常较宽大，窗框的可装饰性不强，对造型有限制，不太符合现代造型的要求，而且全尺寸门板需要比较大的冲压模具，对冲模的要求也较高，整套模具的成本很高，由于窗框是一体冲压而成，废料面积较大，材料利用率较低。目前，新款车型采用这种结构越来越少，代表车型有大众宝来、标致 307 等。

2. 滚压窗框结构

这种车门结构的整个窗框部分从内外板中被分离出来，门内外板尺寸缩小为只有窗台以下部分，窗框是一个由几段通过滚压工艺成型的窗导轨和一些小冲压件拼焊而成的总成件，窗框总成与门内板在窗台位置通过焊接方式连接成完整车门，如图2-73所示。

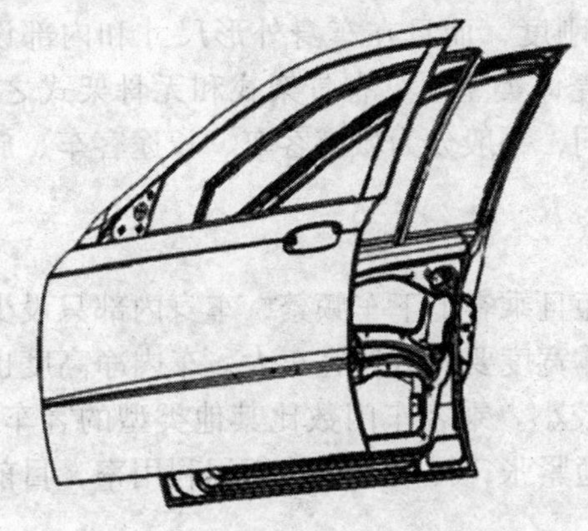
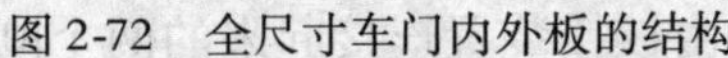

图2-72　全尺寸车门内外板的结构

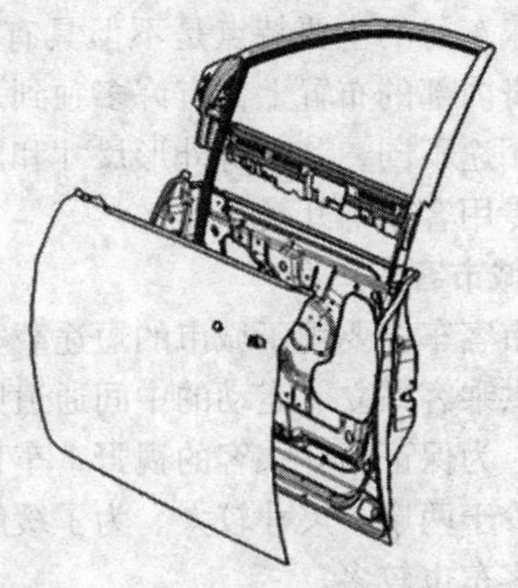

图2-73　滚压窗框门结构

滚压窗框结构的优点是，窗框宽度不受冲压和焊接工艺的限制，可以设计得较窄，有利于车身造型，也有利于乘员视野，且滚压窗框的截面形状受工艺影响较小，可根据密封条或造型需要设计成多种样式。这种滚压窗框的结构形式目前主要被日韩系车广泛采用，美系车也有少量采用，而欧洲车很少采用。

3. 半开放式车门结构

这种结构的车门主要由全尺寸的冲压内板、窗框加强板和一半尺寸的冲压外板组成，窗台以上没有外板遮盖，整个窗框内部结构暴露于车外，如图2-74所示，通过安装一些装配件如导轨饰板和密封条到窗框内板上形成窗框外表面。

由于车门外板没有窗框部分，使外板模具尺寸减小，板材利用率提高，白车身重量减轻，同时窗框外侧通过安装一些带有装饰性的附件，使得车窗外边框具有很强的装饰性，有利于车身造型设计。这种车门结构的缺点是，玻璃周边的装配附件较多，增加了装配难度，各零件相互间的匹配精度较难控制，容易影响玻璃升降。

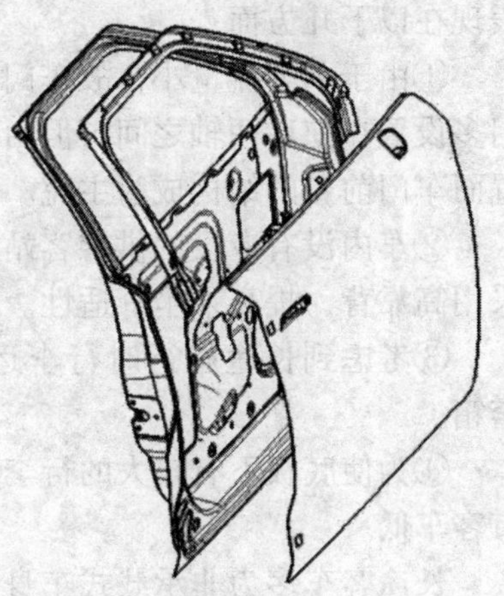

图2-74　半开放式车门结构

对于一款新的车型，在概念选型时，应根据平台定位，综合考虑性能、成本和工艺成熟度来选取合适的车门结构。

2.4　客车车身

客车主要用于载运乘客及其行李，是人们工作、生活中必不可少的交通工具之一。与其他汽车相比，客车车身容量大，乘客多，具有自身的特殊性和独立性。随着人们旅游、消遣等出行需求的与日俱增，客车的适用范围越来越大，更讲究安全性和经济性，更追求符合人机工程学原理的车身构造，进而应运而生出诸如城市客车、长途客车、游览客车和旅行客车等各种用途的客车。

2.4.1 客车车身类型

客车车身的主要特点是不但具有足够的强度和刚度，而且在车身外形尺寸和内部设施上、车身内部的布置上都有许多独到之处。在车身壳体类型上，有骨架式和无骨架式之分。客车的用途不同，其车身外形尺寸和内部设施也不同，一般分为城市客车、长途客车、旅游客车和专用客车等几类。

1. 城市客车车身

城市客车主要用于城市的短途载客。由于站距短且乘客上下车频繁，车身内部只设少量座位，供乘客站立、走动的中间通道则较宽敞，车体宽度要比普通客车大，车内净高度也相对较大。为保证站立乘客的视野，车顶的凸度一般较小。乘客车门数比其他类型的客车多，一般不少于两扇，尺寸较大。为了缓解城市公共交通紧张，提高客车的面积利用率，目前城市双层客车也较多。

城市客车的另一种变形车是铰接式城市客车，车身由铰接装置连接起来的两个刚性车箱组成，乘客可以在两节车箱之间自由流动，乘客车门也增加到3个。

城市客车多为有骨架半承载式车身。为了乘客上下车方便，底板离地高度一般较小，有时为降低上下车台阶高度，常做成2~3个台阶，使第一步台阶离地高度变小。

2. 长途客车车身

长途客车主要用于城市或城乡之间载运乘客、行李等。长途客车由于运距比城市客车长，车内乘客乘坐时间长，客流量较稳定，故车身结构与城市客车车身结构略有区别，主要表现在以下几方面：

①由于乘客流量小，故车门设置数比城市客车少，一般只有一个乘客门。以往的客车车门多设置在前后两轴之间，但由于这一方案对车身壳体的刚度产生不良影响，目前发动机后置而车门前置的结构成为主流。

②车内没有专设的供乘客站立的位置，走动的中间通道较窄，座椅布置较密集，且一般采用高靠背，提高乘坐舒适性。

③考虑到长途旅行时行李运送量较大，有些客车还设置了车顶行李架或地板下的行李箱。

④为使底板下有较大的行李空间，底板离地高度一般在1m以上，因此车内净高度比城市客车低。

长途客车多为非承载式车身，接近角、离去角大，越野性能好。另有一类远距离长途客车为卧铺客车。

3. 游览客车车身和旅行客车车身

游览客车是在长途客车基础上演变发展起来的，因此与长途客车没有本质差别，但其外观、乘坐舒适性往往更豪华和讲究，更注重乘客的居住性，更适合人们旅游、观光、消遣等需要。为观光方便，游览客车往往车窗玻璃更宽敞、视野较开阔。有些车为了适应长途游览的需要，甚至在车身内部附设卫生间、烹调室和卧室等设施，从而使其与普通城市客车和长途客车车身有了较大差别。游览客车多为后置式发动机、前置式车门，并在乘客上下车的另一侧设有安全门。

旅行客车实际上是较适用于旅行中载运乘客和行李的，乘客座位数为不超过 17 座的单层小型客车。车身形体尺寸介于大客车与轿车之间，如按照轿车分类方法以车厢数来说，则旅行客车相当于单厢式车，俗称“面包车”，其名称是依其外形而来的。但旅行客车的整个车身与轿车相比，空间大、载客多，且具有良好的乘坐舒适性，越野性能也是普通轿车所不能比拟的。其车身大都设有 3 个车门，其中乘客车门设在前、后轴之间。为便于装卸行李等，有些旅行客车还加高了车顶和采用全开式后车门。

旅行客车的车身壳体有半骨架、无骨架等结构形式。座位数较多的旅行客车以非承载式车身为主，座位数较少的旅行客车则更流行承载式结构。

2.4.2　客车车身的承载形式

与轿车类似，客车车身也分为非承载式、承载式和半承载式 3 种结构形式。

1. 非承载式客车车身

一般而言，客车的非承载式车身直接在车架上组装而成，通常在车身与车架之间安装有橡胶缓冲垫，可以缓和路面对车身的冲击和振动。这种结构的所有载荷主要由车架来承担，车架产生的变形则由橡胶缓冲垫的挠性所吸收，车身不承载。目前，国产客车大都采用这种结构，如图 2-75、图 2-76 所示分别为非承载式客车车身骨架和车架。车架作为整车结构的基础构件，其刚度将直接影响各总成的工作状态和使用寿命。对于半承载式车身，车架的刚度还直接影响车身结构的强度。

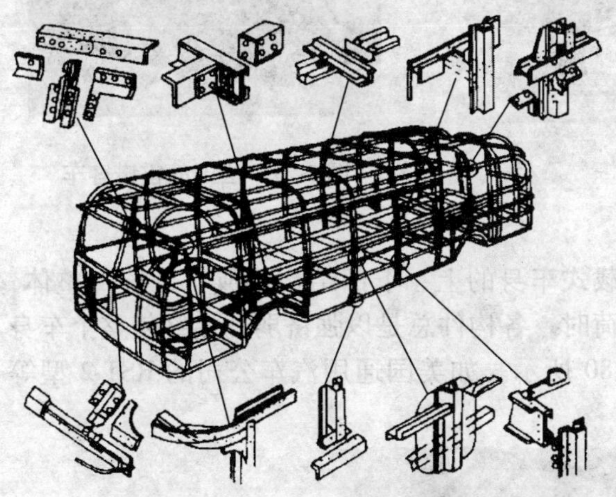

图 2-75　非承载式客车车身骨架

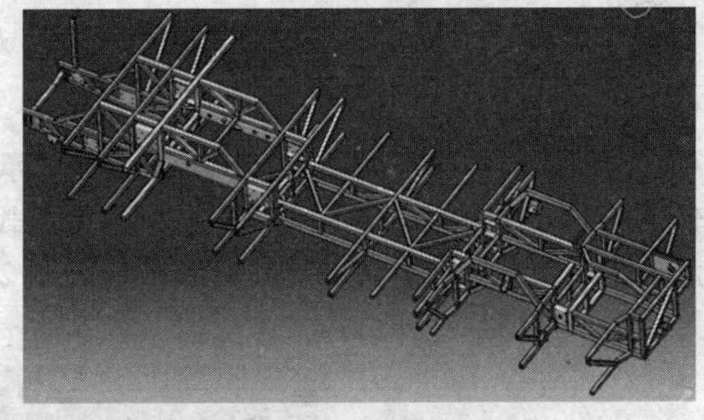

图 2-76　非承载式客车车架

2. 承载式客车车身

承载式客车车身骨架几乎承受着客车的所有动、静态载荷，其车身没有车架，所以车身底部必须满足足够的强度和刚度，并与壳体上部固连为一体，使整个车身共同承受所有的载荷。这种车身通常又根据车身壳体上下受载程度的不同，分为基础承载式和整体承载式两种，如图 2-77 所示。

(1) 基础承载式

这种结构的原理如图 2-77a 所示，车身侧围腰线以下部分，包括侧窗下横梁以下到地板

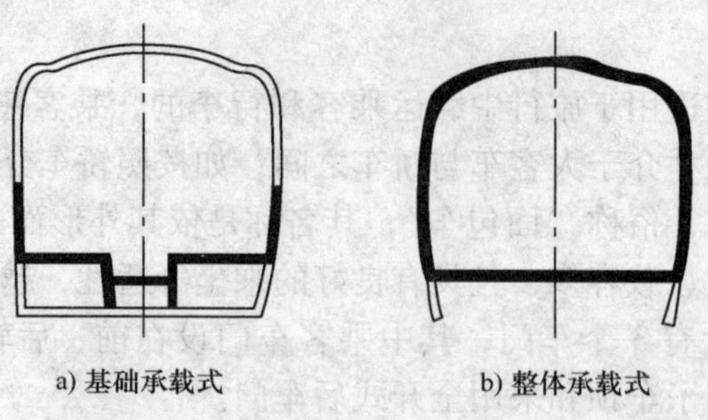

图 2-77　承载式车身示意图

的侧壁骨架和底部结构是车身的主要承载部分，其顶盖和窗柱均为非承载件。这种车身的底部多采用底架结构，底架一般采用薄壁钢管式杆件，按纵、横向焊接成空间框架形式，底架高度可达 0.5m，上铺地板，可充分利用车身地板下面的空间作为行李箱。但因底部结构的截面高度较大，导致车身地板离地距离较大，因此多采用凹形地板，通道平面离地高度约为 1.2m，乘客座椅下的平台比通道平面高 150mm。这种结构的车身前后和两侧遭到撞击时，乘客均处于遭受冲击部位的上方，故其安全性较好。

基础承载式结构一般只用在长途客车或游览客车上，如德国尼奥普兰客车、法国雷诺客车等均属于这种结构，如图 2-78、图 2-79 所示。

图 2-78　德国的尼奥普兰客车

图 2-79　法国的雷诺客车

(2) 整体承载式

这种结构的原理如图 2-77b 所示。整体承载式车身的上、下部结构形成一个统一整体，车身上下所有构件均参与承载。当车身承受载荷时，各构件总是以强济弱，始终使整个车身壳体处于稳定的平衡状态。其典型结构如图 2-80 所示。如美国通用汽车公司的 RST-2 型等大客车车身都是这种结构。

图 2-80　整体承载式车身结构

承载式车身应有强度较高的侧壁，而底架结构设计时应注意加强前、后悬架处的纵横梁，尤其要加强横梁及其与侧壁的连接、横梁与悬架支承点的连接。而底架的中部结构可以考虑适当减弱，甚至可以取消直通大梁或采用纵梁分段式底架结构。

客车的半承载式车身与轿车类似，这里不再详述。

2.4.3　客车车身结构

客车车身结构一般由顶盖、侧围、前围、后围、底架或车架等部分组成，图2-81所示为承载式客车车身结构。这几部分又由各自的骨架拼装在一起，外敷蒙皮形成一个六面体形的外形轮廓，整体看像一个箱子。由于客车的行驶速度一般比轿车低，空气动力性能的影响就降为次要地位，主要考虑车身内部空间的利用和视野。因此，车窗玻璃较大，驾驶人座椅也较大，且非常靠近风窗玻璃。

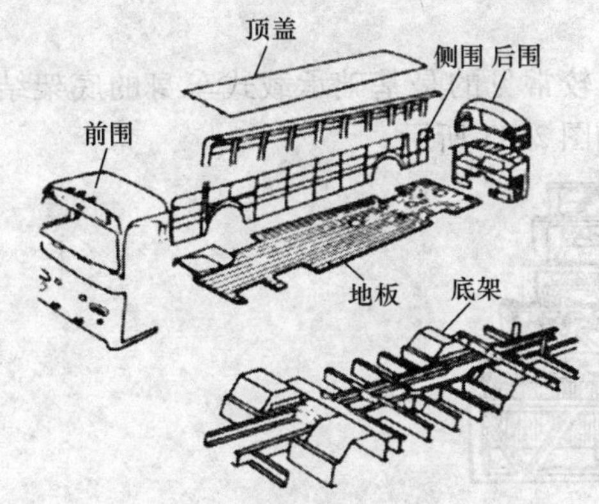

图2-81　承载式客车车身结构

1. 客车车身结构总成

(1)前围总成

一般由左右门立柱总成、前风窗下横梁总成、左右两立柱总成、刮水器支撑立柱总成、转向管柱总成、前保险杠上横梁总成、前照灯支撑梁和支架、刮水器电动机支架、前风窗上横梁、前围与顶盖连接件等组成。

(2)后围总成

一般由后围左右立柱总成、后风窗上下横梁、左右舱门立柱总成、后舱门上横梁总成、后车灯支撑梁和支架、后保险杠上横梁、尾横梁总成、后围与顶盖连接件等组成。

(3)侧围总成

侧围总成分左、右两片，若不带中门，左、右两片小件可基本对称，否则部分件不对称。一般由驾驶人门后立柱总成、乘客门后立柱总成、侧窗立柱、舱门立柱、侧窗上下纵梁、舱门上下纵梁和侧窗下纵梁与舱门上纵梁之间的加强车身支撑蒙皮的斜撑、左右倒车镜支架、门框梁等组成。

(4)顶盖总成

顶盖是车身上重要的基础构件，其功用就是封闭车身上表面，起到防雨和防止上方掉落物砸到车内的作用，同时以其光顺的表面减少行车阻力，美化外形。

顶盖一般有单层和双层两种结构。若要求内饰整体，外观豪华，长条形顶灯与内饰过渡无明显界限，则用双层，常用于10m以上的城市公交客车。单层顶盖常用于普通造型的城市公交和旅游类客车。单层顶盖一般有大顶贯穿横梁、边纵梁、前后拱顶支撑梁、天窗支撑梁、内饰支架、灯支架、风道固定板、电视机支架等构件，空调客车还要有固定空调部分的构件等。

承载式车身的车顶与车身其他构件一起共同承受车身整体的变形应力。为了提高车顶的承载能力进而增加车身的整体刚度，也为了便于防雨、排水，车顶大都采用具有一定深度的拱形顶盖，并用箱形断面的杆件做成沿顶盖的周边布置的圈梁兼作顶盖的基础，圈梁再与窗柱刚性地连接。

为了车内通风换气，城市客车顶盖上部常开设天窗。由于天窗会削弱车顶强度，同时影响密封，其四周一般都设有横向借助于顶盖拱形梁、纵向借助于顶盖纵梁的窗框，并在天窗结构上和天窗周边采取相应的防锈与密封措施。

(5)车身底部结构

承载形式不同，车身底部结构也有不同的形式。较常见的是基础承载式车身的底架结构，如图 2-82 所示；其次是格栅式车体底架结构，如图 2-83 所示。

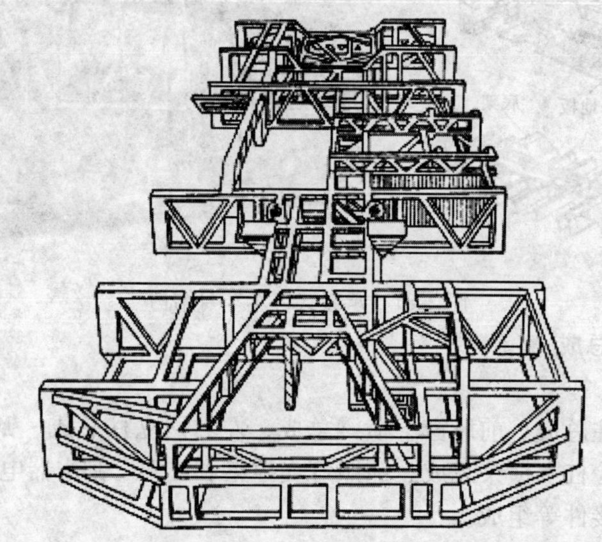

图 2-82　基础承载式车身的底架(矩形钢管)结构

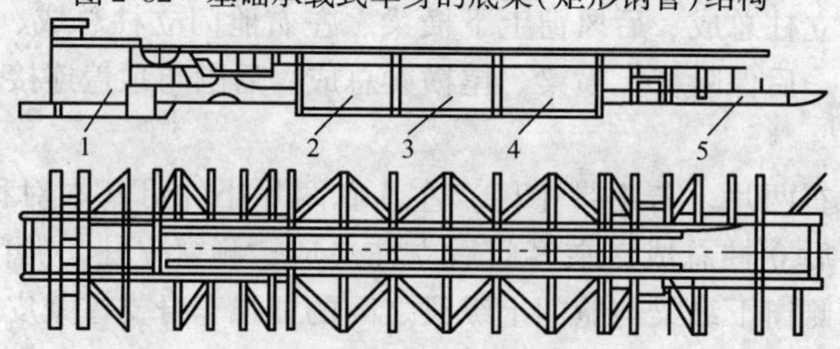

图 2-83　格栅式车体底架结构

1—后段边梁　2、3、4—行李箱　5—前段边梁

非承载式客车车身虽然没有独立的车架，但取而代之的是车身底架，发动机和底盘的主要总成都直接装配在底架上，所以底架需要有足够的强度和刚度。底架或车架多用由高强度钢板冲压成形的杆件组焊而成，其截面形状有封闭式和非封闭式的。采用封闭式截面梁时，端口大都封死，表面锐边修磨平整，与其他构件铆接或用螺栓连接时，其间常夹垫约 1mm

以上厚度的减磨垫片。

对于发动机前置的客车，车身底架在驾驶区和乘客区的结合部往往形成明显台阶。底架上面（即车内侧）用木板、多层板、塑料插接件等铺装形成车内地板。为实现车底密封，地板上通常还要覆盖橡胶、塑料等装饰材料。

2. 客车车身骨架

客车车身骨架由各种截面不同的杆件组焊而成，其功能是构成车身壳体的基本外形轮廓；承受车身的各种载荷以及外力；装配车门、风窗、车窗、蒙皮，以及底盘、发动机、空调和行李架等附属设备。

(1)车身骨架结构形式

车身骨架一般有两种形式：一是单元式结构；二是拼焊式结构。

单元式结构是利用纵向构件将若干个环箍单元(由地板横梁、立柱、顶横梁等构成)连接起来的一种骨架结构，如图2-84所示，它由5~6个长度为1.5m左右、可以互换的单元体和前、后两个单元体构成，每个单元体的两端用贯通的矩形材料封闭，横向构件均为压制件。单元体先在焊接架上进行组焊，然后再送到流水线上进行组装，其外蒙皮采用贯通的经滚压成形的不锈钢板与车身骨架铆接，具有良好的结构强度和刚度。

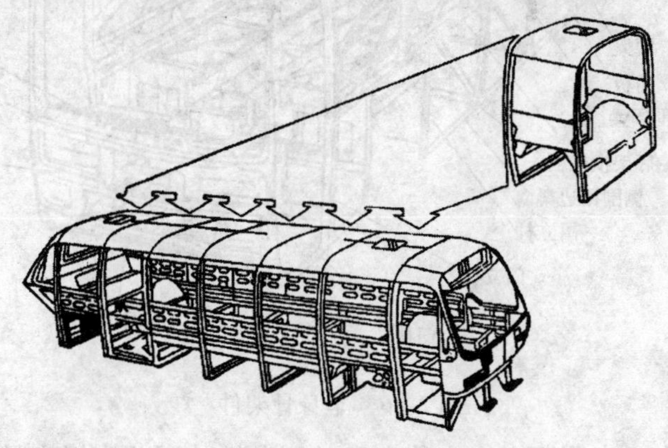

图2-84　单元式车身结构

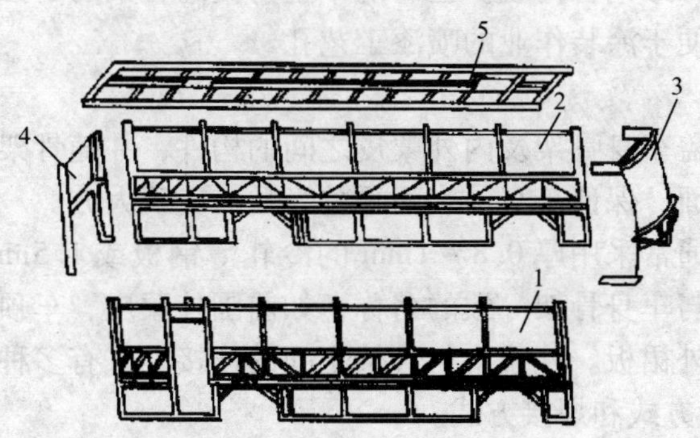

图2-85　拼焊式车身骨架

1—右侧围骨架　2—左侧围骨架　3—前围骨架

4—后围骨架　5—顶盖骨架

拼焊式结构的客车车身骨架通常由前围骨架总成、后围骨架总成、左侧围骨架总成、右侧围骨架总成和顶盖骨架总成五大部分构成，如图2-85所示。这种拼焊的骨架结构是目前客车最常见的形式。

(2)拼焊式车身骨架的组成

客车车身骨架将这五大片骨架合装在底架或车架的横梁上，即构成一个整体空间框架结构，从而形成整个车身的外形轮廓。这种车身各部分骨架形成特有的名称，如图2-86所示。现代客车的主要曲线体现在前围、后围、侧围、顶盖、底架或车架这五个总成各自的构成特点上。

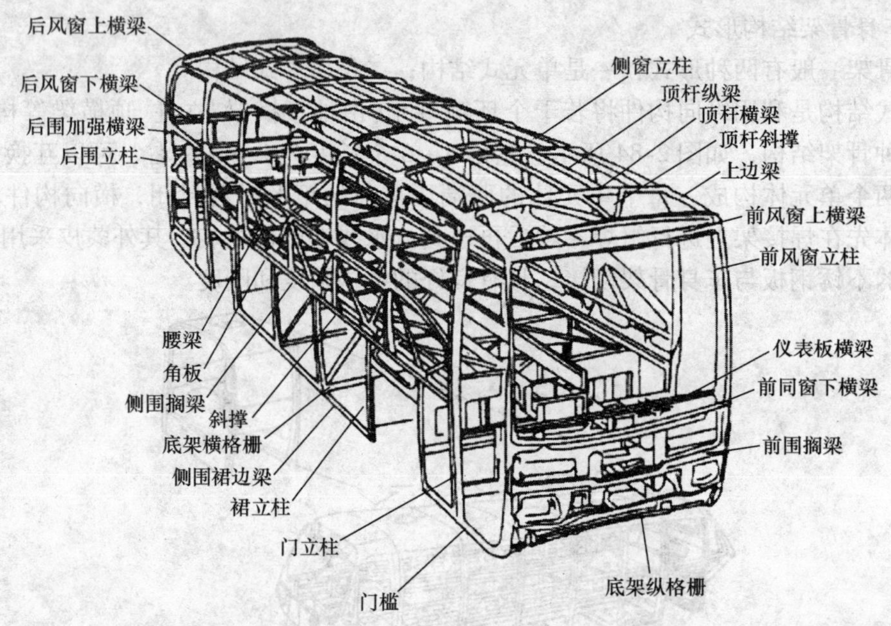

图2-86　车身骨架件

由于骨架的寿命在一定程度上决定着车身的耐久性，因此为提高骨架寿命，有些车型骨架采用抗扭刚性很高的异形钢管构成。也有的车型为提高骨架的耐蚀性，除了在结构上解决内腔的通风外，还留有便于涂装作业的喷漆工艺孔。

3. 车身外蒙皮

车身外蒙皮用来覆盖车身骨架及内外蒙皮之间的构件，并随骨架形状的变化而变化，以构成客车外形的不同表面，保证车身外表面平整光顺、美观大方。

骨架式车身外蒙皮通常采用厚0.8～1mm的冷轧薄钢板或1.5mm厚的铝板，贴附于车身骨架外侧，从而形成与车身骨架一致的名称，如前围外蒙皮、车顶外蒙皮等。在车身腰线以下的部分则往往称为外裙板。外蒙皮与骨架之间的连接方式有多种，主要有可拆连接的紧固方式(图2-87)、铆接方式和焊接方式。

铆接一般采用直径5mm的铝质铆钉进行冷铆。若截面是门形的冲压骨架，则采用实芯铝铆钉；矩形钢管骨架往往采用空芯铝铆钉进行拉铆。空芯铆钉的强度较实芯铆钉低，容易松动，故有时采用双排铆钉进行加固。图2-88所示是常见的蒙皮冷状态铆接的方案示例。

外蒙皮与骨架的焊接一般采用电阻焊和二氧化碳气体保护焊。如采用单面电阻点焊，点

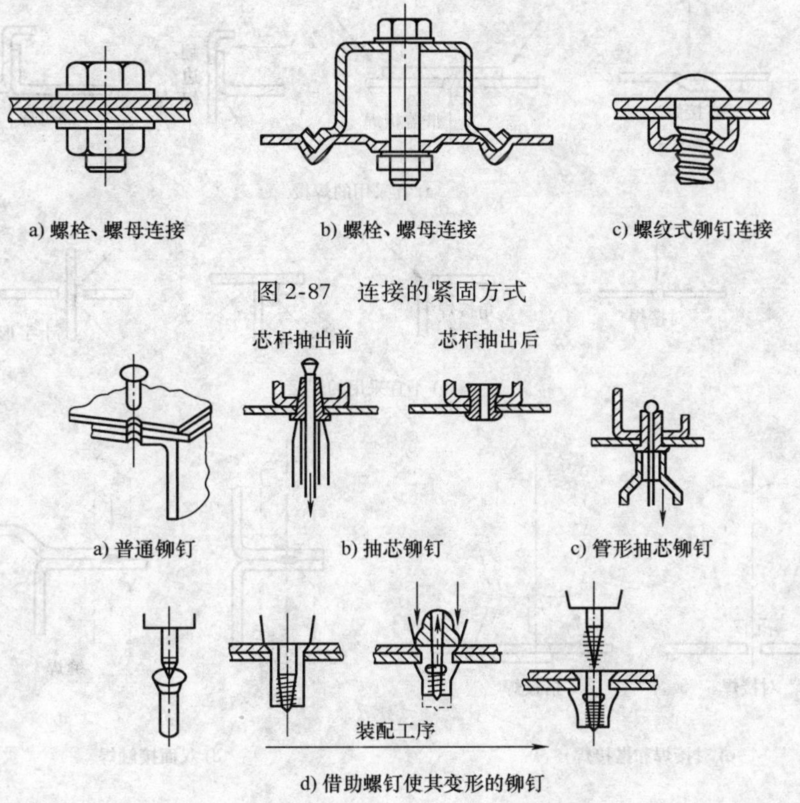

图 2-87　连接的紧固方式

图 2-88　铆接方案示例

焊部位不能涂普通防锈底漆，因为这类底漆是不导电的，常常涂导电底漆。图 2-89 为常见蒙皮焊接方案。

蒙皮属于平面板件或圆弧面板件，容易发生强迫振动，是车身上刚性最差的构件，也是车身噪声的主要根源。其寿命取决于所选用的材料及其固定方式，这些因素对蒙皮的防腐、振动、承载等影响很大。例如，上述的铆钉连接方式中，使用抽芯铆钉不仅效率高，而且质量好。而在焊接方式中，点焊效果比二氧化碳气体保护焊要好。但不管怎样，为了提高蒙皮的寿命，都应使蒙皮具有足够的刚度。无论选择哪种连接形式，其中最基本的要求是蒙皮必须与骨架构件紧密连接。

非承载式车身的蒙皮可认为是不承载的。但在无骨架或半骨架车身中，外蒙皮则必定是承受载荷的构件。半承载和承载式车身，蒙皮与骨架的连接形式还会明显影响到蒙皮的承载和受力状态，这种影响在承载式车身上更为突出。

承载式大客车车身的外蒙皮通常有两种：一种是应力外蒙皮，它是将薄板先点焊定位于骨架上，再进行铆接，这种安装方式使蒙皮总是与骨架一起承受车身整体变形时产生的剪切应力，因而这种蒙皮是承载的；另一种为预应力蒙皮，蒙皮始终处于张拉应力状态，故又称张拉蒙皮。目前，预应力蒙皮的张拉工艺方法主要有两种：一种是热张拉法，即采用电加热或氧乙炔焰加热的方法；另一种是机械冷张拉法，即在车身侧窗下横梁至地板边梁之间，将一张长度为自车身前端第二立柱到车身最后第二立柱之间相应长度的薄板，放在平台上，由专用胎夹具压平并拉伸 0.1% 左右，然后将胎夹具贴实紧固的薄板，整个吊装至骨架侧围的

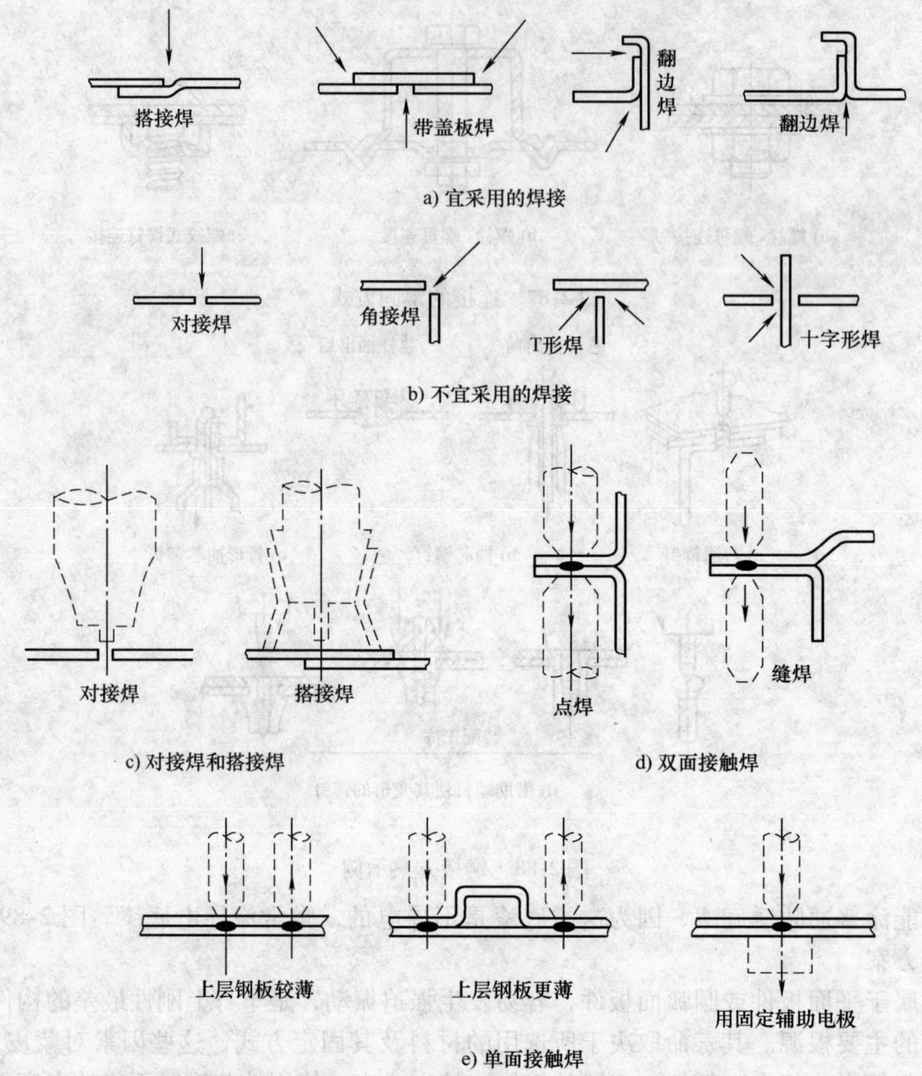

图 2-89　蒙皮的常见焊接方案

相应部位外边进行贴合并将四周点焊，而蒙皮与中间各立柱则不焊接，其间只加装衬垫物。撤去胎夹具后的蒙皮仍处于张拉力状态，故又称张拉蒙皮。

张拉蒙皮不参与承载，只在客车车身上起改善装饰的作用。由于蒙皮受张拉应力，垂直于板面的刚度得以提高。

2.5　货车车身

货车即载货汽车，是主要为载运货物而设计和装备的商用车辆。货车车身包括驾驶室和车箱两部分，其设计既要满足实用性、耐用性、空气动力学、安全性等基本性能要求，也要具有良好的人机工程环境。货车车箱根据不同需要可以设计成多种形式，其结构也各不相同，设计时需考虑车箱结构强度、车箱尺寸及容量、前后轴载荷分配等因素，对于厢式车箱还要考虑空气动力性能。

2.5.1　货车类型

货车种类繁多，形式各异，各国的分类标准有所不同，在我国国家标准 GB/T3730.1—2001《汽车和挂车类型的术语和定义》中，将货车分为普通货车、多用途货车、全挂牵引车、越野货车、专用作业车和专用货车六大类。具体形式及定义见表 2-1。

表 2-1　货车分类、定义及其示意图

货车分类	定义	示意图
普通货车	一种在敞开（平板式）或封闭（厢式）载货空间内载运货物的货车	
多用途货车	在其设计和结构上主要用于载运货物，但在驾驶人座椅后带有固定或折叠式座椅，可运载 3 个以上的乘客的货车	
全挂牵引车	一种牵引杆式挂车的货车。它本身可在附属的载运平台上运载货物	
越野货车	其所有车轮可同时驱动（包括一个驱动轴可以脱开的车辆）或其几何特性（接近角、离去角、纵向通过角、最小离地间隙）、技术特性（驱动轴数、差速锁止机构或其他形式的机构）和行驶性能（爬坡度）允许在非道路上行驶的一种车辆	
专用作业车	在其设计和技术特性上用于特殊工作的货车。例如：消防车、救险车、垃圾车、应急救援车、街道清洗车、扫雪车、清洁车等	
专用货车	在其设计和技术特性上用于运输特殊特品的货车。例如：罐式车、乘用车运输车、集装箱运输车等	

此外，根据日常生活和工作中的不同需要，还可将货车按以下几种形式进行分类：

按驾驶室结构分为长头式货车、短头式货车、平头式货车、双排座货车、卧铺式货车、偏置式货车等。

按车箱结构分为栏板式货车、厢式货车、油罐车、自卸车、汽车列车等。

按载重量分为轻型货车(3.5t 以下)、中型货车(3.5～8t)和重型货车(8t 以上)。

2.5.2　货车车身结构特点

1. 驾驶室结构特点

货车驾驶室按其结构主要分为以下三种形式：

1)长头式驾驶室，其特点是发动机位于驾驶室的前部，如图 2-90a 所示；

2)短头式驾驶室，其特点是发动机位于驾驶室的前下部，如图 2-90b 所示；

3)平头式驾驶室，其特点是发动机位于驾驶室的下部，见图 2-90c 所示。

此外，还有一种偏置式驾驶室，如图 2-91 所示，这种驾驶室偏置于发动机的一侧，它是平头式或长头式驾驶室的一种变型。

a) 长头式驾驶室

b) 短头式驾驶室

c) 平头式驾驶室

图 2-90　货车驾驶室的结构类型

在驾驶室空间方面，长头式驾驶室内部要比平头式的宽敞，因此地板可以布置得较低，有利于驾驶人上、下车，各种操纵机构也容易布置，便于驾驶人操纵。

图 2-91　偏置式驾驶室

在舒适性方面，长头式驾驶室要比平头式驾驶室好。长头式驾驶室的发动机与驾驶室分开，发动机的散热、排气、振动和噪声等对驾驶室的影响较小，便于隔热、防振和降噪；而短头式驾驶室由于发动机位于驾驶室下方，其所受影响较大，需要采取有效的隔热、防振和降噪措施。

在碰撞安全性方面，长头式驾驶室也要比平头式好。当发生正面碰撞事故时，长头式驾驶室的发动机区域能起到较好的缓冲吸能作用。

在视野性方面，长头式驾驶室由于车头的遮挡，视野范围受到限制，没有平头式的宽阔。

短头式驾驶室的发动机的一部分位于驾驶室内，经过适当的布置，既可有效提高车架利用面积和视野性，又可充分利用驾驶室的宽度，因此，当所设计的货车长度有限制，又希望具有较大的车箱有效面积时，可采用短头式驾驶室。

偏置式驾驶室既具有平头式轴距短、视野宽的优点，又避免了驾驶室闷热的不足，而且发动机的接近性好，便于维修。在超宽的汽车上采用这种窄驾驶室，还可以进一步改善驾驶人视野。偏置式驾驶室主要应用于重型矿用自卸车。

2. 货车车箱的结构特点

货车车箱主要分为两大类：一类是通用车箱，另一类是专用车箱。通用车箱一般可分为平板车箱、低栏板车箱、高栏板车箱和小吨位自卸车箱等，图2-92所示为几种常见的通用车箱。专用车箱的种类较多，可大致分为厢式车箱、罐式车箱、自卸车车箱和集装箱等，图2-93所示为几种常见的专用车箱。

a) 平板货车　b) 低栏板货车　c) 高栏板货车

图2-92　通用车箱

a) 冷藏车　b) 油罐车　c) 集装箱运输车

图2-93　专用车箱

通用车箱主要用于运输一些装卸方式简单、环境要求不高及周转次数少的货物，如运输木材、煤炭、布料和粮食等。

专用车箱主要用于运输通用车箱不宜运输的货物，比如，易损的日用百货、食品等可采用厢式车箱运输，液态的化学品、燃料等可采用罐式车箱运输，而需要跨国远途运输的货物则采用集装箱最为方便。

2.5.3　货车车身结构

1. 驾驶室结构

(1) 长头式驾驶室结构

长头式驾驶室的结构总体上可分为驾驶室和车前板制件(俗称“车头)两大部分。

1) 驾驶室。驾驶室由前围板、前围侧板、前围上盖板、前立柱、后立柱、顶盖、顶盖前后横梁、上边梁、后围板、后围横梁、门槛等组成，在承载物件的外面覆以外覆盖件和车门等，在内部装置仪表板、内饰件、地板等构成完整的驾驶室，如图2-94所示。

按驾驶室的装焊工艺，可将驾驶室分为有骨架结构的驾驶室和无骨架结构的驾驶室。有骨架结构的驾驶室先由地板、前骨架和后骨架等组合件装焊成驾驶室骨架分总成，然后再装焊前围、后围、顶盖、门槛等外覆盖件以构成驾驶室。无骨架结构的驾驶室是由各种钣金覆盖件和钣金零件先装焊成几个分总成，然后再在装焊台上装焊成整个驾驶室。

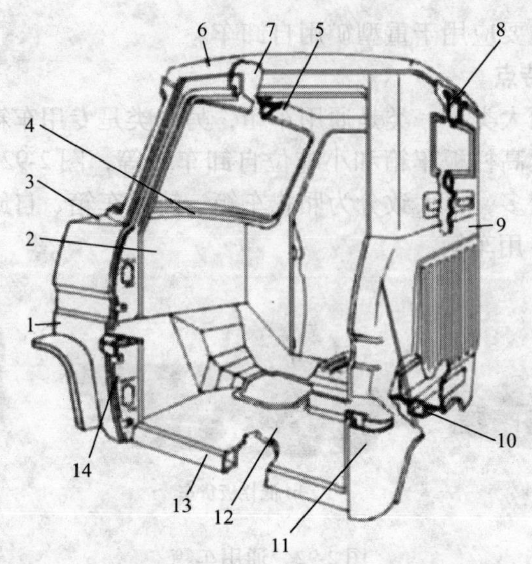

图 2-94 长头式驾驶室

1—前围左侧板 2—前围板 3—前围上盖板
4—前风窗框下横梁 5—前风窗框上横梁 6—顶盖 7—上边梁
8—后围上横梁 9—后围板 10—地板后横梁 11—左后立柱
12—地板 13—左门槛 14—左前立柱横梁

2）车前板制件。车前板制件是指驾驶室前部覆盖发动机和车轮的零部件的总称，主要由散热器面罩和框架、发动机罩、翼子板及挡泥板等组成。

3）前围。长头式驾驶室前围是内板式前围，发动机安装其前面，其上安装有空调装置、刮水器装置，还固定有电气总成、洗涤罐、制动液罐等，并有许多电线束、油管从此通过。所以，对此板要求有足够的强度和刚性，还要求零件形状尺寸准确，密封性好，板料厚度一般为 1.2 ~1.5mm。

4）发动机罩。发动机罩是一个大型冲压件，需要保证隔热隔声、自身质量轻、刚性强等。可通过设置内加强梁或内加强板增加发动机罩的刚度。

（2）平头式驾驶室结构

平头式驾驶室在结构上和长头式驾驶室类似，但比较简单，主要由各种覆盖件和钣金零件组成的封闭断面和开口断面作为承载构件，如图 2-95 所示。

为提高发动机检测、维修和保养时的接近性，平头式货车往往采用前翻式驾驶室使发动机暴露出来。需要翻转时，前翻式驾驶室通过翻转机构使整个驾驶室向前翻转，不需要翻转时，则通过锁止机构锁定驾驶室。

（3）侧围、后围、顶盖及地板

驾驶室侧围、后围及顶盖皆为薄钢板冲压件。顶盖为单层结构，为增加刚性内设 1 ~2 根横梁。侧围与后围有单层板的，也有带内板的双层板的；后围有后围窗；侧围面积大时，也设侧围窗，侧围窗可以是封闭的，也可以是开启的。

驾驶室地板由地板和地板梁组成，地板是薄钢板冲压的大面积钣金件，地板梁是主要的支撑和受力件，多由 2mm 左右的钢板冲压而成。地板是驾驶室的基础，驾驶室的上部件焊于其上，通过悬置与车架连接。地板需承受乘员的重力，要求具有足够的强度和刚度。

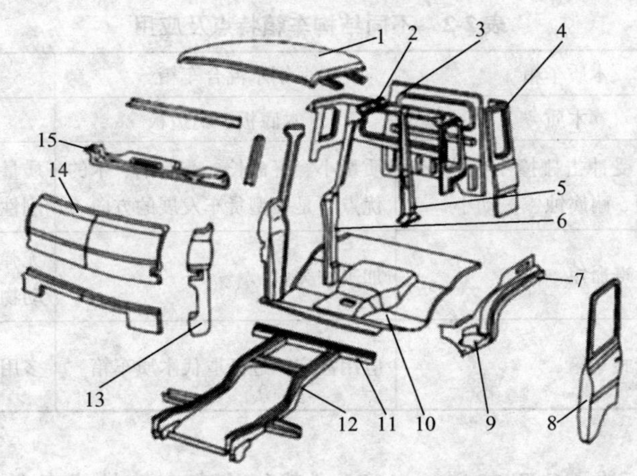

图 2-95　平头式驾驶室结构

1—顶盖　2—上边梁　3—后围板　4—后围角板
5—后框　6—前柱　7—门槛　8—车门
9—脚踏板　10—地板　11—地板横梁　12—纵梁
13—前围侧板　14—前围板　15—仪表板

(4)驾驶室的悬置方法

驾驶室通过悬置连接于车架上，当货车行驶时，来自路面或发动机的激励，将引起车架的扭转变形和振动，这是影响驾驶室强度和舒适性的主要因素。悬置的作用是尽可能地减少货车在扭斜停放时或者在各种道路状况下行驶时的车架变形，以及振动对驾驶室的影响。目前，大多数货车驾驶室采用橡胶垫作为弹性元件的悬置结构。悬置既要保证能吸收振动能量和适应车架变形，又要防止驾驶室水平方向的窜动，因此要求橡胶垫的垂直刚度较低而水平刚度较高。

2. 车箱结构

通用栏板式车箱主要是由纵梁及横梁组成的骨架、边框、底板和四块栏板(即前板、后板和左、右侧板)组成。按照结构材料的不同，通用栏板式车箱可分为木质结构、金属结构和钢木混合结构三种。

木质车箱的纵梁、横梁、底板和栏板均采用木材制成，并通过钢制钣金件、螺栓及铰链等零件将它们互相连接。底板可通过横梁支撑在下面的纵梁上。车箱纵梁则利用若干个螺栓紧固在车架上。少数车箱的底板没有纵梁，而是将车箱横梁直接安装在车架上，此种结构刚性较差。木质车箱的底板和栏板通常用薄钢条包边，为避免早期损坏，在车箱边板的外侧再加钢条包边。

金属结构车箱由钢板冲压、焊接而成，车箱底板的栏板均冲压出瓦楞状凸筋，以增强其刚度。

钢木车箱是一种混合结构，通常底板用木材制成，或采用钢、木间隔，或采用燕尾形结构，其余部分为钢结构。

木质车箱的主要特点是易于制造和修理，但是使用寿命较短；金属结构车箱虽然具有使用寿命长、可节约木材等优点，但在货车行驶中噪声较大。不同车箱结构特点对比和应用情况见表 2-2。

表 2-2　不同结构车箱特点及应用

车箱种类	木质车箱	钢木混合车箱	金属车箱
结构形式	木质	木底板、钢边板	金属板焊接
优点	有弹性、受冲击碰撞不易变形、修理方便、耐腐蚀、振动小	质量小、寿命长，兼有钢、木的优点，是中型货车发展的方向	质量小、结构简单、装配容易、刚性大
缺点	质量大、寿命短	加工种类多	无弹性、不耐冲击、不宜装运动物和汽油
应用	多用于老式车箱	应用甚广，逐渐取代木质车箱	多用于小吨位车及自卸车

在我国汽车行业标准 QC/T 29058—1992《载货汽车车箱技术条件》中规定了货车全钢和钢木(竹、塑)混合结构车箱的技术要求、试验方法、检验规则、标志、储存及运输。

复习与练习题

一、名词解释

1. 白车身。
2. 车身结构件。
3. 车身覆盖件。

二、简答题

1. 车身结构形式根据车身承载形式不同有哪几类？各有什么特点？
2. 简述车身结构组成，车身壳体总成包括哪些部分？
3. 什么是车前板制件？包括哪些主要零部件？
4. 简述车门的功能要求。
5. 简述车门结构组成，车门附件包括哪些构件，各构件功用是什么？

三、思考题

现代轿车车身附件有哪些？其结构及设置是否有需要改进的地方？

四、讨论题

以某现代轿车车身为例，分析其结构组成及特点。

第3章　汽车车身结构分析与设计

学习目标

1. 了解轿车车身结构的总体设计要求
2. 掌握轿车车身结构的划分
3. 掌握车身结构强度与刚度设计方法
4. 了解车身结构动力学性能设计
5. 熟悉车身强度与刚度试验

学习要求

知识要点	能力要求	相关知识
轿车车身结构分析与设计	1. 了解轿车车身结构的总体设计要求 2. 掌握轿车车身结构的划分特点 3. 掌握轿车车身的结构件和覆盖件的结构特点、分析方法与设计要求 4. 掌握轿车车身的焊接接头特点和设计要求	结构件设计、覆盖件设计、焊接接头设计
轿车车身结构的强度与刚度设计	1. 理解轿车车身结构的静强度、疲劳强度、刚度的含义 2. 掌握轿车车身静强度设计方法 3. 了解轿车车身疲劳强度设计理论 4. 了解车身整体刚度设计方法	静强度、疲劳强度、刚度、设计准则
车身结构的动力学性能设计	1. 了解车身结构的振动特性 2. 了解车身结构的动力学性能设计方法	振动模态、灵敏度
车身强度与刚度试验	1. 熟悉车门强度与安全带固定点强度试验方法 2. 掌握车身弯曲扭转刚度试验方法 3. 了解车身动态试验	车身弯曲扭转刚度试验台

【导读】汽车车身应给驾驶人提供良好的工作环境，给乘员提供舒适的乘坐环境，并确保乘员和装载货物或行李的安全，因此，在车身设计时，除了要保证车身具有足够的强度和刚度外，还应具有布置的合理性、良好的空气动力性、良好的工艺性、造型美观、隔声、防振、防锈等功能。本章主要通过轿车车身结构特点，分析车身结构设计方法以及车身结构的

强度、刚度和动力学性能的设计。

3.1 车身结构总体分析与设计

在汽车三大总成中，车身比底盘和发动机复杂得多，车身设计过程也相对复杂。车身结构设计是项目庞大的工程，包含设计、分析、调试、制造等多个项目。

轿车白车身结构是由车身结构件（包括结构加强件）、覆盖件及其接头共同组成的，是承受载荷和传递载荷的基本系统。由于承载式轿车车身是空间框架结构，充分利用车身承受载荷，具有整体刚度大、重量轻和整车高度低等优点，且生产效率高，是现代轿车中常见的结构。本章主要围绕承载式轿车车身结构设计进行分析。

3.1.1 车身结构的总体设计要求

车身结构设计的前提是满足功能要求，每个结构的出现都有它自身的作用。强度、刚度、装配、美观、密封、碰撞、操作性和成型性等，这些是结构设计的首要要求。

1）轿车车身结构设计是以车身造型设计为基础，进行车身强度设计和功能设计，以期最终找到合理的车身结构形式。车身设计质量的优劣关系到车身内外造型能否顺利实现和车身各种功能能否正常发挥，所以它是完成整个车身开发设计的关键环节。

2）结构设计在兼顾造型设计要求的同时，应充分考虑诸如结构强度、防尘、隔声、降噪性能以及制造工艺等多种设计要求。优良的结构设计可以充分保证汽车整车质量的减小，进而达到改善整车性能，降低成本的目的。

3）完成车身结构设计首先要明确车身整体的承载形式，并对其做出载荷分析，以便能使载荷在整个车身上分配合理。在此基础上进一步做出局部载荷分析，确定各构件的结构形式和连接方式。因轿车通常存在使用目的和级别上的不同，故常常会产生具体结构上的差异，最终导致它们在功能和价格上的差别。总之，车身结构设计是一个涉及多方面因素的综合工程设计问题，常被认为是车身设计开发的难点。

其实，对于一个全新的车身设计，总布置已将整车的关键断面基本确定。一名好的结构设计师可通过对这些断面的准确理解，以及对结构功能的正确把握，自由变换结构的尺寸、位置和类型来达到目的。

3.1.2 车身结构的划分

传统的钢结构车身，大多是由数百个钢板冲压成形的零件装配而成的。其装配顺序是：冲压零件→合件→分总成→总成。车身设计时，需要相应画出零件图、合件图、分总成图、车身焊接总成图和车身装配图等。

车身结构必须为车身提供必要的强度和刚度，其整体结构的划分与零件的冲压工艺性、焊接工艺性以及提高制造装配精度都有很大的关系，同时还影响产品的系列化、标准化，影响生产率、生产组织、工时的平衡和设备的复杂程度。考虑角度不同，车身结构划分可以有多种方法。

从车身结构焊接工艺考虑，在进行车身结构设计时，首先需要将车身结构分为几个分总成，如图 3-1 所示。一般将底架总成作为生产制造过程中核心的总成。底架总成包括由前围板、左右前纵梁、挡泥板(轮罩)等构成的车头骨架，由地板、中间通道、门槛内板和地板横梁构成的中底板，以及由后隔板、后纵梁和后地板等构成的车身后部三部分。在制造过程中，这三部分先被焊接在一起，然后在底架总成基础上焊装侧围总成。侧围是由内、外板焊接组成的侧壁框架，包括 A、B、C 立柱、前指梁和后翼子板。在侧围上部焊接顶盖和顶盖横梁，再焊接前散热器支架及车身后围板，这样便形成了白车身结构总成。

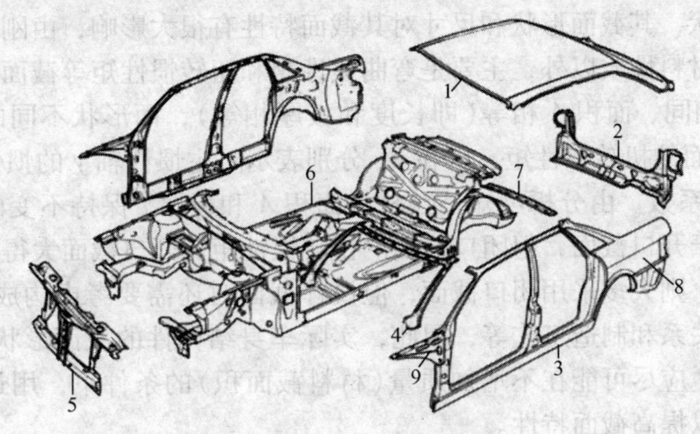

图 3-1　轿车车身总成结构的划分

1—顶盖　2—后围板总成　3—侧围总成　4—顶盖支承总成　5—散热器支架
6—底架总成　7—顶盖后加强板　8—后翼子板　9—前指梁

也可以将车身看作由前部、中部和后部总成组成。车身前部敞开部分承受较大的集中力，如动力总成、散热器、前板制件的重力和前悬架支承力等，这些力主要由两根对称的前纵梁支承，并传至整个车身前部结构。前部的导风板及散热器框架等板壳零件，也是结构中的承力构件。当汽车发生正面碰撞时，车头首当其冲，为减小乘员或行人的伤害，车身前部的结构设计必须使其能有效地吸收冲击能量。此外，前围板总成应有可将外部空气导入车室内的通风口，并具有阻止发动机噪声透过前围板传入乘员室的作用。还要在散热器框架周围安装前照灯、散热器和空气冷凝器等，可见，车身前部结构较复杂。轿车中部是乘员室部分，主要承受分散在地板上的重力，如车身装备和乘员的重力、悬挂在门柱上的车门重力等。后部行李箱承受燃油箱、行李和备胎等重力，后纵梁承受后悬架的支承力。车身结构总成无论怎样划分，其分总成的零件尺寸大、形状、结构复杂，截面和翻边形式多样，这就体现了车身结构的复杂性。

3.1.3　车身结构件的分析与设计

由前一章内容可知，车身结构中的梁和支柱统称为车身结构件，是车身的主要承载构件。

轿车行驶时，车身不仅要受到在垂直方向上的车身自重和固定在车身上的所有总成和设备的重力，以及乘员和行李的重力作用，同时还受到由悬架和轮胎传来的侧向力与纵向力，以及惯性力和空气阻力等作用力，有时还会受到碰撞载荷的作用，这些力都是由车身的承力结构件来承受的。因此，车身结构件是保证车身所要求的强度和刚度的基础构件。

车身结构件可以分为三类：

1)功能件。如门立柱、窗框、门槛等。

2）加强件。结构加强件主要用于增强板制件的刚度，提高各构件的连接强度。如车门加强板用以提高附件安装部位的刚度和连接强度。再如地板加强横梁、车门铰链安装加强板等。

3）非承载构件。它是为安装附件而设置的，如顶盖上为安装顶窗而设置的框架等。

1. 车身结构件截面形状的选择

车身结构件一般为薄壁杆件。根据承受弯曲和扭转力的大小，结构件的截面通常设计成闭口或半开口的形状，其截面形状和尺寸对其截面特性有很大影响，由刚度分析可知，与刚度有关的参数除了材料性质以外，主要是弯曲惯性矩和扭转惯性矩等截面特性。

表 3-1 为材料相同、面积 A 相等（即长度和板厚相等），而形状不同的截面特性比较示例。表中 I_p 表示截面的扭转惯性矩，I_y 和 W_y 分别表示对主惯性轴 y 的惯性矩和抗弯截面系数，W_k 为抗扭截面系数。由分析可知，在材料面积 A 和板厚 t 保持不变的情况下，闭口截面的抗弯性能稍次于开口截面，但闭口截面的扭转惯性矩比开口截面大得多。若为了提高整体车身的扭转刚度，则大多采用闭口截面，但设计截面时还需要考虑构成截面的其他因素，如结构功能、配合关系和制造工艺等，因此，实际车身结构件的截面形状往往是很复杂的。在设计截面形状时，应尽可能在不增加质量（材料截面积）的条件下，用最佳截面形状获得最大的截面系数，以提高截面特性。

表 3-1　截面特性比较

截面形状	截面尺寸/cm	A	I_p	I_y	W_y	W_k
b, h, y—y	$h=12.8$ $b=4.8$ $i=0.4$	1	0.0044	1	1	0.0043
b, h	$h=6.4$ $b=4.8$ $i=0.4$	1	0.59	0.69	0.733	0.768
h	$h=7.13$ $i=0.4$	1	1	0.691	0.656	1

对于承载式车身结构件，为了提高其扭转刚度，全部采用闭口截面。图 3-2 为车身结构件的典型截面示意图。

2. 车身结构件设计

设计车身结构件时，应注意以下几个方面：

1）截面形状过渡处应避免应力集中。为了防止受力构件的截面发生突变而引起应力集中，诱发裂纹产生从而导致疲劳破坏，因此，截面形状突变处要逐步过渡，合理选择截面形状和尺寸，避免截面急剧变化。

2）车身结构件不但要满足强度和刚度的要求，而且应使车身结构形成一个连续、完整的受力系统和合理的载荷路径；同时部分结构件应能吸收一定的碰撞能量。

3）设计加强板时，加强板两端的形状应逐渐变化，保证其连接部位的刚度不发生突变。另外，应合理设计加强板的大小和厚度。若加强板太小，则不足以将集中载荷通过加强板分

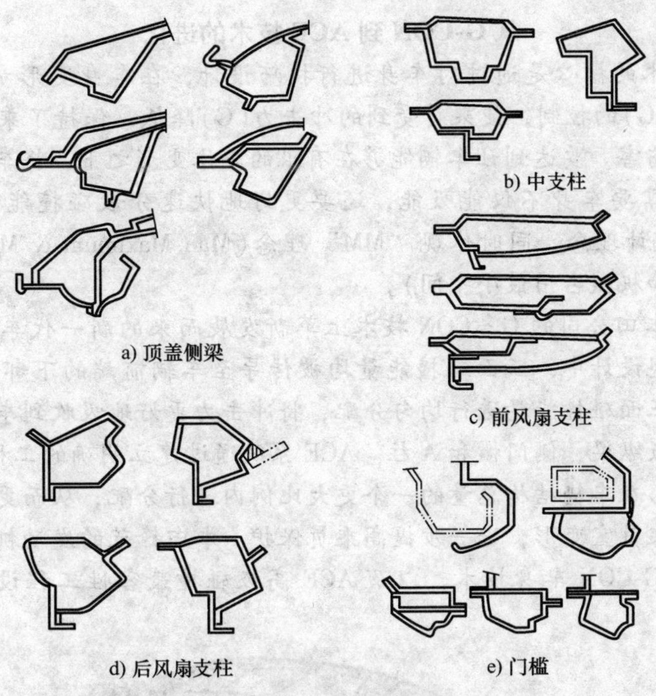

图3-2 车身结构件典型截面示意图

散在较大的面积上；加强板太大，则会增加质量。一般，加强板的厚度应比被加强件的板料厚，但二者厚度不宜相差太大。

4)要满足相邻部件的性能要求，如要适应门锁、铰链、限位器等的安装和性能要求。

5)不能破坏造型设计，外露骨架要与车身外形相适应。

6)应具有装配功能，如完成与车门、发动机罩、行李箱盖的动态配合等。

汽车在行驶时，车身结构中易出现载荷分配不均衡和结构刚度不适应载荷要求的情况，将影响承载系统的总变形，出现结构变形不均衡的现象，因此，在构件布置设计时，尤其要注意乘员室与前部敞开部分相连接区域刚度的加强；为避免大的力流集中由前纵梁通向乘员室，结构件的布置应使通过前纵梁的力流分散地过渡到前围板区域及地板和门槛。图3-3所示是传统车身与先进车身安全防护结构(Advanced Compatibility Engineering,ACE)车身的前部结构的对比，体现了先进的安全设计理念。

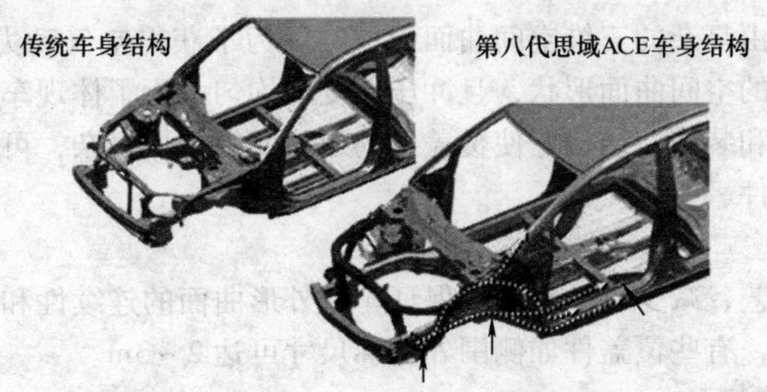

图3-3 传统车身与ACE车身前部结构件

【阅读材料 3-1】 从 G-CON 到 ACE 技术的进化

G-CON 车身技术的核心是通过对车身进行技巧设计，在车身变形量不增加的条件下，通过对车身冲击力(G)的控制，使乘员受到的冲击力(G)降低，保持了乘员室的完整性，减轻了碰撞对乘员的伤害。要达到让车辆能够在有限的车体变形之下，将车内乘客的伤害降到最低的程度，这便需要车身不仅能吸能，还要更好地快速分散碰撞能量，更好地实现了“吸能、分散”的设计理念，同时体现“MM”理念(Man Maximum & Mechanism Minimum，乘客享受最大空间和机械占用最小空间)。

ACE 技术是在本田公司的 G－CON 技术上革新发展而来的新一代车身技术。据业内专家介绍，大部分常规设计中，正面碰撞能量均被传导至车辆前端的下部承载结构，而 ACE 技术能够有效地将正面碰撞能量进行均匀分配，将冲击力更好地吸收到车辆上部和下部的车身结构中，包括底板纵梁、侧门槛和 A 柱。ACE 系统通过建立明确的工程结构“路径”，使这些正面碰撞力能够在车辆结构总量的一个更大比例内进行分配，从而更加有效地使碰撞力避开乘员室，减少乘员室变形，进一步提高乘员保护。本田锋范的发动机舱与乘员室结构与新飞度一样应用了 G-CON 车身技术，以及 ACE 高级碰撞兼容性工程设计理念，如图 3-4 所示。

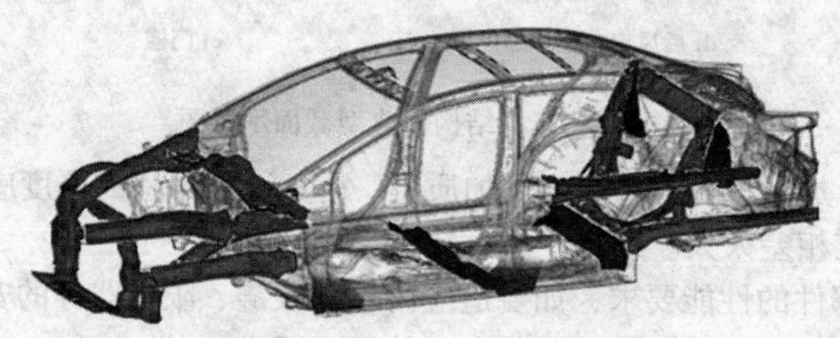

图 3-4 本田锋范车身结构

3.1.4 车身覆盖件的结构分析与设计

车身覆盖件通常是冲压件，但不同于一般冲压件，在结构上有其独特之处，因此，一般将覆盖件作为一类特殊的冲压件来研究。

1. 车身覆盖件的结构特点

(1)形状复杂

大多数覆盖件是由复杂的三维空间曲面组成的。为了获得空气动力特性好的车身外形，覆盖件应当具有连续的空间曲面形状，且冲压深度不均匀。为了体现车身造型的风格，常在某些曲面上设有棱线和装饰性结构，使覆盖件的形状变得更加复杂，可以说，车身覆盖件是形状最为复杂的冲压件。

(2)外形尺寸大

为了简化装配工艺，减少零件数量，保证车身外形曲面的连续性和完整性，大多数覆盖件的外形尺寸都较大，有些覆盖件如侧围外轮廓尺寸可达 2 ~ 3m。

(3)表面质量要求高

车身覆盖件的可见表面不允许有波纹、皱纹、凸凹痕、边缘拉痕、擦伤以及其他破坏表面完美的缺陷；覆盖件上的装饰棱线、筋条都应平滑、清晰，曲线应圆滑；相邻覆盖件在衔接处要对齐，间隙要小，否则，覆盖件表面上的一些微小缺陷（特别是轿车）会在涂装后引起光的不规则反射而影响美观。

(4)要有足够的刚度

因覆盖件是薄壳零件，汽车在行驶时产生的振动，会引起覆盖件的共振，所以要求覆盖件必须具有足够的刚度，从而避免共振，减小噪声和延长车身使用寿命。

(5)要有良好的成型工艺性

设计车身覆盖件结构时，要求在一定的生产规模条件下，能够较容易地安排冲压工艺和设计冲压模具，有合理的装配硬点，能够最经济、最安全、最稳定地获得高质量的产品。

2. 车身覆盖件的结构工艺分析与设计

(1)车身覆盖件的分块

车身覆盖件的分块是将已定型的汽车车身划分为大小合适的零件，以便组装成车身所需的各个部分。车身分块的数量和尺寸大小直接影响车身冲压工艺性和经济性。分块一般遵循以下原则：

1)覆盖件的分块应根据企业的设备情况与技术水平来确定，整个车身分块的零件数目应尽可能少，以便减少装配误差，也使接口处有良好的装配工艺性和焊接工艺性。

2)分块时应考虑零件的成形工艺性。主要指冲压、压弯、拉深等工艺要求。

3)最大覆盖件零件的展开尺寸不能超过板材的尺寸规格。

4)零件分块结构要合理。在保证装配精度的条件下，具有良好的装配工艺性（主要是焊接工艺性），以及车身整体组装后的外形美观性。

【阅读材料3-2】图3-5所示为轿车车身两种划分结构的方法。图3-5a所示方法划分的零件尺寸小，零件制造简单，但零件数量多，包括底架、门槛、中柱、前柱、前轮罩、前围、顶盖等七部分，使总装配量增加。图3-5b所示划分为底架、侧壁、前围窗框、顶盖、后风窗等五部分，零件数目明显减少。这对保证车身强度和门窗框的装配精度都是有利的，而且总装配工艺简单，便于组织大量生产。车身结构的分块趋势是零件大型化、结构整体化。

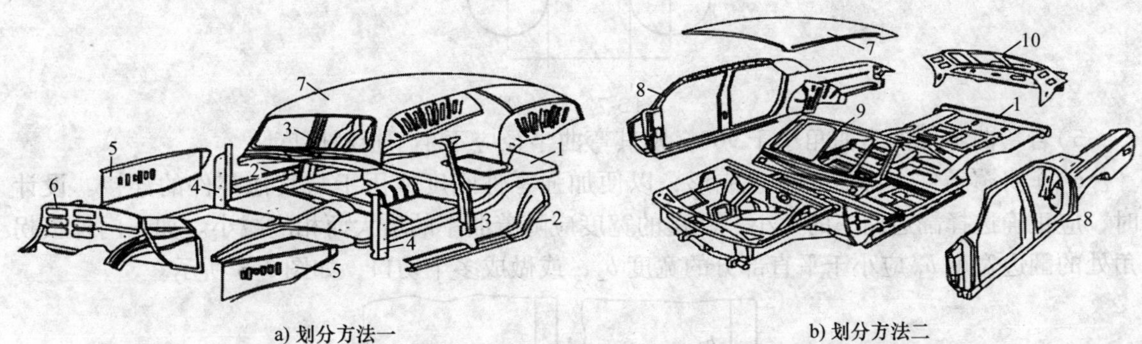

图3-5 轿车车身结构划分

1—底架 2—门槛 3—中柱 4—前柱 5—前轮罩 6—前围 7—顶盖 8—侧壁 9—前围窗框 10—后风窗

(2)车身覆盖件拉深、冲裁、压弯和翻边工艺的设计要求

1）车身覆盖件的拉深方向应保证凸模能完全进入凹模。图 3-6a 所示的拉深方向表明凸模不能进入凹模；若将零件旋转一个角度，图 3-6b 所示的拉深方向，凸模就能进入凹模。

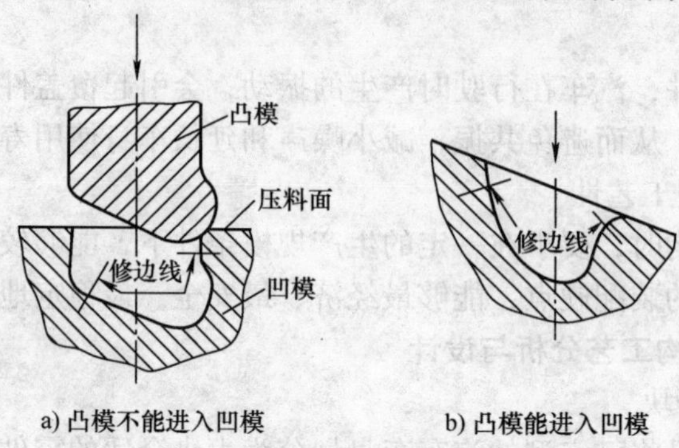

图 3-6　覆盖件的凹形决定拉深方向

2）尽可能一次拉深成形。因二次拉深易损坏覆盖件表面品质，且对组织生产也不方便。有些车身零件拉深深度较大，就不得不采用多次拉深成形。

3）对于具有反拉深的覆盖件，尽可能加大变形部分的圆角半径，以防局部因延伸变薄而破裂。

4）车身上的孔应避免细长孔，尽可能采用圆孔、方孔等规则孔，因加工规则孔的模具成本较低，且细长孔对模具强度不利。另外，设计时孔与孔之间、孔与边之间的距离应恰当，以免冲裁时由于距离太小引起周边材料的变形或破裂，如图 3-7 所示，推荐 $x_{min}=y_{min}=13mm$。对于带孔的弯曲件，孔离弯边应远一些，采用复合落料与冲孔工序，然后再压弯，否则必须压弯后再冲孔，从而增加了一道工序。

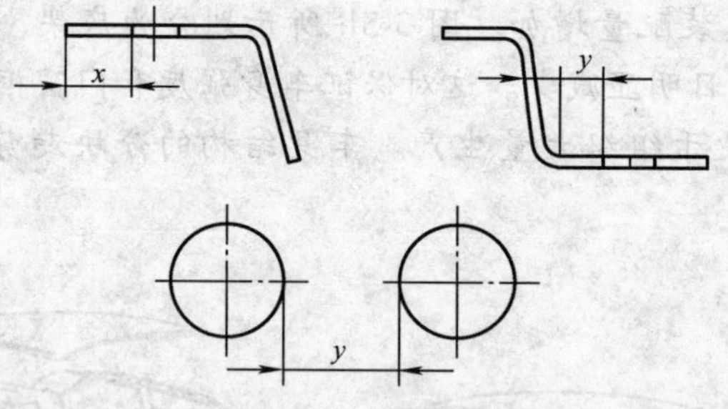

图 3-7　孔边距

5）若弯曲零件的弯曲角小于 90°，则其弯曲半径应不小于板料厚度。

6）车身覆盖件大都需要翻边成形，以便加强零件刚度或用于与其他零件的连接。设计时，应正确选择翻边曲率的大小，翻边的宽度应随着曲率的增大而相应减小。如车门外板拐角处的翻边宽度 b_1 应小于平直部分的宽度 b_2，或做成多个切口，如图 3-8 所示。

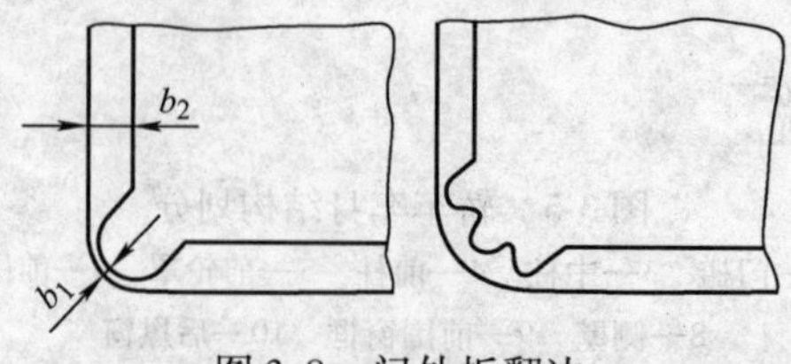

图 3-8　门外板翻边

3.1.5　车身焊接工艺

汽车车身结构设计时必须考虑零部件的装配工艺性，车身装配主要采用焊接方式。焊装工艺是影响车身制造质量的重要因素，焊装工艺设计与车身产品设计及冲压工艺设计是互相联系、互相制约的，必须综合考虑。影响车身焊装工艺性的主要因素有生产批量、车身产品分块、焊接结构、焊点布置等。

1. 车身装焊工艺的特点

车身壳体是一个复杂结构，一辆轿车由数百种薄板冲压件经焊接、铆接、机械连接及粘接方法等工艺连接而成。由于车身冲压件大部分采用具有良好焊接性能的低碳钢材料，所以焊接是现代车身制造中应用最广泛的连接方式。

由于车身零件大都是薄壁钣件或薄壁杆件，其刚性较差，所以在焊装过程中必须使用多点定位夹紧的专用焊装夹具，以保证各零件或合件在焊接处的贴合和相互位置，特别是门窗等孔洞的尺寸等。这是车身焊装工艺的特点之一。

为便于制造，进行车身设计时，通常将车身划分为若干个分总成，各分总成又划分为若干个合件，合件由若干个零件组成。车身焊装的顺序则是上述过程的逆过程，即先将若干个零件焊装成合件，再将若干个合件和零件焊装成分总成，最后将分总成和合件、零件焊装成车身总成。轿车白车身焊装的一般程序如图 3-9 所示。

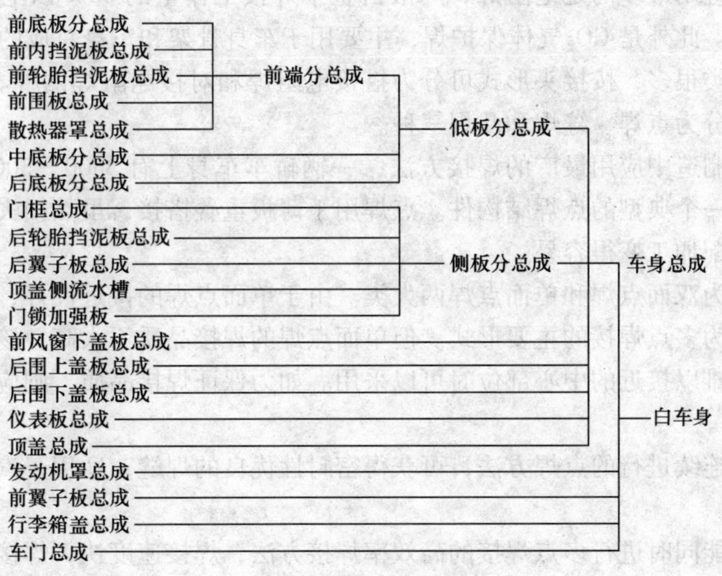

图 3-9　轿车白车身焊装程序图

2. 车身常用焊接方法

表 3-2 列举了车身制造中常用焊接方法及典型应用实例。

表 3-2　车身制造中常用焊接方法及典型应用实例

焊接方法及设备				典型的应用实例
电阻焊	点焊	单点焊	悬挂式点焊机	车身总成、车身侧围等分总成
			固定式点焊机	小型板类零件
		多点焊	压床式多点焊	车身底板总成
			C 形多点焊机	车门、发动机罩等总成
	缝焊		悬挂式缝焊机	车身覆盖流水槽
			固定式缝焊机	油箱总成
	凸焊			螺母、小支架
电弧焊	CO_2 气体保护焊			车身总成
	氩弧焊			车身顶盖后两侧接缝
	焊条电弧焊			原料零部件
气焊	氧乙炔焊			车身总成补焊
钎焊	锡钎焊			散热器
特种焊	微弧等离子焊			车身覆盖后角板
	激光焊			车身底板

车身制造中应用最多的是电阻焊，一般占整个焊接工作量的 60% 以上，有的车身几乎全部采用电阻焊。此外是 CO_2 气体保护焊，主要用于车身骨架和车身总成的焊接中。

电阻焊的种类很多，按接头形式可分为搭接电阻焊和对接电阻焊两种。结合工艺方法，搭接电阻焊又可分为点焊、缝焊和凸焊三种。

点焊是车身制造中应用最广的焊接方法，一辆轿车车身上有 3500～5000 个焊点，可以说，汽车车身是一个典型的点焊结构件。点焊用于薄板重叠搭接，虽然损失了重叠部分的材料，但使总成装配加工变得容易。

点焊通常分为双面点焊和单面点焊两大类。由于单面点焊的接近性好，生产率高，在大量生产中大多作为多点焊接的主要形式。但单面点焊的焊接品质不太高，该方法在焊接车身地板等大型零件难以接近的中心部位时可以采用。如为保证焊接品质，则应尽可能采用双面点焊。

缝焊是一种连续进行的点焊方法，可获得密封性优良的焊缝，适用于汽油箱、后桥壳等部件的焊接。

凸焊是一种能同时进行多点焊接的高效率焊接方法，焊接速度快，焊接品质稳定，但被焊接件需预先加工出凸起部分。在车身上，一般将凸焊螺母焊在薄板上，装配时只需要拧紧螺栓即可，提高了装配工效。

目前，国内外汽车企业对轿车车身总成拼装基本采用激光焊接、多头自动焊机、焊接机器人、线上测量和混合式拼装自动线等新技术、新工艺，在保证产品质量和制造工艺简单的同时，轿车车身拼装焊接生产线投资成本低，生产周期短。

3. 车身零件焊接接头设计

研究表明，车身接头刚度对整个车身刚度的影响可达 50% ～70%。车身结构的内力通过接头传递，在传力过程中，接头的变形会影响整个车身结构的变形。设计车身零件焊接接头时应考虑以下几方面：

1) 点焊接头尽可能采用搭接或翻边对接，如图 3-10 所示。这两种连接形式可以由两个或两个以上等厚度或不等厚度的工件组成，且焊接品质好，便于大量生产。在选用这两种接头形式时，若从装配精度考虑，则选用翻边接头形式较好，因翻边接头能控制两个零件的相对位置；若从补偿零件制造误差的角度来考虑，则选择搭接接头形式较好。

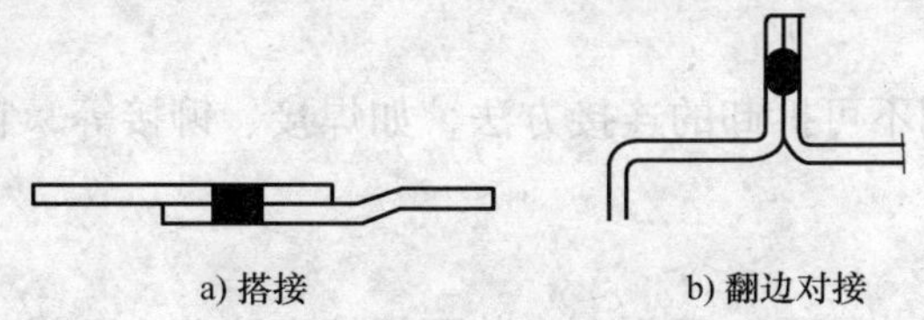

图 3-10　点焊接头形式

2) 应合理设计纵、横梁交错处接头的形式和连接方式，减小应力集中。在底架纵、横梁交叉点，横梁与立柱的连接点，窗框与门框的四个角等处都会产生应力集中。如在纵、横梁交接处应以翼缘连接，或用角板等各种连接方式，以扩大连接面积来减小应力集中，如图 3-11 所示是几种纵横梁的连接形式。

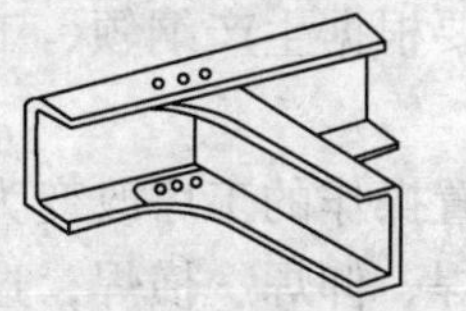
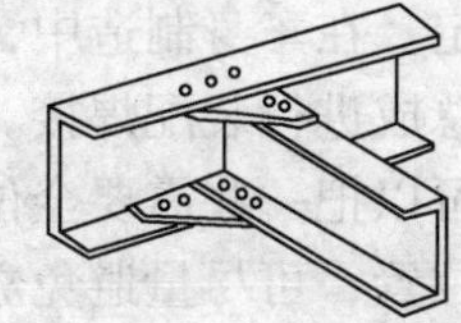
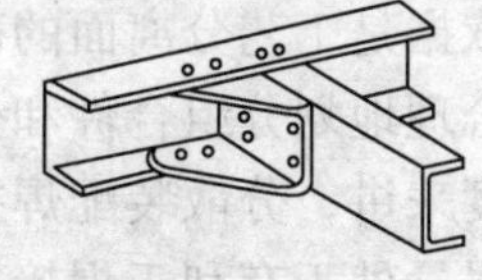

图 3-11　几种纵横梁的连接形式

3) 接头处的焊缝长短和布置、铆钉数量和布置应尽量合理。若过分加强接头，则会因接头处的刚度太大导致在接头边缘的被加强梁上产生应力集中。

4) 被焊接的两块板料厚度的比值不应大于 3，否则薄板容易被击穿。

3.1.6　车身产品分块

分块是将车身壳体分成若干便于冲压和焊装的零部件、组合件、分总成和总成。合理的分块不仅有利于形成良好的装配质量，还可有效地简化和优化制造工艺。

白车身是一个尺寸很大的复杂的焊接结构件，设计制造时通常将车身总成合理划分为若干个部件和组合件，分别进行装配焊接成各分总成，然后再装配焊接成总成结构，这样化复杂为简单，化大为小，可以大大提高劳动生产率，改善车身结构的焊接工艺性。

1. 结构分离面

将白车身总成分解为若干个分总成，相邻两个分总成的结合面称为分离面。分离面可分为两类。

(1) 设计分离面

根据使用和构造上的特点，可将车身分为单独进行装配的分总成，如车身本体、发动机罩、行李箱盖、车门等，这些分总成之间的结合面，称为设计分离面。设计分离面一般采用可拆卸的连接，如铰链连接，以便在使用和维修过程中迅速拆卸和重新安装，而不损坏整体结构。

(2)工艺分离面

在生产制造过程中，为了适应制造装配的工艺要求，需要进一步将上级分总成分解为下一级分总成，甚至小组件，进行单独装配焊接，这些下一级分总成或组件之间的结合面，称为工艺分离面。如车身本体总成分解为前围、后围、地板、左/右侧围、顶盖六大分总成，这六大分总成分别平行进行单独装焊，而后总装在一起进行焊接，这些分总成之间的结合面就是工艺分离面。

工艺分离面一般采用不可拆卸的连接方法，如焊接、铆接等，它们最终构成一个统一的刚性整体。

2. 装配焊接方法

根据工艺分离面的划分情况，可将车身装配焊接方法分为两类：

(1)集中装配焊接法

将车身产品的装配焊接工作集中在较少的工位上，使用较少的工装夹具来完成装焊工作，称为集中装配焊接法。

(2)分散装配焊接法

将车身产品的装配焊接工作，分散在较多的工位和工装夹具上来完成，称为分散装配焊接法。分散的依据是工艺分离面的确定。在车身制造中，要根据生产纲领、工厂的设备情况和技术水平，合理地划分组合件和分总成进行装配焊接。

从焊接角度来讲，分散装配焊接可以把一些需要全位置操作的工序改变为在正常位置的操作，使焊点尽量处于有利于焊接的位置，可尽量避免立焊、仰焊、横焊，这样有利于提高装配焊接质量，改善劳动条件，也提高了劳动生产率，而且容易控制与减少焊接应力和焊接变形。例如顶盖、侧围及前、后围在整车总成焊装中分别为仰焊和立焊，而在分总成焊装中可变成俯焊。

3.1.7　轿车车身的整体结构设计

轿车车身结构设计首先应以结构轻量化为准则，力求做到强度分配在车身整体上的合理性。为此，必须首先确定车身的主要载荷形式，其次了解载荷传递方式，进而选择合理的计算方法。根据汽车的实际使用特点，一般将弯曲、扭转和碰撞作为设计时车身所受的三种典型载荷工况。

由于轿车车身在整体上可以看成是一个由薄壁梁和薄板组成的框架结构，当假设作用力均作用在结构的节点上，且左右对称分布时，经过对节点受力作适当简化后，可建立车身承受弯曲载荷和扭转载荷的力学模型。利用该模型，采用一般的力学方法即可计算获得车身整体的载荷分布及变形图。若计算发现局部存在过大变形或过大载荷，应适当改变该处梁的断面形式，即通过改变断面系数来调整变形量和应力的大小。

碰撞载荷是汽车车身在使用过程中遇到的极端载荷情况。为了有效地保护乘员安全，车身结构在整车上应符合“两端软中间硬”的原则，以保证纵向碰撞发生时，车身前部或后部可吸收80%以上的碰撞能量。为此，可以通过合理分配力流和增加局部吸收碰撞能量的能力达到此目的。由于纵向碰撞发生时，能量的70%需由车身纵梁吸收，因此纵梁的作用尤为重要。碰撞时可依靠局部变形吸收能量，从而减少中部乘员舱变形的可能性。局部变形可依靠梁的局部弯曲或局部发生皱折来实现。利用现代技术在中空管状梁内施以填充材料，可大大提高其吸收能量的能力。设计中，一般应在车身前部和后部预留 50～80cm 的空间供变形用。此外，因碰撞能量的30%要靠轮罩吸收，故需充分注意轮罩与地板和纵梁的连接。图 3-12 所示为轿车车身安全结构透视图。

与轿车类似，客车也分为非承载式、半承载式和承载式三种结构形式的车身，车身底部结构也有不同的形式，但大多数客车车身都有车身骨架，其结构设计有不同于轿车车身的特点。这里对客车车身不再讲述。

图 3-12　车身安全结构透视图

3.2　车身结构强度与刚度分析

车身作为一个受力结构，必须有足够的强度以保证其疲劳寿命，必须有足够的刚度以保证其装配和使用的要求，同时应用合理的动态特性控制振动与噪声，还应该有足够的抗冲击强度保证撞车时乘员的安全。

现代轿车车身结构设计在满足功能要求的前提下，以结构轻量化为准则，力求做到强度分配在车身整体上的合理性。汽车设计分析的关键是确定载荷，首先确定主要载荷形式，其次了解载荷传递方式，进而选择合理的设计分析方法。

有限元方法能够有效地满足上述车身设计的要求。在进行车身结构设计时，通过有限元分析，观察白车身及其结构件在各种工况下的变形，得到车身的强度、刚度、振动频率等各种力学性能。将有限元分析的结果反馈到车身设计环节，修改设计不合理的参数，经过重复的优化，提高车身设计的质量，使得产品在设计阶段就可保证满足使用要求，从而缩短设计试验周期，节省大量的试验和生产费用。有限元方法是提高车身设计可靠性既经济又适用的方法之一。

3.2.1　车身承受的主要载荷

车身(如有车架则包括车架)与汽车车轮、悬架系统构成汽车的行驶系统，是汽车行驶时的主要承载部件，承担着全部载荷。汽车所受载荷可分为静载荷和动载荷两种，静载荷主要包括汽车悬架承载的自身载荷 G_r 和车身有效载荷 G_e。前者是指由悬架的弹性元件所承受的部件，如车身、车架以及固定在车身或车架上的所有总成和设备的重力；后者是指汽车额定装载时，乘员及行李或货物的重力。所有这些重力都按集中载荷 F_i(或均布载荷)分布在车身、车架的适当位置 $i(i=1,2\cdots)$上，即

$$G_r + G_e = \Sigma F_i$$

动载荷是指汽车在行驶过程中数值和方向都随时间变化的载荷，主要包括：汽车起动、制动时产生的冲击力；路面不平对汽车的冲击力和簧载质量振动所产生的垂直动载荷；空气动力以及汽车转向时的侧向力等。

汽车行驶路况复杂，载荷形式也多种多样。对于承载式车身结构，主要承受由于乘员、货物和车身自重带来的弯曲载荷；在不同路面上行驶时经轮胎、悬架传至车架上的扭转载

荷；当加速或减速时沿车身前后方向的惯性载荷；当转弯时沿行驶轨迹法线方向的惯性离心载荷；当汽车受到来自各方碰撞时的冲击载荷等。其他载荷还有高速行驶时车身及外附件受到的空气阻力，由路面摩擦阻力经轮胎、车轴、悬架传至车架的载荷。此外，运动中不可避免地由发动机和底盘系统传来的振动载荷；开/关门时会产生不同程度的冲击载荷等。

这些载荷，有些属于正常的工作载荷，是不可避免的；有些属于意外情况下的特殊载荷；有些仅引起结构的弹性变形；有些可能因一次瞬时过载或长期疲劳结构塑性变形甚至开裂。

在车身结构分析中，上述载荷大部分为动载荷，其大小随时间变化。概念设计阶段可以先采用静态分析，再乘以适当的动载荷系数和安全系数进行结构的等效动态设计；详细设计阶段则需要对结构大变形或振动响应进行直接的动态分析。

目前，载荷获取方法有三种：直接测量法、全理论分析法、半理论分析法。

(1)直接测量法

载荷的直接测量法主要是采用应力、位移、加速度等测量手段直接测量仿真分析所需载荷的一种方法，该方法测量结果较准确，但测量困难，且效率低。

(2)全理论分析法

全理论分析方法就是在无法实测车辆载荷的情况下，参考相似车型在实际使用过程或道路试验场中的载荷情况，估算出车辆在各个极限载荷下车身的加速度，由计算公式求出各个轮心处的载荷，并由动力学分析软件将轮心处的载荷分解到底盘和车身连接的硬点处。

(3)半理论分析法

半理论分析法是介于直接测量法和全理论分析法之间的一种载荷获取方法。由于直接测量法有时很难测量所需部位的载荷，于是可以先测量出汽车在行驶过程中各个轮心处的载荷，然后通过动力学分析软件将轮心处的载荷分解到底盘和车身连接的硬点处，就可间接求出强度分析所需要的车身载荷。

近年来，随着大型计算机的出现，利用有限元法对车身结构进行分析的解析法已经普及，现已能精确计算车身的强度及弯曲和扭转刚度，从而可以在车身结构设计阶段就能得出车身结构的性能数据，为使车身设计的合理化创造了条件。

以轿车为例，白车身在整体上可看成一个由薄壁梁和薄板组成的框架结构。假设载荷均作用在车身结构的节点上，且左右对称分布，经过对节点受力进行适当简化后，可建立车身承受弯曲载荷和扭转载荷的力学模型。利用该模型，采用一般的力学方法即可获得车身整体的载荷分布和变形图。若发现局部存在过大变形或过大载荷，应适当改变该处梁的截面形式，即通过改变截面系数来调整变形量和应力大小。

3.2.2 车身主要失效形式

车身失效形式主要表现为静强度失效、疲劳强度失效及刚度失效等。静强度失效是指静载荷过大，在危险断面产生超过屈服极限或强度极限的应力导致结构变形过大或断裂。疲劳强度失效即疲劳破坏，是由于动载荷长期作用，在局部形成高应力区，由于交变应力的作用形成微裂纹，进而扩展成宏观裂纹，导致疲劳断裂。刚度失效一般表现为车身或车门变形过大，影响汽车的使用性能及振动噪声性能等。车身的动态性能是目前设计人员最关注的部分，并且已纳入汽车设计开发流程中，因此了解汽车载荷大小、分布情况以及作用力的性质是分析汽车零部件失效的关键。

3.2.3　车身结构强度

1. 车身结构强度定义与计算方法

强度是指结构抵抗破坏的能力。车身零件在工作时，不容许出现结构断裂或塑性变形，也不容许发生表面损坏。车身强度是汽车车身结构在外力或内应力的作用下抵抗车身局部变形或疲劳失效的能力。对于不同结构与载荷类型，强度的含义也不同。

对于承载拉伸(压缩)载荷的杆(柱)结构，所能承受的最大拉(压)应力即为杆(柱)的极限拉伸(压缩)强度；对于承受弯曲载荷的梁结构，所能承受的最大弯曲应力即为梁的极限弯曲强度；对于承受扭转载荷的轴结构，所能承受的最大扭转应力即为梁的极限扭转强度。

相应地，车身结构在静载荷作用下的上述强度为静强度。汽车在行驶过程中，由于路面不平整等因素的影响，车身结构通常会受到随时间或频率变化的载荷即交变载荷的作用，此时上述强度为动强度，也称为疲劳强度。

具有各向同性、均质材料、简单几何形状的结构的各点处强度可用材料力学计算，对复杂结构目前主要采用有限元方法计算。有限元方法详见第 7 章。

2. 强度设计准则

汽车在行驶过程中，必须要求车身能承受各种各样的载荷，既不能产生塑性变形，也不能产生裂纹和损坏。若车身强度不足，将会造成车身零部件塑性变形、局部开裂或整体断裂，严重影响汽车的使用寿命和安全性能，所以任何车身都有必要进行强度的计算与校核，使其满足强度要求。车身强度设计准则为：在指定载荷(如汽车某一轮或几轮同时过凸台或凹坑时弯扭联合载荷)下，车身最大应力不超过许用值。常用强度分析工况和应力许用范围见表 3-3 所示。

表 3-3　强度分析工况及应力许用范围

分 析 工 况	应力许用范围
右转弯工况	小于材料屈服强度
前行制动工况	小于材料屈服强度
前行紧急制动工况	材料屈服强度～抗拉强度之间
上跳工况	材料屈服强度～抗拉强度之间
最大向前加速度工况	小于材料屈服强度
单边上跳工况	小于材料抗拉强度
过坑工况	小于材料抗拉强度
倒车制动工况	小于材料屈服强度
倒车紧急制动工况	材料屈服强度～抗拉强度之间
过坑扭转工况	材料屈服强度～抗拉强度之间

3. 白车身强度设计

(1)白车身静强度分析与设计方法

白车身静强度分析一般是指分析白车身在特定工况下内应力和应变的分布情况。对于微型客车来说，白车身高应力区域可分为上车体和下车体两部分。上车体关注区域有：前风窗、前门框角部、中门框角部、尾门框角部、前悬架、轮罩面板等。下车体关注区域有：前后大梁搭接部位、上下纵臂支座、板簧后支座、横向推力杆支座、横梁延伸件、横梁搭接头等。

目前，白车身静强度常用设计方法与步骤如下：

1）建立车身数字模型。利用 CAD 软件（如 CATIA、Pro/E 等）建立白车身数字模型。图 3-13 所示是用 CATIA 软件建立的车身数字模型。

2）利用 CATIA、Pro/E 等软件与有限元分析软件 ANSYS 之间的数据传输，来实现 CAD 与 CAE 软件的无缝连接。在不影响计算结果的前提下，对已经建立的车身数字模型可以在 CAD 软件中做适当简化处理，主要为以后网格划分方便，减少计算机计算时间。

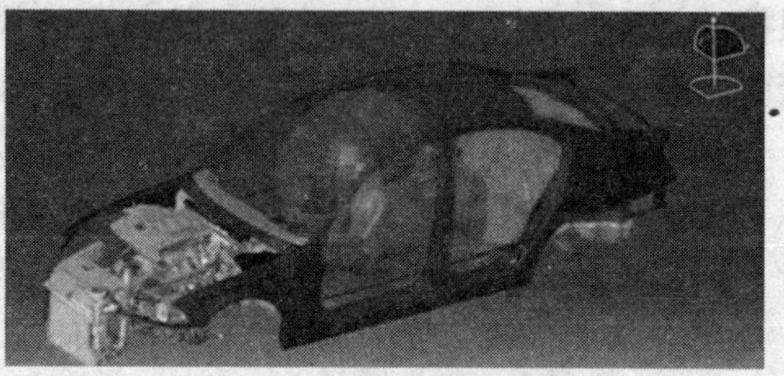

图 3-13　车身数字模型

3）建立车身有限元分析模型。对导入后的车身数据在有限元软件中进行处理，包括材料属性的定义、单元类型的选取、焊点的处理等。最终对其划分网格，确定车身在不同工况下的边界条件，根据各工况车身的受力情况对车身模型施加约束及载荷等。建立的有限元模型如图 3-14 所示。

白车身零件数目众多，且多为复杂曲面，用网格准确描述其几何特征的难度较高，复杂的曲面会产生许多网格上的问题，如单元畸变、网格细小、网格失真等诸多问题。对数目繁多、曲面复杂的零部件划分高质量的网格工作量较大、难度较高。

图 3-14　白车身有限元模型

4）对车身不同工况下的静强度进行仿真分析。常用的车身强度仿真软件如 MSC Patran/Nastran，可以对车身不同工况下（如弯曲、扭转、碰撞等工况）进行静强度的仿真分析，得出不同工况下白车身结构的应力分布图。通过分析应力分布图，可以得到不同工况下白车身结构的应力和应变值，并能够准确判断应力大小区域。如车身板壳零件的内应力、应变越小越好。

5）车身结构优化设计。车身轻量化设计是当前车身结构优化的重要研究课题。在几种不同工况下，保证车身应力分布均匀，且最大应力不超过许用应力的前提下，对车身进行优化设计，从而降低车身重量，得出车身整体优化设计方案。

【阅读资料 3-3】　　MSC Nastran 仿真软件

MSC Nastran 是功能强大、应用最为广泛、最为通用的结构有限元分析软件，可以进行结构强度、刚度、动力、随机振动、频谱响应、热传导、非线性、转子动力学、参数及拓扑优化、气动弹性等全面的仿真分析，是公认的业界标准。

MSC Patran 集成的并行框架有限元前后处理器，针对各种不同的设计分析，提供一个全开放性的 CAE 环境。Patran 是世界公认最好的新一代前后处理系统，它结合了几何造型整合、有限元素模型建立，以及仿真分析和结果评估能力，常被用来仿真产品的性能，并早在设计/制造实体模型测试前，即找出可能发生的问题并解决问题，提高产品的竞争力。

(2) 车身结构件强度分析

车身结构件是车身结构的主要承载构件，其布置应使车身构成一个连续完整的受力系统与合理的载荷路径，结构设计决定了载荷路径。车身结构件的材料、截面形状、受力方向、力的传递、力矩的作用位置等将会直接影响车身结构的强度和刚度等。

以梁的结构强度分析为例，在考虑其强度要求的同时，还要考虑功能上的要求，由于轿车存在级别上的差异，对功能的要求也不尽相同。

【应用案例】 图 3-15 为东风标致 307 车身结构，它采用承载式多级吸能车身，前、后纵梁、A 门柱、B 门柱、C 门柱、车门门槛均采用高强度的双面镀锌钢板，关键区防撞强度达 1600MPa。由于 A 门柱不但要将来自悬架的垂直力和前方纵向碰撞力传向车顶和门槛梁，且在侧面碰撞时，还将与 B、C 门柱一起构成抵抗侧向力的主要屏障。前后四个车门的内衬里均设置了三根纵向的防撞梁，防撞梁的强度和尺寸经过计算机系统优化设计，尤其是中间的 W 形高强度防撞护板是经过系统优化设计和严格碰撞检验，具有重量轻、强度高的特性，整个车身满足全面化的安全结构。

侧碰撞发生时，大部分碰撞能量必须由 B 门柱承担，但通常该梁抵抗横向力的能力十分有限，为了在结构上保证侧碰撞时汽车的安全性，除了尽可能增大其截面积和采用腹板结构加强它与门槛的连接强度外，还应将车身侧围结构作整体考虑，即借助车门、门锁、门槛梁以及 A、C 门柱的相互联系，有效地将能量吸收区扩展到车顶和地板。

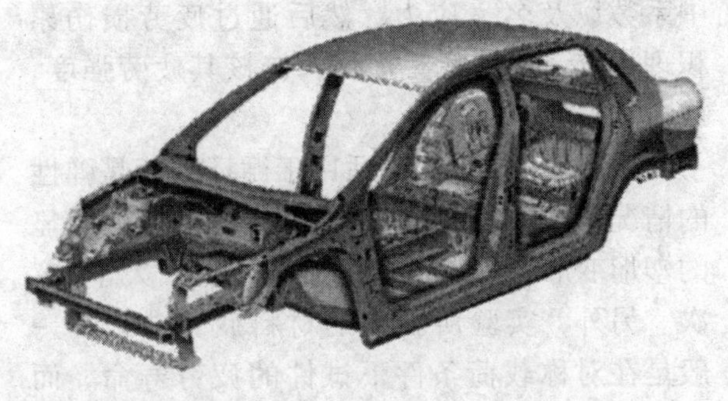

图 3-15　东风标致 307 采用承载式多级吸能车身

地板总成的关键部件是门槛梁和分置在其间的横梁，横梁可以起到防止地板折叠的作用。一般，侧向要预留 200 ~ 300mm 的空间，供侧向皱折变形用。为了提高门槛抗弯强度，应尽量加大其断面尺寸，也可以在门槛梁上增设衬板结构。

车门内设置横梁已成为目前提高车身抗撞击安全性的手段之一，如能将横梁设置在侧向受撞击的高度上，效果会更加明显。

实际上，白车身强度的判别标准，需要根据各工况下应力值大小、各工况发生的概率、零部件的材料性能、零部件的表面质量以及相似车型、相似部位的试验结果等因素来综合判断。

(3) 车身疲劳强度设计

1) 基本概念。汽车疲劳性能的好坏是用疲劳强度来衡量的，疲劳强度的大小又用疲劳极限来衡量。所谓疲劳极限是指材料或构件可以承受无限次应力循环而不发生疲劳破坏的最大应力。通常以对称循环下的疲劳极限作为材料的基本疲劳极限。

材料或结构受到多次重复变化的载荷作用后，应力值虽然没有超过材料的强度极限，甚至比弹性极限还低得多的情况下就可能发生破坏。这种在交变载荷的重复作用下材料或结构的破坏现象称为疲劳破坏。

疲劳与断裂是引起工程结构和构件失效最主要的原因，也是导致汽车车身承载结构早期破坏的主要原因。引起疲劳失效的循环载荷的最大值，往往远小于根据静态断裂分析估算出来的“安全”载荷，因此，疲劳强度设计在车身结构设计中有重要意义。

2）疲劳强度设计理论。这里主要介绍疲劳理论中最基本的应力-寿命（S-N）疲劳基本理论，也称为全寿命理论。疲劳寿命是疲劳失效时所经受的应力或应变的循环次数，一般用 N 表示。零件的疲劳寿命取决于材料的力学性能和所施加的应力水平。一般来说，材料的强度极限越高，外加的应力水平越低，构件的疲劳寿命越长；反之，疲劳寿命则越短。

根据全寿命疲劳理论，汽车构件的疲劳寿命与其材料的力学性能、承受的应力水平存在对应关系。一般认为，标准试样的疲劳寿命与材料的强度极限成正比，与其应力水平成反比。应力水平和标准试样疲劳寿命之间的关系的曲线称为材料的 S-N 曲线，简称为 S-N 曲线。图 3-16 为试验记录的 S-N 数据。

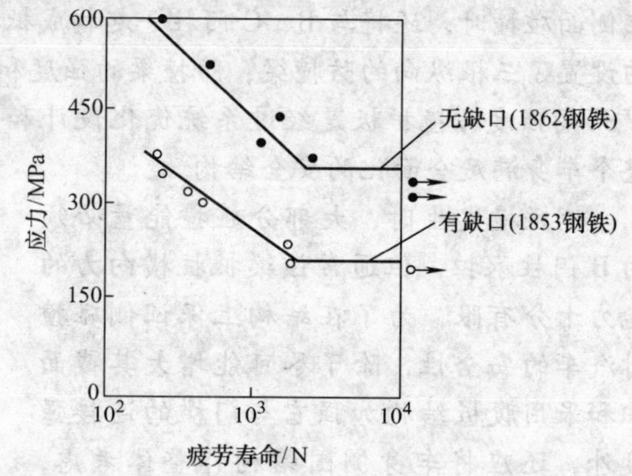

图 3-16　弯扭试验数据

在实际应用中，一般是以材料或零件的 S-N 曲线为基础（一般是试验曲线或通过经验公式获得），根据结构疲劳危险部位的应力集中系数以及名义应力，然后通过疲劳损伤累积理论统计零件疲劳损伤，校核其疲劳强度，或者计算疲劳寿命。

试验表明，S-N 仅适用于循环载荷是弹性的情况，即构件在受载过程中不能出现明显的塑形变形，一般要求寿命循环次数大于 10^4 次。另外，实验所获得的材料疲劳曲线，一般是在对称载荷条件下试件的疲劳寿命。而行驶中的汽车，其受载通常是随机载荷，载荷条件的差异对于疲劳寿命是有影响的。

3）影响车身结构疲劳强度的因素。影响车身结构疲劳强度的因素很多，归纳起来有车身材料性质、车身零件几何形状、表面质量、工作条件、表面处理及残余内应力等。影响车身材料性质的因素有化学成分、金相组织、纤维方向和内部有无缺陷等；影响车身零件几何形状及表面质量的因素有应力集中系数、尺寸系数、表面粗糙度等；工作条件因素有载荷特性（如应力状态、载荷顺序和载荷频率等）、环境介质和使用温度等；表面处理及残余内应力方面的因素有表面热处理（如表面淬火）、冷作硬化（如喷丸处理）和表面涂层等。了解各种因素对疲劳强度的影响，以便更好、更正确地进行疲劳强度分析、设计和试验。

4）车身疲劳强度分析。车身疲劳强度主要分为：车身钣金件疲劳强度，主要是指车身钣金件的耐久性；其他部件安装位置的安装强度，如门锁安装位置、车门铰链安装位置等。

车身在疲劳强度方面的薄弱环节多数发生在上部结构（特别是立柱的上下端连接处和前立柱与车身前部结构的连接处）、悬架系统的安装部位。结构设计时，应改善这些薄弱点，达到车身结构耐久性标准要求。

汽车结构工作环境非常复杂，汽车零部件产生疲劳破坏要综合考虑各种因素，一方面导致疲劳分析离不开试验，另一方面促使疲劳计算朝着多学科联合仿真发展。目前，国内关于疲劳理论分析较少，企业界因涉及技术机密，发表的有实用价值的文献也少，而且大多数相关研究都集中在拥有雄厚实力的合资乘用车制造企业。

车身疲劳寿命最初一般只能通过耐久性试验测得。随着计算机仿真技术的不断提高，采用计算机仿真技术进行车身疲劳寿命预估已成为一种快速有效的方法。MSC. Fatigue 是专门用于疲劳强度分析的软件，是一个通用性很强的基于有限元分析结构的疲劳分析设计工具。在产品设计的初期阶段使用 MSC. Fatigue，可在制造过程之前进行疲劳分析，真实地预测产品的寿命，从而极大地降低生产样车和进行耐久性测试所需要的巨额费用，且能优化产品的寿命。疲劳寿命预测仿真流程如图 3-17 所示。

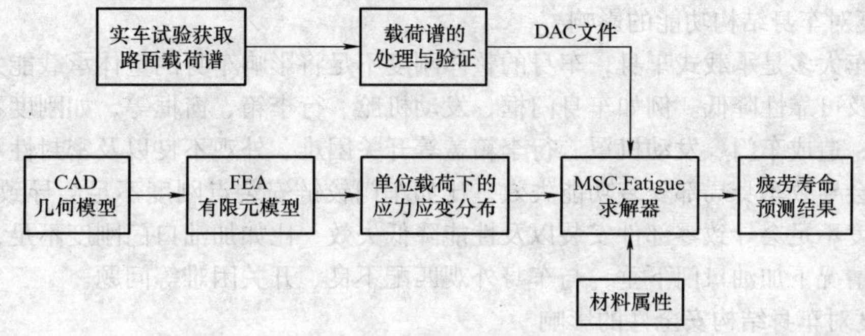

图 3-17　疲劳寿命预测仿真流程图

3.2.4　车身结构刚度

1. 车身结构刚度定义

广义地讲，刚度是结构抵抗变形的能力，即引起单位变形时所需要的力，可以用结构受力和变形的比值来衡量。由于车身是由众多使用不同材料及制造工艺成形的零件、经不同的装配工艺连接而成的复合体，其力—位移响应不会总是呈线性关系，刚度的计算取决于变形时刻的选取，很难客观评价，特别是变形较大时，而且车身上不同零件因承载情况不同，其刚度计算方法也有所不同。现代汽车车身结构基本上都是采用薄钢板，通过焊接、铆接、粘接等工艺连接而成。车身结构刚度大小不仅与材料本身的性质(弹性模量)、构件的截面形状(开口/闭口截面)、构件截面的弯曲惯性矩、扭转惯性矩有关，还与连接方式(焊接、铆接和粘接)、接头设计及板料厚度有关。其刚度类型及含义见表 3-4。

表 3-4　刚度类型及含义

类　型	表 达 式
截面刚度	材料弹性模量或剪切模量和相应的截面惯性矩或截面面积的乘积
截面抗拉(抗压)刚度	材料弹性模量和截面面积的乘积
构件刚度	施加于构件上的作用引起的内力与其相应的构件变形的比值
构件抗剪刚度	施加在受剪构件上的力与其引起变形的正交夹角变化量的比值
结构侧移刚度	施加于结构上的水平力与其引起的水平位移的比值
构件抗弯刚度	施加于受弯构件上的弯矩与其引起变形的曲率变化量的比值

车身刚度包括静刚度和动刚度，其中车身静刚度又分为整体刚度和局部刚度，车身整体刚度主要是指车身的弯曲刚度和扭转刚度，主要取决于汽车部件的布置和车身结构刚度设计。汽车在行驶过程中既受到弯曲载荷，又受到扭转载荷，所以白车身具有足够的弯曲及扭转静刚度是最基本的要求。

2. 车身刚度设计准则及刚度对汽车性能的影响

车身刚度设计准则是在指定载荷下（如汽车满载时垂直弯曲载荷），车身最大变形应不超过许用值。

(1)刚度对车身结构功能的影响

现代轿车大多是承载式车身，车身的整体刚度不足将影响车身的整体承载能力，使轿车的使用性能及可靠性降低。例如车身门框、发动机舱、行李箱、窗框等，如刚度不足会产生较大的变形，造成车门、发动机罩、行李箱盖等开关困难、外观不良以及密封性不好等。局部刚度不足会导致车身局部安装功能失效，比如车门铰链安装点刚度不足会导致车门下垂。零部件的刚度不足会导致零部件安装以及性能降低失效，比如加油口门刚度不足，会导致安装或者耐久情况下加油口门下垂，与车身外观匹配不良、开关困难等问题。

(2)刚度对车身结构安全性的影响

车身刚度对轿车碰撞安全性的影响非常重要，要求合理的分配能量传递及变形区域，对于乘员室要求尽量高的刚度来防止车身变形，确保乘员免受伤害等（详见第4章）。

(3)刚度对NVH性能的影响

NVH指Noise（噪声）、Vibration（振动）和Harshness（声振粗糙感）。汽车NVH性能是指在车室振动、噪声的作用下，乘员舒适性主观感受的变化特性。它是人体触觉、听觉以及视觉等方面感受的综合体现。

车身刚度与车身的NVH性能联系紧密，车身整体刚度和局部刚度不足会引起振动或与激励频率一致或接近时产生共振，从而产生噪声，例如车身地板、顶盖、侧围的局部刚度偏低，将会在低频率范围产生振动，有些局部结构刚度不足会使零件变形，从而产生金属摩擦撞击的噪声。

(4)刚度对燃油经济性的影响

车身刚度对于轿车的各方面功能、性能影响如此关键，那么在设计时必须设定一个合理的目标值，这个目标值主要通过零件的结构及材料的设计来实现。对于好的结构设计可以在一定程度上在达到刚度性能要求的前提下减少零件的数量、尺寸以及材料厚度，从而降低车身的重量，车身的重量与油耗是成正比的。

3. 车身整体刚度设计方法

1)构造车身基本结构并建立车身结构CAD模型。在概念设计阶段，选择当前有竞争力的参考车型，测试其参数，并考虑汽车总体布置和造型要求以及材料、工艺等先进技术的应用。在数据库支持下，初步建立车身结构拓扑模型和几何尺寸CAD模型。

2)汽车刚度研究。分析整车刚度与车身刚度的匹配，分配各子系统刚度指标。

3)初步构造车身结构并建立简化模型。为了分析结构刚度，根据车身结构的CAD模型建立有限元分析模型（即CAE模型）。概念设计时，要建立设计参数少，且能代表车身结构性能的简化模型，基于性质的参数化模型PBM是很好的简化模型。

4)结构分析并计算。包括：

①静态扭转刚度和弯曲刚度。

②计算车身一阶弯曲和扭转模态频率。

③通过灵敏度分析和应变能分布图，进行各部件刚度贡献分析，在此基础上进行平衡，再布置构件或调整部件的基本尺寸。

5)车身刚度优化设计。通过结构系统优化计算，获得最小质量下的位移、应力和模态频率。为了满足目标刚度要求，需要多次反复修改结构。车身结构设计阶段是对结构不断优化的过程。

6)建立细化模型，进行详细的结构设计并验证性能。

车身刚度设计是满足车身结构动力学要求的基础。良好的车身整体刚度，能防止结构在载荷作用下产生较大的变形，以避免各部件产生较大的相对位移和引发较大的噪声，尤其是良好的扭转刚度，也是汽车操纵性所要求的。

3.3　车身结构的动力学性能设计

3.3.1　车身振动特性

车身是由许多薄壁结构件组成的多自由度弹性系统，在外界激励作用下将产生变形，引起系统振动。当外界激振频率与系统固有频率接近或成倍数关系时，将发生共振。共振不仅使乘员感到很不舒适，而且会引起噪声和部件的疲劳损坏，还会破坏车身表面的防护层和车身的密封性。

1. 振动模态分析

由振动理论可知，无阻尼单自由度系统在初始激励的作用下，将以其固有频率在某一种自然状态下进行振动。对于多自由度系统，它的自然状态是指整个系统在运动过程中的某一位移形状。多自由度系统不只有一种位移形状，而是具有与自由度数相等数量的位移形状，这些位移形状称为系统的固有振型。对于不同的初始激励，系统将按这些振型中的某一种进行简谐振动，此时所有质点都同步运动，各质点的位移比始终不变；每一振型对应唯一的固有频率。系统的振动特性可用固有频率和固有振型来表示。无阻尼自由振动系统的特性分析称为模态分析。

车身的振动特性分析是在有限元法和线性振动理论的基础上进行的。因此，根据结构的有限元模型所用单元的刚度特性，组合整体刚度矩阵 K；同时将各单元的均布质量和阻尼集中到单元的各节点上，组合成结构总质量矩阵 M 以及结构的总阻尼矩阵 C。随时间变化的外载荷也都移置到相应的节点上，形成载荷列阵 $P(t)$。建立具有有限个自由度的弹性系统的运动方程和无阻尼自由振动方程并求解。

(1)车身整体振动模态

无阻尼线性系统的一般运动都可以表达为各阶固有振型的线性组合。对应于较低频率的固有阵型(低阶振型)对结构的动力影响大于高阶振型，也就是说，低阶成分的能量较大；而且求解系统的高阶特征值，需要花费更多的计算机时。因此，对于一般车身结构，在模态分析时只求低阶的振动频率和振型；除非研究 NVH 特性时才需要计算中、高阶频率。

车身系统的低阶振型可能是扭转振型或弯曲振型。某些大型轿车的非承载式车身结构，最低阶的振型有可能是低于 20Hz 的扭转振动。而整体扭转刚度较大的车身结构，最低阶阵型有可能是车身的垂直弯曲振型。图 3-18 所示为车身一阶弯曲振型(有两个节点——位移为零的点，频率为 20 ~ 40Hz)及二阶弯曲振型(有三个节点，频率为 30 ~ 50Hz)。对于承载式车身，一般要求一阶频率大于 30 ~ 40Hz。

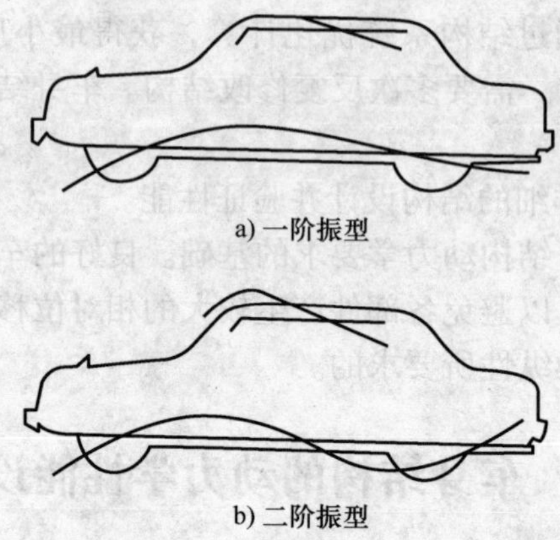

a) 一阶振型

b) 二阶振型

图 3-18　车身的弯曲振型

图 3-19 为轿车各部分的固有振动频率和激振频率的分布图(假设各子系统固有频率是不耦合的)，由图 3-19 可见，车身低阶模态频率大致在 20 ~ 50Hz。汽车在轮胎上的振动频率及发动机在其悬置上的振动频率等，与车身低阶模态频率很接近。因此，车身设计要非常注重结构低阶模态频率的设计，注意提高车身整体刚度和部件刚度，通过修改结构，使车身或部件的模态频率避开激励频率，以防止共振。此外，通过模态振型可以判断出车身振动变形较小的部位，在这个部位(节点处)振动响应较小。如果将动力总成等的悬置点设置在这些部位，显然对减振是有利的。

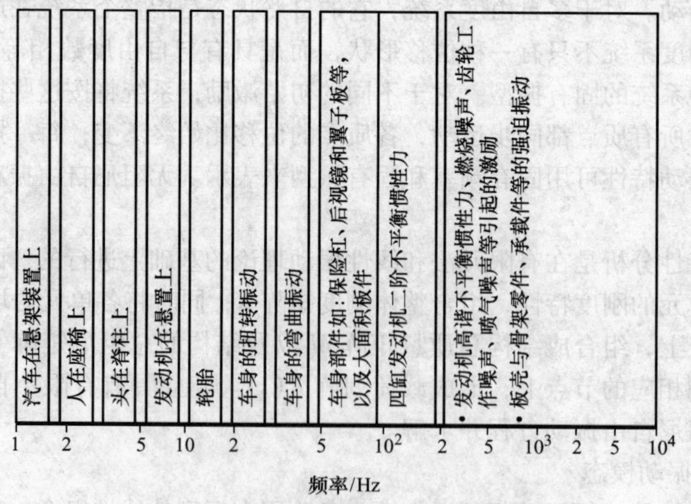

图 3-19　轿车激振频率与固有振动频率分布图

(2)部件模态分析

汽车振动特性与车身刚度密切相关。高刚度车身不仅有利于悬架的支持，使汽车系统正常工作，还有利于改进振动特性。如果车身部件刚度不足或分布不均衡，如轿车前车身及其与乘员室连接处的弯曲刚度较弱，其模态频率则会下降。当不平路面激励引起的汽车悬架上的振动频率与车身整体模态频率接近或成倍数关系时，就会产生前车身抖动。严重时可从转向盘上感受到或用眼睛观察到前车身的这种抖动，因此，在车身结构设计时，应对各部件进行刚度和模态分析。

【实例分析】分别从三种车型的有限元模型上切割下前车身，如图 3-20 所示。

a) 原车型　b) 竞争车型　c) 新车型

图 3-20　前车身有限元模型

对三种模型进行分析比较：

1) 正交模态频率和振型。

2) 四种静刚度，即扭转刚度和平行于 xy 平面分别在 x、y 方向的弯曲刚度，以及在 xz 平面 z 方向的弯曲刚度。

计算模型在切割处约束全部自由度。

计算扭转刚度时，分别在前车身模型的左、右悬架支承处，沿正、负方向作用单位载荷；计算弯曲刚度时，在前车身模型的两个悬架支承处先后沿 x(及 y 和 z) 方向作用单位载荷。

计算结果见表 3-5，可见，原车型的前车身在 xy 平面中的弯曲刚度差，一阶模态频率仅 18.5Hz；新车型一阶模态频率为 53.3Hz，而质量却降低到 15.4kg。

表 3-5　前车身计算结果比较

车　型	一阶频率/Hz	扭转刚度/($N \cdot mm^{-1}$)	x 方向弯曲刚度/($N \cdot mm^{-1}$)	y 方向弯曲刚度/($N \cdot mm^{-1}$)	z 方向弯曲刚度/($N \cdot mm^{-1}$)	质量/kg
原车型	18.5 横向	719	47.9	78.0	440	20.1
竞争车型	27.6 横向	891	384	150	292	13.4
新车型	53.3 横向	1595	3823	292	943	15.4

为了满足对车身一阶模态频率的要求，需加强前车身刚度及其与乘员室连接部位的刚度。刚度不足是前车身产生抖动的主要原因。如果提高前车身刚度及其与乘员室的连接刚度，车身一阶频率将从原车型的 19.9Hz 提高到新车型 26.8Hz，新方案设计修改结果见表 3-6。

表 3-6 新方案设计修改结果

设计修改次序	车身一阶频率/Hz	修改后频率变化/Hz	频率累计增量(%)	修改内容
0	19.9			基础 CAE 模型
1	21.3	+1.4	7.0	增加前指梁与内板及前挡板的连接
2	23.8	+2.4	19.0	加强轮罩板与前挡板的焊接
3	25.9	+2.2	30.0	加强前指梁与前挡板上梁的焊接
4	26.8	+0.9	34.0	A 柱截面积加大 50%

(3) 车身板壳零件的局部振动模态

刚度差的大型板壳零件(如轿车发动机罩、地板等)容易在振源激励(如发动机振动、汽车行驶时传动系的共振及噪声波的冲击等)的作用下，引起强迫振动。当激振频率接近车身内外板的固有振动频率时，将发生板壳共振。车身大型板壳零件的共振频率通常在 40～300Hz 或更高范围。路面、发动机等激励源会引起车身壁板振动，并向车内辐射噪声，这是车内噪声产生的重要原因。如轿车地板的共振频率在 50～60Hz，共振时会发出敲鼓声。

由薄板振动理论可知，四边简支长方形板，其固有振动频率 w_n 为

$$w_n = \pi^2 \sqrt{\frac{D}{\rho t}}(\frac{m^2}{a^2} + \frac{n^2}{b^2}) \tag{3-1}$$

式中 a 和 b——分别为板的长度和宽度；

m 和 n——分别为沿板边 a 方向和板边 b 方向的振动阶数；

ρ——材料的密度；

t——板厚；

D——板的弯曲刚度或抗挠刚度。则

$$D = -\frac{Et^3}{12(1-\mu^2)} \tag{3-2}$$

式中 μ——泊松比；

E——材料的弹性模量。

对应不同的 m 和 n 值，可计算出相应的各阶固有振动的频率和振型。因大部分噪声是由低阶振动引起的，所以低阶振动频率是最主要的。

长方形板的最低阶频率 f_1(即 $m=1, n=1$ 时)应为

$$f_1 = \frac{w_n}{2\pi} = \frac{\pi}{2}\sqrt{\frac{D}{\rho t}}(\frac{1}{a^2} + \frac{1}{b^2}) \tag{3-3}$$

由式 3-3 可知，若材料厚度不变，则固有振动频率几乎与板边尺寸的平方成反比。因此，可通过改变板边尺寸来避免共振。最有效的办法是在板上冲压肋。因为振动波总是向着刚性最差的方向传递，冲压肋和棱线能切断路径，使振动受到抑制。

2. 振动特性测试

由于车身振动模态是结构的固有特性，车身振动特性通常采用测试方法，即用电磁激振器对车身激振，迫使车身产生各阶简谐振动；借助加速度传感器测量响应，找出共振频率及产生共振的原因；由加速度振幅 a_0 和激振频率 Ω 算出位移振幅 s_0($s_0 = a_0/\Omega^2$)；再根据各

点振幅画出振型。

白车身振动测试大多采用软底座支承或软弹簧悬架，使刚体模态频率接近于零；而标准车身装备的振动测试一般是采用轮胎和悬架装置支承。

如图 3-21 所示为白车身振动测试的二阶弯曲振型，有三个节点——位移为零的点，频率为 37Hz，同相位激励分别作用于左、右前纵梁上。

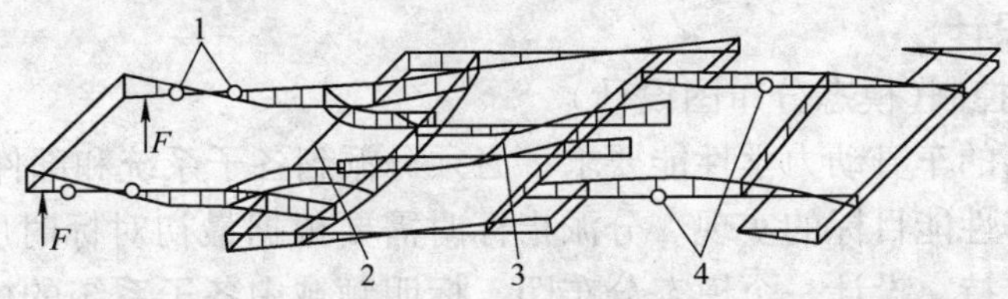

图 3-21　底架的二阶弯曲阵型

1—前附加横梁（副车架）固定点　2—发动机后悬置横梁

3—传动轴中间支承点　4—后悬架支承点

3.3.2　车身结构动力学性能

1. 主观评价与客观测量

车身刚度和模态都不是最终的评价指标，汽车的性能指标应体现在汽车实际使用性能的最终综合水平上。因此，在设计的最初阶段，应由专家对具有竞争力的同类车型进行实际考察，并在相同的路面上实际驾驶几种竞争车型，选择如转向盘、座椅和后视镜等驾驶人界面特征点，分别对其振动特性做出主观的等级评价。

上述竞争车型以相同的车速行驶在与主观评价时同样的路面上，对每种车型进行道路响应测量。如选择 3 种竞争轿车，均以 72km/h 车速行驶时，分别测量在 0 ~ 50Hz 范围内的转向柱振动加速度响应。由实验数据，得出响应最低的车型，也就是主观感觉最好的车型，从而证实了主观评价的正确性。由于车身结构模态频率是影响汽车结构动力学性能和乘坐感觉的关键指标，所以需要测出每种竞争车型的一阶振动模态频率。一般来说，响应最低的车型一阶模态频率最高，这也是该车主观感觉最好的主要原因。

通过对同类竞争车型的主观评价和响应测试，从结构动力学角度分析新设计车型应具备怎样的性能水平，同时也可了解该性能车型的结构特点。

2. 确定性能指标

根据测试同类竞争车型所获得的指标，为新车设计提供了一个清晰的动力学性能水平。以这个动力学性能水平为基础，同时考虑汽车的其他性能要求，如碰撞安全性要求、可靠性、耐久性要求、布置要求、重量要求等（对于主要性能方面的要求，各公司都有自己的规范和标准），就可确定所希望的各项性能指标，作为结构设计的指南。

3. 性能综合

综合考虑上述各种不同的要求，完成一个设计的过程称为综合。

充分理解整车所有性能要求，有效地综合一个设计，其关键在于弄清整车性能要求与部件设计参数（如构件布置尺寸、材料厚度和截面特性等）之间的关系。建立基于性质的参数化模型（PBM），可帮助弄清这个关系。

如上所述，通过与竞争车型测试和性能指标的分析比较，提出对新车型的噪声、振动特性和结构刚度的要求，并将这些要求与其他竞争要求紧密结合来定义一个设计，这是一项高水平的工作。

当然，这只是设计初期的过程，还不能获得确定的设计，仅为后续优化设计及考虑其他性能要求提供了一个初始方案。为了引导初期的概念设计，各大汽车公司都应用了一套综合/分析 CAE 方法，以确保将来指标的实现。

4. 结构动力学设计

(1)模态研究与控制(模态分布图设计)

按上述方法提出的车身动力学性能要求，必须分派到各子系统和部件，由子系统和部件的性能保证将来整车性能目标的实现。分派指标时需要根据最初对标时所作的分析和测量，以及数据库的数据支持，设计一个模态分布图，标明频域中各子系统的模态及其与输入(激励频率)的关系。模态分布图设计为制定一系列子系统模态匹配提供了方法，为分析各子系统的振动特性打下了基础。

(2)建立系统模型

即便子系统模态的基调定得很好，但也不一定能保证满足目标振动级的要求。必须在设计的各个阶段，建立相应的系统有限元模型，用于计算和评估性能水平。系统模型有以下几类：

①车身概念模型(Concept Body Model)。

②整备车身模型(Trimmed Body Model)。

③汽车系统模型(Vehicle System Model)。

此外，有时还需建立部件的分析模型。

(3)动力学计算分析

1)正交模态(Normal Model)。首先计算系统模型中所有子系统的正交模态，并按模态分布图进行匹配和设计调整，直到满足模态要求，尤其要注意车身一阶弯曲模态和一阶扭转模态的目标要求。

2)频率响应(Frequency Response)。将用于竞争车型主观评价和响应测试时所记录的路面谱，以功率谱密度的形式输入系统模型，则驾驶人界面点的响应谱就可以从有限元计算结果的频率响应解序列中获得，并可与竞争车型的测试值进行振动幅值的比较。

为了降低响应，需要参考模态分布图要求，设计车身结构的总刚度和局部刚度。

3)灵敏度(Sensitivities)。车身结构模态关于板厚变化的灵敏度计算，需要建立在车身模态分析的基础上，采用直接求导的方法。在结构动力学设计时，灵敏度用于引导车身模态频率的设计。例如，为了使接头刚度(或板厚)的模态频率最大化(即要找出对模态修改最灵敏的结构或部位)，使用 MSC. Nastran 设计灵敏度分析功能，对前几阶白车身振动模态进行设计灵敏度分析。灵敏度的输出形式可以是由于接头刚度的变化而带来的车身系统第 i 阶频率的变化，即 $\Delta\omega_i/\Delta k$，或由于接头零件板厚的变化而带来的车身系统第 i 阶频率的变化，即 $\Delta\omega_i/\Delta t$。

(4)性能平衡

按上述方法设计和优化每个子系统时，其结果往往不能满足汽车其他方面的要求，必须采取折中的方法改变系统模型，使汽车得到各方面性能的平衡(Rebalance)。所有设计决策都应在对整车的动力学性能影响具有定量认识的前提下做出。例如，装配厂要求将复杂的垫片螺钉连接方式改为粘接，因此导致一系列设计需要改变；设计者同意选择粘接方案，是因为认识到采用粘接可提高结构的模态频率并减轻质量。也就是说，性能平衡是很细致的工作，决策者对此必须有全面的认识。

(5)结构优化

在结构优化(structural optimization)过程中，利用有限元分析、设计灵敏度分析和数值优化算法反复迭代来更新结构设计参数，使某个给定的响应量(如质量或频率)在各种约束条件下最小化(或最大化)。图 3-22 表示结构优化系统流程，包括预处理器、求解器和后处理器三部分。其中，MSC. Nastran 用于振动分析，各种计算配合优化模型和优化程序进行结构优化设计。

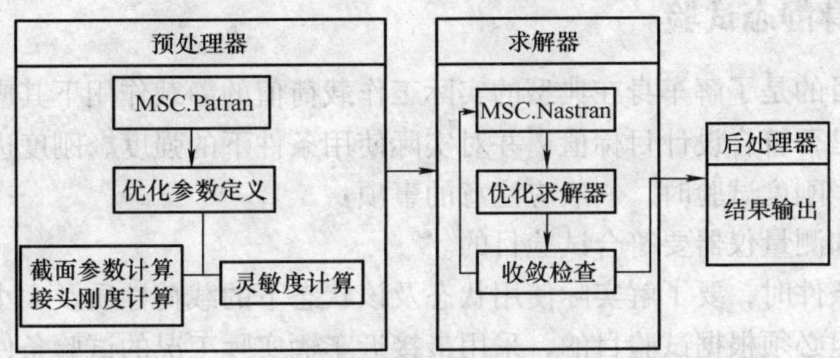

图 3-22　结构优化系统流程

结构优化用于汽车的整个开发过程。一般，在设计初期主要考虑高刚度/轻质量，而到设计后期优化结构时，将其他要求如碰撞性能要求、耐久性要求和其他非性能要求，都作为分析整备车身模型时的约束条件。将多方面要求集成在一个分析模型中进行质量优化和性能评估。一般为了满足碰撞和耐久性能的要求，以限制最小板厚为条件；为了满足布置要求(如视野障碍、燃油箱容积和位置、室内空间踏板布置、进出方便性等)，则往往是限制梁、柱的截面或拓扑尺寸。

在设计初期利用简化分析模型，优化设计的参数是截面尺寸、接头刚度和零件板厚；而在设计后期利用板单元模型时，截面或拓扑的尺寸已经定下来了，只有板厚是设计参数。然而，近几年由于计算机容量和计算速度都有很大发展，自动划分网格的软件功能也愈加成熟，一些大公司已经陆续不再使用梁单元简化模型，在设计早期阶段就在车身 CAD 外形、布置和结构构造的控制下，按子系统直接建立板单元模拟的组合整体模型，用于结构性能优化设计。这样不但可以减少简化模型带来的一些技术的上麻烦，而且可以提高设计和计算精度，缩短设计周期。

5. 结构设计

结构设计分三个阶段，即结构方案设计、结构研究和结构完善。前一个阶段设计的成功为下一个阶段的设计奠定了良好的基础。这三个阶段各种方案的共同特点都是围绕汽车一阶弯曲和一阶扭转模态频率进行研究的。

总之，为有效设计汽车结构性能，必须依赖于 CAE 分析数据的驱动和引导。CAE 方法包括 CAE 模型的建立和适时变化、优化过程的反复迭代，并经常要使用设计灵敏度分析功能。

3.4　车身强度与刚度试验

车身强度、刚度试验的目的，一是了解和验证汽车车身是否具有在各种使用条件、环境条件下，都能充分发挥其所需性能的强度和刚度；二是指导车身结构设计，即以取得的试验数据为基础，分析并找出车身结构上强度、刚度不充分的部位，以及在轻量化的要求下，将强度过高部位的强度水平适当降低，从而实现车身结构设计既轻量，又安全可靠。

车身强度、刚度试验可分为静态试验和动态试验两类。

3.4.1　车身静态试验

静态试验的目的是了解车身在典型的实际工作载荷值的静载作用下其应力分布状况，确定这些应力分布是否符合设计目标值，并对实际使用条件下的强度、刚度进行研究。

进行静强度、刚度试验时，一般应注意的事项：

①试验装置和测量仪器要符合试验目的。

②确定试验条件时，要了解实际使用状态及该状态下的载荷性质及大小。因车身支承和加载方法很多，但必须根据试验目的，采用最接近车辆实际工况的试验条件和方法。

1. 车身强度试验

车身静强度、刚度试验一般在白车身上进行，可分为施加垂直载荷的弯曲试验和施加扭转载荷的扭转试验。由于车身结构复杂，试验中通常利用光弹薄膜法或应力涂料法查出应力集中的部位。

(1)车门强度试验

GB15743—1995 法规规定了轿车车门的强度要求及试验方法。GB15086-2013 法规对车门结构件做出了强制要求，以最大限度地减少乘员由于碰撞而被甩出车外的可能性，轿车车门强度要求见表 3-7。

表 3-7　车门强度要求

情　况	初始耐挤压力	中间耐挤压力	最大耐挤压力
座椅可能影响加载或车辆侧向变形时，从车内搬出后	不得低于 10000N	不得低于 15560N	不得低于整车装备质量 2 倍的力或 31120N 二者中的较小值
座椅安置在车内并处于可调到的任意位置，靠背调到任意可调节到的倾角	不得低于 10000N	不得低于 19450N	不得低于整车装备质量的 3.5 倍的力或 53340N 二者中的较小值

注：初始耐挤压力指在 0～152mm 挤压距离上使车门变形的平均力；中间耐挤压力指在 0～305mm 挤压距离上使车门变形的平均力；最大耐挤压力指在 457mm 的整个挤压距离上记录到的最大力。

1)试验车辆准备。侧窗玻璃位于最高位置，所有车门为锁闭状态。受试验一侧对面的车身裙部应靠在一个坚固的刚性垂直平面上，用紧固装置将车牢固定位。

2）试验设备。加载装置的压头是直径为 305mm、棱边圆角半径为 13mm 的钢制刚性圆柱体或半圆柱体，其长度应能使其上端面至少高出窗口下边缘 13mm，但试验时不能碰到窗口下边缘上部的任何构件。

3）试验过程描述。加载示意图如图 3-23 所示。试验时压头移动方向垂直于车辆纵向中心平面，由外向内加载，直到加载装置移动 457mm 为止。连续加载时，加载装置的移动速度不得大于 12.7mm/s，必须在 120s 完成。连续记录载荷及相应的位移，或以不大于 25mm 或不大于 890N 的增值记录试验结果。试验过程中压头不得发生转动或改变移动方向。

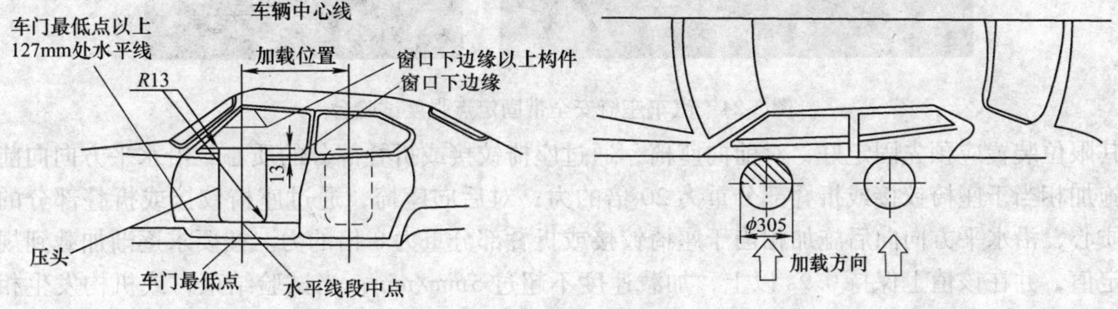

图 3-23　加载示意图

4）试验结果处理。根据记录结果，绘出以挤压距离为变量的载荷曲线，求得施加载荷相对挤压距离的积分，以该积分值除以相应的挤压距离，其结果即为在这个距离上使车门变形所需要的平均力。

（2）汽车安全带安装固定点强度试验

1）使用范围及标准。汽车座椅安全带固定点强度试验台通常如图 3-24 所示，试验设备可根据用户试验要求及相关标准设计，一般用于试验各种汽车座椅骨架、汽车座椅头枕、汽车座椅安全带及汽车座椅总成在一定试验条件下的静态及动态状况下的结构强度及成品的安全可靠性；用于评估座椅生产过程及成品安装后，考察焊接成型的各焊接点、所有关节及锁紧机构在受到一定方向及一定力的作用下可承受的力量，以此来判断座椅骨架及成品座椅的强度及相应的变形量，并通过计算机自动记录试验的力量、强度、位移及变形量等的各种数值并自动形成测试曲线及测试报告。

参照标准：GB 15083—2006 汽车座椅系统强度要求及试验方法。

GB 14167—2013 汽车安全带安装固定点的位置、强度要求和强度试验方法。

GB/T 13057—2003 客车座椅及其车辆固定件的强度。

及 ECER 17、ECER 80 和 ECER 14、FMVSS 207。

2）主要测试项目及试验方法

①汽车座椅系统强度的试验。将座椅按设计要求安装在模拟车身的试验台上，如果座椅上无适当着力点，允许在试验项目不涉及的部位局部加强，加强杆的上端固定在同一根水平梁上，另一端固定在座椅调节机构连接件上尽可能靠前的部位，水平梁高度应与座椅质心高度相同，通过座椅质心，分别沿水平向前和向后各施加相当于座椅总成重力 20 倍的力。总成与车身本体不得分离。对可调式座椅，调节装置在试验中应能使座椅保持原调节位置，座椅背面如果有防止座椅后退的结构件时，仅向前加载；对可调式座椅，应分别将座椅调到最后位置，并将靠背锁止在设计角度的位置或者与此相当的设计角度位置；折叠座椅试验时，

图 3-24　汽车座椅安全带固定点强度试验台

其限位装置应预先固定好，对前向座椅，通过座椅铰接或折叠部分的质心，沿水平方向向前施加相当于座椅铰接或折叠部分重力 20 倍的力；对后向座椅，通过座椅铰接或折叠部分的质心，沿水平方向向后施加相当于座椅铰接或折叠部分重力 8 倍的力。按要求逐渐加载到规定值，并在该值上保持 0. 2s 以上，加载速度不超过 5mm/min；当试验结束，或机构发生相对变形时失效，计算机自动停止测试并自动记录此时相关参数。

②汽车安全带安装固定点的强度试验。

a. 将座椅按设计要求安装在模拟车身的试验台上，座椅应装备完整并调节到设计基准位置；沿平行于汽车纵向中心面并与水平线成 10° ±5°的方向，加载时用上、下人体模块向前施加载荷，在 60s 内达到规定载荷值，并持续至少 0. 2s：对第Ⅰ类安全带安装固定点的试验，将安装固定好的安全带套在下人体模块上，按试验要求规定对下人体模块施加（22300 ±220）N 的载荷，但对 M2、M3 类汽车和 N 类汽车后排座位则施加（2940 ±200）N 的载荷；对第Ⅱ类安全带安装固定点的试验，将安装固定好的安全带套在下人体模块和上人体模块上，按试验要求规定对两人体模块同时各施加（13500 ±200）N 的载荷，但对 M2、M3 类汽车和 N 类汽车后排座位上下两模块则施加（2940 ±200）N 的载荷。

b. 同时试验时通过该座椅质心，沿纵向水平向前施加 20 倍座椅重量的载荷，但对 M2、M3 类汽车和 N 类汽车后排座位则施加 P 载荷，并持续至少 0. 5s；P 载荷按下式确定：P =（735N +1 个座位的座椅重量）×4；当试验结束，或机构发生相对变形时失效，计算机自动停止测试并自动记录此时相关参数。

2. 车身刚度试验

车身刚度试验是为了测定车身在载荷作用下的变形状态，从而计算并评价车身结构的刚度是否合适。车身静刚度试验一般包括车身扭转刚度试验和车身弯曲刚度试验。

被测试部件按照使用过程中的约束条件和载荷条件进行模拟工况试验，在试验条件下进行扭转刚度和弯曲刚度测试。车身刚度试验台如图 3-25 所示。

（1）试验功能及原理

系统功能：

1）测量车身扭转角，计算扭转刚度。

2）测量车身弯曲绕度，计算弯曲刚度。

3）通过专用夹具及加载装置，测量车门、发动机前盖、行李箱等零部件刚度性能。

图 3-25　车身刚度试验台

图 3-26 为系统工作原理示意图。

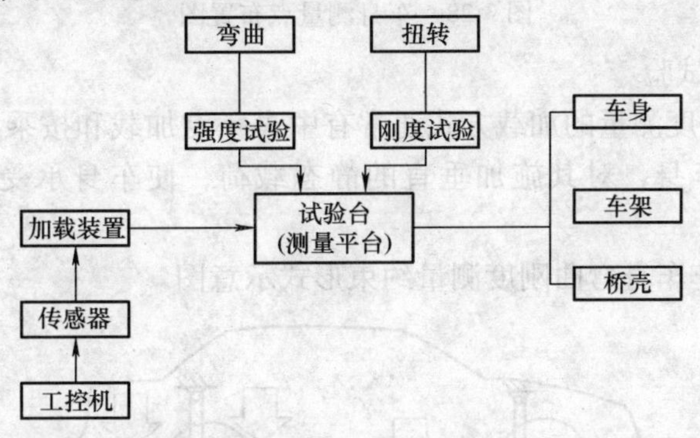

图 3-26　系统工作原理示意图

(2) 试验台的主要组成部件

试验台主要由以下几部分组成：工控机、力传感器、位移传感器、固定支座、试验台底座、伺服电动机系统、软件系统(包括画面、采集、计算、分析等功能)等组成。

(3) 车身扭转刚度试验

1) 车身安装与加载。将白车身总成(不带前后罩、盖、车门)按实车装配副车架，前、后悬架等在试验台上定位，再将车身后轴固定，对前轴施加静态扭转载荷，测量车身刚度。扭转刚度加载：自 1000 ~ 4000N · M 可分多次加载。载荷的变化是通过改变伺服电动机的脉冲数来实现的，这可由程序软件控制。施力处接压力传感器采集力大小，并与位移传感器信号同时传至计算机。图 3-27 所示为轿车车身扭转刚度测量约束形式示意图。

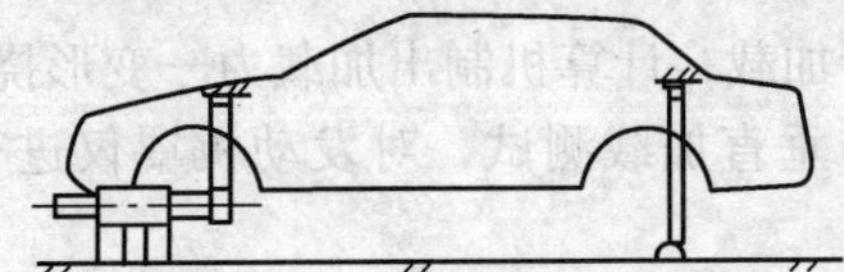

图 3-27　轿车车身扭转刚度测量约束形式示意图

2) 扭转刚度试验的测量点布置。测量点位置的选择可以视车身的具体结构而定，将测点设置在车身的主要结构件上，每个测量点上布置一个传感器。如前纵梁、门槛梁、传动轴通道和后纵梁上。每根梁上的测点数量根据梁的长短和结构的连接方式选取，总量一般为 40 ~ 50 个，间距一般为 300 ~ 350mm。传感器的测试量均可显示。车身测量点布置图如图 3-

28 所示。

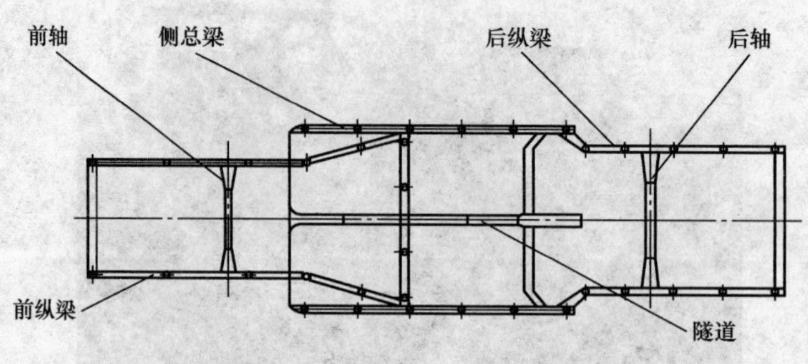

图 3-28　车身测量点布置图

(4)车身弯曲刚度试验

轿车车身的弯曲刚度测量的加载方式通常有中央一点加载和按乘员载荷加载两种方式。通过前、后轴固定白车身，对其施加垂直的静态载荷，使车身承受弯曲载荷，测得车身刚度。

图 3-29 所示为轿车车身弯曲刚度测量约束形式示意图。

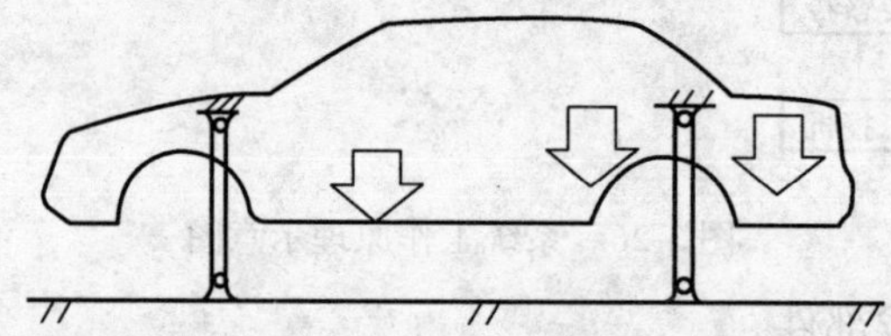

图 3-29　轿车车身弯曲刚度测量约束形式示意图

施力处接压力传感器采集力大小，并与位移传感器信号同时传至计算机。计算机根据采集的位移量及前后轴距 L，计算出最大挠度值，并算出车身弯曲刚度。

(5)零部件刚度试验

1)将汽车零部件：车门、发动机前盖、行李箱，按实车的安装和约束条件固定在专用夹具上。

2)安装加载装置及力传感器(可与弯曲刚度试验的加载机构通用)。

3)安装位移传感器。

4)按试验规范对部件进行加载，计算机制出加载力—变形挠度性能曲线。

5)对车门进行水平加载与垂直加载测试，对发动机罩仅进行扭转刚度测试，对后行李箱盖仅进行扭转刚度测试。

(6)车身刚度试验系统特性

轿车车身刚度的试验分析方法，是在试验台上针对白车身模拟实车工况，按照实际工况约束边界条件和施加载荷条件，应用相关的试验器材实际测得白车身的变形情况，再根据已知的公式和经验求得试验的相关数据，与已知的类似车型相关数据进行比较分析，对刚度的薄弱环节根据最佳的修改形式，提出改进方案，对白车身进行优化设计。

(7)车身刚度试验台的特点

1)经济性、适用性。系统的设计、选型配置、功能等，符合车身刚度试验的实际情况，运行维护费用低。

2)先进性。试验台采用数据自动采集与处理系统，快速处理数据，描绘结果加载装置代替原始手工加载，方便易行，具有一定的超前性。

3)操作方便性。操作软件采用中文操作界面，便于用户学习和掌握；液压加载装置减少了人员的劳动强度。

3.4.2 车身动态试验

动态试验是指车身在承受动载荷作用下进行的验证车身强度是否合适的试验。一般可分为台架试验和行驶试验两种。

1. 汽车疲劳强度室内台架试验

汽车疲劳强度室内台架试验指研究车身在重复空载荷作用下发生疲劳破坏的试验，一般施加程序载荷。程序载荷是将行驶时的随机载荷，根据对载荷使用频度的分析结果，用适当的方法进行载荷波形处理后得到的。

(1)试验步骤

1)获取载荷谱。获取准确的、能够反映车辆实际使用工况的载荷数据(载荷谱)。这些载荷数据一般是在车辆上感兴趣部位测量的力、应力、应变或加速度信号，可以在公共道路上进行测取，也可以在试验场可靠性道路上测取，目前多在试验场测取。

①选择典型的工况，实测足够长的载荷时间历程。

②对单一工况的载荷时间历程，统计极值或幅值出现的频次，并绘制单工况实测载荷累积频次图。

③由各种单一工况载荷累积频次图合成多工况总试验里程的综合载荷累积频次图。

④定载荷分布的频率分布特性，并确定最大载荷。

⑤实测综合载荷累积频次图推断为扩展载荷累积频次图。

⑥由扩展载荷累积频次图编制分级载荷谱。

2)对获取的载荷数据进行分析处理，形成在室内台架模拟试验中要用到的程序载荷谱，为进行加速试验做准备。

3)在室内台架上对试验对象施加程序载荷谱进行可靠性试验，有等幅试验法和程序疲劳试验法两种加载方式。

4)对试验结果进行分析。

(2)典型汽车室内台架试验

1)整车室内可靠性试验。整车室内可靠性试验，根据车身的约束方式不同，可以分为两类：自由车身试验和固定车身试验。

2)子系统总成。除了整车模拟试验外，在室内也可进行总成零部件的可靠性模拟试验。其中，总成试验台架主要有：发动机试验台架、变速器试验台架、悬架试验台架、后轴试验台架、制动器试验台架、转向器试验台架等。

3)部件疲劳试验。零部件试验台架主要用于单一条件的试验，在开发试制阶段，主要用于考核零件的可靠性，考核材料的强度及性能；在疲劳生产阶段，主要用于质量控制或外购件的质量验收。

2. 汽车疲劳强度室外试验场试验

(1)车辆准备

1)接到试验样车后，记录试验样车的制造商名称、牌号、车辆识别码(Vehicle Identification Number,VIN)、发动机型号、底盘型号、各主要总成型号及出厂日期，并为试验车编排试验序号。

2)检查试验样车各总成、零部件、附件、附属装置及随车工具的装备完整性，以及外部紧固件的紧固程度，各总成润滑油(脂)及各润滑部位的润滑状况及密封状况，并使其符合该车技术条件及国家标准 GB7258—2012《机动车运行安全技术条件》的有关规定。

3)检查蓄电池电压、点火提前角、风扇传动带张力、发动机气缸压力、节气门的开启、喷油泵齿条最大行程、发动机怠速转速、制动踏板与离合器踏板的自由行程、转向盘自由转角、轮毂轴承松紧程度、转向轮最大转角、轮胎气压以及制动鼓与摩擦衬片的间隙等装配、调整情况，使其符合该车技术条件及国家标准 GB7258—2012《机动车运行安全技术条件》的规定。

(2)试验仪器

在汽车可靠性试验中，除了进行基本性能试验所需的仪器外，还需要行驶工况记录仪、燃油流量计、半导体温度计、发动机转速仪、坡度计、路面计、气象仪、秒表、精密测量量具、照相机等，以及特殊试验要求所选定的专用仪器及设备。

试验仪器和设备必须经计量检定，在其有效期内使用，并在使用前进行调整，确保功能正常，符合精度要求。当使用车上安装的速度表、里程表测定车速和里程时，试验前必须对其进行误差校正。

(3)试验道路

1)石块路(比利时路)。这种路来源于比利时境内某些失修的石块路，作为典型坏路的代表。主要考核汽车轮胎、悬架、车身、车架以及结构部件的强度、振动和可靠性，如图 3-30 所示。

2)鹅卵石路。将直径为 130 ~ 180mm 的大鹅卵石稀疏地、不规则地埋入混凝土路槽中。大鹅卵石高出地表部分的高度为 40 ~ 120mm。此路除了引起垂直跳动外，不规则分布的鹅卵石还对车轮、转向系统和悬架系统造成较大的纵向和横向冲击，如图 3-31 所示。

3)扭曲路。由左、右两排互相交错分布的凸块组成，凸块形状以梯形最简单，也有正弦波或环锥形的，其左、右都是一致的，就是使汽车产生强烈的扭曲，以检验车辆的车架、车身结构强度和各系统的连接强度、干涉等，如图 3-32 所示。

4)搓板路。每个凸起近似于正弦波，是砂石路上常见的路况。常将左右两侧搓板错位布置或斜置某一角度。用于汽车的振动特性、平顺性以及可靠性试验，如图 3-33 所示。

5)涉水池。一般是并联在石块路上，水深 0.15m 左右，可以调节，用来检查水对制动效率的影响、车身的防水性、汽车总成和发动机进排气系统的工作状况，以及非浮动车辆的漂浮特性等。

6)盐水池。放有氯化钠和氯化钙溶液的小型水池，用来进行汽车零部件耐快速腐蚀试验。

7)高速环形跑道。多采用混凝土路面，用于汽车在高速情况下持续行驶，以考虑整车的高速行驶性能和发动机、传动系、悬架轮胎的润滑发热情况。

由于市场定位的差异和国家法规的要求，不同类型、不同品牌的车所进行的道路试验的组合不同。以微型货车为例，在海南试验场，该类型的车适用于第四号车道，路况为：起点→搓板路(乙)→石块路(丙)→波形路→陡坡路→沙土路→鱼鳞坑路→卵石路(丙)→条石路→石板路→扭曲路(丙)→沥青路→终点，全长 5350 米。其中强化坏路占 77%，连接路面占 23%，如图 3-30 ~ 图 3-34 所示。

图 3-30　石块路

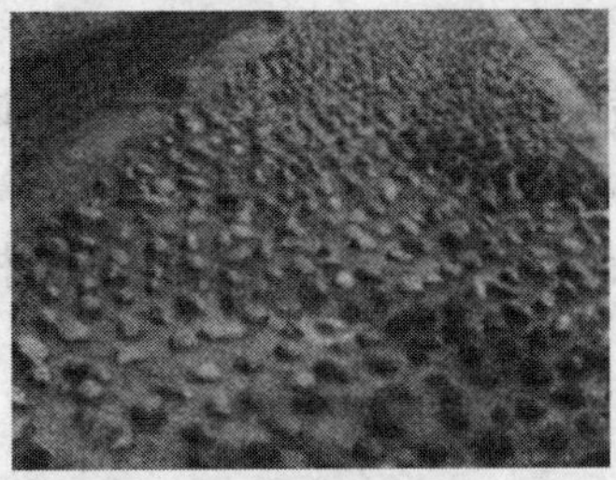

图 3-31　鹅卵石路

图 3-32　扭曲路

图 3-33　搓板路

图 3-34　海南试验场

(4) 故障判断、数据处理

通常通过接车检查、停车检查、行驶中检查(随时检查)、每天收车后检查、定期维护检查、性能测试、汽车拆检等方法发现车辆异常、判断故障。

除特殊要求外，在汽车可靠试验初期和结束后各进行一次发动机外特性测试及汽车性能测试，以确定试验汽车经过规定历程的可靠性行驶试验后，性能指标是否达到设计的要求或国家规定的限制，以及其性能的稳定程度。

为了检查零部件是否有磨损、烧蚀、龟裂、松动、变质、剥蚀、压痕、变形及失效等的故障，并对其进行精密测量，在汽车可靠性试验项目全部结束之后进行试验汽车的解体；然后根据测量结果判断是否存在过量磨损、划痕、失圆、锥度以及接触区异常等故障。

在行驶试验中，必须严格、认真地记录故障详情，并填写故障统计表。

复习与练习题

一、名词解释

1. 车身静强度和疲劳强度。
2. 车身静刚度。
3. 振动模态。

二、简答题

1. 试归纳车身结构设计的要点和要求。
2. 简述白车身静强度常用设计方法。
3. 简述车身刚度设计准则及刚度对车身的影响。
4. 简述车身结构刚度设计方法。
5. 简述结构动力学设计方法。

三、思考题

进行轿车车身弯曲刚度和扭转刚度试验时应如何布置测试点？加载时应注意什么问题？

四、讨论题

以某轿车为例，说明其车身结构件和覆盖件，分析其结构特点和设计及工艺要求。

第4章　基于人机工程学的车身布置设计

学习目标

1. 掌握车身总布置设计的主要内容和基本方法
2. 了解人机工程学在车身布置设计中的应用
3. 掌握车身内部人机辅助工具的原理和使用方法
4. 掌握轿车车室内部布置设计方法

学习要求

知识要点	能力要求	相关知识
车身总布置设计的主要内容	1. 了解车身总布置设计的性能要求 2. 掌握车身总布置设计的主要设计内容和方法	整车总布置、车身总布置
汽车人机工程学	1. 了解汽车人机工程学的定义、研究内容和研究方法 2. 了解汽车人机工程学中的人体基本特点	人-机-环境、人体基本尺寸、百分位
人机工程辅助设计工具	1. 掌握常用的汽车人机工程设计辅助工具的定义、功能和应用 2. 了解数字化人体模型技术的特点、功能和应用	*H* 点装置、眼椭圆、头廓包络、手伸及界面、数字化人体模型
车室内部布置设计	1. 掌握利用人机辅助工具进行车室内部布置和人机界面设计的方法 2. 了解目前常用的车身布置设计软件 RAMSIS 的特点及功能	人体适宜坐姿、设计 *H* 点、人机界面、RAMSIS

【导读】汽车车身总布置设计是车身设计的重要内容，是整车开发周期中至关重要的阶段。汽车车身的布置、外形和结构，对汽车的动力性、燃油经济性、乘坐舒适性、操纵稳定性和行驶安全性、汽车使用寿命及维修保养等都有直接影响，因此，在进行车身布置设计时，必须首先考虑所设计的车身应当具备哪些性能要求，如何实现这些性能要求等。

4.1　车身总布置要求

车身总布置设计是在满足整车布置和车身造型的要求下，围绕人机工程学原理，并充分考虑到制造工艺、材料特性、安全特性等，对车身室内空间大小和车身主要技术参数，以及各种机构、电气设备、车身内饰总成和部件(仪表、座椅、操纵机构等)的所在位置，进行设计、确定。其目的就是要使车辆在其最小自重的条件下具有最大的室内空间，或者说是要在有限的车身外形尺寸内布置所有的总成、机构，并获得最大的室内空间，以提高乘坐舒适性、驾驶操纵方便性、视野性及上下车方便性等，从而增强产品的市场竞争力。

4.1.1 车身总布置的设计原则

车身总布置的第一阶段与车身概念设计同时进行，主要任务是考虑整车形式和车身与整车总布置的关系，而后根据各总成型式和整车总布置的要求确定车身的型式。对于轿车，主要是确定乘员人数、车门数、座椅数以及车身造型风格、车身级别等。

在进行车身总布置设计之前，应充分了解或考虑以下各方面内容：整车的主要性能参数、尺寸参数，车身布置及结构形式；发动机的布置形式、悬架机构、转向机构、变速机构等，还有各总成、机构间的相互关系(位置关系、连接关系)；车身构造，以及车身结构强度、刚度、安全性等方面的内容；人机工程学知识，即室内居住性、驾驶操纵性、视野性、上下车方便性；车身造型及空气动力特性；车内各总成部件及附属设备；车身材料，开发变型车系列的要求，系列化设计以及通用部件；产品继承性、生产继承性及制造成本。对于多用途车辆的车身设计，如何以人的多种需要进行布置则显得更为重要。

4.1.2 车身总布置的性能要求

1. 功能要求

1)主要满足人的乘坐要求，即满足乘坐舒适性、操纵稳定性和居住性。汽车是高速交通工具，驾驶人容易因工作紧张而疲劳，应当使驾驶人有一个安全性优、操纵性好，同时视野开阔、清晰并且舒适的驾驶环境。驾驶室应具备合理的操纵位置、足够的操纵空间，仪表容易辨别，各种按、拉钮应容易触到，且灵活方便；操纵时不应分散驾驶人观察道路情况的注意力，图 4-1 列出了影响驾驶人视野性的主要因素，同时还应使乘客感到安全、舒适和方便，不会感到过分疲劳或者不适，甚至引起不良生理反应。居住性是指人在乘员室中是否感到满意，不但尺寸、形状、质感等几何因素会对居住性产生影响，色彩、光线、装饰效果等心理因素也会影响乘客的居住性感受。

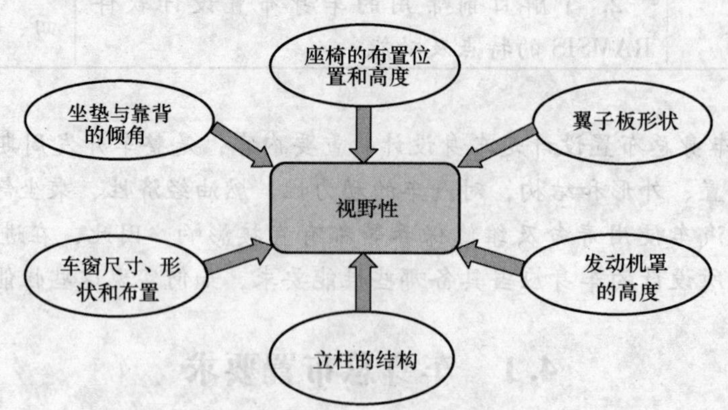

图 4-1 影响驾驶人视野性的因素

2）满足客车的载客功能，并提供服务设施、乘坐空间、通道、出口、上下车、上下车的辅助（如扶手）要求等。在进行车身总布置设计时，要为驾驶人和乘员提供必要的服务，并使他们行动方便。由于轿车车体比较矮，上下车方便性就很重要，影响上下车方便性的因素有车门、脚踏板、扶手等，也受到车身造型和结构的影响。

3）满足密封性要求，必须能隔绝车内外的热量和噪声的传递。车身密封性是车身的重要性能，改善密封性能可减少漏气，利于隔声、隔热，防止外部灰尘和湿气侵入。降低室内噪声是提高车身舒适性的一项重要任务。

4）满足安全性要求，发生任何意外事故时，车身应具有能量吸收功能，翻车时车身应具有很好的刚性，且容易逃生，以及具有对驾乘人员的保护功能。汽车安全性内容详见第 6 章。

2. 性能要求

对性能方面的要求如下：

1）能够较方便地接近底盘总成、发动机及电气设备，为维修保养提供方便。

2）尽量减小车身质量，并具有良好的冲压、焊接、装配及涂装工艺性。

3）按照汽车的级别、用途及法规选择各种车身附件，同时确定必装件与选装件。

4）应满足安全、环保和其他法规要求及国际惯例。车身以及内饰的色彩、图案要符合使用者的民族、风俗、宗教的习惯和要求。

5）充分考虑车型的系列化、通用化。

另外，在满足性能要求的前提下，尽量缩小车身的外形尺寸。在外形尺寸一定的情况下尽量扩大车内空间，尤其是要尽量增大宽度方向的尺寸。

4.1.3　车身总布置设计的主要内容

1. 车身布置与汽车总布置的关系

汽车车身一般指汽车上载人与载货的部分，其总布置与底盘、发动机及电气设备等有密切的关系。车身总布置设计是在整车总布置和底盘总布置的基础上进行的，主要包括车身内外形、发动机舱、行李箱、前后围、地板、车窗、内饰总成和部件、备胎、燃料箱和排气系统的布置设计等。整车总布置需提供：

①汽车总长 La、总宽 Ba，总高 Ha、轴距 L、轮距 B、前悬 LF、后悬 LR 等控制尺寸。

②轴荷分布范围。

③底盘各总成的位置和轮廓尺寸——包括动力总成、散热器、前后桥、传动轴、车轮、悬架、转向系等。

④乘员数及行李箱要求。

⑤使用要求及操纵机构的相互位置等。

对于轿车，确定车身形式主要是确定乘员人数、车门数，座椅排数；车身是折背式还是直背式或是其他形式；车身级别是普通型、中级型还是高级型，是豪华型还是标准型等。

【案例】

表 4-1 是某轿车整车总体布置的基本概念和约束实例。

表 4-1 某轿车总体布置的基本定义

车身类型	4 门 C 级轿车、三厢	蓄电池尺寸	280mm ×170mm ×170mm
总长	4714mm	乘员数目	5
总宽	1819mm	行李箱容积	490L
轴距	2700mm	前/后座头部空间	994mm ×932mm
整车整备质量	1350kg	前/后座腿部空间	1043mm ×894mm
驱动形式	前轮驱动	前/后座肩部空间	1512mm ×1522mm
发动机类型	3L，V6	变速器	自动、手动
前悬架	麦弗逊式	前后轮胎规格	195 ×60R15
后悬架	扭杆弹簧式	燃油箱容积	65L
转向系	齿轮齿条式	备胎	-
排气系统	单回路	发动机悬置系统	3 个单点
散热器面积	0.252m^2		

整车总体方案确定后要进行整车总体布置的有关计算工作，并要在整车方案布置草图及各总成匹配的基础上正式绘制和布置整车总布置图。整车总布置图包括侧视图、俯视图、前视图、必要的断面布置图和局部布置图。在绘制整车总布置图的过程中，要随时配合、调整和确认各总成的外形尺寸、结构、布置形式、连接方式、各总成之间的相互关系、操纵机构的布置要求，悬置的结构与布置要求、管线路的布置与固定、安装与调试的方便性等。

整车总布置基本定义完成后，即可进入车身总布置设计阶段。此外，还要了解目标驾驶人群体的人体尺寸，作为车身布置设计的基本依据。

2. 车身总布置的基准线(面)

确定整车的零线(三维坐标面的交线)、正负方向及标注方式如图 4-2 所示，均应在汽车满载状态下进行，且在绘图时应将汽车前部绘在左侧。

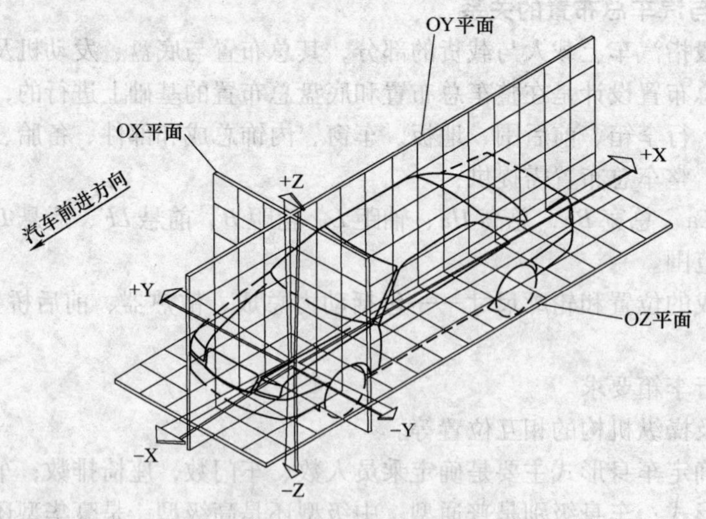

图 4-2 坐标系及零平面的确定示意图

整车总布置设计的坐标基准线如图 4-3 所示，基准线(面)包括以下几部分：

1) 车架上平面线。车架上平面即纵梁翼面上较长的一段平面或承载式车身中部底板或边梁的上缘面，在侧视图上的投影线称为车架上平面线，它作为垂直方向尺寸的基准线

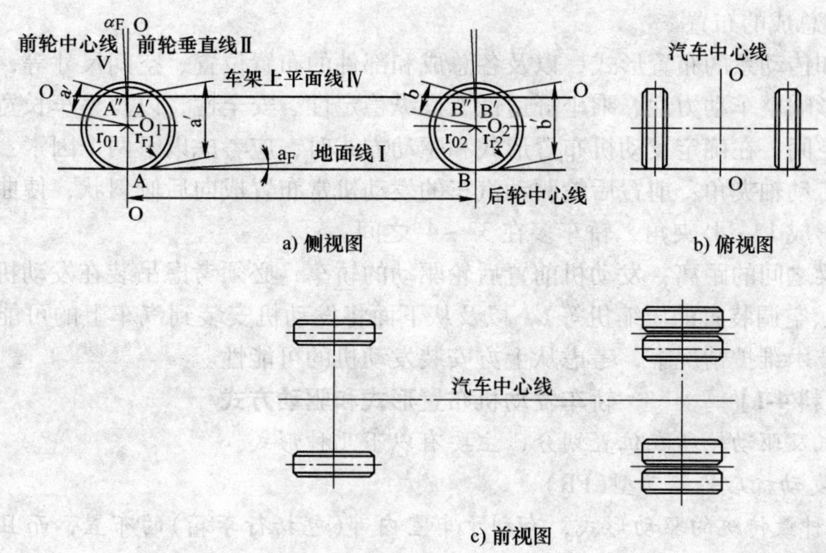

图4-3　车身总布置设计的基准线

(面)。

2)前轮中心线。通过左、右前轮中心并垂直于车架上平面线的平面在侧视图上的投影线，称为前轮中心线，它作为纵向尺寸的基准线(面)。

3)汽车中心线。汽车纵向垂直对称平面在俯视图和前视图上的投影线称为汽车中心线，它作为横向尺寸的基准线(面)。

4)地面线。地平面在侧视图和前视图上的投影线称为地面线，此线是标注汽车高度、接近角、离去角和离地间隙等尺寸的基准线。

5)前轮垂直线。通过左、右前轮中心，并垂直于地面的平面，在俯视图和侧视图上的投影称为前轮垂直线，它是标注汽车轴距和前、后悬架的基准线。当车架与地面平行时，前轮垂直线与前轮中心线重合。载货汽车的车架上平面在满载静止位置时，通常设计成对地面倾斜一个小的角度 α_F(一般为0.5°~1.5°)，可以在汽车驱动时使车厢接近水平。为了方便制图，常将车上平面画成水平的，而地面线画成倾斜的(与水平线成 α_F 角)。

如图4-3所示，汽车总布置图一般从侧视图开始。在侧视图上画出地面线Ⅰ，在Ⅰ上取 A 、B 两点，使 $AB=L$(轴距)。通过 A 、B 这两点分别作出地面线的垂线，得到前、后轮垂直线Ⅱ、Ⅲ。在Ⅱ和Ⅲ上分别取 $AO_1=r_{r1}$、$BO_2=r_{r2}$(r_{r1}和 r_{r2}分别为前、后轮轮胎的滚动半径)，并分别以 O_1 和 O_2 为圆心分别画出前、后轮的滚动圆。然后，确定车架上平面线的位置，要确定车架上平面处于前、后轮中心正上方两点 A'和 B'的离地高度 a 和 b。尺寸 a 可根据汽车前部的尺寸链(前梁下方的离地间隙、前梁断面高度、弹簧总成高度、动挠度、缓冲块和车架的断面高度)估计，尺寸 b 可根据后部尺寸链估计；尺寸 a 和 b 也可以参考同类型汽车初步确定。a 和 b 只要确定其中一个，另一个尺寸可根据 $a=b-L\tan\alpha_F$ 求出。在前、后轮垂直线Ⅱ和Ⅲ上分别取 $AA'=a$，$BB'=b$，连接 A'和 B'两点即得车架上平面线Ⅳ。通过 O_1 点作Ⅳ的垂直线即前轮中心线Ⅴ，它与车架上平面线的交点为 A''(B''是后轮中心线与车架上平面线的交点)。利用投影关系，再画出汽车俯视图和左视图的前轮中心线及汽车中心线。

3. 总布置设计的主要内容

(1)动力总成的布置

发动机和传动系的布置形式，以及各总成和部件的布置位置、空间尺寸等，决定整车的轴荷分配，影响整车动力性、乘坐舒适性、操纵稳定性、安全性，以及整车长宽高、车身布置的位置和空间。在确定发动机布置形式和驱动方式时，应考虑以下两个因素：

①减小传动轴夹角：前置后轮驱动汽车的发动机常布置成向后倾斜状，使曲轴中心线与水平线之间形成1°~4°夹角，轿车多在3°~4°之间。

②前纵梁之间的距离：发动机前置后轮驱动的轿车，必须考虑吊装在发动机上的所有总成(如发动机、空调装置的压缩机等)，以及从下面将发动机安装到汽车上的可能性，还应保证在修理和技术维护情况下，考虑从上方安装发动机的可能性。

【阅读材料4-1】　　轿车发动机布置形式和驱动方式

按发动机及驱动轮所在位置划分，主要有以下几种形式。

1. 前置发动机后轮驱动型(FR)

FR是一种最传统的驱动形式，有利于车室内部(包括行李箱)的布置，而且可以提高操纵稳定性以及行驶平顺性和乘坐舒适性，广泛应用于中高级轿车和货车上。

FR布置形式前后轴荷分配较好，汽车的平衡性和操作性都会有很大提高。由于将转向轮与驱动轮分开，汽车加速时，牵引力将不会由前轮发出，所以在加速转弯时，驾驶人就会感到有更大的横向握持力，操作性能较好。其缺点也是显而易见的：存在贯穿车辆前后的传动轴，地板中部有凸包，整车尺寸和重量较大，整车高度不易降低。另外，装配和制造成本也相对较高，故障也相对较多。目前，采用FR布置形式的汽车大都采用独立后悬架系统，这样在设计时就可以将车体与差速器和传动轴靠得更近，从而可以增大室内空间。

另外，因后轮所承受的负荷较少，后轮驱动汽车还存在着牵引力小的问题，但随着技术的发展，可以通过电子设备来改善这一问题。牵引力控制系统和车身稳定电子系统可以让后轮驱动的汽车在湿滑的路面上达到和前轮驱动汽车一样的性能。改进轮胎设计技术也可以改善这个缺陷。

2. 前置发动机前轮驱动型(FF)

FF布置形式由于省去了贯穿前后的传动轴，减轻了整车的重量，改善了车内居住性，能够实现较低的地板布置，可以拥有较大的室内空间，驾驶室不会因为有传动轴而存在一个大的凸起。同时，没有了后差速器，行李箱的空间也会增大。减轻车重可以提高加速性、制动性和燃油经济性。由于前轮驱动汽车的驱动轮承受着发动机和驱动桥的重量，可以增加驱动轮的附着力。FF布置形式的主要缺点是使得汽车的操纵性变差，后轮的附着力变小，在有冰覆盖的路面上行驶时，车尾就很容易发生侧滑。在设计时，可以尽可能地将重量设置在汽车的后部，来改善这个问题。另外一个缺点就是前轮必须传递加速、转向和制动时地面作用于轮胎的力，而轮胎拥有的附着力是有限的，当附着力一部分用来加速时，就必定会减少对其他部分的作用力。由于布置紧凑等因素，现在微型轿车、有后举升门轿车和旅行车等，广泛采用FF布置形式。

3. 后置发动机后轮驱动型(RR)

RR布置形式结构紧凑，没有沉重的传动轴，整车整备质量小，爬坡能力强，汽车轴距短，机动性能好。汽车前部高度有条件降低，改善了驾驶人视野，但RR布置形式使得前悬短、后悬长，后桥负荷大，使汽车具有过度转向的倾向，而且前轮附着力小，影响操纵稳定性。同时后置发动机影响后排乘坐舒适性。这一布置形式在轿车上应用较少，但在大中型客车上应用广泛。

4. 前置发动机驱动全轮型(FA)和中置发动机后轮驱动型(MR)

发动机安装在汽车的前部(也有的在汽车的中部)，通过传动系统带动全部车轮驱动。全轮驱动可按行驶路面状态的不同，将发动机输出转矩按不同比例分布在前后所有的轮子上，附着利用率最高，汽车有较大的驱动力和克服障碍、防止打滑的能力，但整车重量大、占空间，动力流失率比单轴驱动大，越野汽车一般都采用这种总布置形式。随着技术的发展，一些轿车和旅行轿车也纷纷采用全轮驱动，成为所谓的“多用途运动车(SUV)”。但是，全轮驱动的结构复杂，成本高，在路上行驶时燃料消耗大，轮胎和机件的磨损大。全轮驱动也分两种形式：一种是全时全轮驱动，即全部时间都是全轮驱动；另一种是短时全轮驱动，它可以切断某个桥的动力，以减少燃料消耗和磨损，只在需要时再使用全轮驱动。

发动机放在前、后轴之间或前轴之后、乘客之前，后轮驱动(前中置)的汽车，属于 MR 型，能达到理想的轴荷分配，提高操纵性。其优点是轴荷分布均匀，具有中性的操纵特性；缺点是发动机占了乘员室的空间，降低了空间利用率和实用性。这种布置形式大都应用于追求操控表现的跑车上。

1)发动机总布置设计。发动机总成的外形及附件的布置，首先应保证工作可靠，能满足整车布置的需要和整机性能的发挥。

首先要确定动力总成相对于前轮轴线的位置，也就是发动机的前后位置。这个位置会影响汽车的轴荷分配(如表 4-2 所示)和轿车前排座位的乘坐舒适性，以及传动轴的长度和夹角，对于货车，还会影响载货面积和面积利用率。发动机的上下位置会影响驾驶人视野、汽车最小离地间隙和质心高度。对于轿车，发动机油底壳至路面的距离，应保证满载状态下最小离地间隙的要求。发动机的左右位置会影响底盘系统的受力和发动机悬置，曲轴中心与汽车中心应尽量一致。以上这三个位置因素在发动机布置时必须同时考虑，有时还需要与整车总布置互相协调来处理。

在总布置草图上，动力总成的位置可由曲轴中心线与发动机气缸体前端的交点 K 和曲轴中心线的倾角(一般货车 1°～4°,轿车 3°～4°)这两个参数来确定，如图 4-4 所示。其中，b 代表 K 点到地面的高度尺寸，标明发动机的高度位置，c 代表 K 点到前轮中心线之间的距离，标明发动机的前后位置。

表 4-2　乘用车的轴荷分配

动力总成布置形式	满载		空载	
	前轴	后轴	前轴	后轴
发动机前置前轮驱动	47%～60%	40%～53%	56%～66%	34%～44%
发动机前置后轮驱动	45%～50%	50%～55%	51%～56%	44%～49%
发动机后置后轮驱动	40%～46%	54%～60%	38%～50%	50%～62%

在进行动力总成布置设计时，还要考虑到动力总成与周边部件的空间间隙，以保证汽车振动时各部件不发生干涉，并满足散热要求。如果考虑到行人保护法规的要求，则发动机舱内所有部件上表面与发动机罩之间的距离不得小于 70mm。图 4-5 所示为发动机舱布置时所

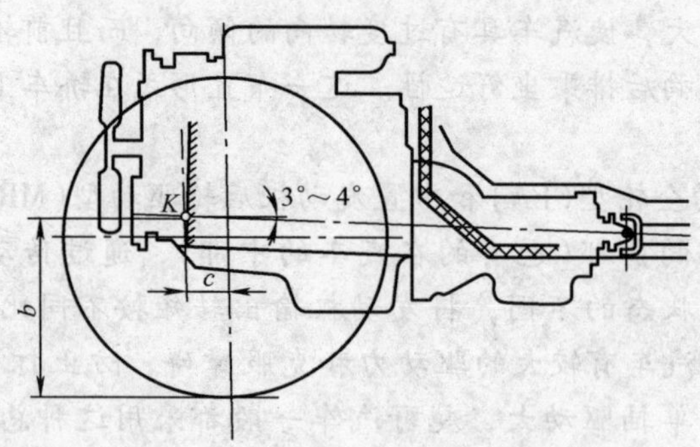

图 4-4　确定后动力总成位置的主要尺寸

必须遵守的规定。

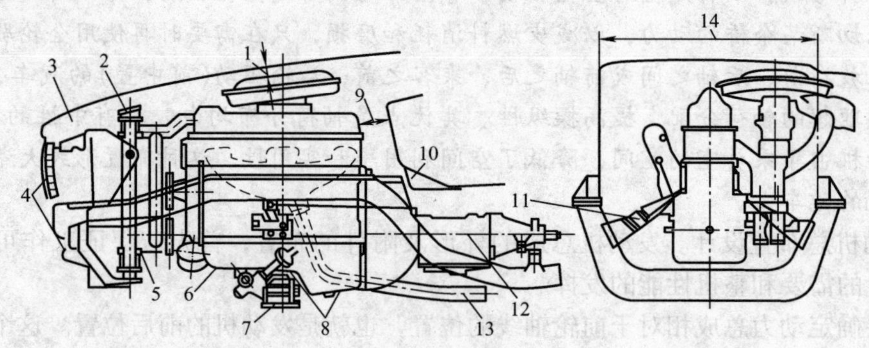

图 4-5　发动机舱布置图

1—发动机罩与发动机零件之间的间隙　2—散热器　3—前横梁
4—发动机舱的冷却和通风的进出口　5—风扇护罩　6—油底壳
7—前悬置横梁　8—发动机油底壳与横梁之间的间隙　9—发动机与前围板之间的间隙
10—箱形截面横梁　11—发动机前悬置点　12—曲轴中心的位置及其在空间的布置
13—排气系统　14—纵梁之间的距离

如图 4-5 所示，1 表示发动机罩与发动机零件之间的间隙，应不小于 30mm，必要时发动机可向一侧倾斜；2 表示散热器，应使其在整个面积范围内都能接收到风扇的吹风；3 表示前横梁，采用箱形截面的型材，以改善撞车时的缓冲性能，保证必要的抗扭刚性；4 表示发动机舱的冷却和通风的进出孔，在散热器栅格下面的附加通气孔应布置在不被保险杠或牌照遮盖处；5 表示风扇护罩，用来增大其送风量和减小散热器尺寸，为了补偿发动机的位移，它与散热器之间的间隙不小于 40mm，为了保证空气通畅，散热器中心与风扇之间的距离不小于 50mm，无护风罩时可减小到 20mm；6 为油底壳，在摘下它时应不需要拆卸其他部件；7 为前悬置横梁，最好做成保护发动机的挡板形式；8 为在发动机油底壳与横梁之间预留出的足够间隙(至少 20mm)，由发动机油底壳至路面间的距离取决于满载状态下的最小离地间隙(160mm)、机油的容量与悬置横梁的防护程度；9 是发动机与前围板之间必须留有的间隙，以预防过热并保证其他零部件的安装，离合器壳与变速器应能同时摘下而无需拆卸或松开发动机的固定点，此时应特别注意离合器壳上面螺钉的接近性；10 为在前围板下部设置的箱形截面横梁，可用来提高汽车的抗扭刚度；11 为发动机前悬置点，应布置在动力总成质心附近，支座宜尽可能宽并安排在排气歧管之前；12 为曲轴中心位置及其在空间的布置，它取决于散热器位置、离地间隙、后轴结构以及万向节传动的形式；13为排气系统线路，通常装有两个消声器，为防止过热应尽量降低，但同时要注意离地间隙；14表示纵梁之间的距离，应考虑从上面和下面安装与拆卸发动机的可能性，尽量避免拆卸其他辅助部件。

2)传动系的布置。对于FF式和RR式轿车，由于底板下部无需传动轴，因此可降低地板高度，有利于座椅布置和提高舒适性。对于FR布置形式，为了尽量降低地板高度以提高乘坐舒适性，就要尽量减小由于传动轴通过地板下部所需的地板凸包的高度，通常在垂直平面上将传动轴呈U形布置，如图4-6所示，这样既降低了传动轴的轴线高度，又能保证动力总成的外廓不致减小离地间隙，又使万向节叉轴线间的夹角保持在允许的范围内。

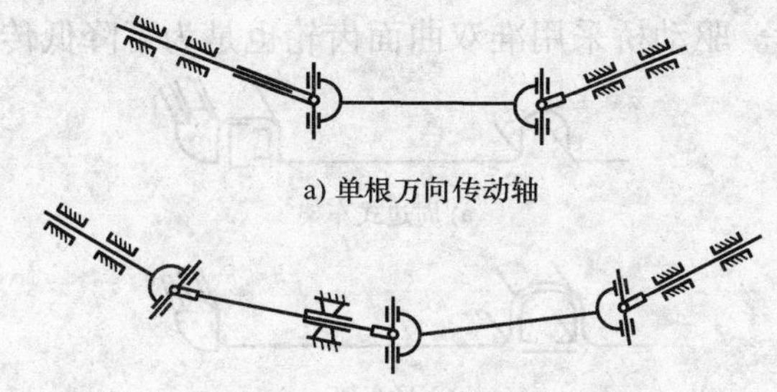

a) 单根万向传动轴

b) 装有中间支承的双根万向传动轴

图4-6　U形布置的传动轴

传动轴罩壳与中间传动轴部分之间的最小间隙一般可取10～15mm。在绘出传动轴的最高轮廓线之后，即可确定传动系上的凸包线。动力总成位置确定后，可根据动力总成的外廓尺寸画出它的外形轮廓，然后可以当成车身前围板线。

(2)发动机舱和前、后围布置

发动机舱需要根据发动机、变速器、排气系统、散热器和蓄电池等的尺寸和布置来确定其空间，并据此进行结构设计。对于前置发动机，根据发动机及空气滤清器的高度确定发动机罩的高度和倾角。发动机罩前端高度取决于散热器布置的高度，在保证油底壳离地间隙、发动机等部件与发动机舱内表面间隙的条件下，降低发动机罩高度有利于车身前部造型和驾驶人前下视野。

前围板将发动机舱与驾驶室隔开。在前围上部固定前风窗玻璃，驾驶室内侧安装仪表板，外侧支撑发动机罩，安装刮水器。前围板到发动机后端应保证有足够的间隙，以布置转向系机构、制动系和离合器的管路与附件，以及暖风系统的风道，也便于拆卸气门罩壳和接近气门。假如有分电盘安装在发动机后面时，车身前围板位置要根据分电盘来决定。当车身通风系统的进气口和导管布置在前风窗玻璃前面时，车身前围板还应适当后移。根据发动机罩后端的高度以及仪表板上表面的位置，可确定前围上部的高度和形状。前围下部常采用倾斜面与地板连接，倾斜面一般与前轮罩面相切，以利于前排乘员保持良好的搁脚姿势。将前轮发动机位置前移，前围板可相应前移以加大前排乘员搁脚空间。前围布置完毕后，可根据前围和地板位置初步确定加速踏板的位置。

对于三厢轿车，利用后围将车室与行李箱隔开。后围上部应保证后窗玻璃下沿的安装位置。在风窗与靠背之间设置杂物搁板，风窗下沿的外部为行李箱盖支撑位置。一般，后围的布置与后排座椅靠背的背面齐平，以增加行李箱容积。后背下部与地板连接。

(3)地板布置与轮罩形状

最小离地间隙对汽车的舒适性和通过性有较大影响。开始设计时，轿车最低凸出部位所要求的最小离地间隙可取 240mm 为参考值。

地板平面位置在保证必要的离地间隙的情况下应尽可能低，以降低汽车质心，提高汽车高速行驶的稳定性。地板的高度取决于离地间隙、车架纵梁或底架中梁和横梁(加强地板用)的截面高度。在有车架的情况下，还必须计入大梁横截面及其上平面与车身地板之间的距离。

前面已经分析了发动机和传动系布置形式对地板高度的影响和应对措施。对于传统布置形式的轿车，根据车身承载形式不同可绘出地板总成的横截面。图 4-7 是 FF 布置形式轿车上的地板截面。除了减小车架纵梁高度，后桥上面的一段梁做成向上弯曲的形状，也可降低地板平面，如图 4-8 所示。驱动桥采用准双曲面齿轮也是为了降低传动轴位置的高度。

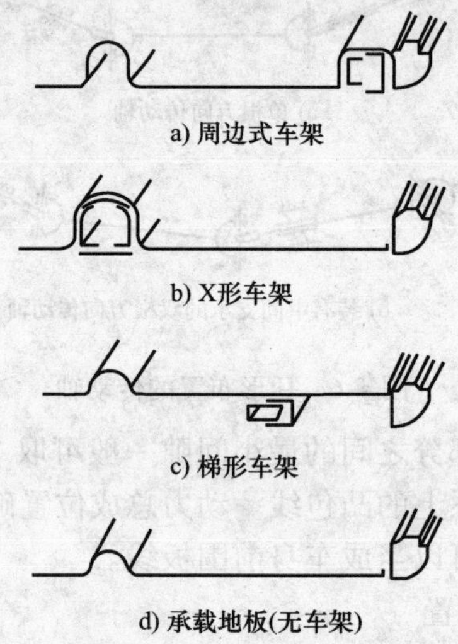

图 4-7　各种车架形式的地板总成截面

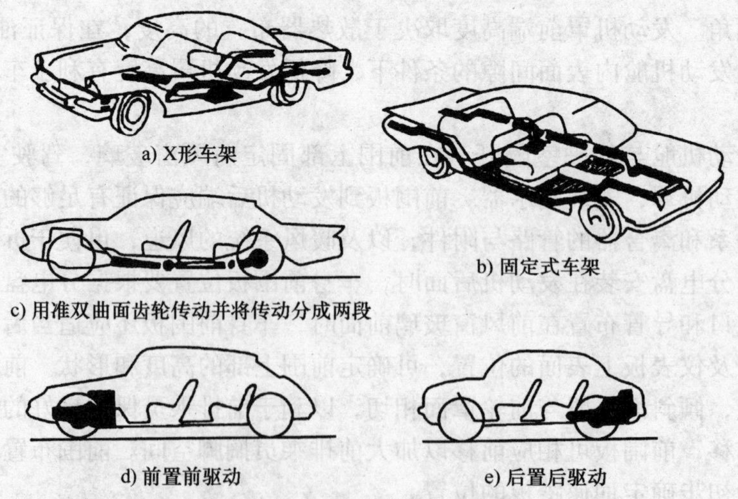

图 4-8　降低车身底板平面的措施

设计微型轿车时，在保持外形小巧紧凑的同时，还要尽量增大车身内部空间，提高乘坐舒适性。轮罩会在地板的前后端产生凸包，前轮罩将会影响前排乘员的搁脚空间和踏板布置；后轮罩将会影响后排座椅的布置。如果将轮罩做成圆滑的外形，可加大前座搁脚空间或使后座加宽。车轮在转向时不占用轮罩中部，为充分利用空间，可将其做成嵌入轮罩内的凹部，节省出的空间可用来布置离合器踏板或安放坐垫的最宽部分，这样可将座椅降低或前移，如图 4-9 所示。轮罩空间在满足车轮转向和跳动所需空间的前提下应尽可能减小，轮罩最好不凸出到室内。

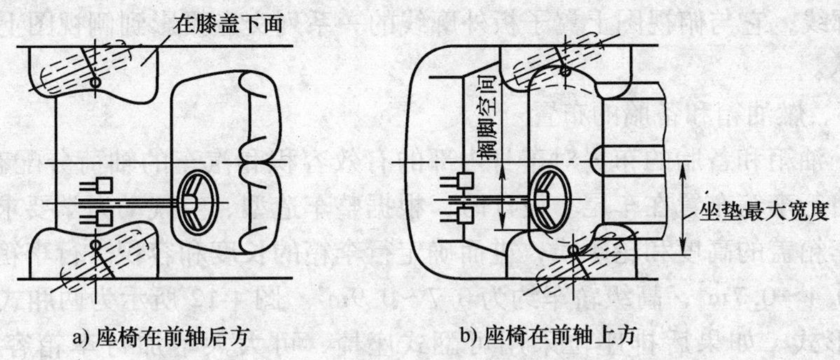

图 4-9　允许增加坐垫宽度的轮罩外形

设计轮罩时，要考虑轮胎可能会有的最大尺寸、车轮跳动的极限位置和最大转向角，以及轮胎根据悬架的弹性相对于车身的位移。轮罩表面形状不仅要包含车轮在跳动和转向过程中占据的空间，还要考虑悬架—车轮系统的装配误差、导向机构和各铰接点的弹性、轮胎旋转时离心力和汽车制动力引起的弹性变形，以及安装防滑链所需的空间等，有时还应考虑轮胎表面粘接杂物导致直径增大，以及轮胎能方便地从轮罩中取出等情况，需要在车轮跳转包络面的基础上加一定的间隙空间。如图 4-10 所示，非转向轮的轮罩高度 h 取决于汽车悬架的最大弹性和行程限位块的位置，轮罩的宽度 b 取决于汽车侧倾时车轮相对于车身横向摆动的可能性，车轮最外点与轮罩之间的间隙 l 应不小于 50mm，轮罩的外边缘应保证可以更换车轮。对于转向轮的轮罩设计，先确定车轮跳动到极限位置（一般情况下，规定橡胶缓冲块压缩到约为自由高度的 2/3，对于只在良好道路上行驶的高级轿车，可以允许缓冲块压缩到自由高度的 1/3）和最大转向角（可取 ±25°）时占用的空间，其步骤如图 4-11 所示。

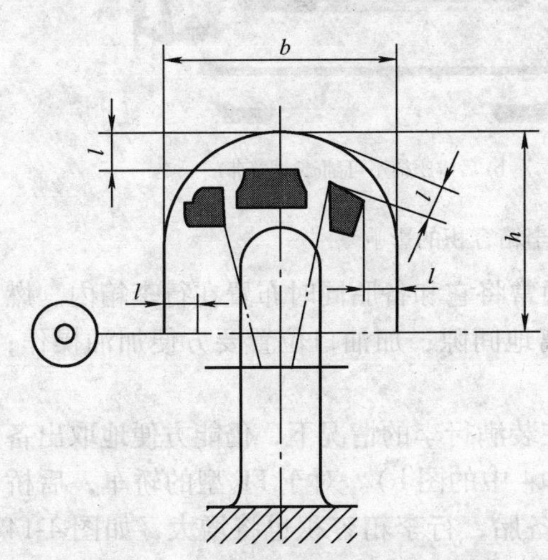

图 4-10　非转向轮轮罩横截面尺寸

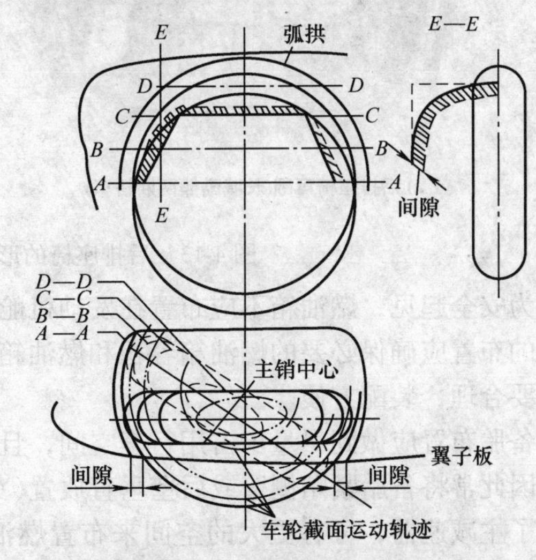

图 4-11　轿车转向轮轮罩外形与翼子板开口的确定

首先，在侧视图上画出车轮跳动前后的位置；其次，在俯视图上画出绕主销轴线转至最大转角的车轮（如果忽略主销后倾角与主销内倾角的影响，可认为主销轴线就是车轮中心线），然后将侧视图上的车轮极限位置用水平截面 $A-A$、$B-B$、$C-C$、$D-D$ 划分，并将每一截面的轮胎外形画在俯视图上，便得到各截面上车轮最大直径处的运动轨迹，这些轨迹所包络的空间就是车轮转向、跳动所必需的最小空间。在轮胎截面运动轨迹周边作一条间隙为 30mm 的轮廓线，它与俯视图上翼子板外廓线的一系列交点投影到侧视图上，即可确定翼子板的开口形状。

(4)行李箱、燃油箱和备胎的布置

在轿车上，油箱和备胎的布置对车身内部的有效容积和汽车的轴荷分配有很大的影响。现代轿车普遍将行李箱布置在车尾。设计时，根据整车造型、空气动力学要求和后窗下沿高度，可确定行李箱盖的高度和轮廓线，进而确定行李箱的长度和容积。行李箱的有效容积在中级轿车上为 $0.4\sim0.7\text{m}^3$，高级轿车约为 $0.7\sim0.9\text{m}^3$。图 4-12 所示为两厢式和三厢式轿车行李箱的布置形式。如果后排座位采用可翻式座椅，可大大增加行李箱容积，如图 4-13 所示。

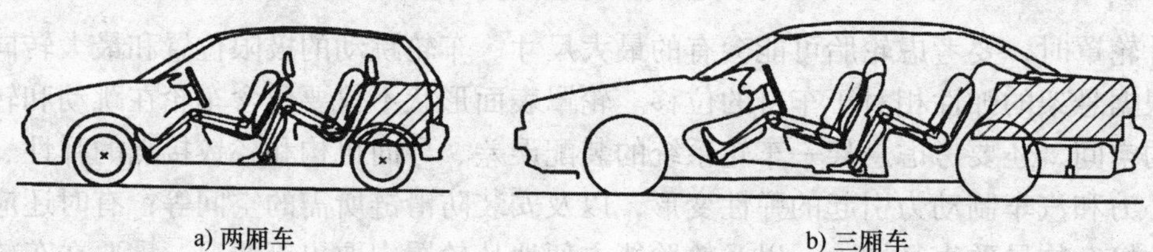

a) 两厢车　　b) 三厢车

图 4-12　轿车的行李箱布置

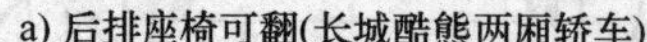

a) 后排座椅可翻(长城酷熊两厢轿车)

b) 后排座椅不可翻(长城赛弗)

图 4-13　后排座椅的形式对行李箱容积的影响

为安全起见，燃油箱不应布置在发动机舱内，通常将它和备胎同时布置在行李箱内。燃油箱的布置应确保必要的燃油箱容积和燃油箱最小离地间隙；加油口位置要方便加油操作；油道要合理，装配方便。

备胎布置应做到尽量少占用行李空间，且保证在装满行李的情况下，仍能方便地取出备胎，因此常将备胎紧贴侧壁或后壁垂直放置（如图 4-14 中的图 b）。对于 FF 型的轿车，后桥取消了主减速器，可有更大的空间来布置燃油箱和备胎，行李箱容积也将增大，如图 4-14 所示。

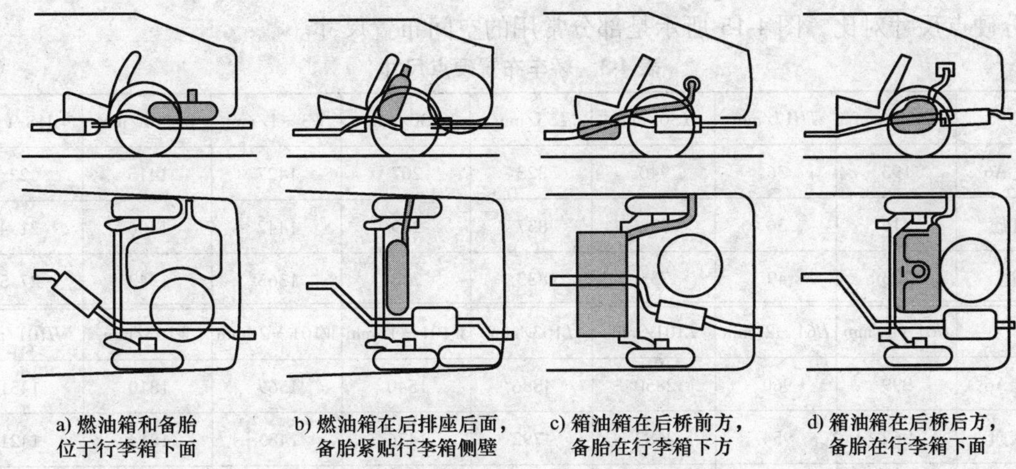

图 4-14　发动机前置前轮驱动轿车的燃油箱布置方案

(5) 散热器和风扇的布置

进行散热器和风扇的布置时，需要满足以下要求：

①尽可能降低它们的高度尺寸（降低发动机罩的高度，改善驾驶人的视野）。

②风扇直径的圆周速度≤110m/s，要求特别舒适的轿车其圆周速度应在 80～90m/s。散热器厚度一般在 60～100mm，散热器宽度尺寸与高度尺寸相等。风扇叶片到散热器的距离，过大则冷却效果下降，过小则风扇易碰到散热器，一般大约为 50mm 左右。风扇轴线与动力总成同时倾斜，可以用导流罩来增加冷却效果。散热器高度位置的上边缘不低于风扇边缘。百叶窗主要用于保持温度，且能美化外观。

(6) 硬点和硬点尺寸

车身布置主要是确定车身对整车及总成的位置关系，以及车身各部分之间的尺寸，实际上是确定车身内部硬点之间的尺寸关系。设计硬点是总布置设计过程中，为保证各部件之间的协调和装配关系，以及产品造型风格要求所确定的控制点（或坐标）、控制线、控制面及控制结构的总称，通常称为硬点（Hard Point）。硬点对整车性能、造型和车内布置具有重要意义。硬点尺寸是指连接硬点之间、控制车身外部轮廓和内部空间以满足使用要求的空间尺寸，这些尺寸关系必须满足汽车的各项要求。通常，外部尺寸与造型和空气动力性能密切相关，并影响汽车的重量和轴荷分配、整车性能等；而内部尺寸的确定将直接影响乘员的乘坐舒适性、操作方便性、安全性以及上下车的方便性等；车身与总成之间的间隙应考虑安装空间、运动干涉、维修空间及部件散热等因素。

硬点尺寸之间的约束数目繁多，关系复杂；很多硬点之间的关系是依据大量统计资料和设计者的经验来确定的。美国汽车工程师协会（Society of Automotive Engineers，SAE）推荐实施的 SAE J1100 标准专门定义了整车和内部尺寸，列出了硬点、硬点尺寸代号、定义和测量方法。硬点尺寸代号采用前缀加数字加后缀的形式表示。字母前缀的 *L* 代表长度尺寸，*W* 代表宽度尺寸，*H* 代表高度尺寸，*A* 代表角度尺寸，*TL* 代表 *H* 点位置和行程的长度尺寸，*TH* 代表 *H* 点位置和行程的高度尺寸。数字代号的 1～99 代表内部尺寸，100～199 代表外部尺寸，200～299 代表行李箱尺寸，400～599 代表货车、厢式货车和运动车尺寸。

汽车公司在进行设计时，需要用一系列硬点尺寸来确定该车型，表 4-3 是几款常见车型的部分硬点尺寸对比，图 4-15 所示是部分常用的空间布置尺寸。

表 4-3 轿车布置硬点尺寸

	*TL*23/mm	*TH*17/mm	*L*50/mm	*L*53/mm	*H*30/mm	*W*3 -1/mm	*W*3 -2/mm	*A*18/(°)
奥迪 A6	193	36	940	823	267	1427	1415	22
小红旗	216	36	838	837	289	1442	1406	21.4
捷达	223	49	735	833	228	1365	1342	27.5
	*H*61 -1/mm	*H*61 -2/mm	*L*101/mm	*L*103/mm	*W*101 -1/mm	*W*101 -2/mm	*W*103/mm	*H*101/mm
奥迪 A6	999	960	2850	4886	1540	1569	1810	1451
小红旗	962	954	2687	4792	1476	1483	1814	1421
捷达	967	946	2471	4385	1464	1446	1695	1424

表中，*TL*23 代表驾驶人座椅调节行程；*TH*17 为座椅垂直调节量；*L*50 为相邻前后 SgRP 之间的水平距离；*L*53 为 SgRP 到 AHP 的水平距离；*H*30 为 SgRP 到 AHP 的垂直距离；*W*3 -1 和 *W*3 -2 分别为前、后排 SgRP 的 x 平面上，SgRP 上方 254mm 到腰线高度范围内左右车门的最小距离；*A*18 为转向盘倾角；*H*61 -1 和 *H*61 -2 分别为前、后排 SgRP 沿后 8°线到头顶线的距离加上 102mm；*L*101 为轴距；*L*103 为车长；*W*101 -1 和 *W*101 -2 分别为前、后轮轮距；*W*103 为车宽；*H*101 为车高。

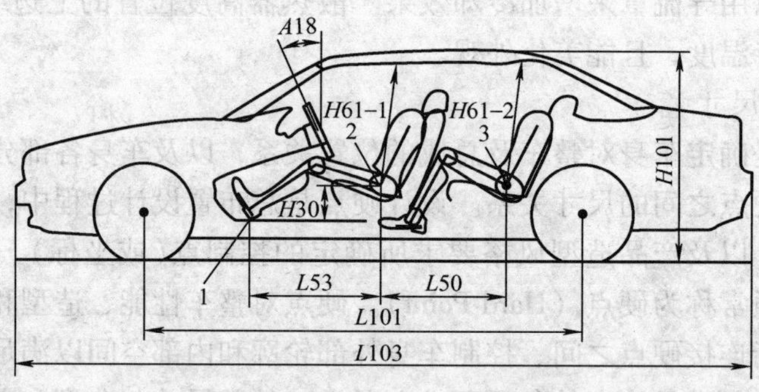

图 4-15 轿车布置硬点尺寸

1—AHP(Accelerator Heel Point) 2—SgRP-1(驾驶人乘坐参考点)
3—SgRP-2(后排乘客乘坐参考点)

4.2 车身布置设计中的人机工程学

【阅读材料 4-2】 **人机工程学的起源与发展**

人机工程学是从 20 世纪 40 年代后期跨越不同学科和领域、应用多种学科的原理、方法和数据发展起来的。人机工程学在形成与发展过程中，大致可划分为三个阶段，即经验人机工程阶段、科学人机工程阶段和现代人机工程阶段。

1. 经验人机工程阶段(19 世纪末——第二次世界大战)

19 世纪末期，人们开始采用科学的方法，系统研究人的能力与其所使用的工具之间的关系，开始了人机工程学诞生前的一个萌芽阶段。本阶段学科发展主要特点是：机械设计的主要着眼点在于力学、电学、热力学等工程技术方面的优选上，在人机关系上是通过选拔和培训操作者，使人适应于机器。

2. 科学人机工程学（第二次世界大战至20世纪50年代末）

在这一阶段，人们在战争中逐步认识到，“人的因素”在武器设计中是不能忽视的一个重要条件。要设计好一个高效能的装备，只有工程技术知识是不够的，还必须有生理学、心理学、人体测量学、生物力学等学科的知识。军事领域中对“人的因素”的研究和应用，使科学人机工程学应运而生。本学科在这一阶段的发展特点是：重视工业与工程设计中“人的因素”，力求使机器适应于人。

3. 现代人机工程学（20世纪60年代以来）

现代人机工程学研究的方向是：把人—机—环境系统作为一个统一的整体来研究，以创造最适合于人工作的机械设备和作业环境，使人—机—环境系统相协调，从而获得系统的最高综合效能：高效、安全、经济。目前，人机工程学的趋势主要是发展绿色人机工程、虚拟人机工程、信息化人机系统，向着信息化、数字化和智能化的方向发展。

4.2.1　汽车人机工程学的定义

人机工程学是研究人在某种工作环境中的解剖学、生理学和心理学等方面的各种因素，研究人和机器及环境的相互作用，以及在工作中、家庭生活中和休假时怎样统一考虑工作效率、人的健康、安全和舒适等问题的学科。

汽车人机工程学是运用生理学、心理学及社会学等方面的科学知识，通过对人体尺寸和操纵范围、人的视觉和光的效应、听觉信息的传递和噪声干扰、人体对环境的适应性等的研究，以求从主观和客观上使汽车的各种性能更好地适应人们生理和心理上的要求，得出合理的“产品功能尺寸”。为了使车身总布置设计，尤其是车内的布置设计更符合人体尺寸和生理特征，使操作者和乘坐者感到安全、舒适、方便，必须将人机工程学的理论引入车身总布置设计中。根据人体的测量尺寸和生理结构，确定驾驶的最舒适姿势、座椅形状、仪表板的布置、转向盘的形式以及它们之间的相互位置关系，校核操纵轻便性、上下车方便性、视野性、乘坐舒适性等，这是人机工程学在车身总布置设计中的应用目标。

4.2.2　汽车人机工程学的研究内容与方法

人机工程学始终是以人—机—环境作为研究对象，通过这三大要素之间的物质、能量和信息传递、加工与控制作用，组成一个复杂的系统，如图4-16所示。

汽车人机工程设计的主要内容可归纳为以下几方面。

1. 人体特性的研究

在人—汽车系统中，人是最活跃、最重要同时也是最难控制和最脆弱的环节，人与汽车是相互作用、相互配合和相互制约的，而人始终起主导作用。人体特性研究的主要内容是在产品设计中与人体有关的问题，例如：人体基本形态特征参数、人的感知特性、人的运动特性、人的行为特性，以及人在工作中的心理特征和人为差错等，以实现对驾驶人和乘员人体因素的最佳适应与容纳。在汽车车身布置时，应充分考虑人的行为习性，最大程度减少误操作的可能性。比如，驾驶人在遇到紧急情况需要制动时，要能迅速踩下制动踏板，在设计上尽最大可能防止误踩下加速踏板。

2. 研究人与机器间信息传递装置和工作场所的设计

要研究人与机器及环境之间的信息交换过程，并探求人在各种操作环境中的各种成效问题。信息交换包括机器（显示装置）向人传递信息和机器（操纵装置）接受人发出的信息，而且都必须适合人的使用。

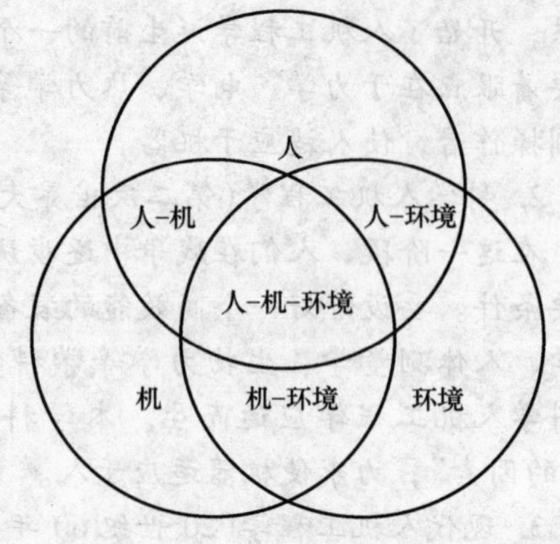

图 4-16　人-机-环境系统的构成示意图

在汽车车身总布置设计中，要运用人机工程学进行驾驶操纵系统人机界面的优化匹配。驾驶操纵系统人机界面匹配的合理程度，对车辆行驶的安全性、驾驶操纵的舒适性和身心健康，以及在正常工作时间内持续驾驶车辆所能保持的工作效率等，都有重大影响。人机工程所要解决的重点是从适合于人使用的角度考虑，向设计人员提出具体要求，比如怎样保证仪表能让驾驶人看得清楚、读数迅速准确，怎样设计操纵装置才能使人操作起来得心应手、方便快捷、安全可靠等。

3. 人身安全装置和环境控制的设计

安全是人—机—环境系统设计时必须考虑的首要因素。安全保障技术包括机器的防护装置、保险装置、防止人为失误装置、事故控制方法、救援方法、安全保护措施等。

进行车身布置设计时，保障行车安全和最大限度地保护乘员的人身安全是最为重要的。汽车的撞车、翻车事故严重地威胁着人们的生命和财产安全，提高汽车的安全技术性能，最大限度地防止撞车、翻车事故发生。而一旦事故发生时，需利用有效的车内乘员人体保护装置来避免或减轻乘员可能受到的伤害。在设计和布置车内人体保护装置（如安全气囊及车门防撞梁等）时，要运用人机工程学相关知识，充分考虑驾驶人和乘客的头部位置，以及人体易受伤害的部位，使安全装置起到有效的保护作用。

在车身设计中为了提高乘坐舒适性，应考虑座椅与人机界面能否为人提供舒适而稳定的坐姿、驾驶人（或乘员）—座椅—车辆系统能否有效地隔离或衰减来自路面不平度的激励而产生的振动，以减小驾驶人（或乘员）所承受的振动负荷；还应考虑驾驶人—座椅—驾驶室系统的几何位置关系能否为驾驶人提供良好的视野，以及相对于各种操纵机构与显示装置的舒适位置。除此之外，还要对车内噪声、温度、空气质量等进行控制，使车内环境适宜驾驶或乘坐。

4. 机动车辆的噪声控制与车室内小环境宜人化控制

在汽车设计中应保证车内驾驶人和乘员的耳旁噪声满足人的听力保护允许标准，车外噪声满足动态环境噪声允许标准。对车室内小环境气候宜人化控制的具体要求也因机动车辆的类型、使用条件和运行环境的不同而有区别。小环境气候宜人化要以人的热舒适性评价标准为科学依据。

5. 人—机系统的整体设计

设计人—机系统的目的是为了使整个系统工作性能实现最优化。系统运行时应能达到最佳工作要求，如功率大、速度快、精度高、运行可靠，以及人所承受的工作负荷最小或不易疲劳等。

总之，进行车身设计时，应将人—车—路作为一个系统来研究，既要充分考虑人的因素，如人体尺寸、人的生理和心理特性、人的习惯等；又要充分考虑现在及将来的道路交通特性，如道路的等级、通行能力、管理水平等问题。主要的研究内容是根据人体的测量尺寸、生理结构和感知特点，甚至心理特点，确定驾驶的最舒适姿势、座椅的形状、仪表板的布置、转向盘的形式，及它们之间的相互位置关系，对操纵轻便性、上下车方便性、视野性等进行校核。

4.2.3　汽车人机工程学中的人体基本特性

为了使车身总布置设计特别是车室内部设计能够很好地满足性能要求，使驾驶人和乘坐者感到安全、舒适和方便，必须首先研究人体本身，掌握与乘员相关的人体基本特性，然后在此基础上利用相关的辅助工具，进行车身总布置设计。

人体基本特性包括人体尺寸和其他物理方面的特性，如肢体的容积、质量、质心位置、转动惯量，人体的力特性，人体的作用范围，人的感觉、知觉和心理特点等。人体尺寸决定了人体占据的几何空间和活动范围，是人机系统或产品设计的基本资料，主要包括人体静态尺寸和人体动态尺寸。人体的静态尺寸是结构尺寸，人体的动态尺寸是功能尺寸，后者包括操作者在工作姿势或某种操作活动状态下测量的尺寸。

1. 人体测量的基本内容

人体测量的基本内容主要包含以下几方面：

(1)静止形态参数的测量

其主要内容有人体尺寸测量、人体体型测量、人体体积测量等。静态人体测量可采取不同的姿势，主要有立姿、坐姿、跪姿和卧姿。

(2)活动范围参数的测量

活动范围参数是指人在运动状态下，人的肢体的动作范围。肢体活动范围主要有两种形式：一种是肢体的活动角度范围，另一种是肢体所能达到的距离范围。通常，有关人体测量数据的图表资料中所列出的都是肢体活动的最大范围，而在进行车身布置设计中所考虑的肢体活动范围，应当是人体最有利的位置，其数值远小于这些极限数值。

(3)生理学参数的测量

其主要内容有人体表面积的测量、人体各部分体积的测量、耗氧量的测量、心率的测量、人体疲劳的测量、人体触觉反应的测量等。

(4)生物力学参数的测量

其主要内容有人体各部分质量与质心位置的测量、人体各部分转动惯量的测量、人体各部分出力的测量等。

2. 人体测量的参照系

为了人体测量的需要，根据人体关节形态和运动规律，设定三个相互垂直的基准轴和三个相互垂直的基准平面作为人体测量的参照系，分别给出了名称和定义，如图4-17所示。

(1)测量基准轴

1)垂直轴。通过各关节中心并垂直于水平面的一切轴线，都称为垂直轴。

2)矢状轴。通过各关节中心并垂直于冠状面的一切轴线，都称为矢状轴或纵轴。

3)冠状轴。通过各关节中心并垂直于矢状面的一切轴线，都称为冠状轴或横轴。

(2)测量基准面

1)矢状面(sagittal plane)。通过人体垂直轴和纵轴的平面(即正中矢状面)及与其平行的所有平面都称为矢状面。

2)冠状面(coronal plane)。通过垂直轴与横轴的平面及与其平行的所有平面都称为冠状面。

3)水平面(horizontal plane),又称横切面(transverse plane),与垂直轴垂直,将人体分为上、下两部分的断面。

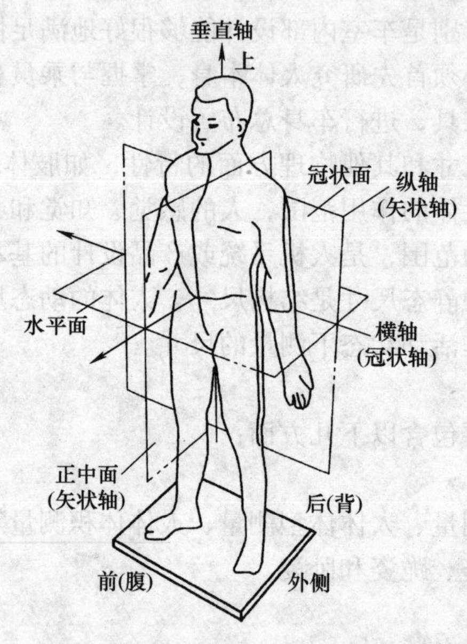

图 4-17　人体测量的基准面和基准轴

3. 百分位的概念

由于不同人的人体尺寸有很大变化,不是某一确定的数值,而是分布于一定的范围内。如亚洲人的身高主要是 151 ~ 188cm 这个范围,而设计时只能用一个确定的数值,并不能像通常理解的那样用平均值,如何确定使用哪一数值,就是百分位所解决的问题。

百分位是人体测量学中的一个术语,用于表示人体某项尺寸数据的等级。百分位表示具有某一人体尺寸和小于该尺寸的人占统计对象总人数的百分比。将抽取的样本实测尺寸值由小到大排列于数轴上,再将这一尺寸段均分成 100 份,则将第 n 份点上的数值作为该百分位数。显然,百分位数是一个位置指标。例如:将一群人的身高统计在数轴上,第 95 份点上的数值为 1.8m,则称第 95 百分位数为 1.8m,表示该人群中有 95% 的个体,该尺寸小于此值,有 5% 的个体,该尺寸大于此值,一般写为 $p_{95}=1.8\text{m}$。最常用的是第 5、第 50 和第 95 三个百分位人体尺寸,分别表示小、中等和大尺寸。

用这种方法可以先测得人体各部位的尺寸,再通过数据处理,即可得到各个百分位数的标准人体尺寸。在车身布置设计中,满足所有人的要求是不现实的,但必须满足大多数人的需要,所以必须从中间部分选取能够满足大多数人的尺寸作为依据,一般是舍去极端情况,只涉及中间的 90% 或 95% 的大多数人。

对于单一性别群体，由于大多数人体一维尺寸近似符合正态分布，当已知某项尺寸 x_i 分布的均值 u_i 和标准差 σ_i 时，则该尺寸 p 百分位的值可根据下式计算：

$$x_{i,p} = \mu_i \pm \sigma_i K \tag{4-1}$$

式中　K——转换系数，需要查标准正态分布表得到。

当求 1th ~ 50th 百分位之间的百分位数时，式中取“ - ”号，当求 50th ~ 99th 百分位之间的百分位数时，式中取“ + ”号。表 4-4 列出了常见百分位的 K 值。

表 4-4　常见百分位的 K 值

百分位	5	10	50	90	95
K	1.645	1.282	0	1.282	1.645

4. 我国成年人的人体静态基本尺寸

(1) 我国成年人的人体结构尺寸

我国国家标准 GB10000—1988《中国成年人人体尺寸》是 1989 年 7 月开始实施的，按照人机工程学的要求提供了我国成年人(男 18 ~ 60 岁，女 18 ~ 55 岁)人体尺寸的基础数据(中国标准化研究院在 2009 年完成了最新中国成年人人体尺寸抽样试点调查工作，新的标准暂未出台)。该标准提供了七个类别共 47 项人体尺寸基本数据，主要包括人体主要尺寸、立姿人体尺寸、坐姿人体尺寸、人体水平尺寸、人体手部和足部的尺寸等。

(2) 人体静态尺寸的差异

不同的国家和地区，不同的民族之间，人体尺寸、体型、各部分肢体尺寸和比例存在差异。面向不同的用户群体设计产品，或从不同的国家和地区引进产品，必须考虑到人体尺寸的差别。GB10000—1988 标准给出了东北区、华北区、东南区、华中区、华南区和西南区六个地区成年人身高、胸围和体重三项人体尺寸的均值和标准差，见表 4-5 所示。

表 4-5　我国六个地区人体体重、身高、胸围的均值及标准差
(男子 18 ~ 60 岁，女子 18 ~ 55 岁)

项目		东北、华北区		西北区		东南区		华中区		华南区		西南区	
		均值	标准差	均值	标准差	均值	标准差	均值	标准差	均值	标准差	均值	标准差
男	体重/kg	64	8.2	60	7.6	59	7.7	57	6.9	56	6.9	55	6.8
	身高/mm	1693	56.6	1684	53.7	1686	55.2	1669	56.3	1650	57.1	1647	56.7
	胸围/mm	888	55.5	880	51.5	865	52.0	853	49.2	851	48.9	855	48.3
女	体重/kg	55	7.7	52	7.1	51	7.2	50	6.8	49	6.5	50	6.9
	身高/mm	1586	51.8	1575	51.9	1575	50.8	1560	50.7	1549	49.7	1546	53.9
	胸围/mm	848	66.4	837	55.9	831	59.8	820	55.8	819	57.6	809	58.8

随着人类社会的不断发展、生活和健康水平的提高，人类的体质也在发生变化。人体尺寸

的增加，将随着地区生活水平的提高持续增长，但达到一定程度后，其速度将会变缓并趋于稳定。

(3) 人体静态尺寸的相关性

正常人的身体各部分的静态尺寸之间存在一定的比例关系，可以根据人的站姿身高来推算各部位的结构尺寸。根据 GB10000—1988 标准中的人体测量基础数据，推导出我国成年人各部位的尺寸与身高 H 的比例关系，如图 4-18 所示。

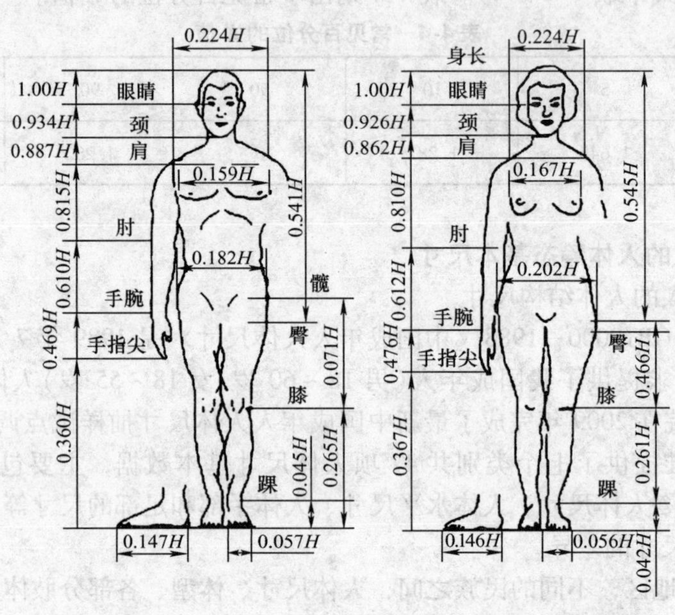

图 4-18　我国成年人人体尺寸各部分与身高的比例关系

5. 我国成年人的人体功能尺寸

人体静态测量参数虽然可以解决不少工业产品造型中有关人体尺寸的问题，但人在驾驶汽车时并不是静止不动的，因此，以不同姿势工作时，手、脚活动的范围和体形变化等的测定显得更为重要。肢体的活动范围可分为两类：一是肢体活动的角度大小，另一类是肢体活动所能及的距离范围。

(1) 肢体活动的角度范围

人体由关节连接的肢体在肌肉活动的作用下将产生相对运动，活动部位有头、肩胛骨、臂、手、腿、小腿和足，其活动范围见图 4-19 和表 4-6 所示。

(2) 操作空间的人体尺寸

在进行驾驶人操作空间设计时，要考虑到操作者的舒适性和安全性，要便于操作者使用，操作者四肢分担的作业要均衡，避免身体局部超负荷作业等，所以操作空间的设计应以“人”为中心，以人体尺度为重要设计基础。在车身布置设计中，对于人的肢体活动所能及的距离范围，主要讨论坐姿下手和脚的可操纵空间。

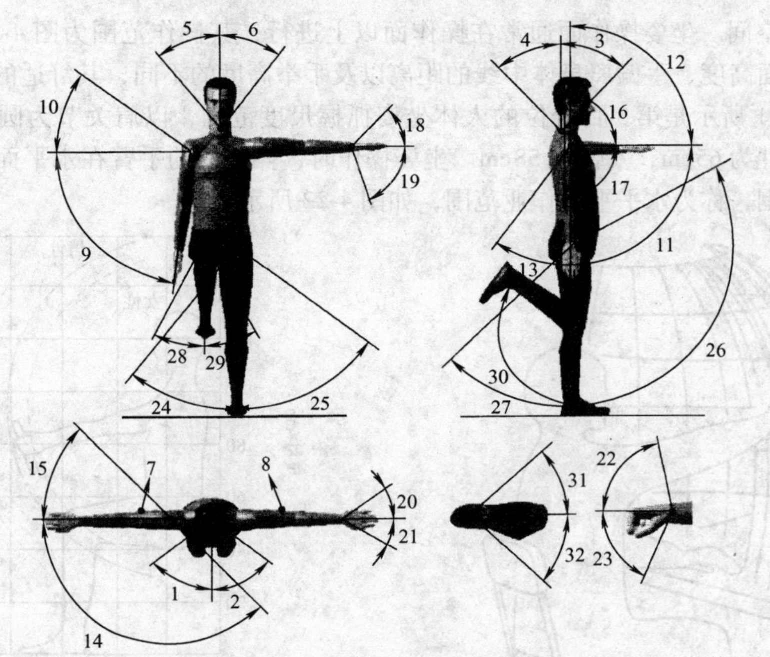

图 4-19　人体主要肢体的活动范围

表 4-6　人体各部位的活动范围

身体部位	移动关节	动作方向	活动角度		身体部位	移动关节	动作方向	活动角度	
			编号	角度/(°)				编号	角度/(°)
头	脊柱	向右转	1	55	手	腕（枢轴关节）	背屈曲	18	65
		向左转	2	55			掌屈曲	19	75
		屈曲	3	40			内收	20	30
		极度伸展	4	50			外展	21	15
		向一侧弯曲	5	40			掌心朝上	22	90
		向一侧弯曲	6	40			掌心朝下	23	80
肩胛骨	脊柱	向右转	7	40	腿	髋关节	内收	24	40
		向左转	8	40			外展	25	45
臂	肩关节	外展	9	90			屈曲	26	120
		抬高	10	40			极度伸展	27	45
		屈曲	11	90			屈曲时回转（外观）	28	30
		向前抬高	12	90			屈曲时回转（内观）	29	35
		极度伸展	13	45	小腿、足	膝关节	屈曲	30	135
		内收	14	140		踝关节	内收	31	45
		极度伸展	15	40			外展	32	50
		前臂上摆	16	90					
		前臂下摆	17	90					

1）手操作空间。坐姿操作面通常在操作面以上进行，其操作范围为图 4-20 所示的三维空间。随操作面高度、手偏离身体中线的距离以及手举高度的不同，其舒适的操作范围也随着变化。图 4-21 所示是第 3 百分位的人体坐姿抓握尺度范围，以肩关节为圆心的直臂抓握空间半径：男性为 65cm，女性为 58cm。坐姿操作时，操作者的手臂在水平面上运动所形成的运动轨迹范围，称为水平平面作业范围，如图 4-22 所示。

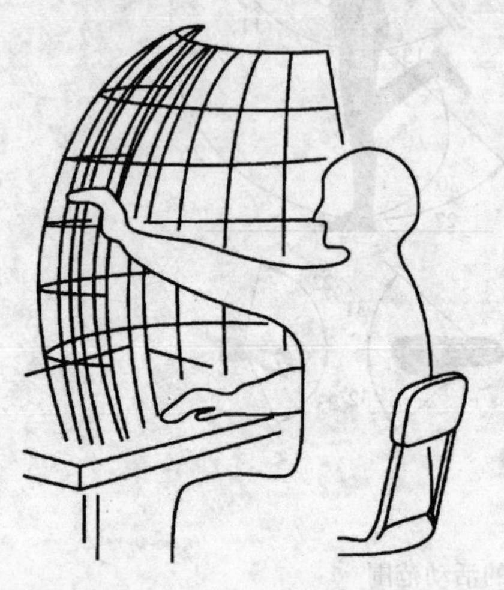

图 4-20　坐姿近身操作空间

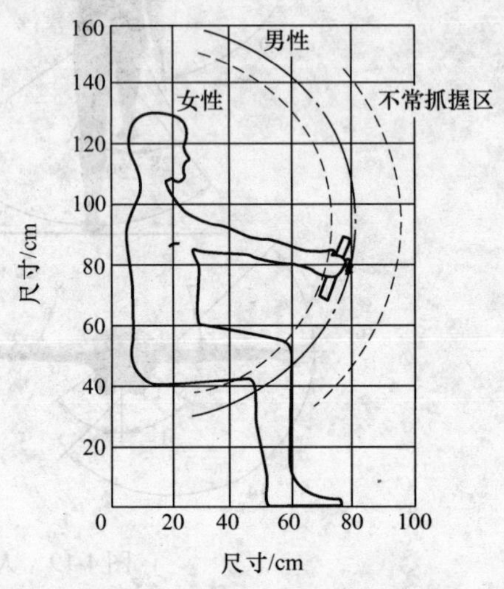

图 4-21　坐姿抓握尺寸范围

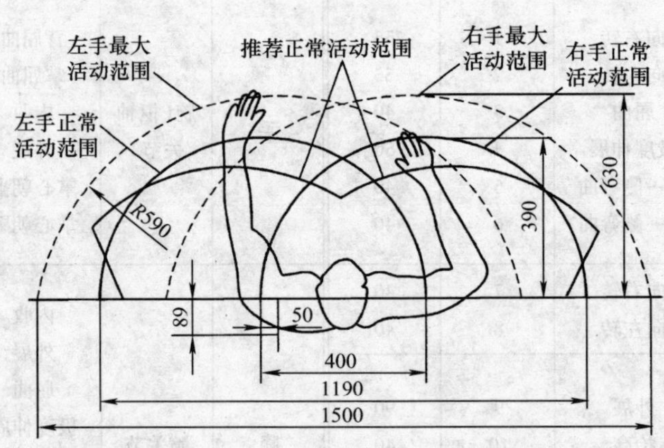

图 4-22　坐姿状态下上肢在水平面内的操作范围

2）脚操作空间。与手操作相比，脚操作力大，但精确度差，且活动范围小，一般，脚操作限于踏板装置。正常的脚操作空间位于身体前侧、座高以下的区域，其舒适的操作空间取决于身体尺寸与动作的性质。男子坐姿时，手和脚在垂直平面内的最优操作范围如图 4-23 所示。

3）伸及界面。在实际应用中，人体肢体伸及能力常用伸及界面来描述，它指的是人体在乘坐或站立时，由于要执行某些操作或出于安全等原因身体某些部位被约束时，人的末端

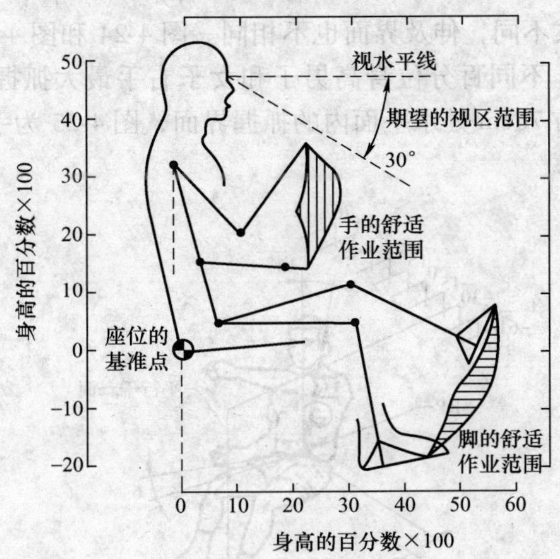

图 4-23　手和脚在垂直平面内的最优操作范围

肢体(腿、手、头)活动的最大限度。约束条件例如一只手握转向盘、上身系安全带、脚踩踏板等。这些约束会大大限制人体的活动能力。此外，伸及界面还受到操作者本身的尺寸和操作类型的影响，例如手指按钮的伸及界面要大于操作旋钮的伸及界面。

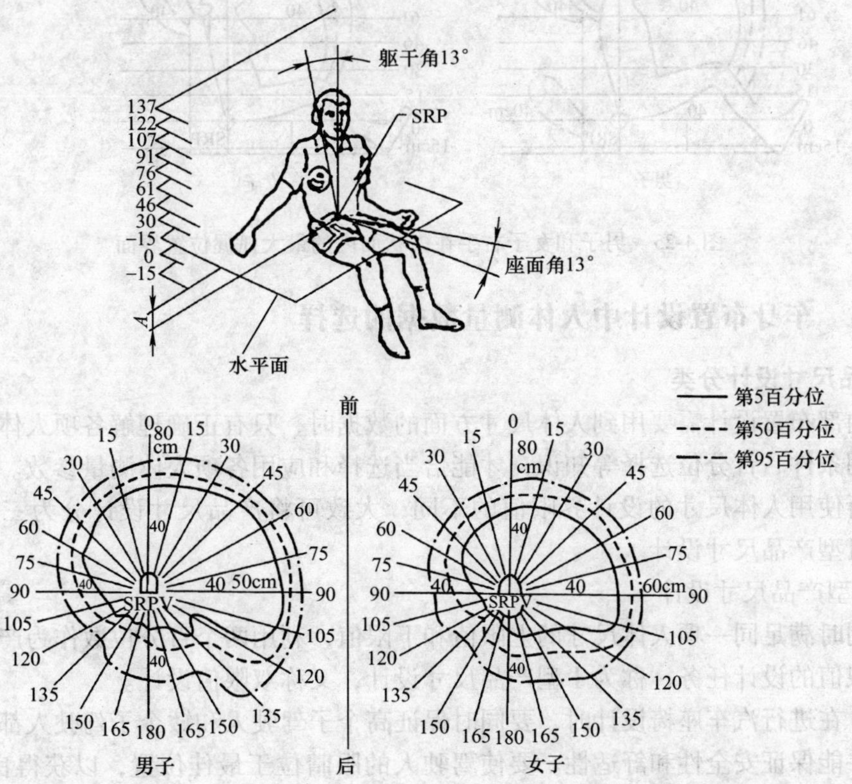

图 4-24　男子和女子右手在水平面内的最大抓握位置界面

身体部位和约束形式不同，伸及界面也不相同。图 4-24 和图 4-25 所示分别为坐姿、躯干受安全带约束状态下，不同百分位身高男子和女子右手最大抓握位置的界面。其中，图 4-24 是手心位于胯点上方 76cm 处水平面内的抓握界面，图 4-25 为手心位于矢状面内的抓握界面。

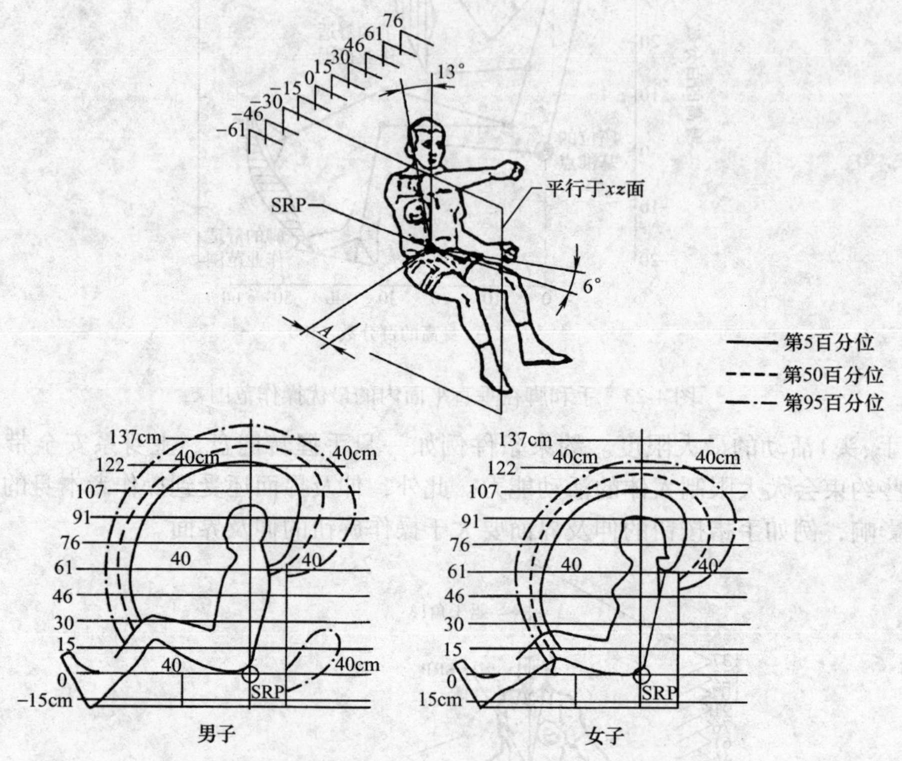

图 4-25　男子和女子右手在矢状面内的最大抓握位置界面

4.2.4　车身布置设计中人体测量数据的选择

1. 产品尺寸设计分类

车身内部布置设计需要用到人体尺寸方面的数据时，只有正确理解各项人体测量数据的定义、适用条件、百分位选择等知识，才能恰当选择和应用各项人体测量参数。

按照所使用人体尺寸的设计界限值的不同，大致可将产品尺寸设计分为三种类型，即Ⅰ、Ⅱ、Ⅲ型产品尺寸设计。

(1) Ⅰ型产品尺寸设计

需要同时满足同一项人体尺寸的上限值和下限值，利用两个百分位数作为产品尺寸的上限值和下限值的设计任务，称为Ⅰ型产品尺寸设计，又称双限值设计。

例如，在进行汽车座椅设计时，要同时保证高个子驾驶人和矮个子驾驶人都能方便地进行操纵，并能保证安全性和舒适性。要使驾驶人的眼睛位于最佳位置，以获得良好的视野，使驾驶人的手和脚能够很方便地操作转向盘、变速杆、加速踏板、离合器踏板和制动踏板等装置，还要让驾驶人头部与驾驶室顶棚之间保持一定的距离防止因颠簸而造成碰撞，就需要把座椅设计成高低、前后位置可调节式，根据驾驶人身材进行调节。在确定座椅调节范围时，需要首先确定设计上限值和下限值，在确定座椅高低调节范围时，宜取坐姿眼高的第 90、第 10 百分位的人体尺寸分别作为上、下限的依据，也可以取第 95 和第 5 百分位的人体尺寸分别作为上、下限依据。在确定座椅前后调节范围时，宜取坐姿臀—膝距的第 90、第 10 百分位或者第 95 和第 5 百分位尺寸分别作为上、下限值的依据。

(2) Ⅱ型产品尺寸设计

只需满足一项人体尺寸的上限值或下限值，在设计中只选取一个人体尺寸百分位数作为产品尺寸的上限值和下限值的设计任务，称为Ⅱ型产品尺寸设计，又称单限值设计。

只需为产品尺寸设置上限值的设计任务，也称大尺寸设计，只需利用一个人体尺寸百分位数作为产品设计依据。比如，在设计公共汽车的车厢高度时，为了避免站立的乘客因颠簸而导致头部与车厢顶篷相撞，只需要考虑高个子乘客的情况，选取身高的第 95 或者第 90 百分位人体尺寸数据作为上限值的依据。

只需为产品尺寸设置下限值的设计任务，也称小尺寸设计，同样只需利用一项人体尺寸百分位数作为产品设计依据。

(3) Ⅲ型产品尺寸设计

只需满足一项人体尺寸的中间值，利用人体尺寸的第 50 百分位尺寸数据作为设计依据的设计任务，称为Ⅲ型产品尺寸设计，也称折中设计。例如，车门把手或锁孔距离地面的高度，只需确定一个高度以供各种不同身高的人使用，宜选取立姿肘高的第 50 百分位尺寸数据作为设计依据。

在进行车身设计时，首先需要正确判断设计任务属于哪一类型，然后选取相应人体尺寸恰当的百分位的数据作为设计依据，使汽车满足大多数人的使用需要。

2. 满足度

设计的汽车产品在尺寸上能满足使用者的人数占特定使用者群体的百分率，称为满足度。如果单纯追求使产品能够满足所有人的需要，而特意加大或减小产品的尺寸，会使成本大大增加。比如，在设计汽车车厢高度时，取 90% 满足度较为合适，如果为了满足剩余的 10% 的身材特别高大的人的需要，而将汽车车厢设计得更高，会使成本增加，并加大汽车的风阻等，由此带来的弊端比其优点更突出。

4.3　车身内部人机设计辅助工具

为了使车身内部布置设计更符合人体尺寸和生理特征要求，需要根据人体的测量尺寸和生理结构，确定驾驶的最舒适姿势、仪表板的布置、转向盘的形式以及它们之间的相互位置关系。同时，为了加快设计速度、提高设计品质，常借助各种布置工具来辅助设计过程。美国 SAE 标准推荐的布置工具系统是最基本、最典型、应用最广泛的布置工具。

4.3.1　*H* 点装置

H 点装置(*H* Piont Device)是车身布置和测量的重要工具，对于进行驾驶室人机工程学设计和参数测量、辅助进行驾驶室内部基准点的定位具有重要意义。简单的 *H* 点人体模型由背盘、臀盘、小腿杆及头部探杆等组成，各部分的尺寸、质量及质心位置均以人体测量资料为依据。臀盘模拟人的大腿和臀部，背盘模拟人体的背部，它们的轮廓线形状是真实人体

的统计反映。模型上装有量角器供安放模型时确定或调节各关节之间的夹角用。模型的背盘与臀盘交接处，即人体胯点的位置上设有一对铰链副，铰接线的中点被定义为 *H* 点。当 *H* 点人体模型按照有关标准的规定安放在实车指定乘坐位置座椅上时，所测得的 *H* 点位置便是汽车的实际 *H* 点。如图 4-26 所示是 Oscar 型三维 *H* 点人体模型。

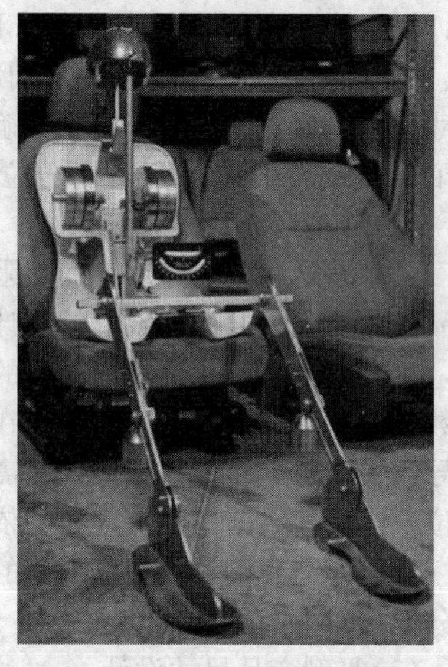

图 4-26　Oscar 型三维 *H* 点人体模型

汽车的实际 *H* 点在汽车车身总布置设计中有重要意义。驾驶人或乘员以正常的驾驶姿势或乘坐姿势入座后，体重的大部分将通过臀部由坐垫承受，另一部分通过人体背部由靠背支撑，而只有很少的部分通过左右脚的踵部作用于地板。在这种特定坐姿下，驾驶人操作时身躯往往是绕通过实际 *H* 点的横向水平轴线活动的，因此，实际 *H* 点在汽车车身内的位置决定着驾驶人操作的方便性与乘员乘坐的舒适性，它已成为车身内部尺寸标准中的一个基准点。可用来定义 *H* 点的装置包括 *H* 点测量装置（*H*-Point Machine，HPM）和 *H* 点设计工具（*H*-Point Design Tool，HPD）。HPM 是用于对尺寸进行审核和测量对比的装置，HPD 是设计中用于乘员布置的 CAD 工具。

1. *H* 点测量装置

H 点测量装置是 SAE 定义的用于建立和测量汽车关键基准点和尺寸的物理装置，在美国、欧洲和日本等汽车发达国家得到了广泛应用。20 世纪 60 年代，美国通用汽车公司的工程师设计了一种三维布置尺寸的测量工具。1962 年，SAE 设计委员会将该装置纳入 SAE J826 标准，成为标准 *H* 点测量装置，型号为 Oscar。在后来的研究和应用过程中发现，Oscar 的刚性躯干外壳不能很好地模拟乘员背部形状和姿态。2002 年，SAE 设计委员会将 APM 人体模型纳入 SAE J826 标准（型号为 HPM-Ⅱ），取代了原来的 Oscar 模型。

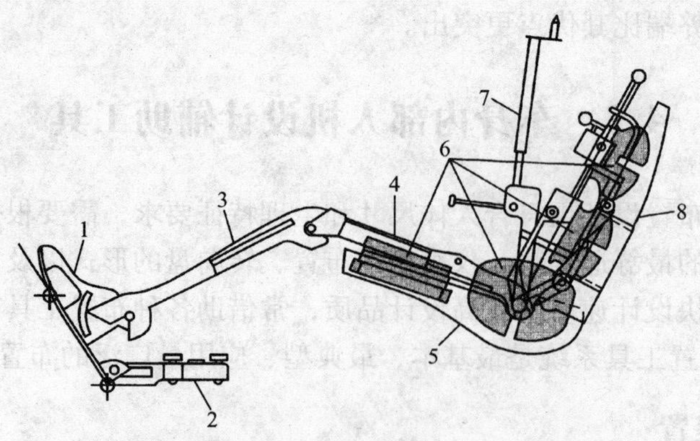

图 4-27　SAE J826 HPM-Ⅱ型 *H* 点测量装置

1—鞋　2—鞋固定装置　3—小腿部　4—大腿部

5—坐垫盘　6—可拆卸重块　7—头部空间测量装置　8—躯干部

HPM-Ⅱ型 H 点测量装置由鞋、小腿部、大腿部、坐垫盘和躯干部组成，各部分是完全独立的，均可拆卸，此外还包括鞋固定装置和头部空间测量装置两个附件，如图 4-27 所示。H 点测量装置的主要尺寸如图 4-28 所示，各部分的装配关系如图 4-29 所示。

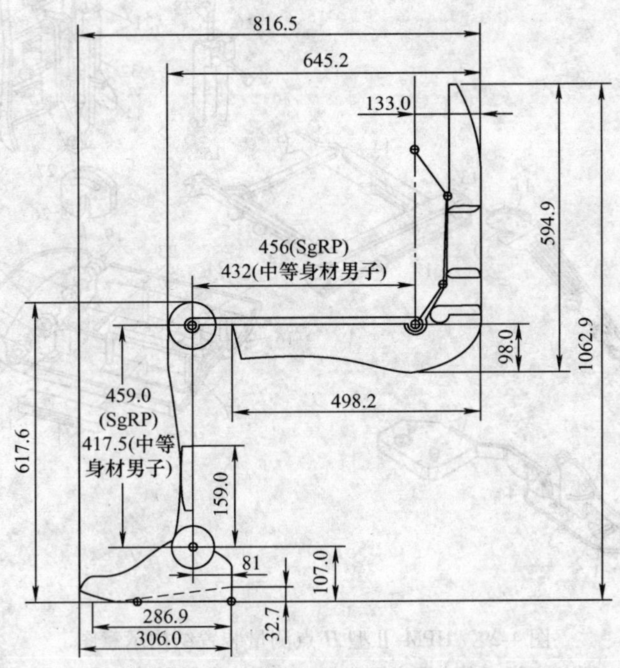

图 4-28　H 点测量装置的主要尺寸

HPM-Ⅱ中的鞋相对于自身中心线左右对称，其尺寸如图 4-30 所示。其中鞋上面的 BOF、鞋跟（HOS）、踝关节轴和鞋底板是重要的基准点或基准面。鞋上装有用于指示踝关节角度的刻度盘，还有可以将鞋定位于加速踏板处或地板上的鞋固定装置。

大腿和小腿的构造如图 4-31 所示。小腿和大腿的长度均可按照其刻度盘上的刻度进行调节，并可以用紧固旋钮固定于某刻度处。SAE J826 标准给出了用于确定 SgRP（Seating Reference Point—乘坐参考点，欧洲标准和我国国标称为 R 点）的中等身材男子腿部的长度尺寸，见表 4-7 所示。在大腿部靠近膝关节一端还装有用于度量小腿侧向位置的刻度盘。在膝关节处还装有用来指示膝关节角度的刻度盘。在 HPM-Ⅱ中，腿部和躯干部是独立的，允许在没有连接腿的情况下确定 H 点。

表 4-7　腿长度　　（单位：mm）

	用于建立 SgRP	中等身材男子
大腿	456	432
小腿	459	417.5

躯干的结构如图 4-32 所示，由胸部、腰部和骨盆组成，相互之间铰接在一起，能够较为真实地模拟人的躯干弯曲情况。腰部有向前的凹进量，可以用来度量腰部支撑突出量（LSP），这个量表示座椅靠背支撑腰椎的突出量。躯干与靠背接触的壳体部分是根据美国中

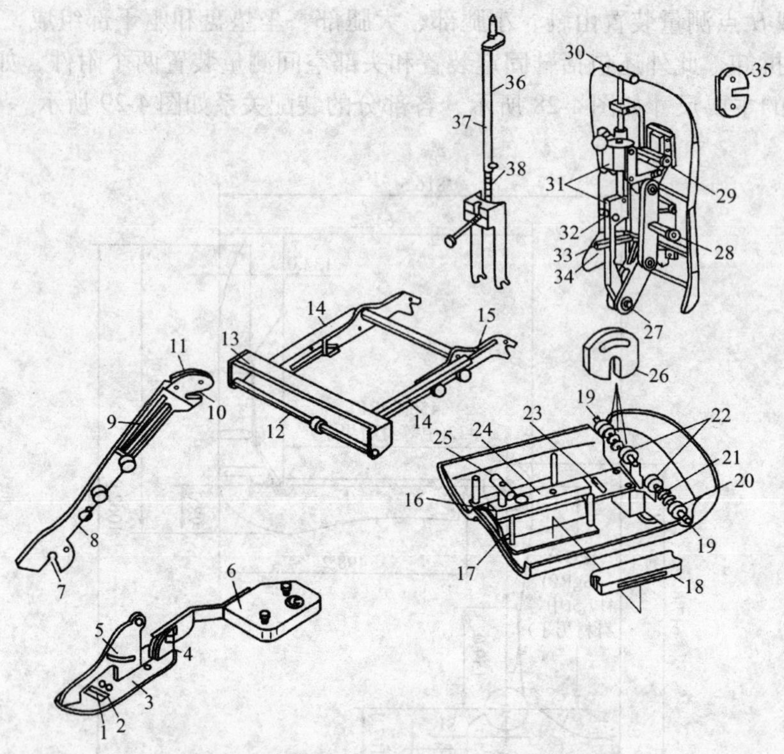

图 4-29　HPM-Ⅱ型 *H* 点测量装置结构示意图

1—BOF　2—AHP 到 PRP 的侧向距离标尺　3—角度计基准面　4—HOS　5—踝关节角标尺　6—鞋固定装置　7—踝关节点卡槽　8—小腿线基准　9—小腿长度标尺　10—膝关节点卡槽　11—膝关节角标尺　12—膝部枢轴杆　13—小腿侧向位置标尺　14—角度计基准面(大腿角)　15—大腿长度标尺　16、33—加载点　17—大腿重块安装销　18—大腿重块　19—H 点位置杆　20—大腿锁止衬套　21—H 点位置杆　22—躯干部固定衬套　23—侧向水平仪　24—倾角计基准面(坐垫角)　25、30—把手　26—骨盆重块　27—H 点转轴　28—下背部重块托架　29—上背部重块托架　31、37—倾角计基准面(躯干角)　32—头部空间测量装置固定栓　34—腰部支撑量刻度标尺　35—背部重块　36—装有探头的滑动杆　38—有效头部空间刻度标尺

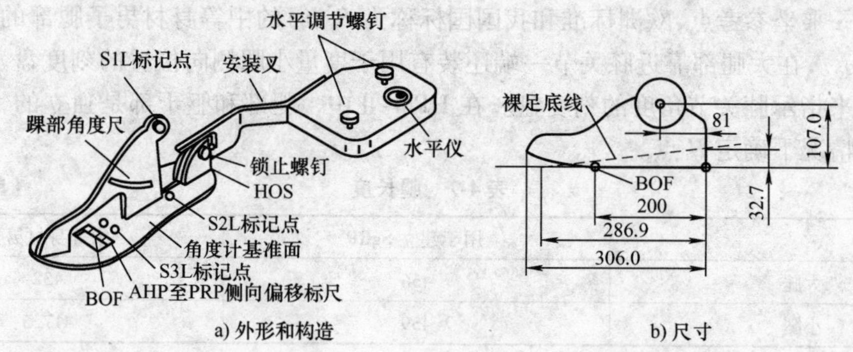

图 4-30　鞋的构造和尺寸

等身材男子坐姿时背部形状制作的三块曲面板。在胸部和腰部装有支撑重块的托架。在腰部还装有支撑头部空间测量装置的固定栓。头部空间测量装置专门用来测量成员头部空间硬点

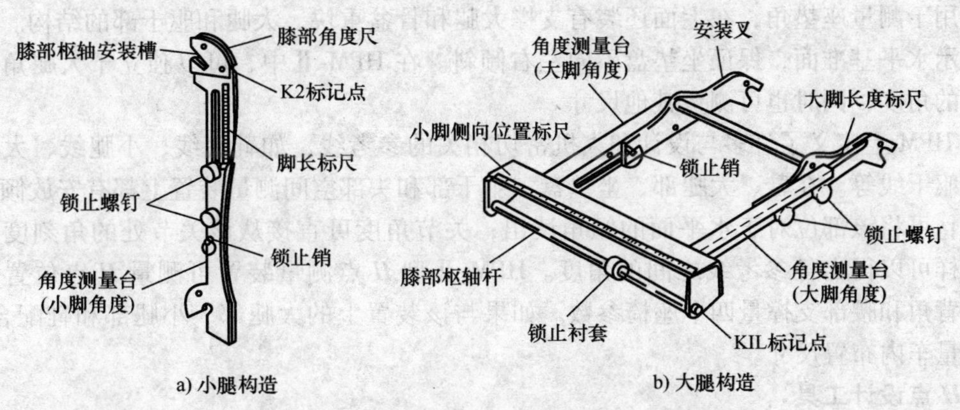

图 4-31　腿部构造图

尺寸 $H61$。除此之外，还包括把手、载荷施加点、H 点枢轴、躯干角度测量台等零件。

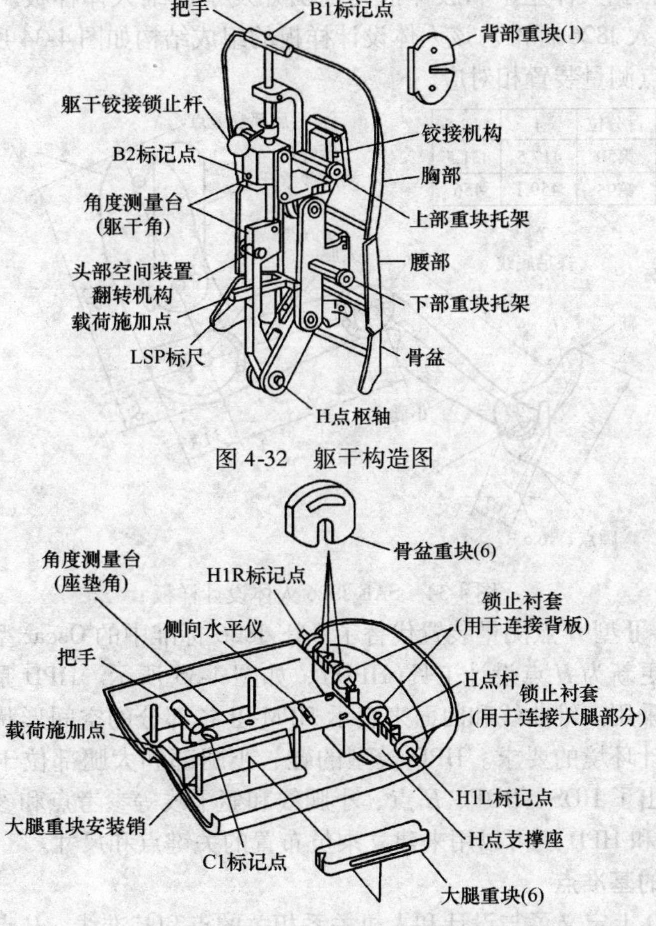

图 4-32　躯干构造图

图 4-33　坐垫盘的构造图

坐垫盘的架构如图 4-33 所示，由坐垫板、大腿和骨盆重块定位杆、H 点位置指示杆、躯干部支撑装置和水平仪等组成。坐垫板是根据美国中等身材男子坐姿时大腿和臀部轮廓制成的，用于测量座垫角，在上面还装有支撑大腿和骨盆重块、大腿和躯干部的结构。水平仪用来指示水平基准面，保证坐垫盘不向左右倾斜。在 HPM-Ⅱ中，可以独立于大腿角来测量坐垫角的角度，同时也可测量其他尺寸。

在 HPM 上定义了许多与设计和人机密切相关的参考线，如鞋底线、小腿线、大腿线坐垫线和躯干线等。在鞋、大腿部、坐垫盘、躯干部和头部空间测量装置上都有安放倾角计的基准面，可将该部位对于水平面的倾角读出；关节角度可直接从该关节处的角刻度盘上读取，这样可以得出各参考线之间的角度。HPM-Ⅱ型 *H* 点测量装置可测量 *H* 点位置、坐垫角、靠背角和腰部支撑量四个座椅参数。如果与该装置上的大腿部、小腿部和鞋配合使用，则可测量车内布置尺寸。

2. *H* 点设计工具

人体设计样板是车身布置最基本的工具，常用塑料板等按 1∶1、1∶5、1∶10 等常用制图比例制成，用于辅助制图、乘员乘坐空间布置和测量以及校核空间尺寸等。

美国福特公司根据人体躯干和肢体活动范围开发了二维人体样板。1962 年，该人体设计样板被 SAE 收录入 J826 标准。该人体设计样板的组成结构如图 4-34 所示，标准化的样板尺寸和 Oscar 型 *H* 点测量装置相对应。

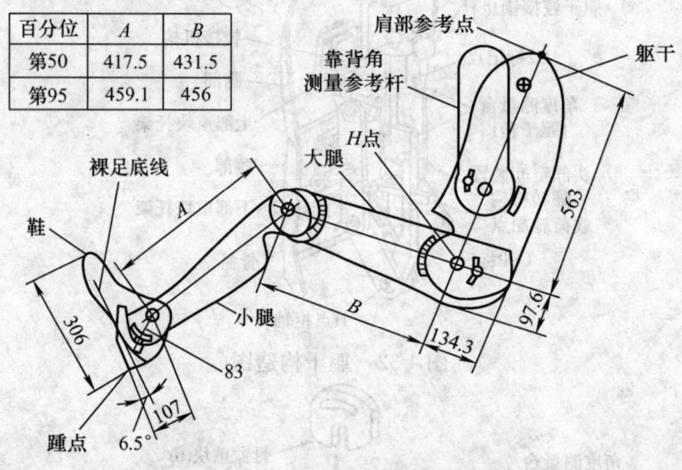

百分位	*A*	*B*
第50	417.5	431.5
第95	459.1	456

图 4-34 SAE J826 人体设计样板

2002 年，HPM-Ⅱ型 *H* 点测量装置代替了 SAE J826 标准中的 Oscar 型测量装置，J826 中的人体设计样板也更新为 *H* 点设计工具(HPD)，如图 4-35 所示。HPD 是 HPM-Ⅱ的 CAD 模型的简化形式，它采用三维曲线和曲面来表示 HPM-Ⅱ各部分的空间形状，能够更好地适应现代三维数字化设计环境的要求。HPD 模型的鞋、小腿部和大腿部位于身体右侧。模型上以点和线的形式标出了 HOS、BOF、*H* 点、小腿线和躯干线等参考点和参考线。除了基本的测量功能外，HPM 和 HPD 还可以用来建立乘员布置的关键点和尺寸。

3. *H* 点装置上的基准点

在 HPM 和 HPD 上定义了与设计和人机关系相关的点和基准线，*H* 点装置上的基准点如图 4-36 所示。

(1)*H* 点。

是 *H* 点装置上躯干与大腿的铰接点，在不同场合其表现形式也不同。

1)设计 *H* 点。

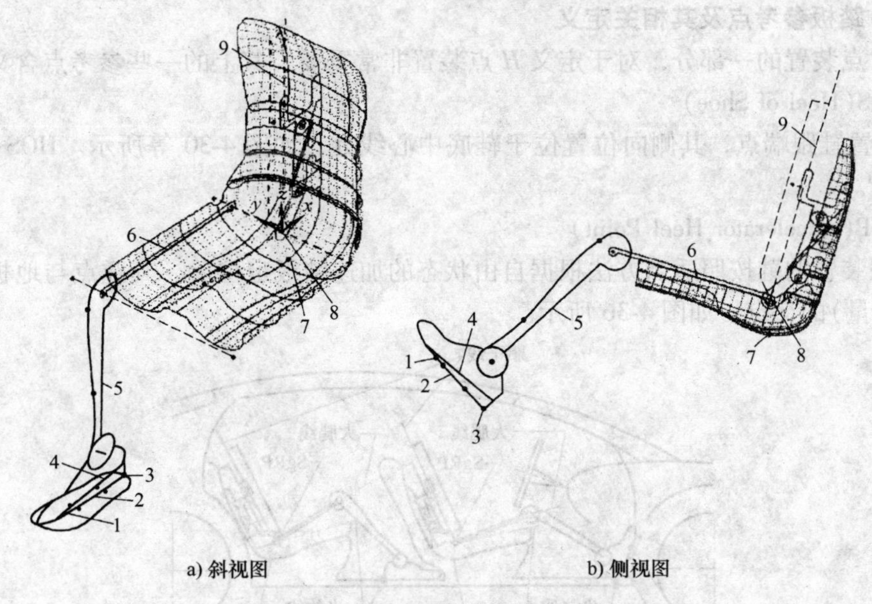

a) 斜视图　　　　b) 侧视图

图 4-35　SAE J826 的 H 点设计工具

1—BOF　2—鞋底线　3—HOS　4—踝足底线

5—小腿线　6—大腿线　7—D 点　8—H 点　9—躯干线

它是借助 HPD 按一定程序建立的 H 点，用以表达设计乘坐位置。

2) 乘坐参考点 SgRP。

对指定乘坐位置而言，这是一个特殊的设计 H 点，它具有以下特点：

①是车辆设计过程的初期就定义的重要参考点。

②虽然行程可调节座椅在其 H 点调节轨迹上有许多设计 H 点，但只有唯一一点定义为 SgRP。

③驾驶人的 SgRP 可用于定位一些布置工具，用来定义了许多关键尺寸。

3) 实际 H 点。

它是将 HPM 按规定步骤安放在实车指定乘坐位置座椅上时，所测得的 H 点。

(2) D 点

是坐姿状态下 H 点装置臀部的最低点。

(3) K 点

H 点装置上大腿与小腿的铰接点，即膝关节点。

(4) 躯干线

H 点装置上自 H 点出发，平行于后背腰部区域外表面，用于定义躯干角度的直线。

(5) 腿线

是连接腿部两端关节的直线，包括大腿线和小腿线。大腿线连接 H 点和 K 点，小腿线连接 K 点和踝关节点。

(6) 坐垫线

H 点装置上，自 H 点出发，用于定义坐垫角度的直线。

A27-座椅倾角。A40-H 点装置躯干角，用以表示座椅靠背角。A42-H 点装置躯干线与大腿线的夹角。A44-H 点装置大腿线与小腿线的夹角。A46-H 点装置小腿线与踝足底线的夹角。A47-踏板平面的倾角。A57-H 点装置大腿线与水平面的夹角。L81-座椅腰部支撑量。

4. 鞋、踏板参考点及其相关定义

鞋是 H 点装置的一部分，对于定义 H 点装置非常重要，其上的一些参考点含义如下。

(1) HOS(Heel of Shoe)

H 点装置鞋跟端点，其侧向位置位于鞋底中心线处，如图 4-30 等所示。HOS 用于定义 AHP 和 FRP。

(2) AHP(Accelerator Heel Point)

当 H 点装置的鞋按照适当方法根据自由状态的加速踏板定位后，其踵点与地板表面(考虑地毯压塌量)的交点，如图 4-36 所示。

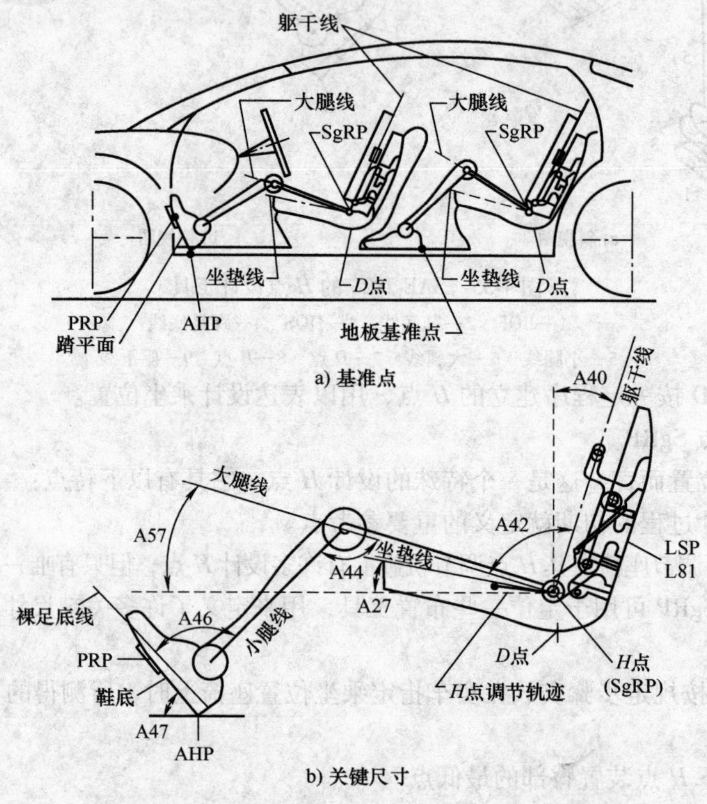

图 4-36 H 点装置上的基准点和关键尺寸

(3) BOF(Ball of Foot)

鞋底表面一点，与踵点相距 200mm，其侧向位置位于鞋底中心线处，如图 4-30 等所示。

(4) 踝足底线

鞋底附近与鞋底成 6. 5°的直线，用于定义踝关节角度，如图 4-36 所示。

(5) 地板基准点(FRP——Floor Reference Point)

将 H 点装置的鞋，按照一定方法定位(鞋底与考虑地毯压塌量的地板表面接触)后，HOS 与地板的交点。FRP 不适用于驾驶人右脚(用 AHP 代替)。

(6) 踏板基准点(PRP——Pedal Reference Point)

当鞋按照适当方法根据加速踏板定位后，加速踏板表面上与 BOF 接触的点，如图 4-37 所示。

为便于进行测量和计算某些设计参数，在 H 点装置上还提供了 14 个辅助测量点(Divot Point)，如图 4-37 所示。借助坐标测量机对这些点进行坐标测量，就可以方便地将某些关键

点和关键参数计算出来。这些辅助测量点的用途总结于表 4-8 中。

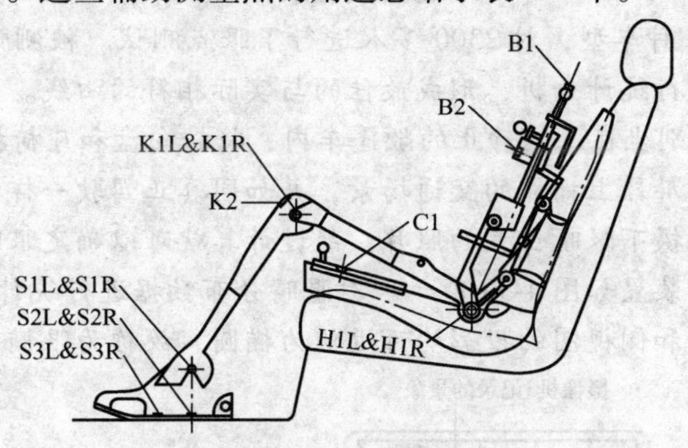

图 4-37　辅助测量点

表 4-8　辅助测量点的用途

辅助测量点	用　途
B1、B2，位于躯干部	B1 与 H 点的连线即为躯干线，可用来计算躯干角。B2 到躯干线的距离用于计算腰部支撑量 $L81$；当该距离为 57mm 时，$L81$ 为零
C1，位于座板总成上	C1 与 H 点的连线为坐垫线，用于计算坐垫角。B1、B2 和 C1 这 3 点决定的平面即为 HPM 的中心对称面。
H1L、H1R，位于座板总成上	H1L 和 H1R 连线中点即为 H 点
S1L、S1R、S2L、S2R、S3L、S3R，位于鞋上	鞋上的 6 个辅助测量点用于确定 AHP、PRP、$A47$（$A48$）$A47$
K1L、K1R、K2，K1 位于大腿部，K2 位于小腿部	K1L、K1R 和 K2 用于确定膝关节点（K 点）位置。H 点、K 点和 S1 点（S1L、S1R 连线中点）位置还可用来计算膝关节角 $A44$

4.3.2　眼椭圆

1. 眼椭圆的定义和由来

眼椭圆（Eyellipse，Eye 和 Ellipse 组合）的概念是随着汽车产业的工程能力发展而被提出的，是汽车设计工程师们为了保证大多数汽车驾驶人拥有良好的视野性而发展起来的。眼椭圆是指不同身材的乘员以正常姿势坐在车内时，其眼睛位置的统计分布图形，左右各一，分别表示左眼和右眼的分布图形。由于其呈椭圆形，故称为眼椭圆，如图 4-38 所示。

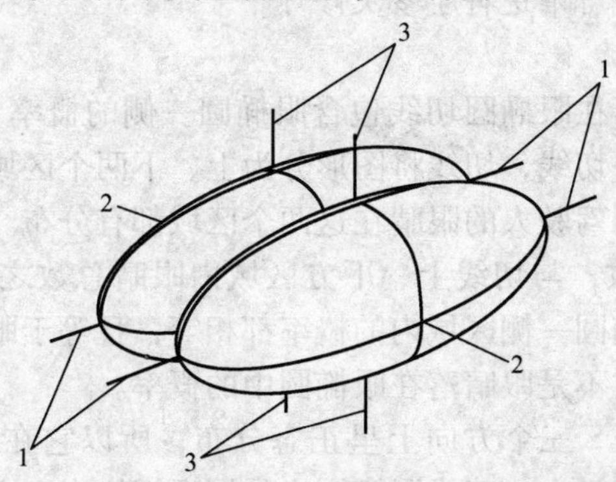

图 4-38　眼椭圆

1—长轴轴线 Ax　2—短轴轴线 Ay　3—竖轴轴线 Az

【阅读材料 4-3】 眼椭圆试验及标准

1963 年美国选用三种车型，对 2300 多人进行了眼点测试。被测试者来自世界各地，然后对测试的眼点位置进行统计分析，形成最佳的与实际相符的曲线。具体方法是：让驾驶人(男女比例为 50:50)分别坐在三辆静止的敞篷车内，将转向盘和座椅按各自习惯调整到适宜的位置，眼睛注视前方屏幕上播放的交通场景，并如同真正驾驶一样操纵汽车，同时正前方和侧面的照相机同步拍摄下眼睛位置的照片，经过计算就可以确定眼睛在汽车坐标系中的位置。驾驶人眼椭圆实验装置如图 4-39 所示。对眼睛分布数据进行统计分析，统计的结果是：眼睛分布范围在俯视图和侧视图的投影均可近似为椭圆，故称为眼椭圆。

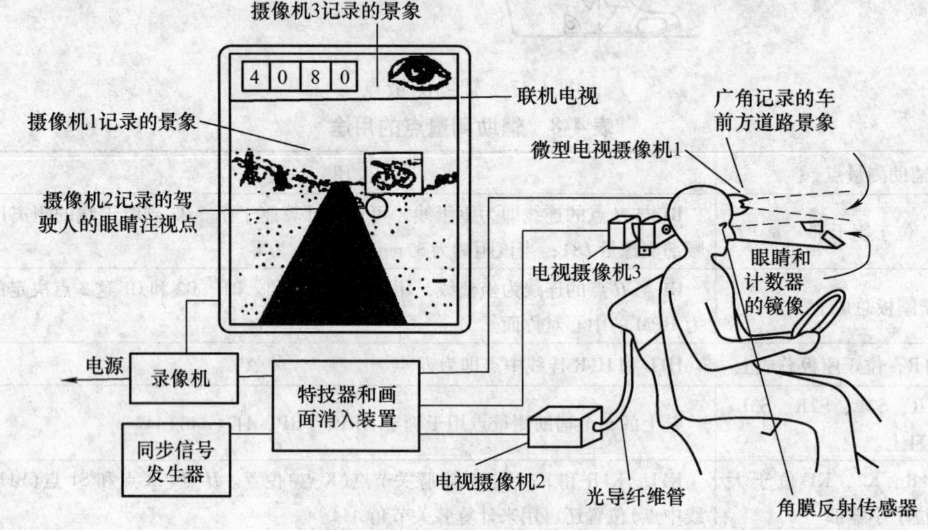

图 4-39 驾驶人眼椭圆实验装置

随后的几年里，SAE 对眼椭圆定位方法进行了研究，并将研究成果整理后形成了 SAE J941《汽车驾驶人眼睛位置》标准。在标准中，根据眼点的分布情况，分为第 90 百分位、第 95 百分位、第 99 百分位等眼椭圆。为了方便使用，SAE 按照百分位和座椅调节行程的不同制定了眼椭圆及其定位模板。1987 年，SAE 开发了专用于 B 类车的眼椭圆。1992 年，后视图眼椭圆被纳入 SAE J941 标准，使眼椭圆在 CAD 系统中能够以三维形式表现。SAE 在 2002 年至 2010 年间对 J941 标准进行了多次修订。

2. 眼椭圆的视切比

视切比是指眼睛位置落在眼椭圆切线包含眼椭圆一侧的概率。如图 4-40 所示，由某目标点向某百分位眼椭圆画一切线，切线将图形分为上、下两个区域，即含有眼椭圆的一方和不含眼椭圆的另一方，被测驾驶人的眼睛在这两个区域都有分布。视切比定义为含眼椭圆的切线一方的区域内的眼睛数，与切线上、下方区域内眼睛总数之比。对于眼椭圆的任意切线，眼睛位置落在包含眼椭圆一侧区域内的概率都相等，且等于眼椭圆的百分位。

注意：眼椭圆的百分位不是眼睛落在眼椭圆中的概率。

由于眼睛位置在 x、y、z 三个方向上呈正态分布，所以它在三维空间中的分布呈椭球状，称为三维眼椭圆。在数学上，三维眼椭圆也是用视切比来定义的，即三维眼椭圆是由无数个平面所形成的包络面，每个平面都与椭球相切，且把空间分为包含三维眼椭圆和不包含

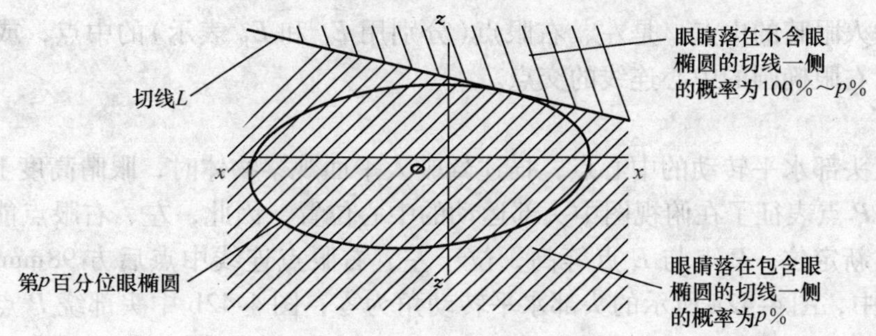

图 4-40 眼椭圆视切比

三维眼椭圆的两个部分，眼睛位置落在其任意切平面包含三维眼椭圆一侧的概率都等于视切比。三维眼椭圆也是左、右各一，分别表示左、右眼的分布图形。

3. 眼椭圆的应用

眼椭圆是汽车视野设计的基础，但只有与视线（切线）一起使用才有意义。以驾驶人前方下视野设计为例，进一步说明应用眼椭圆进行视野设计的原理，如图 4-41 所示。若要驾驶人前下视野不被发动机罩、前风窗下边缘、仪表板上边缘或转向盘上缘所阻挡，并能看到车头前方一定距离 d 以外的路面，通常的做法是：在侧视图上，从地面上距离车头 d 处的一点 P_d 作第 95 百分位眼椭圆的下切线 L_d，则眼睛位置落在切线 L_d 上方的概率是 95%。如果发动机罩、前风窗下边缘、仪表板上缘和转向盘上缘都在切线 L_d 下方，就能以 95% 的概率保证驾驶人的眼睛不被上述物体遮挡而能看到 L_d 点前方的路面，从而满足上述视野要求。以 SAE 眼椭圆为理论依据，可进行如下视野设计内容：内、外视镜布置，驾驶人前方视野的设计和校核，车身 A、B、C 柱盲区的计算，仪表板上可视区的确定，刮水器的布置和刮扫区校核，以及遮阳位置的确定等。

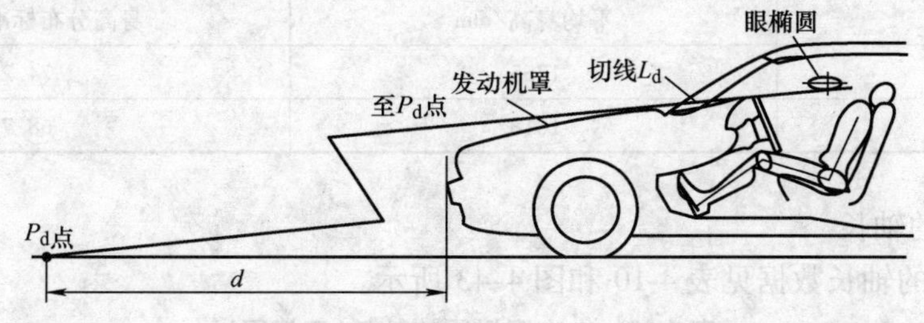

图 4-41 利用眼椭圆进行驾驶人前下方视野设计的原理

4. 眼点

眼椭圆为驾驶人视野设计提供了科学依据，但实际应用时有时并不方便。例如，设计后视野时，需要把眼椭圆轮廓上距离后视镜最远的点当成眼点，但这个眼点不容易找到。经过统计研究，SAE 得出了方便某些场合使用的视原点，借助它们可以方便地得到眼点。定义这些点可以简化在俯视图中涉及头部及眼部运动的特殊视野要求时眼椭圆的应用。

(1) E 点

代表眼睛的位置，有左、右两个眼点。E 点一般和 P 点一起用来描述每种特定的视野。左、右眼点之间的距离为 65mm，如图 4-42a 所示。

(2) 中眼点

表征驾驶人眼睛的中点，是左、右眼点（分别用 E_L 和 E_R 表示）的中点，或者是驾驶人中心线与左、右眼椭圆的中心连线的交点。

(3) P 点

是驾驶人头部水平转动的中心点，描述驾驶人平面观察物体时，眼睛高度上头部中心点的不同位置。P 点表征了在俯视图中头部运动的中心位置，因此，左、右眼点能够根据特殊的视野要求重新定位。P 点与 E 点等高，位于左、右眼点连线中点后方 98mm 处，如图 4-42a 所示。其中，图 4-42a 所示的头部水平转动角为零；图 4-42b 中头部绕 P 点水平转动了 α 角，新的眼点为 E_L' 和 E'。SAE 中只定义了 A 类车、行程可调节座椅、男女驾驶人等比例混合等时第 95 百分位眼椭圆的 P 点。

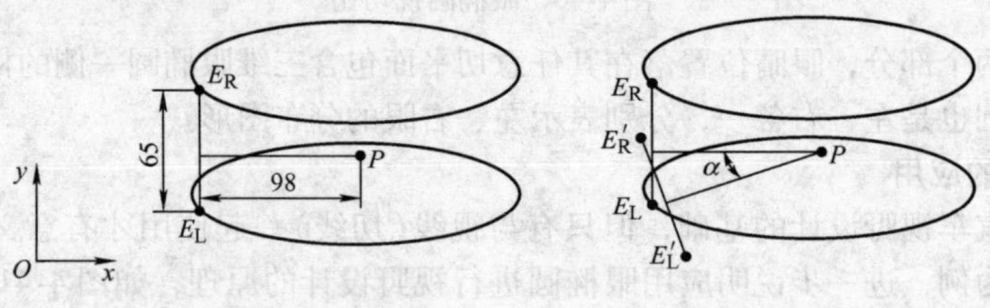

图 4-42　眼点与 P 点的相对位置

5. 男女等比例混合的美国人群在座椅可调时的 95th 和 99th 百分位眼椭圆

在 2002 年的 SAE J941 标准中，给出了男女等比例（50∶50）混合后的美国人群、可调座椅时的第 95 和第 99 百分位眼椭圆相关数据，可用来设计 A 类车辆，用于对驾驶人和前排外侧乘客的座椅进行定位。此类眼椭圆的使用人群见表 4-9 所示。

表 4-9　男女等比例（50∶50）混合后的美国人群身高范围

性别	平均身高/mm	身高分布标准差/mm
男	1755	74.2
女	1618	68.7

(1) 眼椭圆的轴长

此类眼椭圆的轴长数据见表 4-10 和图 4-43 所示。

表 4-10　左右眼椭圆的轴长（正视图）

座椅调节行程 TL23/mm	百分位	长轴 L_x/mm	短轴 L_y/mm	竖轴 L_z/mm
>133	第 95	206.4	60.3	93.4
	第 99	287.1	85.3	132.1
1 ~133	第 95	173.8	60.3	93.4
	第 99	242.1	85.3	132.1

(2) 轴的倾角

眼椭圆的轴线在俯视图（Z 平面）和后视图（X 平面）中与车辆轴线平行，但在侧视图（Y 平面）中前端是向下倾斜的。侧视图中椭圆轴线角度 β 在侧视图里眼椭圆的角度为

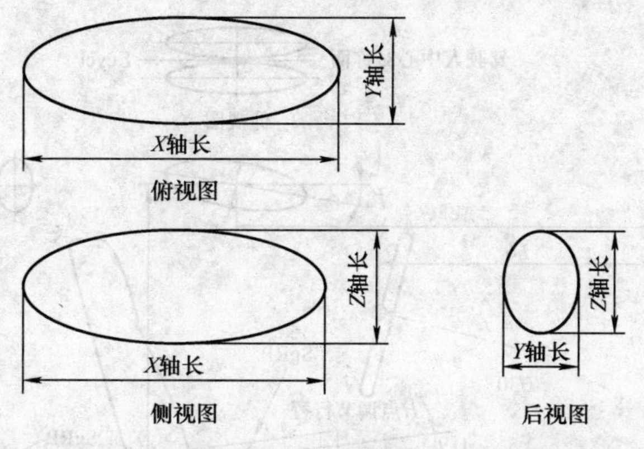

图 4-43　可调座椅眼椭圆(单眼)的三视图

$$\beta = 12.0 \tag{4-2}$$

式中　β——一个角度(正值,在前部向下倾斜,并与水平线向下成 12°)。

(3)眼椭圆中心的位置

眼椭圆中心的三个坐标分量 X_c、Y_c(分别以 Y_{cl} 和 Y_{cr} 代表左、右眼椭圆中心的 y 坐标)和 Z_c 的计算公式为

$$\begin{cases} X_c = L1 + 664 + 0.587(L6) - 0.176(H30) - 12.5t \\ Y_{cl} = W20 - 32.5 \\ Y_{cr} = W20 + 32.5 \\ Z_c = H8 + 638 + H30 \end{cases} \tag{4-3}$$

式中　$L1$——加速踏板基准点(PRP)的 x 坐标值;

$L6$——转向盘中心点到加速踏板基准点在 x 方向上的距离;

$H30$——SgRP 点至踵点(AHP)在 z 方向上的距离(座椅高度);

t——可变值(有离合器踏板时取 1,没有离合器踏板时取 0);

$W20$——SgRP 点的 y 坐标值;

$H8$——踵点(AHP)的 z 坐标值。

左眼点 Y_{cl} 和右眼点 Y_{cr} 的距离为 65mm，中眼点 Y_{cycl} 在 $W20$ 处的驾驶人的中心线上，如图 4-44 所示，图中 $A19$ 是 H 点调节轨迹倾角。对于垂直方向可调的座椅，在可调的中间范围内，式(4-3)会因为 $H30$ 而有所调整。如果所定义的 SgRP 点不在这个中间高度，眼椭圆垂直位置的精确度将会降低。

(4)A 类车(乘用车)眼椭圆定位步骤

1)确定座椅相关参数 $A19$、$W20$、$H30$。

2)确定 $H8$ 和 $L6$。

3)根据生产车辆中含有离合器踏板车辆的百分比确定 t 值，如果 50% 或者更多的车辆使用离合器踏板，则 t 取 1，否则取 0。

4)根据表 4-10 所给定的轴长绘制左右眼椭圆，根据式 4-3 确定椭圆的中心位置。

5)根据式 4-2 确定侧视图上眼椭圆 X 轴的前端的倾角。

6. A 类车、可调节座椅 P 点和 E 点的定位

为了确定 P 点，需要建立到前方目标(A 柱或外部后视镜)的切线。每一个求得的 P 点

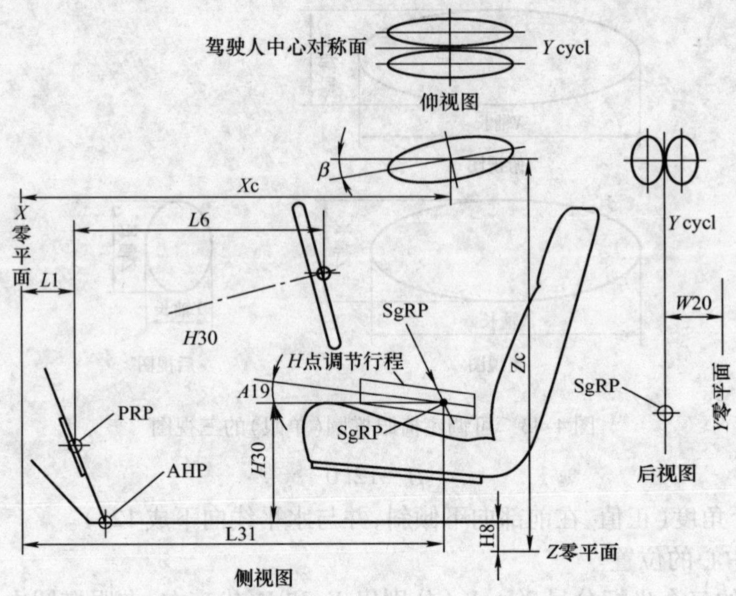

图 4-44　影响眼椭圆定位的布置参数

会使左、右眼点能够更可能地接近第 95 百分位眼椭圆三维模型表面上的切点。P 点采用相对于第 95 百分位中眼点的偏移量来定位，见表 4-11 所示。

表 4-11　P 点相对于第 95 百分位左、右眼椭圆中心连线中点(中眼点)的偏移量

$TL23$/mm	P 点	Δx/mm	Δy/mm（左侧驾驶）	Δy/mm（右侧驾驶）	Δz/mm
>133	$P1$	0	-7.3	+7.3	-20.5
	$P2$	26.2	+20.6	-20.6	-20.5
	$P3$	191.0	-11.2	+11.2	+22.5
	$P4$	191.0	+11.2	-11.2	+22.5
<133	$P1$	16.3	-7.3	+7.3	-20.5
	$P2$	39.2	+20.6	-20.6	-20.5
	$P3$	175.0	-11.2	+11.2	+22.5
	$P4$	175.0	+11.2	-11.2	+22.5

说明：$+x$ 表示在中心后侧，$+y$ 表示在中心右侧，$+z$ 表示在中心上侧。即“+”号表示该值沿汽车坐标系正方向起作用。表 4-11 中的 Δx、Δy、Δz 值加到式(4-3)和式(4-13)(眼椭圆中心的位置公式)中能够得到 P 点在整车上的坐标值。

E 点相对于 P 点的位置由下式计算(参见图 4-42a)

$$\begin{cases} E_x = P_x - 98 \\ E_l = P_y - 32.5 \\ E_r = P_y + 32.5 \\ E_z = P_z \end{cases} \tag{4-4}$$

式中　P_x、P_y、P_z——指 P 点的 x、y、z 的坐标值；

E_x、E_z——指左、右眼点的 x、z 坐标；

E_l、E_r——分别为左、右眼点的 y 坐标。

7. A 类车、行程可调座椅眼椭圆定位步骤

前面讨论了适用于美国人的眼椭圆，对于身材不适用于表 4-9 的驾驶人，以及驾驶人群以不同比例混合的情况，所适用的眼椭圆有所变化。以下介绍不同于表 4-9 中所列驾驶人群的眼椭圆的构建步骤，使用者(一般包含 25% 到 75% 女性)适用下面分析过程所提供的等式。对于女性中高个儿和矮个儿的驾驶人而言，眼椭圆在侧视图中轴线的角度及椭圆中心的 z 坐标是不准确的。

(1)眼椭圆的轴长

1)长轴长度 L_x。此处讨论的是眼椭圆沿着长轴轴线在 A_x 方向的长度，不是沿整车坐标系的水平方向的长度。

经研究发现，侧视图中驾驶人眼睛沿椭圆长轴方向的分布与他们的身高因素有关，呈现 0.473 的相关关系。例如，两个驾驶人身高相差 10mm，则在侧视图上眼睛位置沿着轴线平均相差 4.73mm，高者眼睛位置在后。类似地，两个平均身高相差 10mm 的人群，在侧视图上眼椭圆中心位置沿着轴线也平均相差了 4.73mm。计算侧视图轴长需要考虑眼睛位置的划分，一类是男性，一类是女性的。因为男女的平均身高不同，因此他们在侧视图沿着轴线的平均位置相差也是不一样的，如图 4-45 所示。对群体来说，男子和女子的眼睛位置沿 A_x 方向分别呈正态分布，如图 4-46 所示。

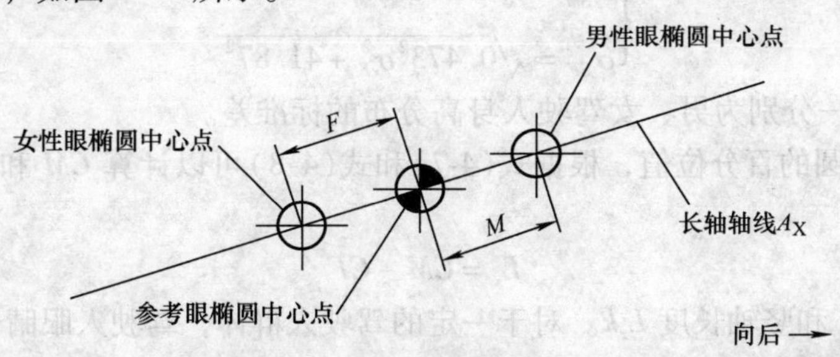

图 4-45　男、女眼椭圆中心点相对于参考点在侧视图上的位置

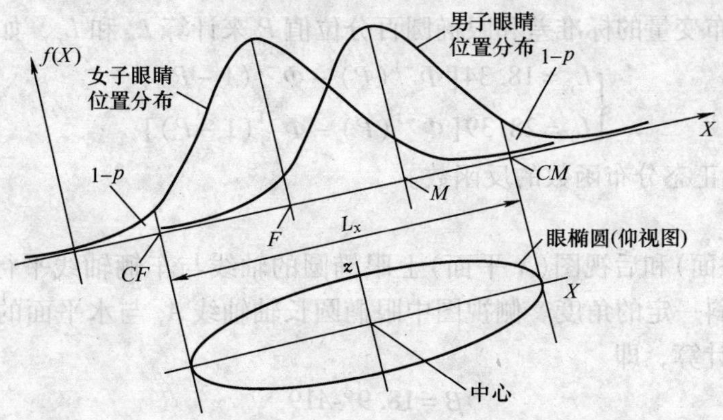

图 4-46　眼椭圆长轴的端点确定及长度计算原理

确定侧视图轴长包括沿着此轴线确定眼睛的位置，还需要沿着此轴线找到椭圆的上下边缘的切点。为了简化边界计算，参考眼椭圆的中心点一般被看成是坐标原点，需要计算眼椭圆边缘切点与参考点的偏距。首先，确定男性和女性眼椭圆中心位置，令

$$M=0.473(S_M-S_R) \tag{4-5}$$

$$F=0.473(S_F-S_R) \tag{4-6}$$

式中 M、F——侧视图中沿着轴线，男、女眼睛的中心点相对参考中心的平均偏距；

S_M——男性平均身高；

S_R——参考身高(1686mm)；

S_F——女性平均身高。

CM 和 CF 分别为男子、女子眼睛位置分布的上、下 $1-p$ 分位点，p 为眼椭圆的百分位值，则驾驶人眼睛位置落在 CF 左边的概率 $1-p$ 为

$$1-p=P_M\Phi\left(\frac{CF-M}{\sigma_{SM}}\right)+(1-P_M)\Phi\left(\frac{CF-M}{\sigma_{SF}}\right) \tag{4-7}$$

$$p=P_M\Phi\left(\frac{CM-M}{\sigma_{SM}}\right)+(1-P_M)\Phi\left(\frac{CM-F}{\sigma_{SF}}\right) \tag{4-8}$$

式中 P_M——目标驾驶人群体中男子出现的概率；

Φ——表示标准正态分布函数；

σ_{SM}和σ_{SF}——分别为男子和女子眼睛位置分布标准差，由下式计算

$$\begin{cases}\sigma_{SM}=\sqrt{0.473^2\sigma_M^2+41.87^2}\\ \sigma_{SF}=\sqrt{0.473^2\sigma_F^2+41.87^2}\end{cases} \tag{4-9}$$

式中 σ_M 和 σ_F——分别为男、女驾驶人身高分布的标准差。

由于 p 为眼椭圆的百分位值，根据式(4-7)和式(4-8)可以计算 CM 和 CF 的值，则眼椭圆长轴的长度为

$$L_x=CM-CF \tag{4-10}$$

2)短轴长度 L_y 和竖轴长度 $L_z k$。对于一定的驾驶人群体，驾驶人眼睛位置在汽车三维坐标系三个方向上均呈正态分布。因为身高的不同不会影响到椭圆短轴和竖轴的长度，所以他们的计算相对简单。沿着这两个轴，眼睛位置的分布是有固定偏差的正态分布。可以根据眼睛位置一维正态分布变量的标准差和眼椭圆百分位值 P 来计算 L_y 和 L_x，如下式

$$\begin{cases}L_y=18.34[\Phi^{-1}(P)-\Phi^{-1}(1-P)]\\ L_z=28.39[\Phi^{-1}(P)-\Phi^{-1}(1-P)]\end{cases} \tag{4-11}$$

式中 Φ^{-1}——标准正态分布函数的反函数。

(2)轴的倾角

在俯视图(Z 平面)和后视图(X 平面)上眼椭圆的轴线与车辆轴线平行，但是在侧视图中椭圆轴线向前倾斜一定的角度。侧视图中眼椭圆长轴轴线 A_x 与水平面的夹角应根据 H 点调节轨迹倾角 $A19$ 计算，即

$$\beta=18.9°-A19 \tag{4-12}$$

(3)椭圆中心参考位置

参考中心公式 4-3 确定，眼椭圆的三个坐标分量 X_c、Y_c(Y_{cl}和 Y_{cr}分别代表左、右眼椭圆

中心的 y 坐标）和 Z_c 的计算公式如下

$$\begin{cases} X_c = L1 + 664 + 0.587(L6) - 0.176(H30) - 12.5t + \dfrac{CM + CF}{2}\cos\beta \\ Y_{cl} = W20 - 32.5 \\ Y_{cr} = W20 + 32.5 \\ Z_c = H8 + 638 + H30 + \dfrac{CM + CF}{2}\sin\beta \end{cases} \tag{4-13}$$

式中各参数的含义与式 4-3 中相同。如果座椅在垂直方向上可调，在可调的中间范围内，X_c 与 Z_c 的计算会因为 $H30$ 的变化需要调整。如果所定义的 SgRP 点位置不在此中间高度，则眼椭圆的垂直位置就不准确了。

4.3.3　头廓包络

1. 头廓包络的定义和生成原理

头廓包络指不同身材的乘员以正常姿势坐在适宜位置时，其头廓（包含头发）的包络，用于在设计中确定乘员所需的头部空间，每个包络的定义依赖于乘员的座椅位置和乘员不同百分位（第 95 百分位和第 99 百分位）。

SAE 制定了针对头廓包络的标准 SAE J1052，在随后的时间里又进行了数次修订。通过对人的头部进行测量和统计，SAE 制定了平均头廓线，用以描述侧视和后视方向头廓的平均尺寸，如图 4-47 所示。

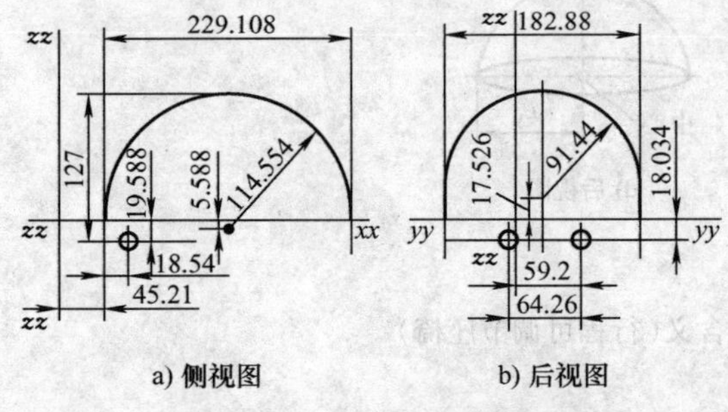

图 4-47　SAE 平均头廓线

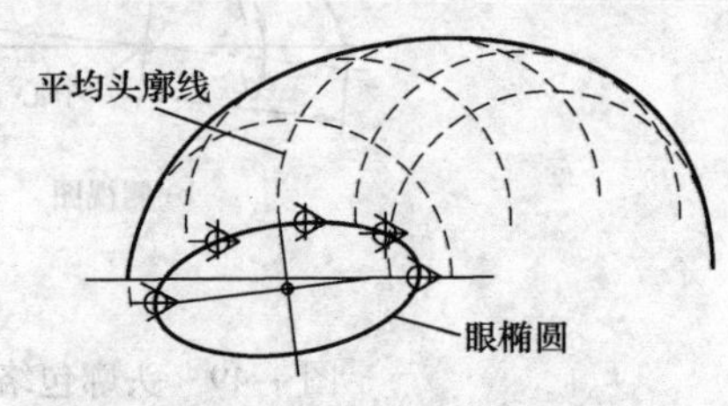

图 4-48　头廓包络面生成原理

头部位置包络是通过特定的眼椭圆相对应的头部轮廓均值，以切线法绘制，如图 4-48 所示。将平均头廓线样板上的眼点沿着眼椭圆轮廓上半部分运动，平均头廓线也会随之运动，描绘出的各个位置平均头廓线的包络就是头廓包络线。1977 年，采用荷兰 CAESAR（美国本土和欧洲人体测量）人体数据库中三个平均身材男子头廓的三维扫描数据，开发出来的头廓包络面取代了头廓包络线。

在 SAE 的标准中，头廓包络以男女等比例的美国人群体为基础，表述了该人群总体的头部定位模型，而不是代表某个个体。与眼椭圆类似，与第 95 百分位头廓包络面相切的一个平面会使 95% 的头部位置在平面的一边，其余的 5% 在该平面的另一边，并不是说第 95 百分位的头部包络面包含了 95% 的人口总体头部在头廓包络面内部。如果第 95 百分位的头廓包络恰好碰到了车辆顶部内表面，这意味着存在 5% 的乘员，当他们以舒适的姿态坐在座椅上时，他们的头部或毛发将与车顶内表面干涉。此时，设计师需要在头廓包络面增加额外的公差以避免在正常的驾驶或乘坐姿态下，乘员的头部触碰到车顶内表面。

2. A 类车头廓包络面的尺寸

在实际设计中，头廓包络的选用主要取决于三个因素：座椅是否可调节及调节行程、适用的百分位和乘员座椅的位置。头廓包络的位置和尺寸随着座椅调节行程而变化。

头廓包络面的尺寸包括长轴、短轴和竖轴的长度。根据座椅水平调节行程数值和不同的百分位数值要求，驾驶人和前排外侧乘客的头部位置包络有 6 种可能性，如表 4-12 所示。可调座椅头部位置包络同样可以应用于前排中间位置的乘客。其中，行程可调节座椅（$TL23>0$）和固定座椅（$TL=0$）的头廓包络尺寸含义分别如图 4-49 和图 4-50 所示。在后视图中，驾驶人和前排乘客的头部位置包络是不对称的，相对于内侧乘员，这个包络往外延伸了 23mm。注意：在这种情况下，椭圆体的中心将不是实际的头部包络的中心。如表 4-12 和图 4-49c 所示。

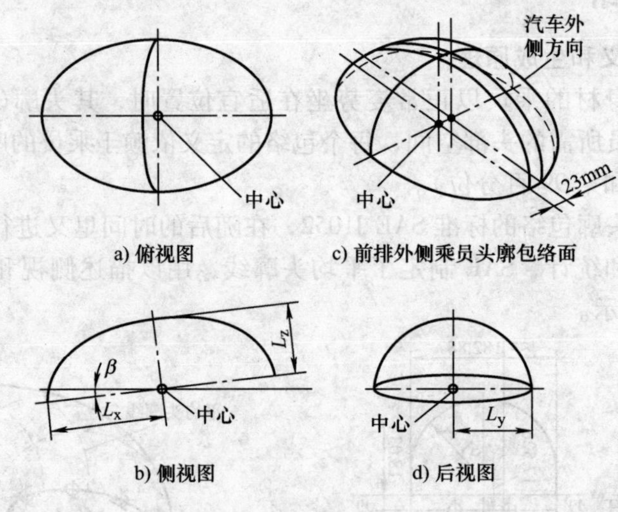

图 4-49 头廓包络面尺寸的含义（行程可调节座椅）

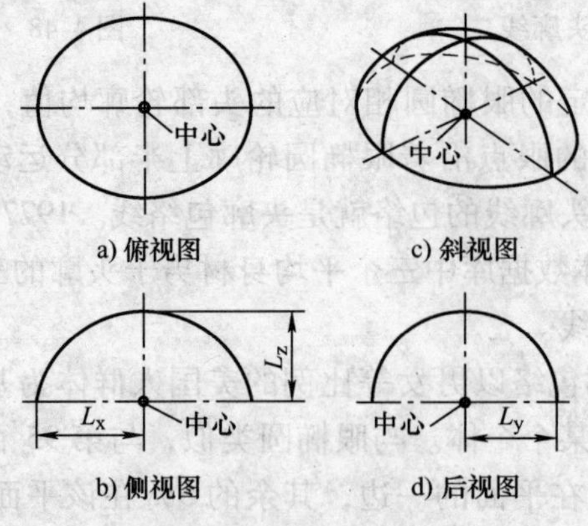

图 4-50 头廓包络面尺寸的含义（固定座椅）

表 4-12　头廓包络面的尺寸

百分位	乘员	$TL23$/mm	Lx/mm	Ly/mm(车内侧)	Ly/mm(车外侧)	Lz/mm
第 95	驾驶人和前排外侧乘员	>133	±211.5	143.75	166.75	+133.50
		≤133	±198.76	143.75	166.75	+133.50
		0	±173.31	143.41	166.41	+147.07
	前排中央乘员	>133	±211.25	143.75	143.75	+133.50
		≤133	±198.76	143.75	143.75	+133.50
	其他	0	±173.31	143.41	143.41	+147.07
第 99	驾驶人和前排外侧乘员	>133	±246.04	166.79	189.79	+151.00
		≤133	±232.40	166.79	189.79	+151.00
		0	±198.00	165.20	189.20	+169.66
	前排中央乘员	>133	±246.04	166.79	166.79	+151.00
		≤133	±232.40	166.79	166.79	+151.00
	其他	0	±198.00	165.20	165.20	+169.66

3. A 类车头廓包络面的定位

(1)头廓包络面的倾角

在 2002 年版的 SAE J1052 标准中，适合 A 类车、行程可调节座椅的头廓包络面只在侧视图有向前下方倾斜 12°的倾角 β，其他方向视图的倾角为零。对于固定座椅，头部位置包络的所有轴线都与车身总坐标平行。

(2)头廓包络面中心的定位

1)以眼椭圆的中眼点为基准的定位。与眼椭圆相关联的头廓包络的位置仅仅依赖于座椅轨迹行程的数值。对于所有的头廓包络以及各种状态，其头廓包络椭圆的中心点 Y 轴与眼椭圆中心点相同，即 SgRP 点的 Y 坐标($W20$,乘员中心线)。为了定位头部包络，可按照表 4-13 提供的相对于眼椭圆中心点的数值沿 X、Y、Z 轴移动其椭圆体的中心。

表 4-13　头廓包络中心相对于眼椭圆中眼点的偏移量

座椅水平调节行程 TL23	X_h/mm	Y_h/mm	Z_h/mm
>133	90.6	0	52.6
≤133	89.5	0	45.9
0	85.4	0	42.0

2)以整车坐标中的定位。头部位置包络也可以直接通过车辆网格线定位，而不依靠眼椭圆的中眼点，当座椅水平可调节时，头廓包络面中心的坐标值计算公式如下

$$\begin{cases} X_c = L1 + 664 + 0.587(L6) - 0.176(H30) - 12.5t + X_h \\ Y_c = W20 \\ Z_c = H8 + 638 + H30 + Z_h \end{cases} \tag{4-14}$$

式中 $L1$——加速踏板基准点(PRP)的 x 坐标;

$L6$——转向盘中心点到加速踏板基准点(PRP)在 x 方向上的距离;

$H30$——SgRP 点至踵点(AHP)在 z 方向上的距离;

t——可变值(有离合器踏板时取 1,没有离合器踏板时取 0);

$W20$——SgRP 点的 y 坐标值;

$H8$——踵点的 z 坐标值;X_h 和 Z_h 在表 4-20 中取值。

对于固定座椅,头廓包络面中心的坐标值计算公式如下

$$\begin{cases} X_c = L31 + 640\sin\delta + X_h \\ Y_c = W20 \\ Z_c = H70 + 640\cos\delta + Z_h \\ \delta = 0.719(A40) - 9.6 \end{cases} \tag{4-15}$$

式中 $L31$——SgRP 点的 x 坐标;

δ——固定座椅眼椭圆在侧视图的视角;

$H70$——SgRP 点的 z 坐标;

$A40$——乘客座椅靠背角的设计值。

4. 头部间隙估计

头部间隙是指头廓包络和车辆内表面或其任何突起物体之间的最小距离,是突起物或内表面到头廓包络的法向(90°)值,如图 4-51 所示。为了能够容纳一定百分位的乘员(给定百分位的头廓包络),在头廓包络和车辆内表面间必须预留一定的空间,否则,某些乘员的头部或毛发会与车辆内表面干涉。

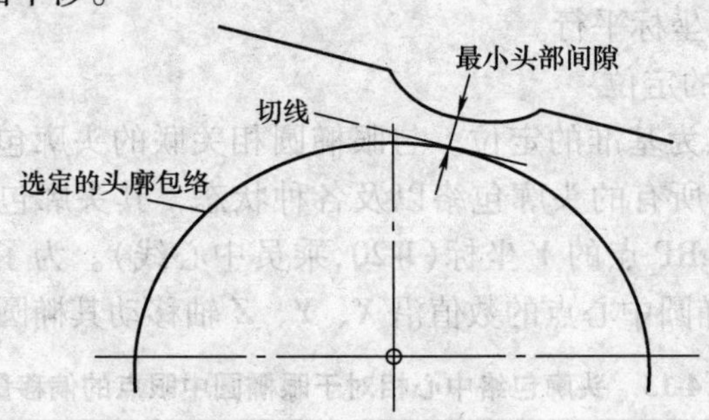

图 4-51 最小头部间隙

头部间隙尺寸在 SAE J1100 里的定义基于侧视图和后视图中头部包络椭圆体中心点到车辆网格线的法向距离。

5. 头廓包络的应用

头廓包络线主要用于确定驾驶人和乘员的头部空间,以便校核或设计顶盖高度和宽度,保证乘员头部活动和在颠簸以及翻车等情况下使头部有必要的缓冲空间。SAE 为此定义了一个关键尺寸,座椅有效头部空间尺寸 $H61$。当做出头廓包络后,参照对标尺寸 $H61$,选择合适的 $L38$、$H41$、$L39$ 等尺寸,就能够将头部空间和顶盖不同部位的高度确定下来,如图 4-52 所示。同样,在侧视图上选择合适的 $W27$、$W35$、$H35$ 等尺寸,就能够将宽度方向顶盖不同部位的高度确定下来,如图 4-53 所示,可为造型和结构设计提供依据。

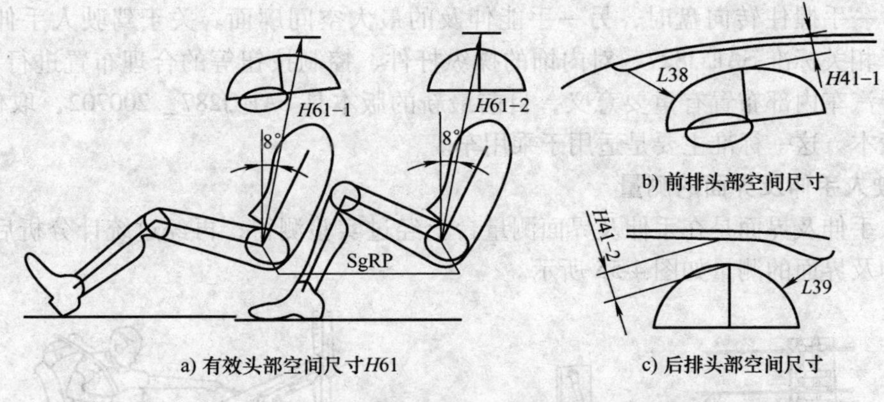

图 4-52 头部空间和顶盖高度的确定(侧视图)

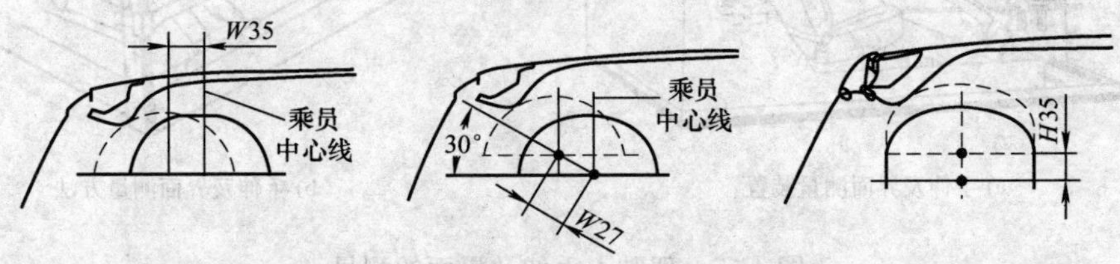

图 4-53 头部空间和顶盖高度的确定(后视图)

4.3.4 驾驶人手伸及界面

1. 驾驶人手伸及界面的概念

在驾驶人操纵汽车行驶时，为了保证驾驶人能够全神贯注地驾驶，尽量使驾驶人身体躯干部位在变动不大的情况下，就能方便地操纵转向盘、变速杆、踏板和各种按钮。驾驶室内各个控制按钮和控制杆的布置，需要考虑驾驶人或其他乘员是否能够触及到，并且操作方便省力。驾驶人手伸及界面在车内的位置如图 4-54 所示。

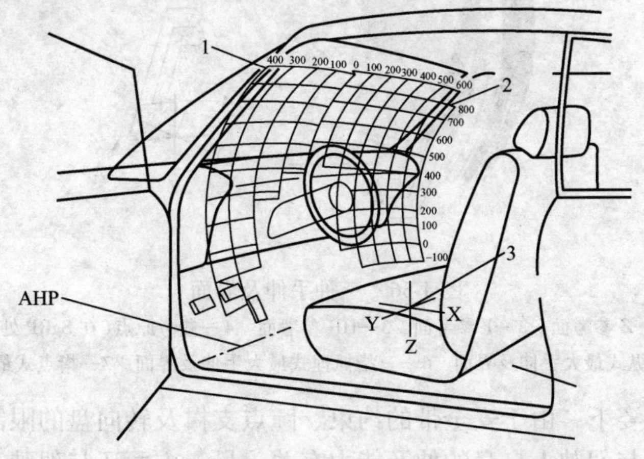

图 4-54 驾驶人手伸及界面在车内的位置

1—外侧手伸及界面 2—内侧手伸及界面 3—参考原点

驾驶人手伸及界面，是指驾驶人以正常驾驶姿态坐在座椅上、身系安全带、右脚踩在加速踏板上、一手握住转向盘时，另一手能伸及的最大空间廓面。关于驾驶人手伸及界面，SAE 制定了相关标准 SAE J827，对内饰的操纵杆件、控制按钮等的合理布置进行了详细说明，对指导汽车内部布置有重要意义，目前最新的版本是 SAE J287_ 200702，取代了 1988 年 6 月的版本。这一标准主要是适用于乘用车。

2. 驾驶人手伸及界面的测量

驾驶人手伸及界面是在手伸及界面测量台上经过实验测得，再经过统计分析后得到的。驾驶人手伸及界面的测量如图 4-55 所示。

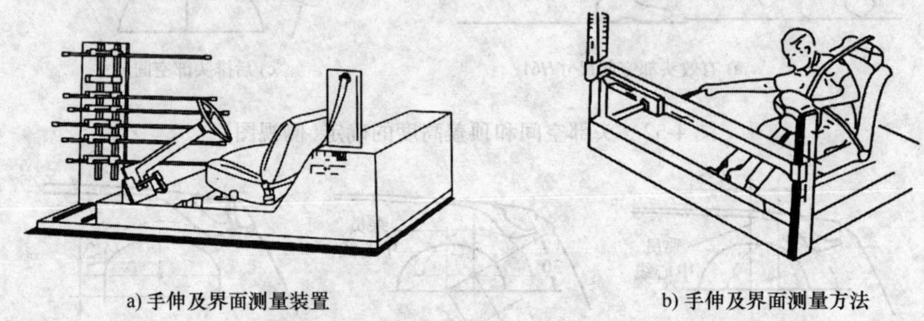

a) 手伸及界面测量装置　　b) 手伸及界面测量方法

图 4-55　驾驶人手伸及界面的测量

试验中测量杆的手接触采用的是一个 25mm 的三指抓捏式操纵件，因此在利用手伸及界面对车内操纵钮进行伸及性校核时，应根据操作按钮件的形式进行一定的修正，如指点式钮件的伸及范围应比抓握式的往前加长 50mm，手推式钮件的伸及范围要比抓握式的往后缩短 50mm，如图 4-56 所示。

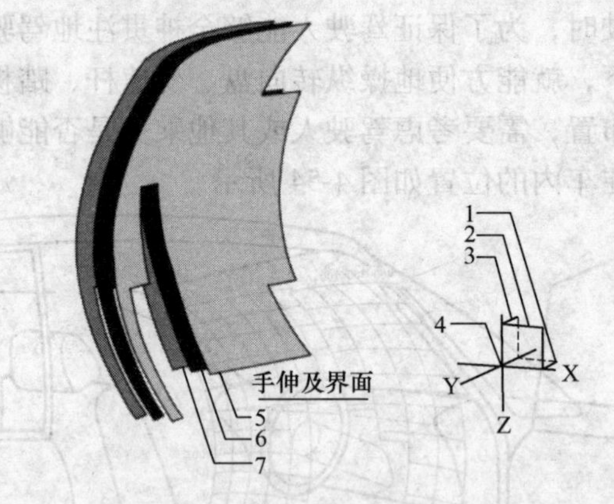

图 4-56　三种手伸及界面

1—Z 参考面　2—Y 参考面　3—HR 参考面　4—参考原点（在 SgRP 处）
5—全手握操纵式最大手伸及界面　6—三指抓捏式最大手伸及界面　7—指点式最大手伸及界面

驾驶人在正常坐姿下，由于安全带的约束、踵点支撑及转向盘的限制，其最大伸及空间曲面，即手伸及界面与驾驶人自身的伸及能力有关，另一方面还与驾驶室的内部设计尺寸有关。考虑到驾驶人自身伸及能力的差别，可以选择各种人体和不同男女比例的驾驶人来进行实验。驾驶室内部尺寸对手伸及界面的影响需要利用多元统计分析理论来反映，通过研究，有七项内部尺寸对其影响较大，分别是 $H30$（SgRP 到加速踏板踵点 AHP 的垂直距离）、$A40$

（座椅靠背角）、$W9$（转向盘直径）、$A18$（转向盘倾角）、$L11$（转向盘中心到加速踏板踵点AHP的前后方向距离）、$H17$（转向盘中心到加速踏板踵点AHP的垂直距离）和$A42$（H点装置躯干和大腿夹角），如图4-57所示。

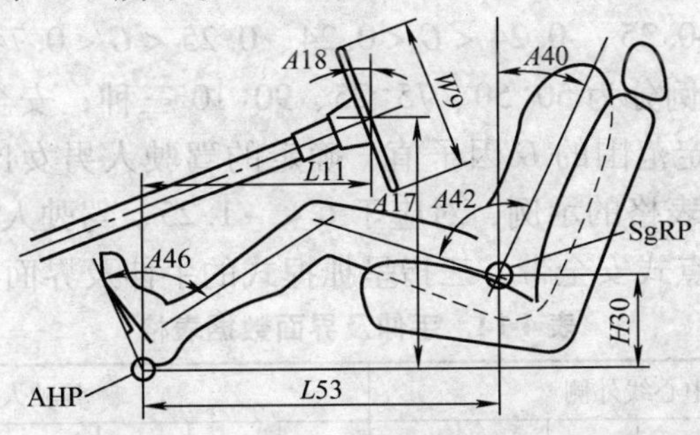

图4-57　驾驶人乘坐环境布置尺寸

在设计中通常采用因子分析法来寻找上述尺寸影响的综合因子，通常称为通用布置因子G（General Package Factor），通过一系列分析，可以得到通用布置因子G的表达式。在SAE J287_ 198806标准中，G的表达式为

$$G = 0.0018 \times H30 - 0.0197 \times A40 + 0.0027 \times W9 + 0.0106 \times A18 - 0.001 \times L11 + 0.0024 \times H17 + 0.0027 \times A42 - 3.0853 \tag{4-16}$$

在SAE J287_ 200702标准中，G只需要用$H30$和$H17$来计算，如图4-58所示，具体表达式为

$$G = 0.00327(H30) + 0.00285(H17) - 3.21 \tag{4-17}$$

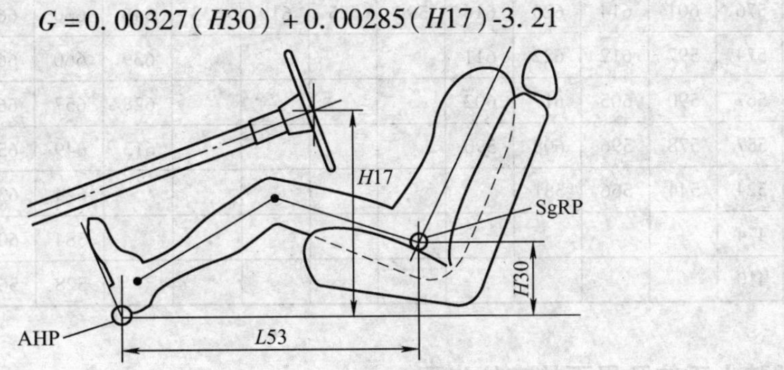

图4-58　驾驶人乘坐环境布置尺寸

3. 驾驶人手伸及界面的描述

驾驶人手伸及界面也有自身的坐标系。在高度方向，手伸及界面的基准线位于通过H点的水平面上，向上为正，向下为负。在左右方向上，其基准线位于通过H点的纵向垂直平面上，驾驶人向左为外侧，向右为内侧。在汽车前后方向上，在加速踏板踵点AHP后方有一表示手伸及距离的HR基准面（Hand Reach Reference Plane），HR基准面至手伸及界面之间各点的距离表示了驾驶人在不同高度及左右方向上的最大可伸及距离。

HR参考面是用于定位驾驶人手伸及界面的平面，它平行于汽车坐标系x平面，位于AHP后方，到AHP的距离为

$$HR = 786 - 99G \tag{4-18}$$

如果计算出HR的值大于L53（AHP到SgRP的水平距离），则HR参考面位于SgRP处；

如果 *HR* 的值小于 L53，则 *HR* 参考面位于 AHP 后方距离 *HR* 处。

将在测量台上测得的数据根据 *G* 因子和男女比例进行分类，对于三点式安全带和两点式安全带各列成 41 张数据表格，用来构造手伸及界面。其中，*G* 因子分成 $G<-1.25$、$-1.24<G<-0.75$、$-0.74<G<-0.25$、$-0.24<G<0.24$、$0.25<G<0.74$、$0.75<G<1.24$、$G>1.25$ 七档；驾驶人男女比例分为 50∶50、75∶25、90∶10 三种；安全带分为两点式和三点式两种。每张表格对应着一定范围的 *G* 因子值、确定的驾驶人男女比例和安全带形式。表 4-14 给出了手伸及界面数据表格的示例，对应于 $G<-1.25$、驾驶人男女比例为 50∶50、第 95 百分位人体驾驶人身系两点式安全带、三指呈抓捏式的手伸及界面。

表 4-14　手伸及界面数据表格　　（单位：mm）

距离 SgRP 的垂直高度	驾驶人中心线外侧							驾驶人中心线内侧								
	400	300	250	200	100	50	0	0	50	100	200	250	300	400	500	600
800	387	438	456	470	490	490	502	493	501	504	495	483	468	426	377	
700	463	506	520	531	546	551	556	550	562	566	557	546	532	499	455	
600	519	555	567	576	586	586	586	590	605	611	604	595	584	555	514	449
500	556	586	598	606	609	603	589	614	630	638	637	631	622	595	553	486
450	567	595	607	615	615	604	583	620	636	645	649	644	636	609	565	498
400	574	600	612	621	618	601	571	621	637	648	656	654	646	619	572	506
350	576	601	614	623	616	594	555	619	633	646	660	660	654	625	574	511
300	574	597	612	622	611					639	660	662	658	626	572	510
250	567	590	605	617	602					628	657	662	658	624	564	506
200	557	578	596	608	590					613	649	658	656	618	551	498
100	524	544	566	581							624	639	640	593	510	469
0	474										584	607	610	551	449	423
-100	410										528	561	567	493	367	360

4. 驾驶人手伸及界面的定位步骤

要建立驾驶人手伸及界面，首先要确定 *HR* 参考面，然后根据通用布置因子 *G*、驾驶人男女比例和安全带形式在 SAE 标准中选择相应的表格，再根据表中的数据就可以构造出手伸及界面。*HR* 参考面的定位方法如下：

1）测量车辆内部尺寸，确定 *H*30、*H*17。

2）根据式（4-17）计算出通用布置因子 *G*。

3）按照式（4-18）计算出 *HR* 参考面距离踵点 AHP 的距离。比较 *HR* 与 L53 的大小，确定 *HR* 的位置。

4）在 *HR* 参考面上找到手伸及界面的坐标原点，定位手伸及界面。

5. 驾驶人手伸及界面的应用

驾驶人手伸及界面用于辅助进行仪表板上操纵按钮的布置。常用的操纵按钮应该布置在驾驶人手伸及界面描述的界限范围内。目前，SAE J287 标准主要适用于乘用车、MPV 以及轻型和中型货车，不适用于重型货车。

4.3.5 数字化人体模型

【阅读材料4-4】 数字化人体模型技术

数字化人体模型是指在计算机中建立一种能够操纵、控制的虚拟人的描述和人机系统，是在虚拟世界里对真人的表达，其功能依赖于其模拟真人的程度和人机界面设计的好坏。大多数数字化人体模型都是一个专家系统，其中集成了许多专业知识，如人体测量学、生物力学、人体运动和动力学、人体感知响应特性、组织应力及限度、工作生理、人工智能、工业设计、计算机仿真等。数字化人体模型技术在设计中的表现形式是人体模型软件在CAD/CAE软件上嫁接，并成为CAD/CAE软件的一个功能模块被调用。如数字化人体模型软件RAMSIS在CAD软件CATIA上的嫁接和一体化，构成了计算机辅助汽车人机工程设计软件。借助数字化人体模型，以往要在现实环境中完成的实验，在CAD虚拟环境中就能完成，而且能模拟更多人的特征，例如：在早期能更容易发现设计问题；减少甚至取消物理模型；与虚拟原型(或数字样机)、虚拟实验结合，减少了实验费用，缩短了设计周期，降低了成本。

1987年德国TECMATH软件公司和慕尼黑工业大学受德国汽车制造商的联合资助，开始开发基于德国人体的用于汽车车室内部布置设计的RAMSIS软件。RAMSIS有一套很复杂的方法，包括描述不同人群子组特征的方法和利用经验数据评价合理坐姿的方法等。

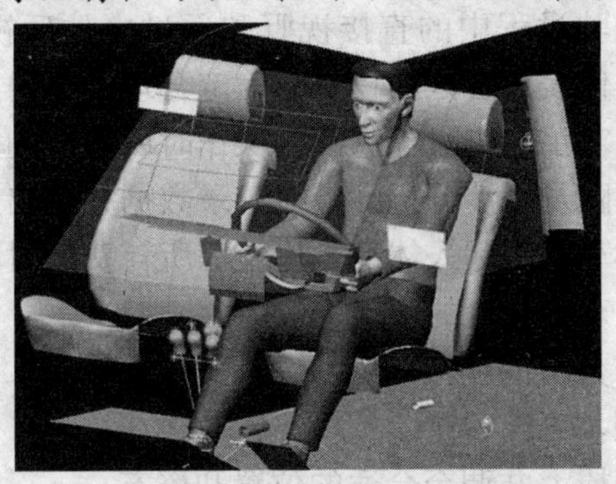

图4-59 RAMSIS人体模型

目前已出现上百种数字人体模型软件系统，在人机工程设计领域较为成功的商用数字人体模型系统主要有Transom/Jack、Genicom/Safework和Human-solutions/RAMSIS等，在UGNX、CATIA等主流设计软件中有集成的模块，如表4-15和图4-60所示。

表4-15 数字人体模型系统

SAMM IE	Jack	SAFEWORK
含多种人体尺寸数据库，可生成任何百分位男女人体模型。18个关节、21个肢体段，有关节约束。有建模功能，可进行伸及性分析、干涉检测和生成自眼点看到的视景	宾夕法尼亚大学开发。包含SAE和U.S. Army数据库。68个关节、69个肢体段、135个自由度，有关节约束。有建模功能，可进行伸及和抓握分析，可实时碰撞探测、以视锥显示视野	蒙特利尔大学和SAFEWORK公司开发。U.S. Army人体数据。可生成第5、第50、第95百分位男女人体模型，103个尺寸变量、100个身体段、148自由度，有关节约束。可进行伸及分析、可碰撞探测、各种视野分析

图 4-60 基于 Jack 的虚拟人

目前，成熟的数字人体模型都具有一些典型的设计和分析功能，如人体建模、人体数据管理和应用、肢体驱动定位和姿势预测、视野分析、对人体作业空间进行模拟、姿势和操作过程的舒适性评价等。它能协助汽车设计工程师进行一系列车内布置优化工作，主要包括：协助确定汽车主要控制尺寸；确定不同人体尺寸的驾驶人及乘员的乘坐位置和驾驶姿态；对人体乘坐姿态及其舒适性进行分析和评估；确定踏板、转向盘、操纵杆、仪表及控制按钮等零件的布置位置，并进行操作合理性评价；模拟乘员上下车姿态以评估上下车方便性；驾驶人及乘员的座椅位置确定及安全带固定位置的确定；模拟座椅的滑动、杆件操纵的运动过程并进行评价；校核驾驶人驾驶过程中的直接视野和通过内外后视镜的间接视野的法规符合性；协助进行仪表板布置和仪表板盲区的校核；确定合理的车内宽度和头顶空间；分析人体重量在座椅上的力的分布；对手和脚对操纵部件操作时所施加的力进行评估；维修保养方便性分析等，同时检查设计间隙及干涉分析，最终记录数据并输出优化的布置结果。数字人体模型的应用可以减少制造样车和实际人体反复检验等所耗费的时间和经济成本。

数字化人体模型应用在车内布置的步骤一般为：

1)建立车内布置设计与分析的虚拟环境。

2)建立合适的人体模型。

3)将人体模型安放在座椅上并调至合适的位置和姿态。

4)进行分析与评价。

在汽车人机工程设计中，数字人体模型还具有以下功能：

1)容易与流行的 CAD 软件相结合，能方便地导入、导出产品模型，或将数字人体模型作为子模块集成到 CAD 软件中。

2)能够对常见驾驶操作过程进行模拟和分析。

4.4 车室内部布置设计

4.4.1 基于人机工程学的车室内部布置设计

车室内部布置既要保证安全性又要考虑舒适性，应以驾驶人和乘员为中心，满足操纵方便、乘坐舒适和安全可靠等要求，因此，要充分利用人体工程学的知识。除专用车以外，一般车辆内部布置均可按成年人的人体尺寸来考虑。

1. 车室内部布置设计的基本内容与方法

车室内部布置设计的基本内容：

1）测量、统计、分析人体的尺寸，并在进行车室内部布置设计时以此为依据，确定车内的有效空间以及各部件、总成（座椅、仪表板、转向盘等）的布置位置和尺寸关系。

2）通过对人体生理结构的研究，以使座椅设计和乘员坐姿符合人体乘坐舒适性要求。

3）根据人体操纵范围和操纵力的测定，确定各操纵装置的布置以及作用力大小，以使人体操纵时自然、迅速、准确、轻便，并降低操纵疲劳强度。

4）通过对人眼的视觉特性、视野效果和听觉特性的研究、试验，校核驾驶人的信息系统，以保证驾驶人获得正确的驾驶信息。

5）根据人体运动学知识，研究汽车碰撞时对人体的合理保护，正确确定安全带的固定点位置和对人体的约束力；研究振动时对乘坐舒适性的影响；研究人体上下车的方便性，以确定车门的开口部位与尺寸。

6）根据人体的生理要求，合理确定并布置空调系统。

7）研究人的心理特性和要求，设计一个舒适、美观、轻松的环境。

（1）驾驶人的设计 *H* 点布置

人体乘坐的舒适度和疲劳程度与坐姿关节角度有关，而舒适关节角度又因不同车型而有所不同。图 4-61 所示为轿车驾驶人舒适关节角度范围。

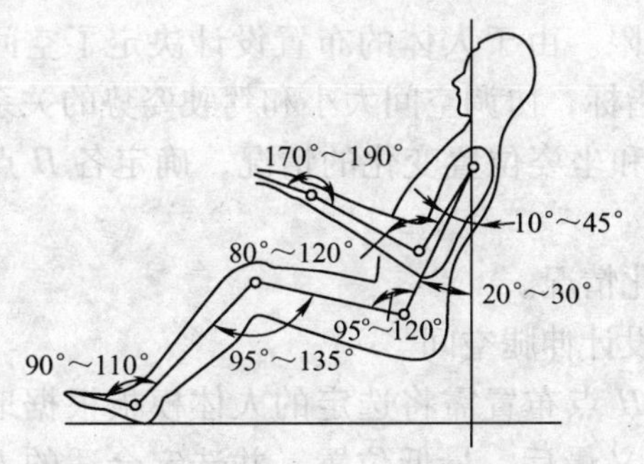

图 4-61 舒适姿势下人体关节角度范围

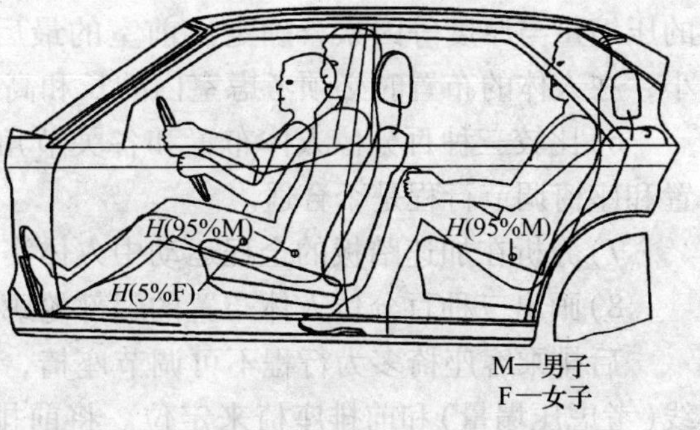

H(95%M)
H(5%F)
H(95%M)
M—男子
F—女子

图 4-62 满足人体尺寸的车身内部布置

汽车座椅的布置，通过确定不同百分位乘员的设计 *H* 点位置来实现。对于驾驶人座椅，不仅要确定设计 *H* 点的位置和行程，还需要确定合理的设计 *H* 点调节方式和调节轨迹，为座椅调节机构设计提供依据。

车身室内的布置就是指利用 *H* 点设计工具在车身布置图上进行安放，从而确定出设计 *H* 点的位置，并以此位置代表人体的布置及乘坐的位置。正常驾驶时，有三个重要的设计 *H* 点位置：最前位置、最后位置和平均位置。身材高大的驾驶人乘坐位置通常偏后、偏下，身材矮小的驾驶人乘坐位置则偏前、偏上。车身设计中一般采用第 5 百分位女性、第 50 百分位男性、第 95 百分位男性（现在也用第 10 百分位、第 50 百分位、第 95 百分位）三种人体尺寸，分别代表矮小身材、中等身材和高大身材的人体尺寸，如图 4-62 所示。一般，根据第 95 百分位男子和第 5 百分位女子的人体尺寸分别作为室内设计、确定座椅调节行程的上、下限尺寸基准。

座椅调节机构设计需要参照设计 *H* 点调节轨迹，其调节范围应大于正常驾驶时设计 *H* 点的调节范围。设计 *H* 点的调节范围(座椅调节包括水平调节量 *TL*23 和垂直调节量 *TH*17，设计 *H* 点的调节范围也相应包括水平调节量和垂直调节量)，根据第 95 百分位男子和第 5 百分位女子的设计 *H* 点来确定，如果调节轨迹为曲线，还要根据其他百分位驾驶人的设计 *H* 点位置来确定调节轨迹。

设计 *H* 点的确定步骤：

1)选择适宜的人体样板，包括百分位和比例等。

2)画出加速踏板位置、地板线(先以水平线代表)，确定出踵点位置。一般是将人体的脚跟置于加速踏板上，脚跟与踏板支点保持接触，即为踵点。但有时脚的前部置于加速踏板上，脚跟与踏板支点分离，这时定义脚跟的着地点为踵点位置。此外，确定踵点时要考虑地毯的厚度和压缩量。设计中将加速踏板上距离踵点 200mm 的点定义为踏点。

3)以踵点为人体布置基准，分别将第 95、第 50 和第 5 百分位的人体样板按选定的人体驾驶姿势摆放在车身布置图上，使人体的躯干和上下肢处于最佳的活动范围和角度关系。依据布置好的人体样板位置，从样板上的 *H* 点确定出人体布置的设计 *H* 点位置。这样，就得到了分别对应第 95、第 50 和第 5 三种百分位人体布置的设计 *H* 点位置 H95、H50 和 H5 点。

4)以 H95 和 H5 点的水平距离和垂直距离选定座椅的水平及垂直调节量(注意座椅调节机构的调节范围应大于正常驾驶时设计 *H* 点的调节范围)。

5)以第 95 百分位人体样板和 H95 点位置画出人体布置的轮廓形状曲线，考虑座椅靠背的压缩量与厚度等因素，确定出前室的最后设计界限。由于人体的布置设计决定了空间大小，在人体的布置时必须考虑室内的长和高等设计指标，协调空间大小和驾驶姿势的关系。

6)比较三种百分位人体布置和各关节角度变化和坐姿位置变化的情况，确定各 *H* 点位置和座椅调节行程是否合适。

7)分析在加速踏板的全程运动中人体姿势的变化情况。

8)画出三种百分位人体布置的腿部轮廓线，供设计伸腿空间。

后排乘客座椅多为行程不可调节座椅，乘客的 *H* 点布置需将选定的人体模板根据地板线(考虑压塌量)和前排座椅来定位。将前排座椅定义最后、最低位置，并选定合适的人体模板(一般是第 95 百分位人体模板)进行布置，方法与上述类似，着重考虑搁脚位置、姿势和腿部空间。一般使后座人体的小腿与前排座椅的靠背背面相平齐，膝部与靠背背面留有约 30mm 的间隙一边活动，将脚布置在前座的下面。

驾驶人乘坐位置设计的关键参数如表 4-16 所示。对不同的车型，人体布置参数也有区别，表 4-17 列出了不同车型布置参数的平均值，这些不同参数将会形成不同的驾驶姿势。

表 4-16 驾驶人乘坐位置设计的关键参数

硬点尺寸	参数定义	硬点尺寸	参数定义
*H*30 -1/mm	驾驶人座椅高度	*L*18 -1/mm	前排入口脚步间隙
*W*20 -1/mm	驾驶人侧向中心线位置，即 SgRP 点 *Y* 坐标	*A*27 -1/(°)	驾驶人坐垫倾角
*A*40 -1/(°)(取 22°)	驾驶人 *H* 点装置躯干角		

表 4-17　不同车型驾驶人布置主要参数

车型＼项目	$L31-L1$/mm	$H30$/mm	$L6$/mm	$H17$/mm	$A18$(°)
运动型轿车	830	132	525	500	23
1.5L 级轿车	810.8	252.9	431.2	617.7	26.4
微型轿车	766.3	254.3	419.8	610.7	28.3
轻型平头货车	722.3	332.5	330	660	54.9
短头型汽车	675.4	364.7	255.8	700.0	55.4
中型平头货车	584	390	212	730	49

表中：$L31$ 代表 SgRP 点的 x 坐标；$L1$ 代表 PRP 点的 x 坐标；$H30$ 代表 SgRP 到 AHP 或 FRP 的垂直距离(座椅高度)；$L6$ 代表 PRP 到转向盘中心的水平距离；$H17$ 代表 AHP 点到转向盘中心的垂直距离；$A18$ 是转向盘倾角。

(2)转向盘的布置

转向盘布置包括确定中心位置、倾角和轮缘直径。合理地布置转向盘对于改善驾驶人操纵姿势、减小操舵力，降低疲劳程度有重要意义。

在确定转向盘位置时，转向盘轮缘到驾驶人躯干的最小距离不宜小于 250mm，防止转向盘后移伤及驾驶人。转向盘前后位置在保证与驾驶人之间安全距离的情况下，还要保证驾驶人转向时的伸及性。转向盘高度的确定要考虑驾驶人上肢的舒适性。转向盘的位置一般设计成可调节的，以满足不同身材驾驶人都能通过调节获得舒适的转向盘操作位置。

转向盘的倾角($A18$)的选定应该能使转向盘轮缘所在平面尽量与驾驶人观察仪表时的接近视线垂直，以获得最佳的仪表视野，同时还要与手部抓握轴线的方向相适应，保证驾驶人能舒适地进行转向操作。图 4-63 是操作转向盘的最大操作力与转向盘倾角和转速的关系。轿车转向盘的倾角通常为 20°～30°。

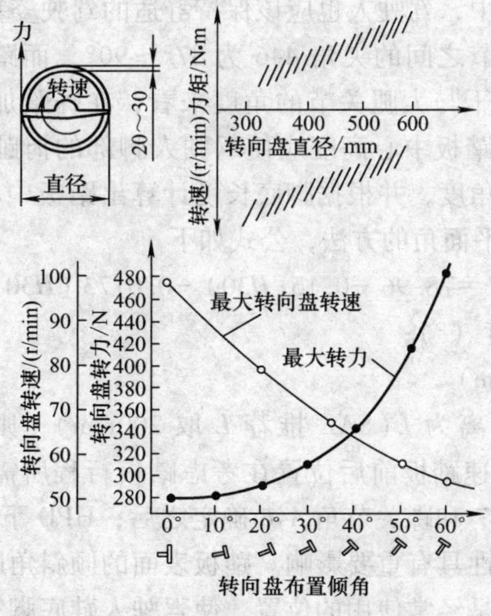

图 4-63　操作转向盘的最大操作力与转向盘倾角和转速的关系

关于转向盘的尺寸，轿车转向盘直径通常小于 450mm，太小使得操纵不稳定，且影响仪表视野，太大会过多占用布置空间。现在轿车和很多商用车都装有转向助力装置，不必采用加大直径的方法来减小操舵力。转向盘轮缘截面应尽量采用圆形，其直径取 19～28mm 为宜。

(3)踏板布置

驾驶人的脚要操控的踏板有加速踏板、离合器踏板和制动踏板，这些踏板都必须布置在驾驶人的脚操纵范围内，并使驾驶人有舒适的驾驶姿势。

加速踏板所需要的踩踏力和行程较小，使驾驶人疲劳的主要原因是长时间踩踏。因此，加速踏板的位置和布置应使人体处于舒适的驾驶姿势，在进行车室内人体布置设计时常以踵点作为基准点。图 4-64 所示为各种人体舒适驾驶时加速踏板(踵点)与 *H* 点的位置关系。

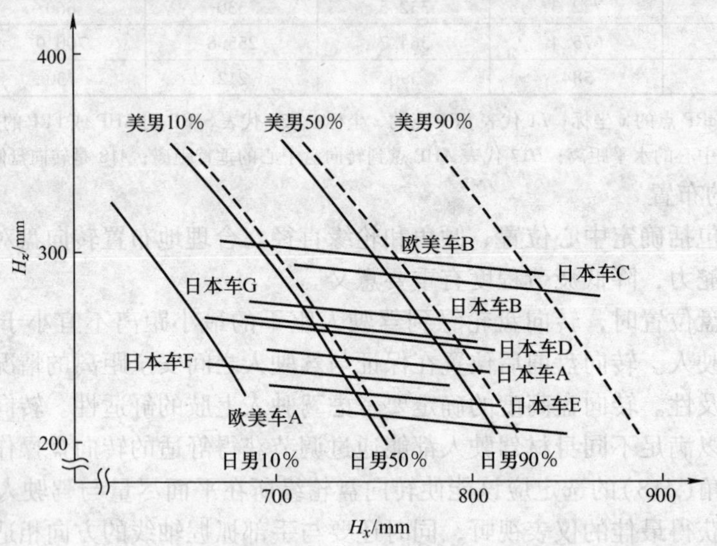

图 4-64　各种人体舒适驾驶时加速踏板与 *H* 点的位置关系

在加速踏板的整个行程中，驾驶人也应该保持舒适的驾驶姿势。一般，加速踏板在初始位置时，人体右脚与小腿关节之间的夹角 *A*46 为 87°～90°，而踏板达到极限位置时，此角度不应大于 105°。从人体躯干与大腿关节的角度来看，在踩踏加速踏板的整个过程中，其角度变化不应超过 2°～3°。踏板中心高度应使驾驶人脚部的拇趾点(BOF)踩在踏板中心位置，因此需要计算踏板平面角度，并根据脚底长度计算出踏板中心高度。SAE J1516 推荐了根据座椅高度(*H*30)计算踏平面角的方法，公式如下

$$A47 = 78.96 - 0.15(H30) - 0.0173(H30)^2 \tag{4-19}$$

式中　*A*47——踏板平面角度（°）;

*H*30——座椅高度（cm）。

假设 AHP 到 BOF 的距离为 *L*(SAE 推荐 *L* 取 200mm)，则踏板中心高度 $Z_{AP} = L\sin(A47)$，如图 4-65 所示。加速踏板前后位置在考虑踏板行程所需的空间后应尽量靠前，以节省空间。当踏板平面角 *A*47 和踝关节角 *A*46 确定之后，HPD 下肢的姿势就确定了。因此，加速踏板布置对于操纵舒适性具有重要影响。踏板表面的倾斜角度参照踏平面角来确定，保证在踏板踩踏过程中，尤其是经常使用的位置，使驾驶人鞋底脚掌处能够很好地与踏板表面贴合。当踏板和座椅都布置好后，必须分析不同百分位驾驶人下肢的舒适性。

制动器和离合器踏板的布置应保证人体的腿部处于最佳的施力姿势，一般从已确定的 *H* 点位置开始布置。为了保证紧急制动时，驾驶人不会误踩到加速踏板，通常制动踏板和加速踏板表面错开一定距离。由于此类踏板的操纵需要一定的操纵力，采用蹬踏的姿势是必要

的。试验表明，人体双腿只有在屈膝时才能产生蹬踩作用力。图 4-66 所示为踏板行程方向与最大踏力的关系，从图中可以确定出适宜的踏板行程方向和布置位置。在这两个踏板的整个蹬踏过程中，人体躯干与大腿关节的角度不应超过初始位置时的角度 9°～10°，膝关节角不应超过 170°，小腿与脚的关节角应为 90°～110°。确定所有踏板高度和前后位置之后，还要确定侧向的位置，包括离合器踏板与驾驶人中心线的距离、制动踏板与驾驶人中心线的距离，以及制动踏板与加速踏板之间的间距。对于轿车，这些参数的选取应保证踏板中心线之间的距离为 100～150mm。图 4-67 为 SAE 定义踏板布置关键尺寸。

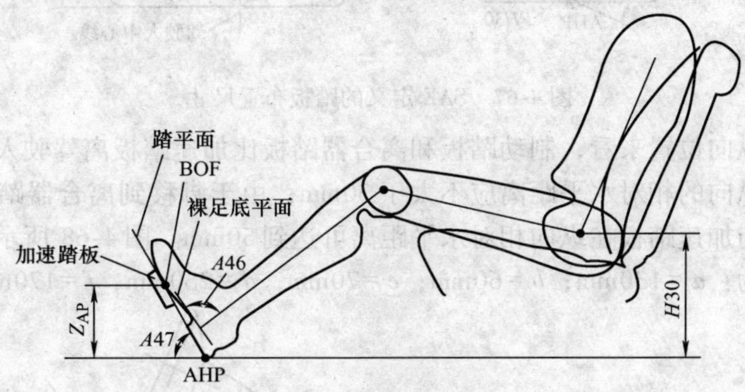

图 4-65　确定加速踏板中心高度

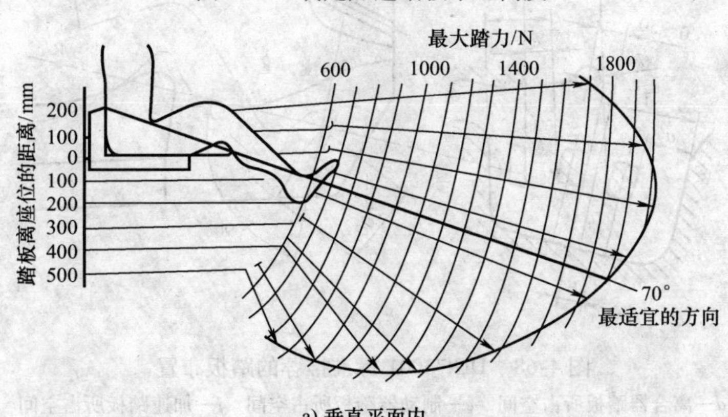

a) 垂直平面内

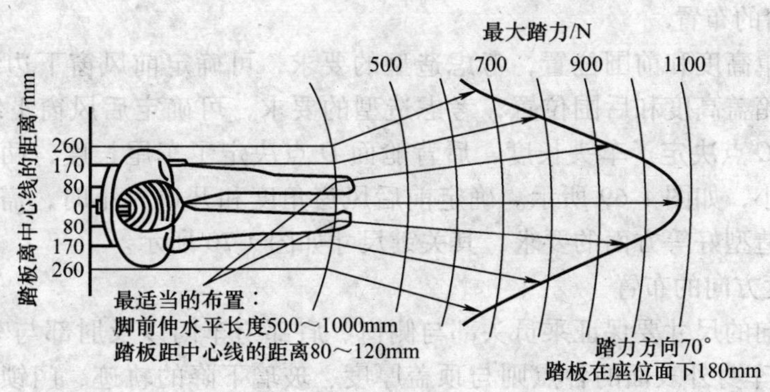

b) 水平面内

图 4-66　踏板行程方向与最大踏力的关系

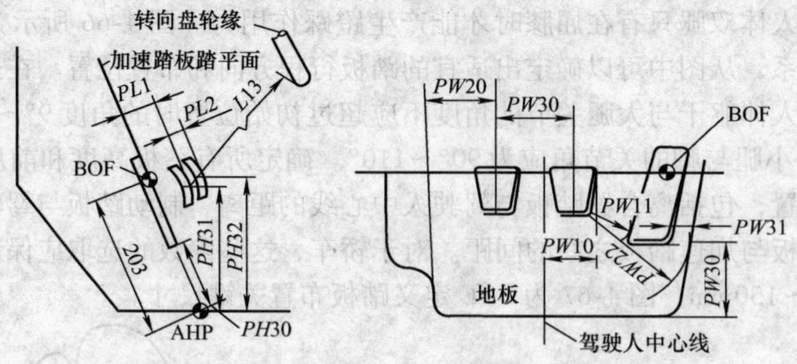

图 4-67　SAE 定义的踏板布置尺寸

从脚踏板的纵向位置来看，制动踏板和离合器踏板比加速踏板离驾驶人要近些。制动踏板和加速踏板在纵向的相对水平距离应不大于 30mm；由于脚移到离合器踏板的时间允许长些，离合器踏板与加速踏板在纵向相对水平距离可达到 50mm。图 4-68 所示为踏板位置布置例图，推荐尺寸为：$a=130$mm；$b=60$mm；$c=70$mm，$d=260$mm，$f=170$mm。

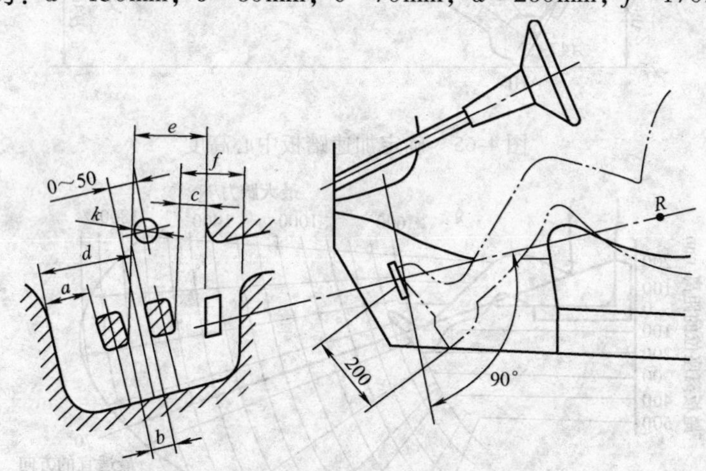

图 4-68　DIN73001 标准推荐的踏板布置

d—离合器踏板所占空间　*e*—制动器踏板所占空间　*f*—加速踏板所占空间

(4) 前后风窗的布置

根据发动机罩高度和前围位置，考虑造型的要求，可确定前风窗下边缘发动机罩 *C* 点位置。根据行李箱盖高度和后围位置，考虑造型的要求，可确定后风窗下缘后背舱面 *D* 点位置。发动机罩 *C* 点决定了车头长度，后背舱面 *D* 点决定了车尾长度，两者之间的长度决定了乘员室的大小，如图 4-69 所示。确定前后风窗角度和开口大小时，需要兼顾驾驶人视野、空气动力学造型好等方面的要求，其关键尺寸如图 4-70 所示。

(5) 车身宽度方向的布置

车身宽度方向的尺寸要保证乘员头部与侧窗、肩部与车门以及肘部与车门之间的间隙，如图 4-71 所示。车身外表面的各点则与顶盖厚度、玻璃下降的轨迹、门锁和玻璃升降的尺寸以及车门厚度等因素有关。在确定车身侧壁倾斜度时，在满足成员所需空间的基础上，还应考虑上下车的方便性。如图 4-72a 所示，当 *K* 值(车门上下边缘的水平距离)为零时，乘员的上身必须倾斜 30°以上才能进入车内；当 *K* 在 100～150mm 时，则人的上身稍许倾斜即可

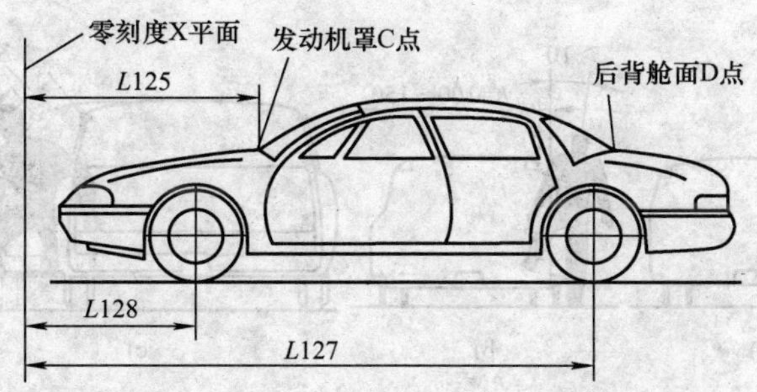

图 4-69　发动机罩 C 点、后背舱面 D 点和长度

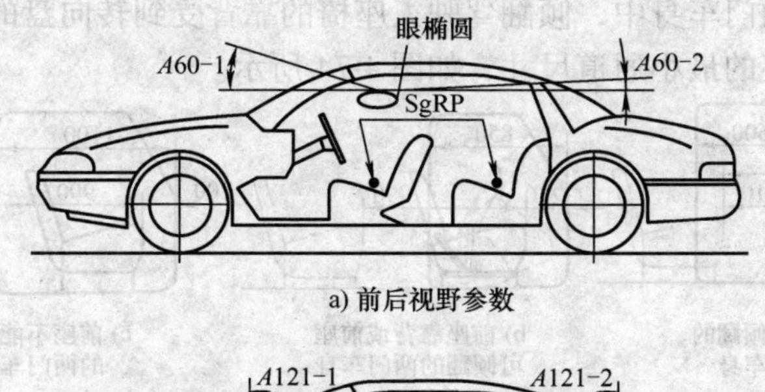

a) 前后视野参数

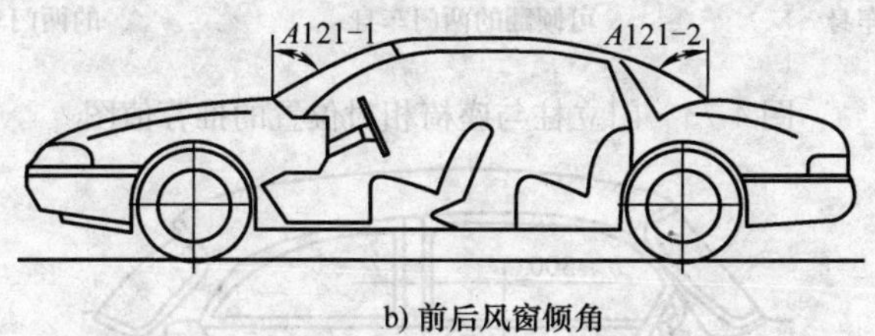

b) 前后风窗倾角

图 4-70　前后风窗的布置参数

入座，如图 4-72b 所示。K 值也不能过大，否则将由于上下比例失调而影响汽车外观，也不利于内部空间的利用，而且由于玻璃升降占用车门内腔的空间过大，使车门增厚，如图 4-72c 所示。

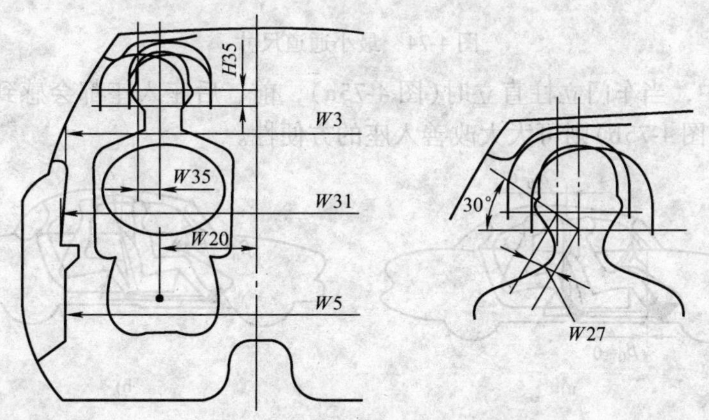

图 4-71　车身宽度方向的布置尺寸

（6）车门立柱的布置

在布置车门立柱时，要考虑上、下车的方便性，图 4-73 所示为轿车车门立柱与座椅相

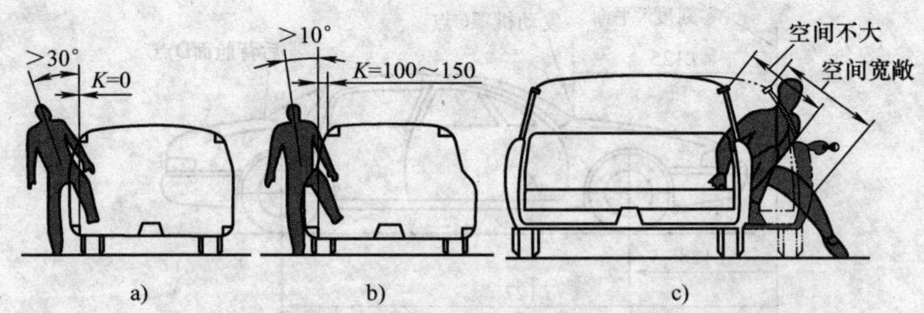

图 4-72　K 值和车身侧壁倾斜度对上下车方便性的影响

对位置的推荐值。在两门车身中，倾翻驾驶人座椅的靠背受到转向盘的限制，此时车门立柱的位置应保证后座入座的最小通道尺寸，如图 4-74 所示。

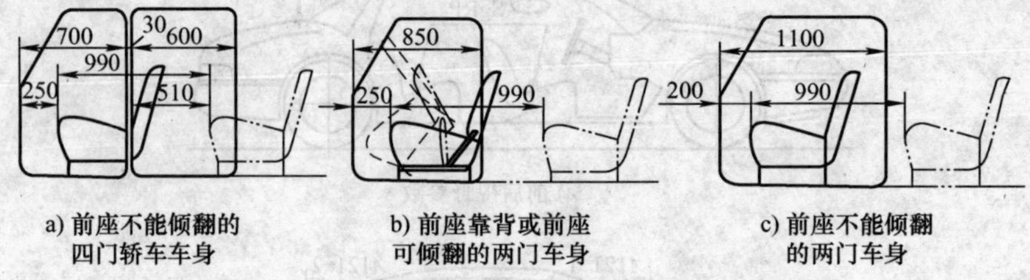

图 4-73　门立柱与座椅相对位置的推荐值图

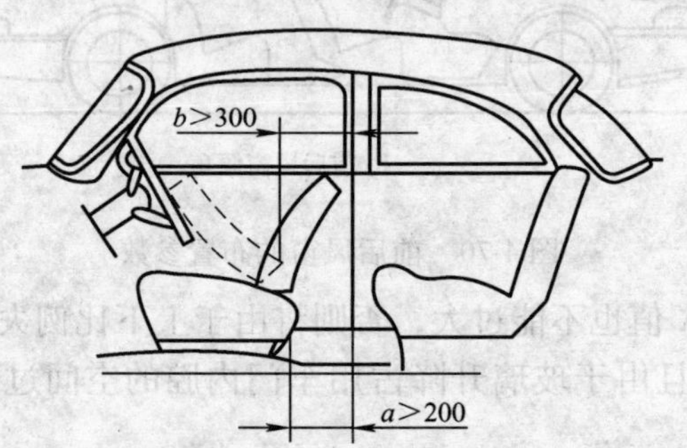

图 4-74　最小通道尺寸

在四门车身中，当车门立柱直立时(图 4-75a)，前、后座入座都会感到不适，如果将车门立柱适当倾斜(图 4-75b)则可大大改善入座的方便性。

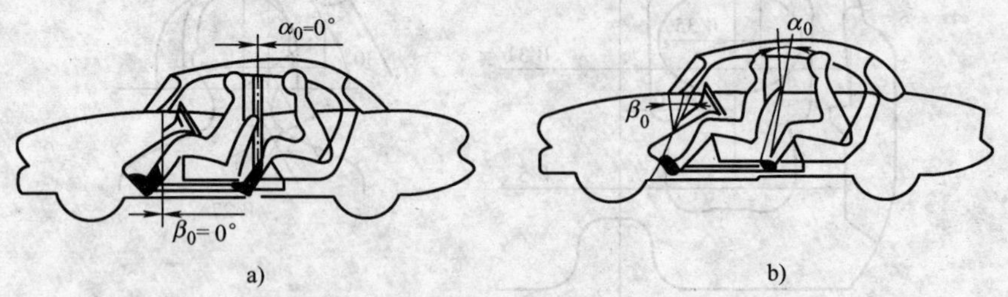

图 4-75　车门立柱对入座方便性的影响

(7)后视镜的布置

汽车后视镜的布置应充分考虑人眼的视觉特性，以尽量靠近驾驶人直前视线为宜，这样，驾驶人不用经常转动头部就能获得足够的信息。人机工程学推荐：后视镜水平方向的位置位于驾驶人直前视线左右各60°(45°头部自然转动角与15°眼睛自然转动角之和)范围内；垂直方向位置位于驾驶人直前视线上下各45°(30°头部自然转动角与15°眼睛自然转动角之和)范围内。对于驾驶人侧后视镜，一般推荐镜中心与靠近视镜一侧眼点的连线(或眼椭圆切线)与驾驶人直前视线的夹角不大于55°。观察后视镜的视线不应被立柱阻挡。若通过前风窗观察后视镜，后视镜应布置在通过前风窗刮扫区域看到的范围内。对于前座乘客侧后视镜，应安装在驾驶人直前视线75°范围内，如图4-76所示。

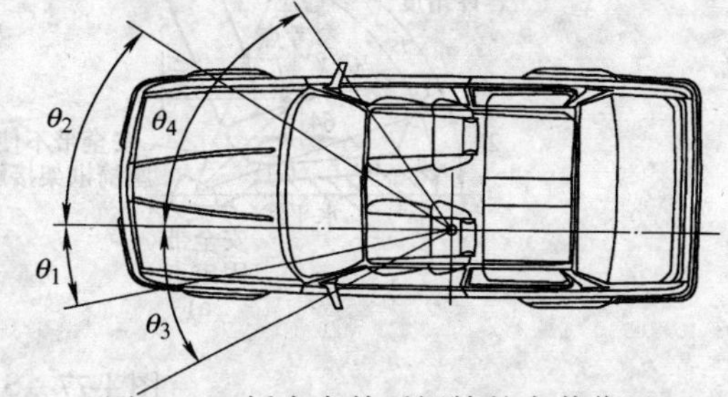

图4-76 轿车车外后视镜的安装位置

(8)安全带固定点布置

现在汽车的驾驶人座位上都装有三点式安全带，很多前座乘客和后排乘客位置也都配备了三点式安全带。在GB14167—2006《汽车安全带安装固定》标准中规定安全带固定点的设计、制造和布置应符合下列要求：

1)应能安装合适的安全带。前排外侧座椅的安全带固定点(特别是在强度方面)应适合于装具有卷收器和导向件的安全带；车辆装有其他形式的带卷收器的安全带除外。如果固定点仅适用于某些特殊形式的安全带，这类安全带的形式应在检测报告中注明：

①正确佩戴时安全带应无滑脱的危险。

②织带与车辆或座椅构架上凸出零件接触应无损伤织带的危险。

③车辆正常使用时，固定点应符合本标准的规定。

④对于可改变位置的固定点(该固定点既便于乘员进入车辆,且能约束乘员)，本标准中的规定应适用于处于有效约束位置时的固定点。

SAE J383标准中，对机动车安全带的固定位置给出了建议。

腰带固定点的位置对于前后方向可调节的座椅，且固定点设置在车体上时，应按照图4-77a所示来确定腰带固定点的位置。在座椅参考点(就座后的H点)前方64mm、上方10mm处找到安全带夹角点，从该点向固定点连接一条直线，该线与水平线之间夹角应在20°~75°范围之内。对于前后方向不可调节座椅，且固定点设置在车体上时，应按图4-77b来确定固定点的位置。由座椅参考点直接向固定点作直线，该直线与水平线之间的夹角应在20°~70°范围内。如果安全带固定点设置在座椅骨架上，由座椅参考点向固定点的连线与水平线的夹角应在20°~70°范围内。

2)肩带固定点的位置。如图4-77a所示，座椅调节至最后和最下位置，座椅靠背调至最小倾角位置。由肩部参考点向上垂直量取152.4mm，并作与水平线呈80°的夹角线，肩带固定点应落在通过肩部参考点的水平线与80°夹角线所包围的范围内。

如果车体结构上不能在上述范围内设置肩带固定点，则可设置在肩部参考点水平线以下40°夹角的范围内。

2. 驾驶人视野校核

(1)驾驶人视野和盲区

结合前面关于人眼视觉特性的知识，在保持上身不动的情况下，人眼所看到的空间范围是一定的，被称为视野。驾驶人视野是指驾驶人处于正常驾驶位置，并且当其眼睛和头部在

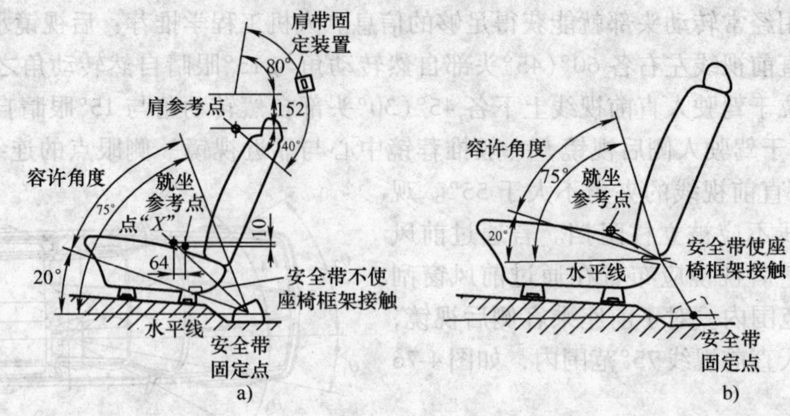

图 4-77　SAE 腰带固定点

正常活动范围内时，能直接或借助于辅助设备看到的范围，可分为直接视野和间接视野。驾驶人直接视野是指驾驶人直接看到的范围；驾驶人间接视野，是指驾驶人借助后视镜等辅助设备看到的范围。

阻碍驾驶人视线的物体称为视野障碍。被视野障碍挡住而驾驶人看不见的区域，称为盲区。盲区分为单眼盲区和双眼盲区，单眼盲区是指左眼或右眼单独观察时，由于视野障碍的阻挡而看不见的区域；双眼盲区是由于视野障碍的阻挡而两眼不能同时看见的区域。

以驾驶人环绕视野为例，驾驶人在驾驶位置向地面观察时，由于立柱、车门、发动机罩和行李箱盖等的阻挡，会形成盲区，如图 4-78 所示，盲区之外的地方就是可见区域。从图中可看出，要求由车窗立柱形成的盲区之和不超过 43.5°。

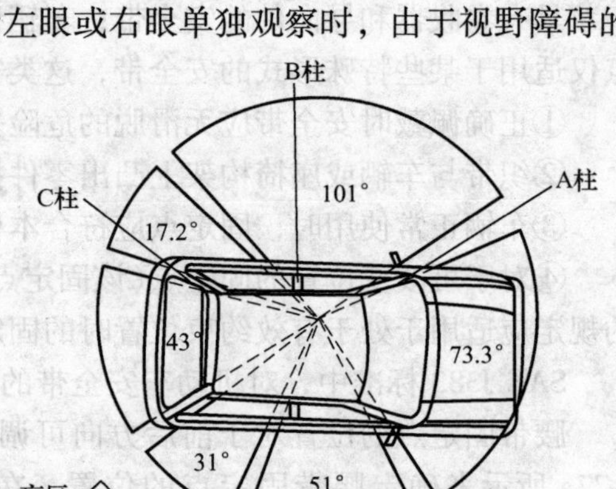

图 4-78　轿车直接视野范围

(2)视野校核中眼点的选取

在进行视野校核之前，必须先选取合适的眼点，眼点根据眼椭圆来选定。眼点选取的原则是：选取眼椭圆轮廓上视野性能最差的眼点。例如，计算可视区要选择使视野最小的眼点，而计算盲区则应选择使盲区最大的眼点。

以计算驾驶人右侧后方视野为例，如图 4-79 所示，首先在视镜上选择距第 95 百分位眼椭圆最远的一点 M；然后在距点 M 较远的左侧驾驶人眼椭圆轮廓上，选取距离点 M 最远的点 E_L 作为眼点来计算后视野。作 E_L 处的左眼椭圆切线 L，则左眼落在切线 L 包含左眼椭圆一侧的概率是 95%。因为 E_L 是眼椭圆上距离后视镜最远的眼点，以它计算出的视野最小，如果此时视野满足要求，则能以足够的概率保证其他眼点的视野也能满足要求。

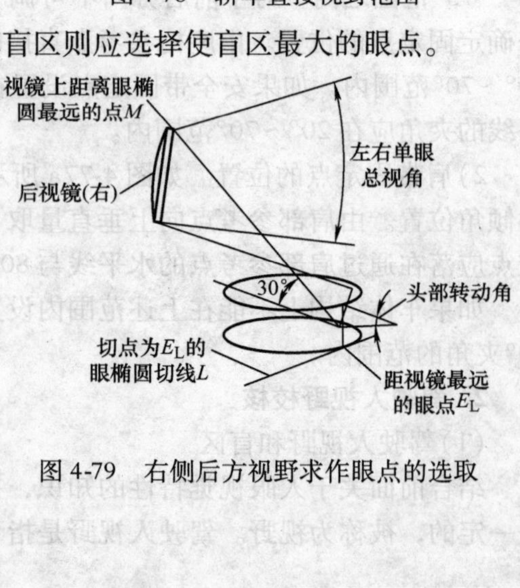

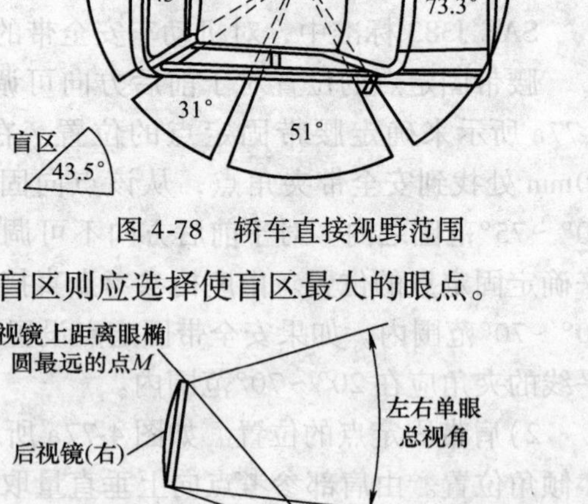

图 4-79　右侧后方视野求作眼点的选取

(3)前方视野校核

1)A 柱盲区校核。驾驶人一侧的 A 柱(位于眼点前 68mm 处横向垂直平面以前的任何车顶支撑,包括所有能够阻挡驾驶人视线的附件、玻璃密封条等)盲区是驾驶人前方视野盲区中最主要的部分。由于 A 立柱对驾驶人视线的阻挡，驾驶人常常需要转动眼睛和头部观察前方驾驶人一侧的交通状况，容易引起疲劳，对行车安全不利。A 柱盲区用双目障碍角表示，其大小与 A 柱本身结构尺寸和驾驶人眼睛到 A 柱的距离有关。在国标 GB11562—1994《汽车驾驶人前方视野要求及测量方法》中规定，每根 A 柱的双目障碍角不能超过 6°。在 SAE J1050 标准中，评价 A 柱盲区只使用眼点高度上的 A 立柱截面尺寸。以计算左侧 A 立柱盲区为例，如图 4-80 所示，求做过程如下：

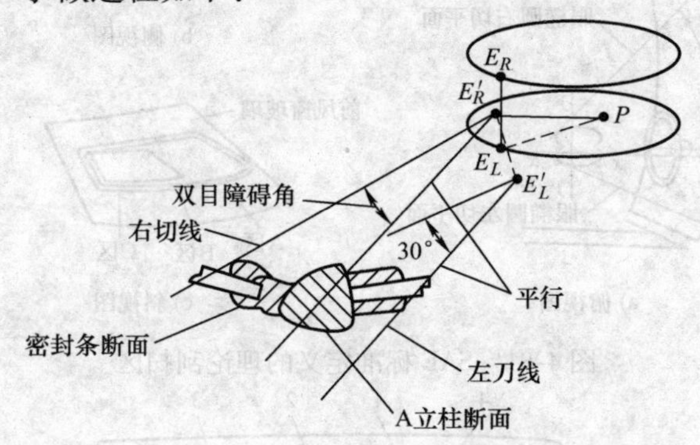

图 4-80　SAE J1050 推荐的 A 立柱盲区求做方法

①计算头部转动点 P。左侧 A 立柱应使用 P_1 的公式计算 P 点。

②按照头部转动角为零时计算两个眼点的坐标。

③在眼点高度上作一水平面，截左 A 立柱得到左 A 立柱断面。

④计算最小头部水平转角。通常左眼点转动到极限位置(30°)仍不能看到左 A 立柱断面外侧，因此需要向左转动头部。最小头部水平转角是保持左眼点向左转动 30°的状态下，再向左转动头部至左眼完全看见 A 立柱断面时的头部水平转角。

⑤计算 A 立柱双目障碍角。在眼点高度上的水平面内，从左眼点 E_L' 向 A 立柱断面的左侧作切线，再从右眼点 E_R' 向 A 立柱断面的右侧作切线，左右切线的夹角就是 A 立柱双目障碍角。有可能出现左右切线平行或在 A 立柱截面前方相交的情况，这时可以认为 A 立柱盲区不存在。

2)前风窗刮水器刮扫区域校核

刮水器的功能是刮除风窗玻璃上的雨、雪和其他污物，以保持风窗玻璃有良好的视野性。刮扫面积是指刮水器在风窗玻璃上能刮到的有效面积。保证该区域满足驾驶人视野要求是布置刮水器的依据。刮扫面积与刮水器布置位置、刮刷摆角和刮片尺寸有关。在布置刮水器时，不仅应保证有足够的刮刷面积，而且还要有正确的刮扫部位。为了在布置刮水器时能够对刮刷区域进行评价，人们研究定义了理论刮扫区，它是重点要刮刷的部位。图 4-81 所示为 SAE 标准定义的理论刮扫区，它是由眼椭圆上下左右 4 个切平面与前风窗玻璃的交线围成的区域。

由于刮水器的空间运动特性，刮扫轴线空间布置、前风窗玻璃空间形状为曲面等因素，刮水器实际刮到的区域常常不能完全覆盖理论刮扫区。为评定刮水器刮扫的有效性，需要计算刮净率，它定义为实际刮扫区和理论刮扫区重合部分面积与对应的理论刮扫区面积之比。

不同理论刮扫区的清晰度要求不同，在驾驶人经常观察的前风窗玻璃区域，清晰度要求较高。为求实际刮扫区，应该对刮水器进行运动分析，建立刮水器的运动学模型，设定刮片的起始角和终止角等运动参数来模拟刮水器的工作过程，将刮片在前风窗玻璃上扫过的实际刮扫区求出来。图 4-82 为根据 SAE 推荐方法作出的各理论刮扫区、实际刮扫区以及实际刮扫区和理论刮扫区 A 重合部分的面积。在布置刮水器时，应该合理确定刮扫中心轴的方向，保证刮片能均匀地扫过玻璃表面，以确保刮水器具有足够的刮扫能力。

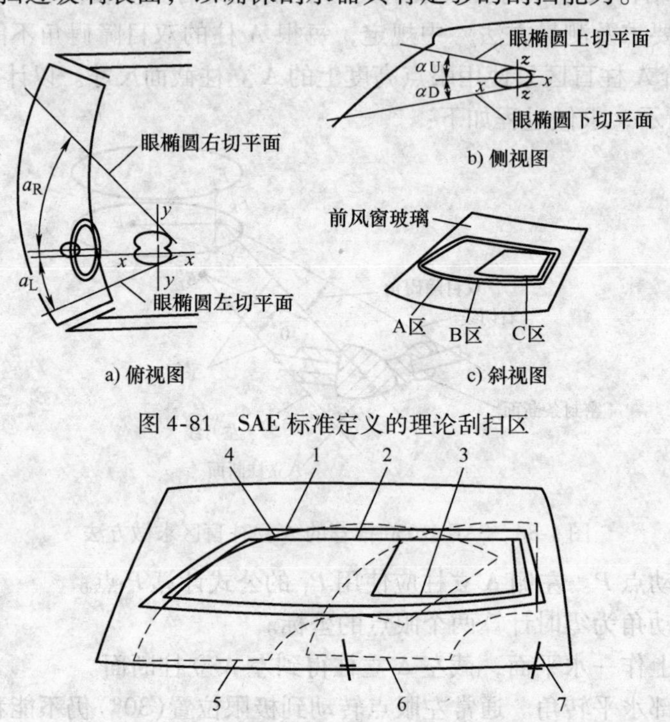

图 4-81　SAE 标准定义的理论刮扫区

图 4-82　理论刮扫区、实际刮扫区及其重合区域

1—理论刮扫区 A 边界　2—理论刮扫区 B 边界　3—理论刮扫区 C 边界

4—实际刮扫区与理论刮扫区 A 重合部分边界　5—右实际刮扫区边界

6—左实际刮扫区边界　7—刮水器旋转轴线

(4)后视野校核

后视野的校核主要是利用眼椭圆校核车内、外后视镜的安装位置、旋转角度以及水平和垂直后视角。国标 GB15084-2013 要求汽车在整车整备质量状态，并且前排具有一名乘客的条件下，达到下述视野要求：对于内后视镜，要求驾驶人借助它能在水平路面上看见一段宽度至少为 20m 的视野区域，其中心平面为汽车纵向基准面，并从驾驶人眼点后 60m 处延伸至地平线。在测量上述后视野时，允许头枕、遮阳板、后风窗刮水器、加热元件、S_3 类制动车灯，或车身构件(如纵向基准面附近对开门的后窗立柱等部件)遮挡部分视野，但当遮挡部分投影在与汽车纵向基准面的垂直面上时，其总和应占所规定视野的 15% 以下。遮挡程度是在头枕处于最低位置，遮阳板处于回收位置时测定。

对于左侧(驾驶人一侧)外后视镜，驾驶人借助它必须能在水平路面上看见一段宽度至少为 2. 5m 的视野区域，其右侧与汽车纵向基准面的平面平行，且与车辆左边最外侧点相切，并从驾驶人眼点后 10m 处延伸至地平线。

对于 M_1 类和最大质量不超过 2000kg 的 N_1 类车辆的右侧(乘客一侧)外后视镜，驾驶人借助它必须能在水平路面上看到一段宽度至少为 4m 的视野区域，其左侧与汽车纵向基准面平行，且与汽车右边最外侧点相切，并从驾驶人的眼点后 20m 处延伸至地平线。图 4-83 所示是国标 GB15084—2013 对汽车后视野的要求。

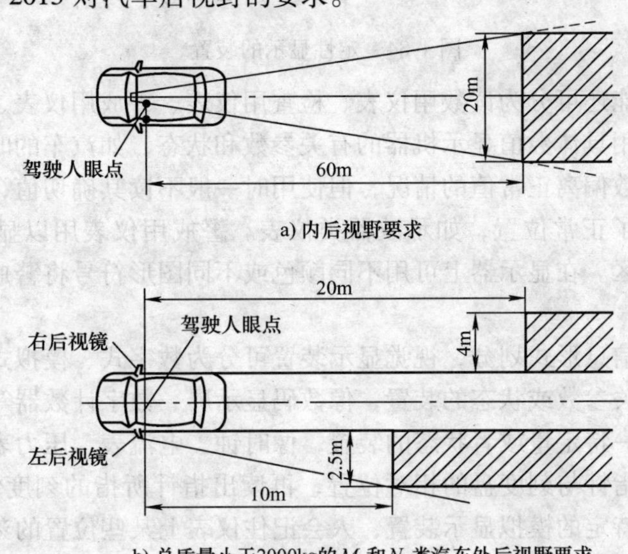

图 4-83　总质量小于 2000kg 的 M_1 和 N_1 类汽车后视野的要求

以上是后视野的法规要求，后视野的计算和校核的具体方法可参照相关资料。

4.4.2　车室内部人机界面设计

在一般的人机系统中，显示装置的功能是通过可视化的数值、文字、曲线、符号、标志、图形、图像，声音或其他人体可感知的刺激信号向“人”传递“机”的各种运行信息。在选择信息形式时主要根据所传递信息的内容和性质而定。在车身环境中，视觉信息是最重要的，驾驶人要通过阅读仪表上的信息来了解车辆当前运行状况，以便正确操作。由于驾驶人在驾驶车辆时，两眼主要集中于观察路面情况，对于显示车辆工况的各种仪表等装置，只能较快速地浏览一下，因此，汽车操纵—显示相合性对于保证安全驾驶和人机协调性具有重要意义。

基于之前对人体结构特点以及视觉特点的分析，设计车辆视觉显示装置主要考虑以下三个方面的问题：

1）确定操作者与显示装置之间的观察距离。

2）确定显示装置相对于操作者的最优布置区域。

3）选择有利于传递和显示信息、易于准确快速认读的显示装置的形式及其相关匹配条件（色彩、照明和字体等）。

1. 视觉显示装置的类型及特点

按照显示信息的特点划分，可分为定性显示装置和定量显示装置，如图 4-84 所示。定性显示装置只显示信息的性质、趋势，如用亮灯或者灭灯表示某项功能的不同状态，或用红色标志灯表示报警，用绿色标志灯表示正常运行等。定量显示装置要用明确的数量表示物理量，比如汽车驾驶室内的发动机转速表、时速表等。

图 4-84 定性显示的装置

按仪表的显示功能还可分为读数用仪表、检查用仪表、警戒用仪表、追踪用仪表和调节用仪表。读数用仪表用具体数值显示机器的有关参数和状态，如汽车的时速表。检查用仪表用以显示系统状态参数偏离正常值的情况，但使用时一般不读其确切值，而是为了检查仪表指针的指示是否偏离了正常位置，如示波器类仪表。警戒用仪表用以显示机器是处于正常区、警戒区还是危险区。在显示器上可用不同颜色或不同图形符号将警戒区、危险区与正常区明显区别开来。

按照显示的视觉信息形式划分，视觉显示装置可分为数字式、模拟式。数字显示装置是直接用数码来显示有关参数或状态的装置，像数码显示屏、数字计数器等。模拟显示装置是用刻度和指针指示某一特定量或者状态的装置，像时钟、电流表、压力表等。模拟显示装置在认读时，要先辨别指针与刻度盘的相对位置，再读出指针所指的刻度值，认读速度较慢。但如果长期观察某一特定的模拟显示装置，人会记住仪表上某些位置的刻度值，此时可大大提高认读速度。比如，驾驶人经常观察车辆的车速表，只要看到指针箭头的位置，就可快速估读车速范围。模拟式显示装置能给人形象化的印象，使人对模拟量在全程范围内所处的位置及变化趋势一目了然，不但可以显示测量偏差量的大小，还能显示偏差与给定值的相对位置关系（正或负）。数字显示的认读过程简单，只是对单一的数字符号的辨认，认读速度较快，认读准确率较高，但数字显示不能给人以形象化的印象，每次认读都需要认清楚仪表显示的数字，无法估读。

【案例】

一般，车辆上的时速表都用模拟形式来显示，如图 4-85a 是老款富康车速表和发动机转速表。图 4-85b 是雪铁龙世嘉的车速表，采用了数字显示方式，能更准确地显示具体时速。仪表的位置也由传统的转向盘下方转移到了前风窗玻璃的正下方，驾驶人在观察路面时只要稍微改变视线方向就能看到车速信息，而不用转动头部，从而更加方便。但也有驾驶人不习惯这样的仪表。

2. 指针式显示器的设计

汽车驾驶室内部的发动机转速表、车速表等通常是采用指针指示的模拟式仪表，对于这类仪表，设计时主要考虑刻度盘、指针、文字符号的大小以及颜色的匹配，使其互相协调，显示信息清晰准确，便于观察。

（1）刻度盘的形状和大小

刻度盘的形状常见的有圆形、半圆形、直线形、扇形等，如图 4-86 所示。圆形和半圆形刻度盘的认读效果优于直线形刻度盘，水平直线形优于竖直直线形。

刻度盘大小与刻度标记数量和观察距离有关。当刻度盘尺寸增大时，刻度、刻度线、指针和字符都可随之增大，这样可以提高认读的清晰度，但仪表安装面积增大，不利于布置，并且使眼睛的扫描路线变长，不利于认读的准确性。因此，刻度盘的尺寸应取使认读效果最

a) 老款富康车速表和发动机转速表

b) 雪铁龙世嘉的数字车时速表

图 4-85　模拟式车速表和数字式车速表

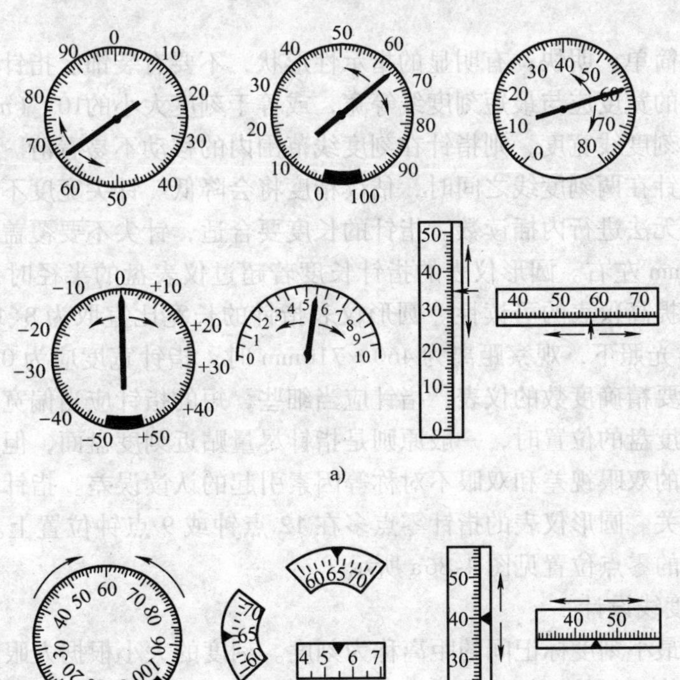

图 4-86　常用指针式仪表

优的中间值。通常，刻度盘认读效果最优尺寸是其对应的视角在 2.5°～5°范围内，只要确定了操作者与显示装置之间的观察距离，就能据此计算出刻度盘的最优尺寸。表 4-18 所示是观察距离为 500mm 时刻度盘尺寸与刻度数值和观察距离的关系。

表 4-18　刻度盘尺寸与刻度数量和观察距离的关系

刻度的数量	刻度盘的最小直径/mm	刻度的数量	刻度盘的最小直径/mm
38	25.4	150	54.4
50	25.4	200	72.8
70	25.4	300	109.0
100	36.4		

对于圆形刻度盘的最佳直径，W. J. White 等人做过实验，在视距为 750mm 的情况下，将直径为 25mm、44mm 和 70mm 的指示仪表，安装在仪表板上进行可读性测验，然后对反应速度指标和读错率进行比较。结果显示，直径为 44mm 的刻度盘平均反应时间最短、读错率最低。

(2)指针设计

模拟指示大多依靠刻度盘上的指针指示，其设计也应该适应人的视觉特征，以提高认读的速度和准确性。设计指针时要考虑指针的形状、大小、颜色、零点位置及指针与仪表面板的关系等因素。

指针的形状要简单、明快，有明显的指示性形状，不要有装饰。指针由针尖、针体和针尾组成。指针针尖的宽度应与最短刻度线等宽，或等于刻度大小的10^{-n}(n为正整数)倍。若针尖宽度小于最短刻度线宽度，则指针在刻度线范围内的移动不易看清。反之，若大于最短刻度线宽度，则指针在两刻度线之间时，估读精度将会降低。针尖宽度不应大于两最短刻度线间的距离，否则无法进行内插读数。指针的长度要合适，针尖不要覆盖刻度线，一般宜离开刻度线记号 1.6mm 左右。圆形仪表的指针长度若超过仪表盘的半径时，宜将针头部分漆成较显眼的颜色，提高仪表的可读性。圆形仪表指针的长宽比宜取为 8:1 或 36:1，宽厚比宜取为 10:1。正常光照下，观察距离为 460～710mm 时，指针宽度应为 0.8～2.4mm。荧光指针应偏窄些，需要精确度数的仪表，指针应当细些，短的指针应当偏宽些。

确定指针与刻度盘的位置时，一般原则是指针尽量贴近刻度盘面，但又不与刻度盘面接触，以减小由于人的双眼视差和双眼不对称等因素引起的认读误差。指针零点位置的选取与仪表的使用情况有关。圆形仪表的指针零点多在 12 点钟或 9 点钟位置上。一般车辆的时速表和发动机转速表的零点位置见图 4-86a 所示。

(3)刻度和刻度线设计

刻度盘上两个最小刻度标记间的距离称为刻度。刻度的大小根据人眼的最小分辨能力来确定。刻度的最小值一般按照视角为 10°左右来确定，当视距为 750mm 时，刻度一般宜在 1～2.5mm 之间选取，刻度的最小尺寸不应小于 0.6～1mm，在观察时间很短(如 0.25～0.5s)的情况下，刻度可取为 2.3～3.8mm 间距。

每一刻度线代表一定的测量数值。刻度线一般分为长、中、短三个等级。在足够的照明条件下，且观察距离 L(人眼至刻度线的距离)一定时，刻度线的长度可参照表 4-19 选取。刻度线上标度数字的立位应与指针垂直或取正竖位置，使数字正对着操作者，以利于认读。

表 4-19　刻度线长度与观察距离的关系　单位：mm

视　距	长刻度线长度	中刻度线长度	短刻度线长度
500	5.6	4.1	2.3
500 ~900	10.2	7.1	4.3
900 ~1800	19.8	14.2	8.6
1800 ~3600	39.9	28.4	17.3
3600 ~6000	66.8	47.5	28.7

(4)仪表板的色彩搭配

指针式仪表的颜色设计，主要是刻度板面、刻度记号和数字、字符以及指针的颜色匹配问题。颜色搭配是否合理，对仪表的造型设计和仪表可辩读性有较大的影响。

为了使板面部分清晰、显眼，板面、指针和字符既统一又有重点，需要利用色觉原理进行色彩搭配。在实际使用中，由于黑白两色比较容易掌握以及习惯的原因，经常采用黑底白字或者白底黑字。表 4-20 给出了最清晰与最模糊的配色方案。

表 4-20　不同颜色搭配时的配色效果

	清晰的配色效果										模糊的配色效果									
顺序	1	2	3	4	5	6	7	8	9	10	1	2	3	4	5	6	7	8	9	10
底色	黑	黄	黑	紫	紫	蓝	绿	白	黑	黄	黄	白	红	红	黑	紫	灰	红	绿	黑
被衬色	黄	黑	白	黄	白	白	白	黑	绿	蓝	白	黄	绿	蓝	紫	黑	绿	紫	红	蓝

仪表的色彩搭配，还应注意醒目色的使用。醒目色适用于当成仪表警戒部分或危险(急)信号的颜色，但醒目色不适合大面积使用，否则会过分刺激人眼，引起视觉疲劳。如一些汽车仪表板，板面用白色，字体颜色为红色，指针用黄色，警戒部分用橙红色，数字用黑色，就比较合适。

3. 符号与文字的设计

除了定量显示的仪表，车身内还有许多定性显示装置，往往需要通过许多符号和文字来完整、准确地表达所需显示的信息。对字符形状的要求是简单醒目，因此宜多采用直线和尖角，加强各字体本身特有的笔画，以增强可辨认性，避免采用草体和装饰体。对于符号来说，基本要求是形状简单易读、大小易于辨认、颜色清晰醒目、立位自然、符号形象。

对于数字显示装置中数字的设计，最重要的是保证数字之间易于区别。如 0、3、6、8、9 等数字容易混淆，如果再与字母 B、D 等合并使用，就更加不易区别。因此，在数字显示装置中，需要改进字形，使数字之间不容易混淆。而数字的适宜尺寸与观察距离、对比度、照明以及显示时间等因素有关。彼得斯和亚当提出了数字与字母适宜尺寸的计算公式

$$H = 0.0022D + K_1 + K_2 \tag{4-20}$$

式中　H——字母高度；

D——视距；

K_1——照明和阅读条件校正系数，当阅读条件好时取 1.5mm，当阅读条件一般时取 4mm，当阅读条件差时取 6.5mm；

K_2——重要性校正系数，一般情况下取 0，对于重要项目可取 1.9mm。

在实际运用中，如果照明条件不良和照顾近视患者，数字的高度尺寸还可以适当放大些。

4. 仪表板的总体设计

在进行仪表板的总体设计时，主要应该考虑仪表板的位置、仪表的排列及最优认读区域的选择等因素。

为了在保证工作效率的同时减轻人的疲劳，仪表板的空间位置应使操作者不必运动头部和眼睛就能看清楚所有仪表。仪表板与人眼之间的最优距离在 710mm 左右，其上边缘应与操作者的水平视线的夹角不大于 10°，下边缘的视线与水平视线的夹角不大于 45°。仪表板应与操作者的视线成直角，至少不小于 60°。当人在正常坐姿下操作时，头部一般略自然前倾，所以仪表板也应相应设计成有一定角度的倾斜，仪表板与地面的夹角通常为 60° ~ 75°。

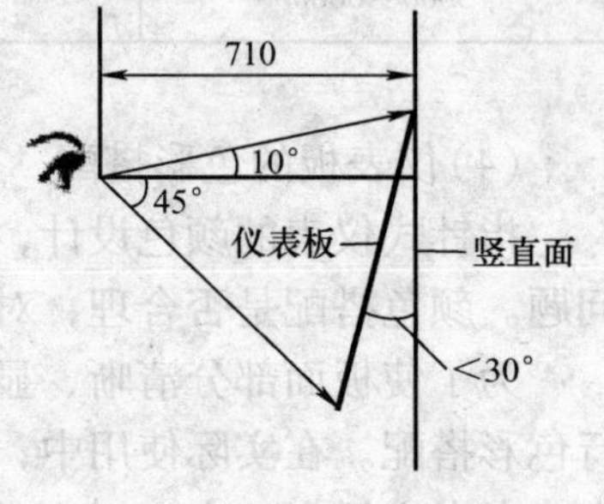

图 4-87　仪表板的空间位置

根据人体视觉规律，仪表板面一般应沿着左右方向呈长方形，板面上的仪表排列顺序最好与它们的认读顺序相一致。最常用和最重要的仪表如车速表、发动机转速表等应该尽可能安排在视野中心 3°范围内，这是人的最优视区。一般性仪表如燃油表、发动机冷却液温度表、里程表等可以安排在 20° ~ 40°的视野范围内。

仪表板主断面位于驾驶人中心对称处，主断面的高度不仅受高个驾驶人腿部空间要求制约，还受矮小驾驶人前方下视野要求制约，设计时应综合考虑。如图 4-88 所示，根据驾驶人前方地面盲区大小要求作前方下视野线 L_d，同时与发动机罩和眼椭圆下方相切，则 L_d 与水平面所成的角度即为驾驶人前方下视野角 α。为保证前方下视野的要求，应使仪表板上方最高点和转向盘轮缘都低于下视野线 L_d。应该保证大多数驾驶人都能通过转向盘上半轮缘和轮毂、轮辐之间的空隙观察到仪表盘。因此，作转向盘轮缘最高处截面下方和眼椭圆上方和公切线 L_1，作转向盘轮毂上方和眼椭圆下方的公切线 L_2，则仪表板应布置在 L_1 和 L_2 之间。连接仪表板中心和眼椭圆中心的直线 L_3 应平分 L_1、L_2 之间的空间。

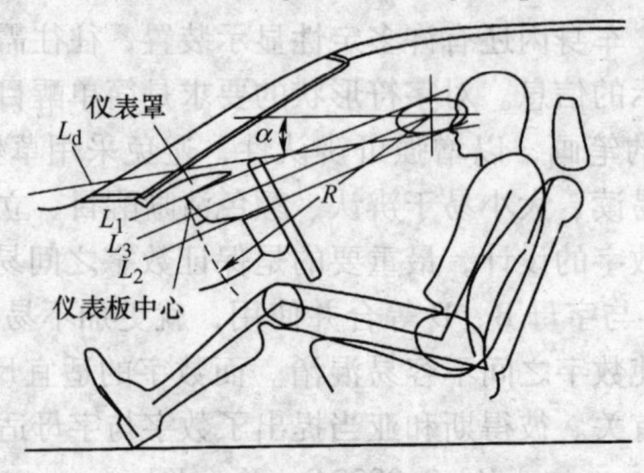

图 4-88　仪表板主断面设计

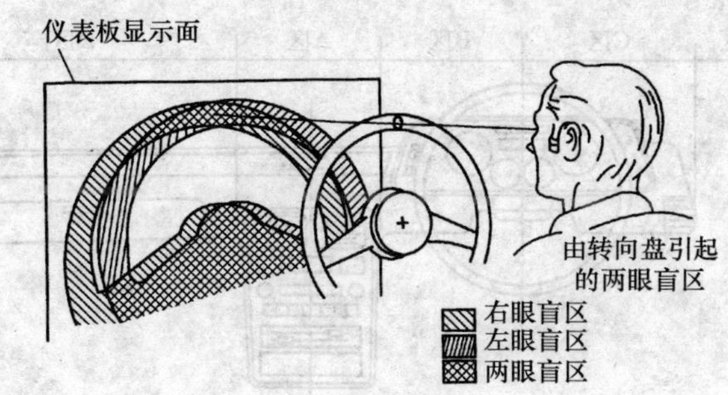

图4-89　由转向盘产生的仪表板盲区

仪表板和仪表在宽度方向的位置应布置在可视区域内。为此，应做出受转向盘阻挡的不可视区域，如图4-89所示。

仪表罩(遮光罩)的功能是防止光线对驾驶人造成眩目。仪表罩应该有足够的深度，以遮住射向仪表玻璃的光线。在设计时应进行眩目检查，如图4-90所示，如果入射光经过仪表板表面反射后不会与眼椭圆相交，则不会产生眩目现象。仪表罩的布置不应影响前方下视野，并且其厚度要适中，以少占用布置仪表板的空间，因此，仪表罩断面应该布置在前方下视野线 L_d 以下、公切线 L_1 的上方，如图4-88所示。仪表罩最前端与转向盘要保持一定的距离，通常大于80mm，以免发生干涉。

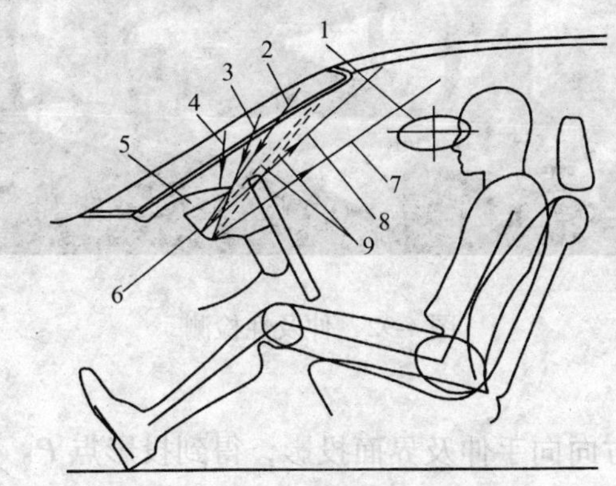

图4-90　仪表防眩目检查

1—眼椭圆　2—入射光线　3—入射光线(射到仪表玻璃的下边界)　4—被仪表罩遮挡的入射光线

5—仪表罩　6—仪表玻璃　7—入射光线3的反射线　8、9—仪表玻璃反射线

5. 操纵件布置

操纵件有多种操纵形式，如旋转选位开关、手推式开关、翘板式开关等。常见操纵件布置区域如图4-91所示。A区为驾驶人和前排乘客功用区域，主要布置收音机、暖风机等与附件相关的操纵件，而不宜布置与驾驶直接相关的操纵件。B和C区的操纵件主要是由驾驶人操作，宜布置与驾驶和汽车状态相关的操纵件，如“发动机点火开关、信号灯开关、电动后视镜开关等。其中行车过程中操作频繁的操纵件应布置在B区。D区一般布置玻璃升降器开关。

仪表板上手操纵件或按钮的布置，以及仪表板断面形状和位置应该考虑驾驶人的手伸及能力，确保驾驶人在不需要大幅度移动身体躯干部位的情况下，能够方便有效地操作仪表板

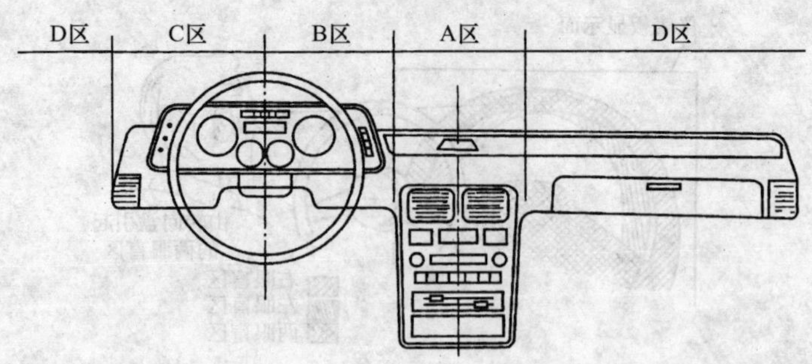

图 4-91　操纵件布置区域

上的操纵钮件。作出驾驶人手伸及界面后，即可检验操纵件布置，如图 4-92 所示。当操纵件在手伸及界面的内侧(靠近驾驶人一侧)时，认为其满足手伸及性的要求。设待检测钮件为点 T，检测方法如下：

图 4-92　伸及性检测

1)定位手伸及界面。

2)将待检测点 T 沿 x 方向向手伸及界面投影，得到投影点 P。

3)比较待检测点 x 坐标 x_T 和投影点的 x 坐标 x_P。若 $x_T > x_p + \Delta$，则待检测点是可伸及的；反之则待检测点不可伸及。其中，为采用不同操作类型时的功能修正量，当采用三指抓握时，$\Delta = 0$；当采用手指推时，$\Delta = -25\text{mm}$。

在满足手操作伸及性的基础上，还可以用数字人体模型软件分析操作的舒适性和方便性，检查在操作过程中是否容易与转向盘发生干涉；操纵件是否位于视野观察范围内，并且不被转向盘及其操纵件所阻挡；分析操作力的大小是否处于合适的范围内。

【阅读资料 4-5】　车身人机工程设计软件——RAMSIS 简介

RAMSIS 是德语“Rechnergestütztes Anthropologisch-Mathematisches System zur Insassen-Simulation”的缩写，意思是“用于乘员仿真的计算机辅助人体数字系统”，是一种用于乘员仿真和车身人机工程设计的高效 CAD 工具，是由德国 TECMATH 公司(现在的 Human Solutions 公司)在慕尼黑技术大学人机工程学系的协助下开发的，如图 4-93 所示。该软件为工程师提供了一个详细的数字人体模型，来模拟仿真驾驶人的驾驶行为。设计者在产品开发过程的初期，在只有少量 CAD 数据的情况下就可以进行大量的人机工程分析，从而避免在后续产品开发过程的较晚阶段进行昂贵的修改。RAMSIS 已经成为全球汽车工业用于人机工程设计的实际标准，目前已经在全球70%以上的轿车制造企业中使用。

RAMSIS 的主要特征和强项是其自动姿态计算，从根本上用全新的方法来放置人体模型，用户只需要为人体模型描述一组任务，人体模型位置的调整是自动完成的。用户可以载入一个车辆的 CAD 模型，创建 RAMSIS 人体模型并且通过文本格式来定义一些让人体模型来执行的任务。利用真人在大量实车驾驶和操作的试验数据的基础上，RAMSIS 姿态计算流程可以自动计算出人体模型的真实姿态。视野校核是 RAMSIS 的重要分析功能，人体视野分析可通过同心圆和同心圆锥表示视野范围。RAMSIS 能够计算出驾驶人或者乘员的视野范围，使用户可以直观地了解驾驶人或者乘员当时的视野范围。RAMSIS 的伸及界面工具可以分析人体模型的手或者脚的可伸及范围，也可以分析用户定义的多体系统的可伸及范围。RAMSIS 还提供了操作力分析工具，使用户可以了解在指定方向和位置上，人体可以作用多大的操作力。在汽车设计过程中，驾驶人以及乘员的疲劳度和不舒适感觉反馈对于设计工作已经越来越显得重要。对于各种姿势的人体模型，RAMSIS 都能给出相应的舒适性评价。这些评价目标不只包括整个人体模型的舒适性评价，也包括人体各个重要关节的评价，如肩、颈、左右手、左右腿等部位的舒适性，RAMSIS 都会同时给出在此姿势下的不舒适感觉程度。

Human Solutions 公司于2002年开发了集成在 CATIA V5 中的 RAMSIS，称之为 RAMSIS in CATIA V5，在使用上相当于 CATIA V5 的一个模块。结合 RAMSIS in CATIA V5 对 RAMSIS 进行介绍。

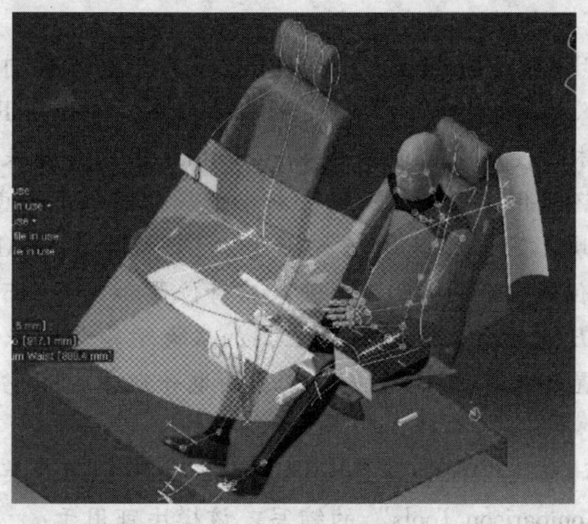

图4-93 利用 RAMSIS 软件对轿车驾乘布置方案进行分析

1. RAMSIS 的特点与优势

RAMSIS 具有如下的特点与优势：

1）自动计算姿态(Posture Automatic Calculation)。传统的计算机人体模型工具是基于动画技术，而 RAMSIS 是基于仿真技术。传统的计算机人体模型需要操作者手工输入人体模型各关节的角度来主观地创建人体姿态，这个过程很不明确，因人而异，也非常耗时。而

RAMSIS 系统可以根据操作者对人体模型定义的一组任务，自动地将人体模型调整到完成指定任务所需要的最佳姿态。由于 RAMSIS 所使用的姿态预测模型（RAMSIS Posture Prediction Model）是基于对大量真人完成驾驶与操作任务的测量而开发的，它确保了 RAMSIS 所计算出的人体姿态与真实情况一致。

2）分析结果与真实情况一致，与操作者的经验和技术无关。传统的计算机人体模型需要操作者手工定义人体尺寸与人体姿态，分析的结果在很大程度上取决于操作者的使用水平和经验。而 RAMSIS 不仅提供了一个人机工程学仿真的工具，还集成了人机工程学的理论、原理、数据和方法，其主要是由系统来定义人体尺寸和人体姿态，并保证分析的结果与真实情况相一致，无论操作者的知识及使用水平如何，其分析结果是一致的。

3）提供了丰富的人体模型库，满足了对各种不同目标市场用户分析的要求。RAMSIS 系统提供了 8 组国家和地区的标准人体模型库，涵盖了欧洲、美洲、亚洲主要国家的人体模型。

4）提供了丰富的人体姿态库，可以完成各种不同车辆和不同分析任务的要求。RAMSIS 系统提供了 8 个人体姿态库，可以选择用来完成轿车、货车、摩托车或其他车辆（使用 H30 模型）的驾驶人及乘客的各种人机工程的分析任务。

2. RAMSIS 软件的系统构成

RAMSIS 有三个软件包，分别是汽车单机版（RAMSIS Automotive Stand-Alone）、RAMSIS 汽车集成 CATIA V4 版（RAMSIS Automotive in CATIA V4）和汽车集成 CATIA V5 版（RAMSIS Automotive in CATIA V5）。

RAMSIS 主要有以下几个模块：

1）人体模型创建模块（BodyBuilder）。BodyBuilder 用于创建并自由处理 RAMSIS 人体模型的尺寸。它所创建的人体模型被限制在预定的人体形态，即使用 RAMSIS 创建的人体模型是现实中真实存在的人体。设计者可以使用 BodyBuilder 根据目标来编辑这些模型的身体尺寸。另外，BodyBuilder 还提供了各种强大的分析功能，能够一次考虑几个人体尺寸。

2）SAE 设计工具模块。设计工具包括 SAE J826 人体模板、SAE J1052 头部包络位置、SAE J941 驾驶人眼椭圆位置、SAE J1517 驾驶人座椅位置和 SAE J1516 布置设计参考工具。

3）安全带模块。在 *H* 点测量工具的基础上，加拿大运输局组织开发了一个与安全性相关的分析座椅安全带布置的工具，eBTD 是该工具的电子版本，用它可以在设计阶段进行各种实验的仿真分析。

4）驾驶室总布置设计模块（ASPECT Desing Tools）。ASPECT 是英文“Automotive Seat and Package Evaluation and Comparison Tools”的缩写。该模块可用于：

①将 *H* 点人体模型提升为评价座椅及车辆总体布置设计的物理工具。

②根据汽车及座椅设计的主要参数，开发一个人体模型及姿态预测模型，应用于表示任何人体类型的 CAD 人体模型。

5）驾驶人动态分析模块（RAMSIS DYNAMIC）。它主要用于驾驶人上下车、操作力和动态作业的仿真。

3. RAMSIS 系统的主要功能

1）定义分析用的人体模型样本，如图 4-94 所示。

2）主要布置设计任务，如图 4-95 所示。

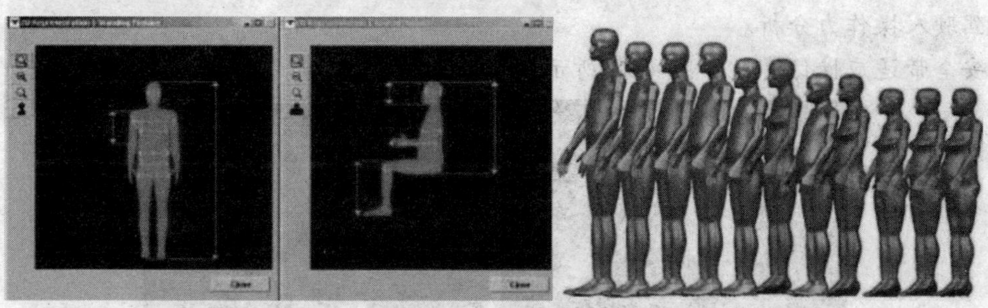

图 4-94　创建人体模型样本

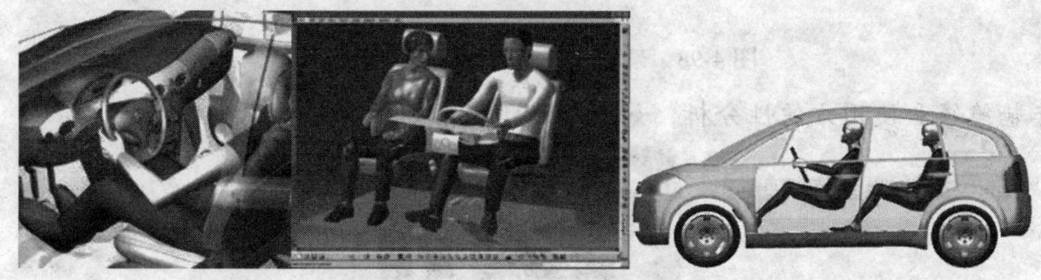

图 4-95　主要布置设计任务

3）驾驶人操作伸及性分析，如图 4-92 所示。

4）驾驶人前视野分析，如图 4-96 所示。

图 4-96　驾驶人前视野分析

5）驾驶人后视野分析，如图 4-97 所示。

图 4-97　驾驶人后视野分析

6）驾驶人坐姿舒适性分析。

7) 驾驶人操作力分析。

8) 安全带适应性仿真，如图 4-98 所示

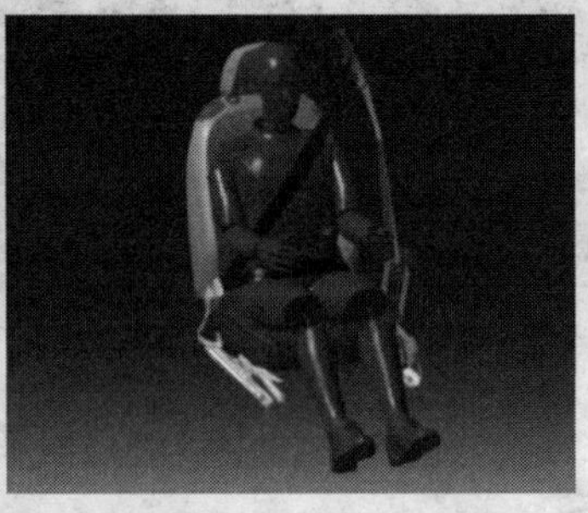

图 4-98　驾驶人安全带固定点位置设计

9) 车辆维修和使用方便性分析，如图 4-99 所示。

图 4-99　车辆维修和使用方便性分析

复习与练习题

一、填空题

1. H 点装置有两种________和________。

2. 最常用的百分位人体尺寸有三个________、________和________。

3. 眼椭圆定位包括确定________、________。

4. H 点在不同场合有三种不同的表现形式________、________、________。

二、名词解释

1. 硬点尺寸。

2. 驾驶人手伸及界面。

3. 眼椭圆。

4. 设计 H 点。

5. 实际 H 点。

6. 乘坐参考点。

三、简答题

1. 车身总布置中应考虑哪些性能要求？试简述改善视野性的方法。

2. 什么是人体尺寸百分位？最常用的是哪几个百分位？如果要保证 90% 的人都能在所设计的座椅调节范围内乘坐舒适，应采用何种百分位设计？

3. H 点装置的功能和用途有哪些？

4. 什么是眼椭圆的视切比？请说明相切于第 95 百分位眼椭圆上、下方的切线的含义？

5. 驾驶人手伸及界面如何进行定位？

6. 驾驶人视野校核的目的和依据是什么？包括哪些内容？

四、思考题

应用眼椭圆视切比概念如何进行轿车仪表板断面设计？

五、讨论题

1. 试阐述现代轿车车身总布置设计的主要内容。

2. 现代轿车乘员空间布置的主要依据是什么？如何保证驾驶人乘坐空间能够适合目标群体的大多数个体？

第5章　汽车造型与空气动力学

学习目标

1. 了解汽车造型设计的特点和要求
2. 掌握汽车空气动力学基本知识
3. 熟悉汽车空气动力性在车身造型中的应用

学习要求

知识要点	能力要求	相关知识
汽车造型的特点和要求	了解汽车造型的特点和要求	汽车造型演变与空气动力学关系
汽车空气动力学基本知识	掌握空气动力学基本概念	空气阻力、空气阻力系数、粘滞现象、流谱
空气动力特性在车身造型设计中的应用	了解汽车外形优化实例	优化方法
空气动力性实验	了解空气动力性实验任务	风洞试验

【导读】　　汽车造型的演变与空气动力学的关系

1930年后，汽车设计越来越重视车身外形对减少空气阻力的重要性。1934，美国的克莱斯勒公司生产的气流牌(Air Flow)小客车，首先采用了流线形的车身外形。虽然在销售方面遭到了惨败，但它却宣告了汽车造型新时代的开始。流线形车身的代表是德国大众“甲壳虫”汽车，其形状阻力很小，但对横风有不稳定性。为了克服甲壳虫形汽车对横风的不稳定性，1949年美国福特公司经过几年的努力，推出了新型的福特V8型汽车，这种汽车改变了以往汽车造型的模式，使前翼子板和发动机罩，后翼子板和行李箱盖合为一体，前照灯和散热器罩也形成整体，车身两侧形成一个平滑的面，车室位于车的中部，整个车像一只小船，因此称为“船形汽车”。船形汽车尾部过分向后伸出，形成阶梯状，在高速时会产生较强的空气涡流。为了克服这一缺陷，把船形车的后窗玻璃逐渐倾斜，倾斜的极限即成为斜背式。由于斜背式汽车的背部像鱼的脊背，故被称为“鱼形汽车”。鱼形汽车的背部和地面的角度比较小，尾部较长，围绕车身的气流比较平顺，涡流阻力较小。同时，其侧面的形状阻力也较小。但由于其造型关系，在高速时会产生一种升力，使车轮附着力减小，易发生偏离的危险。为克服这一缺陷，可以将其尾部截短，也可以在尾部安上一只上翘的“鸭尾”，以克服一部分升力。为降低升力，提高汽车高速行驶时的稳定性，发展出了楔形汽车。楔形汽车将车身整体向前下方倾斜，车身后部像刀切一样平直，这种造型能有效地克服升力。从空气动力学的角度来看，楔形汽车造型已接近理想的造型，这种空气动力性优化的汽车成为20世纪80年代车身造型的主导方向。80年代后，子弹头型轿车因既具有轿车的造型风格、操纵性能和乘坐感觉等特性，又具有小型客车的多乘用和大空间的优点，且前风窗玻璃倾斜度很大，外形圆滑，风阻系数很小，因此，成为当今集商用、家用和旅游休闲等功能为一体的多用途车。

由汽车车形的发展史可以看出，从厢式车身到甲虫形车身，从甲虫形身到船形车身，从船形车身到楔形车身，直到今天的轿车车身模式，每一种车身外形的出现，都不是某一时期单纯工业设计的产物，而是伴随着现代空气动力学技术的进步而发展的。

5.1　汽车造型设计特点和要求

汽车造型设计是汽车车身设计的开始，是指汽车总布置和车身总布置基本确定之后进一步使汽车获得具体形状和艺术面貌的过程，是汽车设计过程中的重要组成部分。汽车工业的初级阶段并没有造型设计，它是在汽车性能逐渐完善、有一定的生产技术水平和规模，而且产品与人们生活密切相关时，才形成的汽车设计过程。汽车造型属于工业产品造型的一个重要分支，是评价车身设计质量的重要指标之一。

5.1.1　汽车造型设计特点和内容

1. 汽车造型设计特点

①汽车造型是一个需要综合结构力学、人机工程学、空气动力学、造型艺术、工程材料等多学科知识的综合性设计问题。

②汽车造型艺术不同于其他造型艺术，具有独特的艺术特点。

③汽车产品的造型具有物质功能与精神功能的双重特性。

④要充分反映力学、材料学、机构学的新成就，体现最新材料、先进结构、先进工艺的特征。

2. 汽车造型设计内容

汽车造型设计包括外形设计和室内装饰设计两部分。汽车造型设计师的工作是：参与汽车总布置设计和车身总布置设计，绘制效果图，雕塑模型，将外形形体上的曲线表达在主图板上，制订室内造型和覆饰设计方案，最后协同结构设计师将造型具体体现在车身结构上。

(1)汽车外形设计

汽车外形设计取决于以下因素：

①整车总布置和车身总布置。不同用途的汽车总布置设计是不同的。即使同一类车，因其用途和性能要求不同，各总成的类型及尺寸也不同，经过总布置设计，汽车各部分总成的相对位置和乘员室的尺寸即可确定，根据总成的外部轮廓并考虑适当的间隙，就可以确定汽车的基本形状。另外，优先满足的性能要求不同，总布置也不同，这就决定了汽车车身设计也有所不同。这是决定汽车造型不同的重要原因。

对于同一类型、同一级别的汽车，在造型方面，一般会有许多相似之处。在这一阶段，汽车造型设计师需要与总布置设计师共同合作，调整汽车的基本尺寸，以便使汽车各部分更为匀称协调。

汽车总布置与汽车造型匀称美观有时是矛盾的，不能使汽车因追求完美的比例而影响汽车的功能，同样也不可能在一个比例尺寸完全不协调的结构上制造出一个完美的车身形体。汽车造型设计师与结构设计师通常要深入掌握实用与美观双方要求的要点，密切配合，从整车的双重要求出发，合理解决各种矛盾。

②汽车表面形状，主要是汽车车身表面覆盖件的形状，构成了汽车的外部造型。这一阶段要解决的是美学和样式问题、车型的继承性和风格问题。要使汽车有精确的线条和外形，并具有完美的雕塑形体。

美学和样式问题，既取决于空气动力学在汽车外形设计中的应用，又取决于人们对审美的要求，还取决于车身表面大型覆盖件的生产工艺。

③汽车车身表面覆盖件的生产工艺，主要包括冲压、焊接和装配等，这是保证汽车雕塑形体的关键。因此，汽车造型设计人员要与工艺人员密切联系，掌握工艺生产规律，除了在造型上尽量合理外，还要求工艺人员更好地利用现有条件和采用先进的工艺技术，最大限度地满足汽车造型要求。

④汽车外部装饰，主要有保险杠、车灯、车轮轮辋外罩、电镀条、标志的形状和位置，以及车身的色彩处理等；汽车外部装饰，除了要考虑使汽车外部艺术面貌更完整以外，还要考虑材料工艺问题，如塑料、电镀、喷漆、装配等。

(2)汽车室内装饰设计

汽车室内装饰一方面是仪表盘、转向盘、座椅以及操纵手柄和门把手等附件的造型，另一方面是覆盖材料的选择，包括纺织品、皮革制品、塑料制品、板材等。同时还要考虑它们的质感和色彩对人产生的心理和生理的影响，以充分发挥材料的装饰性能。

此外，汽车室内设计还应符合人机工程学的要求。此内容在人机工程学的章节已有阐述。

汽车造型不仅包含着汽车的结构信息和功能信息，同时包含着设计师的创意和经验。大多数汽车造型特征的名称，与该特征包含的汽车车身零件名称是一致的，比如发动机罩、前照灯、风窗玻璃等。汽车造型对于风格、品牌、类型的体现，都是通过汽车造型特征进行的。

人们认知一辆汽车时，不同的特征引起的关注程度和视觉反应是不同的。以典型的三厢四门轿车为例，通过实验发现，汽车整体造型和汽车前端造型特征的受关注部位最多，即多数人在观看汽车时，视点多停留在这几个区域，如图5-1所示。

全体车型	车身比例 车身圆弧变化 车身颜色
车前端	前照灯样式 进气格栅样式 发动机罩的面
车尾段	尾灯形式
车侧面	侧车门形式 侧面轮廓线走势

图5-1　汽车造型特征重点认知部位

这些特征是人们在观看汽车时往往会首先注意到的部分，也是造型信息最集中、信息量最大最重要的部分，是汽车造型设计的重点。

总之，一辆造型设计优秀的汽车不仅具有浑然一体的整体造型风格，同时注重面与面之间的微妙过渡和富有变化的细节。

5.1.2　汽车造型设计要求

1. 良好的空气动力特性

汽车外形的发展史是汽车性能的提高和空气动力学在汽车上的具体体现过程。当汽车以高速行驶时，气流对汽车的行驶状态影响很大。因此，汽车具有良好的空气动力特性十分重要。既要使汽车具有合理的外形，以便尽可能减小空气阻力，以改善汽车的动力性和提高燃油经济性；同时还要使汽车具有良好的空气动力稳定性，这是汽车发挥高速度同时保证行车安全的重要条件之一。

2. 良好的适用性

汽车造型设计必须满足乘员生理和心理上的要求。即按照人机工程学的原理使汽车结构合理，保证乘坐的安全性、舒适性、操作方便性及视野良好等要求。造型设计师与结构设计师应密切配合，尽量使完美的艺术形象体现在合理的车身结构上。

3. 应具有完美的艺术形象

汽车的艺术形象，不仅表现在汽车的形体上，还表现在汽车装置及附件上，如座椅、灯具、各种装饰品、各种仪表、电器等附件上。在汽车造型设计过程中，需要用美学准则和艺术手法进行巧妙的设计。

4. 车身应具有良好的工艺性

汽车车身由许多大型覆盖件构成。在汽车造型设计时，应充分考虑这些零件的制造工艺，如合理分块，尽量减少拉延深度，减少冲压工序，简化冲模结构，并使零件具有良好的装焊工艺性等。

5. 应考虑材料的装饰效果

汽车车身上采用多种材料，如钢铁、有色金属、玻璃、纺织品、皮革、工程塑料、橡胶、木材、纸、油漆等。造型设计师应深入了解各种材料的性能、工艺方式，并正确选用，以表现其装饰效果。

室内造型设计的趋势是采用软覆饰材料。近年来，聚氨酯、聚氯乙烯、ABS 等工程塑料，各种合成纤维及复合材料等新型材料的普遍应用，既减轻了重量、简化了结构工艺，又安全舒适，使汽车室内装饰面貌焕然一新。

6. 对造型人员的要求

汽车造型的难度不但体现在它是一个尺寸较大的曲面体，而且承载了很多美学与技术因素。与其他工业设计产品相比，汽车造型设计对于手绘效果图的要求要多很多。另外，要求设计师必须掌握专门的油泥模型制作技术。同时，还需要掌握计算机汽车曲面建模技术等。总之，汽车造型需要多方面、多领域的知识，至少应有造型师、色彩花纹设计师、实物模型师、三维数字模型师和逆向工程师等五方面技术人员组成，要求他们应具备丰富的创造性、卓越的表现能力、较宽广的知识面、良好的协作精神等。

在上述影响汽车造型的诸多因素中，汽车空气动力学对汽车造型的影响受到高度重视。由于各汽车制造公司之间的竞争，汽车一般每年都有局部改进。轿车车身每隔 3 ~ 6 年即进行全部更新换型(货车每隔 8 ~ 10 年)。车身造型必须充分考虑实际使用价值并满足人们的审美要求。

5.2　汽车空气动力学基本知识

汽车行驶时，与空气产生复杂的相互作用，需要承受很大的气动力作用，特别是高速行驶的轿车，气流对轿车的行驶状态将产生极大的影响。汽车的空气动力学特性主要取决于车身造型。汽车造型与空气动力学的关系，将直接影响汽车的下列因素：

1) 车速。

2)高速行驶的稳定性。

3)在侧风作用下，直线行驶的稳定性。

4)空气噪声的干扰。

5)汽车表面的泥尘污染。

因此，汽车造型设计者必须掌握有关空气动力学的知识，使汽车外形设计不但满足功能和美学要求，而且应具有良好的空气动力性能。汽车具有良好的造型不仅可以降低汽车的气动阻力，提高汽车的动力性，还可以提高汽车的行驶稳定性和燃油经济性，降低空气噪声等。对高速轿车来说，空气动力稳定性是轿车高速安全行驶的重要保证。近年来，随着汽车工业的发展与汽车行驶速度的提高，各国对汽车空气动力特性的研究越来越重视，进行了深入研究和大量试验，力求减小正面迎风阻力和气动升力对高速行驶汽车性能的影响。

5.2.1 汽车空气动力学的研究内容

汽车空气动力学主要是应用流体力学的知识，研究汽车行驶时，即与空气产生相对运动时，汽车周围的空气流动情况和空气对汽车的作用力(称为空气动力)，以及汽车的各种外部形状对空气流动和空气动力的影响。具体来说，是利用流体力学的基本定律、基本原理和基本方法，分析气流绕流汽车时的速度场、压强场，研究作用在汽车上的气动力和气动力矩及其对汽车性能和造型影响的一门学科，属于工程流体力学的一个分支，也是汽车工程的一个重要领域。此外，空气对汽车的作用还表现在对汽车发动机的冷却，车厢里的通风换气，车身外表面的清洁，气流噪声，车身表面覆盖件的振动，甚至刮水器的性能等方面的影响。汽车空气动力学主要分内流和外流两种情况，整车空气动力特性属于外流，空调系统、车室内的空气流动等属于内流。

汽车空气动力学研究的重要手段是风洞试验，在原理、方法上和航空、船舶、火车等的空气动力学风洞试验有很多相同和相似之处。例如在研究空气动力、压强场和流场显示方面有非常相近之处。但是汽车是在地面上行驶的物体，气动特性介于锐边的平板和流线体之间，且行驶状况异常复杂，因而，汽车空气动力学有别于上述分支学科，有其自身的特点。

5.2.2 汽车的空气动力

汽车在行驶时，车身外表面会受到空气阻力、升力和侧向力，这三种压力合成得到作用于汽车上的合力，称为气动力。作用在汽车上的气动力和气动力矩与汽车的性能密切相关，气动阻力直接影响轿车加速性和燃油消耗率等经济性以及动力性方面的指标。气动侧向力、升力和横摆力矩直接影响汽车的稳定性和直线行驶能力，影响汽车的操纵性能，从而影响行驶安全性。

行驶时的汽车所受到的气动力系如图 5-2 所示。坐标系的原点位置是汽车的重心。当汽车行驶时，相当于在气流场中运动，作用在汽车上的空气力和力矩是相应六个自由度的六个分力，分别是：气动阻力 F_D(Drag-Force)(即空气阻力)、气动侧向力 F_S(Side Force)、气动升力 F_L(Lift-Force)、侧倾力矩 M_x、俯仰力矩 M_y 和横摆力矩 M_z。气动阻力、气动侧向力和气动升力分别是沿着 X 轴、Y 轴和 Z 轴三个坐标方向的分力，其实际作用点分别是汽车正面、侧面和水平面的风压中心，即正投影、侧投影与水平投影的形心。一般情况下，这三个形心相互不重合，与车辆的重心也不重合。当把这三个力转移到汽车的重心位置时，就会产生围绕以汽车重心为原点的三个坐标轴的三个力矩。

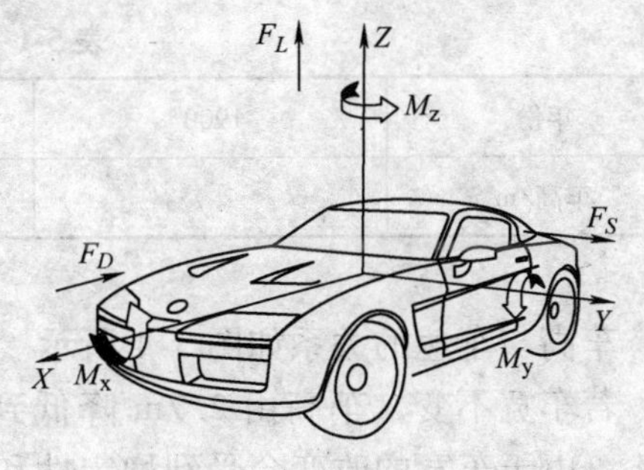

图 5-2　轿车所受的气动力和气动力矩

1. 气动阻力(即空气阻力)和空气阻力系数

汽车在流动的空气中运动时，其尺度(投影面积)、形状、运动速度和空气密度等多种因素都会对运动状态产生影响。在前进方向上会受到空气的阻碍作用，即气动阻力，也称为空气阻力。

如果在车重不变的情况下，速度和功率成正比，速度提高一倍，功率则要翻两倍。这种假设实际上是不正确的，其原因是存在空气阻力和轮胎的滚动阻力。滚动阻力大致是恒定的，而空气阻力则往往是变化的。如图 5-3 所示，当速度达到 60 ~ 70km/h 时，空气阻力将逐渐增大，超过 100km/h 时，功率几乎全部消耗在克服空气阻力上了。由此可知，减小空气阻力是良好的车身外形设计的主要内容。

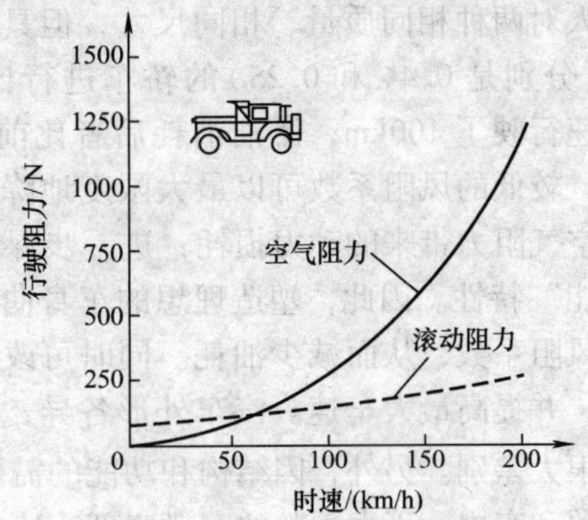

图 5-3　车速与空气阻力的关系

空气阻力是汽车行驶时所遇到最大的也是最重要的外力。空气阻力主要影响汽车的动力性和燃油经济性。当一辆轿车以 80km/h 的时速前进时，有 60% 的油耗是用来克服风阻的。

为了综合考虑上述影响因素，人们专门定义了用于描述汽车空气动力学特性的系数——汽车空气阻力系数，也称为风阻系数，用 C_D 表示

$$C_D = \frac{F_D/A}{q} = \frac{2F_D}{\rho v^2 a} \tag{5-1}$$

式中　F_D——汽车的空气阻力；

q——动压；

ρ——空气密度；

v——气流速度(相当于汽车行驶速度)；

A——汽车的迎风面积，即正面投影面积，该面积包括汽车底部零件及轮胎的前视投影面积。

由上述公式可知，汽车的空气阻力系数可定义为作用在迎风面积上的平均压力 F_D/A 与动压力 q 的比值，可见，C_D 是一个无量纲量。同理，升力系数 C_L 升力系数 C_S 也是无量纲量，它们都是评价车身外形空气动力特性的重要指标。

空气阻力系数是计算汽车空气阻力的一个重要系数，其大小主要取决于汽车的外形。由公式可知，空气阻力系数与空气阻力成正比，空气阻力系数愈大，则空气阻力愈大；与汽车的迎风面积成反比，另外，还与汽车行驶速度和空气密度有关。因此，减小汽车的迎风面积可以减小空气阻力。从车身正面看，首当其冲是降低汽车的高度。表 5-1 列出的车身高度的历年变化情况。

表 5-1　车身高度历年变化情况

年份	1900	1910	1920	现代
车高/m	2.7	2.4	1.9	1.4

车高与车速的关系如图 5-4 所示。

若车宽不变，车高由 2.7m 降低到 1.4m，车速则由 80km/h 提高到 120km/h，提高了 50%。由于车宽的改变会受到稳定性和舒适性的限制，所以现代汽车的宽度不但没有减小，反而还大了些。这也是汽车的横断面由最早的方形变为现在的椭圆形的主要原因。

减小空气阻力系数可以提高燃料经济性，据试验表明，空气阻力系数每下降 10%，就可节省燃油 7% 左右。曾有人对两种相同质量、相同尺寸，但具有不同空气阻力系数(分别是 0.44 和 0.25)的轿车进行比较，以 88km/h 的车速行驶了 100km，燃油消耗后者比前者节约了 1.7L。显然，较低的风阻系数可以最大限度地降低汽车行驶过程中由空气阻力带来的动力损耗，进一步保证了汽车的“环保节能”特性。因此，塑造理想的车身曲线，可以降低车辆的风阻系数，从而减少油耗。同时可改善高速时的加速性能，并提高最大车速。汽车外形各异，空气阻力系数会产生很大差别。另外，因结构和功能的需要，车身上存在许多凹槽或凸起，有冷却空气流过散热器和车内，不太平整的车辆底部，这些都会影响汽车风阻系数。表 5-2 表明了目前中级轿车的风阻系数。汽车风阻系数是评价车身外形空气动力特性的一项非常重要的指标。风阻系数一般通过风洞试验测量得到。

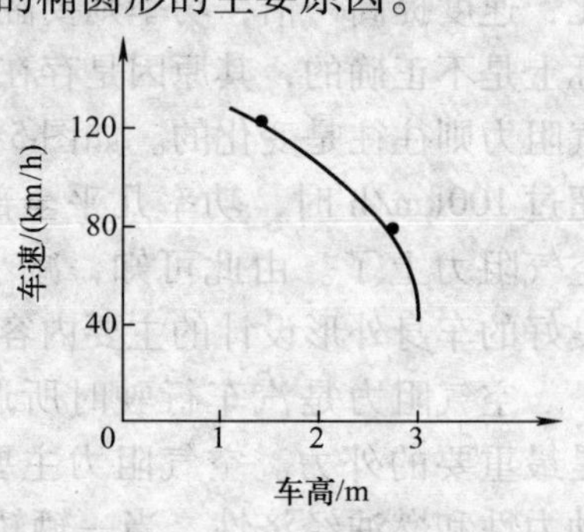

图 5-4　车高与车速的关系

表 5-2　目前市场上主流的中级轿车风阻系数

车型	三菱翼神	本田思域	马自达 A3	福特福克斯	荣威 550	速腾	标致 307
风阻系数	0.29	0.29	0.31	0.31	0.3	0.32	0.33

作用在汽车车身上的空气阻力一般可分成 5 个分力：形状阻力、表面摩擦阻力、诱导阻力、干扰阻力和内部阻力。

(1)形状阻力

形状阻力是轿车前部的正压力和车身后部的负压力所产生的压力差而引起的阻力。5 个分力中最有意义的是形状阻力，约占整个空气阻力的 60%，是空气阻力的主要部分。随着汽车向前运动，汽车周围的空气对整个车身表面施加压力，并且压力是变化的。图 5-5 所示为轿车典型的静态压力分布及压力系数的变化情况。汽车车身各表面的形状及其连接处的转折方式是影响形状阻力的主要原因。

(2)表面摩擦阻力

空气流经汽车表面时会产生摩擦力，这个分力通常称为表面阻力，即表层摩擦力。轿车的摩擦阻力约占整个空气阻力的 9%。它取决于车身表面的面积和光滑程度。

(3) 诱导阻力

汽车在高速行驶中，由于车身上下两表面的气流压力不同，下面所受的气流压力比上面大，这种压力差必然会产生一种向上的升力，汽车的升力并非完全垂直于其运动方向，其纵向水平分力称为诱导阻力，车速越快，压力差越大，升力就越大，诱导阻力也越大。诱导阻力的大小取决于车身后背上的气流受尾部涡流的影响而向下偏转的角度，以及偏转后的气流对车身后背的作用距离。气流向下偏转越厉害，在倾斜的后表面上流过的距离越长，诱导阻力就越大。轿车的诱导阻力约占整个空气阻力的 5% ~7%。为了减小诱导阻力，就必须减小升力。

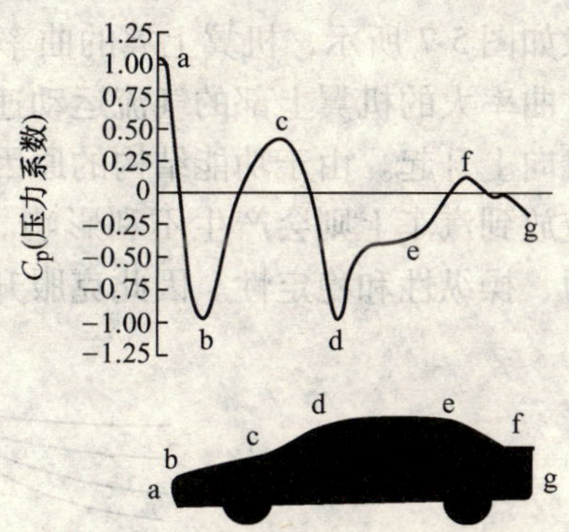

图 5-5　典型的静态压力分布及压力系数的变化情况

(4) 干扰阻力

干扰阻力通常又称为附件阻力。这种力是由车身表面突起物引起的气流相互干扰而产生的阻力。产生这种阻力的构件主要有车轮、车轮罩、后视镜、门把手、排水槽、刮水器和前牌照等。轿车的诱导阻力约占整个空气阻力的 15%。

(5) 内部阻力

内部阻力又称为内循环阻力，是由轿车发动机冷却系、车室内通风等气流经车体内部时所造成的阻力，一般约为空气阻力的 10% ~13%。

由图 5-5 所示的轿车气流中心线压力分布可以看出，汽车最前端 a 处压力最大，这也是形状阻力的最大点。高压、低速气流快速地在前上角 b 处周围加速，然后快速地慢下来。接下来的空气也许没有足够的动量克服压力梯度的阻力和摩擦阻力，以便将空气沿着车身表面带走。摩擦阻力导致空气与车身表面分开，产生回流区。对空气阻力产生关键影响的是风窗玻璃的倾斜度。研究结果表明，小倾角的风窗玻璃较好，但小倾斜角不仅会减少驾驶人头上方的空间和乘员室的空间，也会产生车内反光，使透光性变差。图 5-6 表明了发动机罩的倾斜度和风窗玻璃的倾斜角与空气阻力的关系。

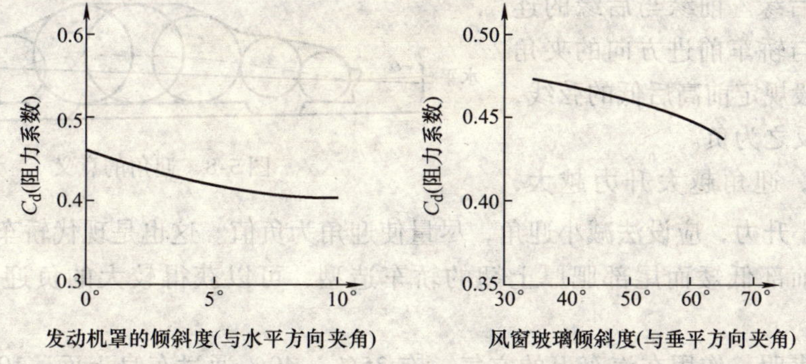

图 5-6　车身前部形状的改变引起的阻力下降

2. 升力

根据伯努利流体力学原理，当流体运动速度高时，其密度低、压力小。而当流体速度低时，其密度高、压力大。飞机就是利用这个原理获得了上升的空气压力。飞机机翼的断面形状如图 5-7 所示，机翼上翼的曲率大于下部，当飞机在发动机的推动下在气流中运动时，通过曲率大的机翼上部的气流运动速度大于机翼下部的气流，机翼下部较大的空气压力使得飞机向上升起。由于功能结构的原因，汽车的截面形状与飞机机翼有相近之处，但是同样的效应放到汽车上则会产生不利影响。汽车的升力会降低轮胎的附着力，从而影响汽车的驱动力、操纵性和稳定性。因此克服升力是汽车造型设计要解决的主要问题之一。

图 5-7　机翼的气动升力

汽车底面大都是不平整、不光滑的，汽车底部产生的涡流以及气流在底面形成的附面层，严重阻碍着底部气流的流动，底部气流受阻塞使得压力升高，形成对汽车的升力作用。流经汽车上表面的气流流速往往大于流经底部的气流流速，产生的压力差使之有一个由下向上的力，这就是升力。由于升力不同，产生了汽车绕 Y 轴旋转的俯仰力矩 M_Y，俯仰力矩会造成汽车在行驶方向上偏移，是对车辆的操控稳定性和行驶安全性影响最大的因素之一。

轿车的升力并非完全垂直于轿车的运动方向，升力向上为正，反之为负。如某轿车以160km/h 的速度行驶时，前轴上所受的正升力占轿车重力的 20% ~25%。这将大大降低前轮与地面间的附着力，重量轻特别是重心靠后的轿车，对前端的升力尤其敏感。升力随着车速的增加而上升，由于前轮失去附着重量，使轿车有可能失去控制。尤其在转弯时或受到侧面来的阵风作用时，轿车失控的险情会更大。因此，从安全角度考虑，减小升力比降低空气阻力更为重要。

升力与车身形状有关，通常用中线和迎角来说明二者的关系，如图 5-8 所示。轿车各横截面的形心的连线称为中线，中线的最前端和最后端分别称为前缘和后缘。前缘与后缘的连线称为弦。弦与轿车前进方向的夹角称为迎角。一般规定前高后低的弦线，其迎角为正，反之为负。

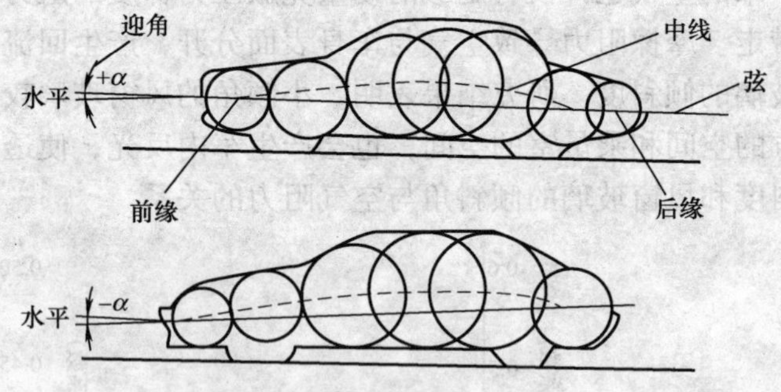

图 5-8　迎角的意义

正迎角时，迎角越大升力越大，因此，为了减小升力，应设法减小迎角，尽量使迎角为负值。这也是现代轿车前低后高减小升力的原因。前部低矮而尾部肥厚上翘的轿车造型，可以获得较大的负迎角，从而减小升力。

试验统计表明，作用在汽车上的空气，有 35% ~40% 通过车身上面，10% ~15% 通过下面，25% 通过两侧面。因此，减小车身上下压力差，使大量的气流流经侧面，可减少升力。具体可采用压低发动机罩前端、使底板下部流线形化、减缓前风窗的倾角、在轿车前端底部加一个扰流板等方法都可减少升力。

总之，减小升力，可提高汽车高速时的直线性能及侧向稳定性。升力减小后，能防止车轮对地面作用力的减少，因而能有效利用转弯侧向力。由于控制了车的“抬头”，防止了汽车的摆头。同时，由于增大了侧向附着力，汽车稳定性得到提高。

3. 侧向力

当汽车受到正面风的作用时，侧向力为零。实际上，汽车在行驶过程中，常会遇到横向风，车身会受到侧向力、侧倾力矩的作用。侧向力可使汽车转向盘抖动，使汽车直线行驶稳定性降低，严重时甚至会使汽车失去控制而造成事故。

实验表明，风压中心的位置对轿车的空气动力稳定性影响较大。如风压中心在质心之后，则侧向力产生的横摆力矩 M_z 会削弱侧向风的作用，使轿车趋于稳定。横摆力矩 M_z 是使车辆围绕 Z 轴旋转的力矩，其作用是使车辆产生水平旋转的趋势。流线形越好的轿车，风压中心越靠近前部。这也是甲壳虫轿车(风压中心较靠前)存在横向不稳定现象的原因。因此，轿车在造型设计时，应尽量减小轿车前部的侧面投影面积，同时增加尾部的侧面投影面积，使风压中心靠近后轴。如跑车，长度较小、宽度较大、车身低矮的轿车，背部坡度较小并采用陡然割尾的快背式轿车，或半快背式轿车，其风压中心较靠后，空气动力稳定性较好。这也是近年来上述车型流行广泛的重要原因。

汽车在受到侧向力时,还会受到侧倾力矩 M_x,侧倾力矩 M_x 是使车辆围绕 X 轴旋转的力矩,它会使汽车两侧的轮子对地面的附着力不同,引起车身的侧向倾斜。车身的侧倾会牵动悬架的导向机构,从而造成轮胎的侧向倾斜,影响汽车的操纵稳定性。为了减小侧倾力矩,就需要减小侧向力。近年来开发的低矮轿车、圆形轿车车身,对减小侧向力有一定能够效果。

研究汽车的气动造型问题，仅知道作用在汽车上的气动力和气动力矩是不够的，因为它们与流过汽车表面气流的流动过程直接相关。因此，通常还要研究空气在汽车周围流动的物理特性，即汽车流谱问题及表面压强分布，了解汽车表面气流的流动机制，以及气流的分离和尾流等情况，以利于对气动现象与机理的分析，以便于改进车身造型。

5.2.3 空气在汽车周围流动的物理特性

1. 空气的粘滞现象

汽车行驶速度不高时，可近似地认为汽车周围的空气不受压缩，即汽车周围的空气密度不受汽车运动的影响，认为空气是非粘滞性的。实际上大气的特征具有粘滞性，尤其汽车在高速行驶时更不能忽略其粘滞性。所谓粘滞，即当气体相对于汽车表面运动时会产生内摩擦力的作用。当汽车在空气场中运动时，汽车表面与其相邻的空气粒子之间像有无数只小钩子在相互牵扯，与汽车表面接触的气体将受到该表面的阻滞，使相对速度变为零。邻近该表面的空气层也被粘滞摩擦力所阻滞，其相对速度随着与表面距离的变化而变化。距离表面越近，空气粒子的运动受粘滞性的影响越大，气流速度也越慢。随着距离的增加，空气粒子受粘滞性影响的程度逐渐减小，它们运动得也更快。当与汽车表面距离超过一定数值时，空气粒子的运动几乎不再受粘滞性的影响，其速度与外部气流的速度相等。

因此，围绕着运动物体的一个相对薄的空气层内，气流速度有着急剧的变化，存在着速度梯度。该气流层称为附面层，又称为边界层。图5-9表示附面层内的速度分布情况。其中 h 为附面层厚度。

当附面层内的气流相对运动速度的变化相差不大时，该层内气流能够保持平行相对运动的状态不变，这时将这一边界层称为层流。当气流的相对运动速度的变化大到一定程度后，各层之间的气流分子出现跨层运动，层流形式被破坏，形成湍流。湍流对运动物体表面的粘滞阻力比层流更大。

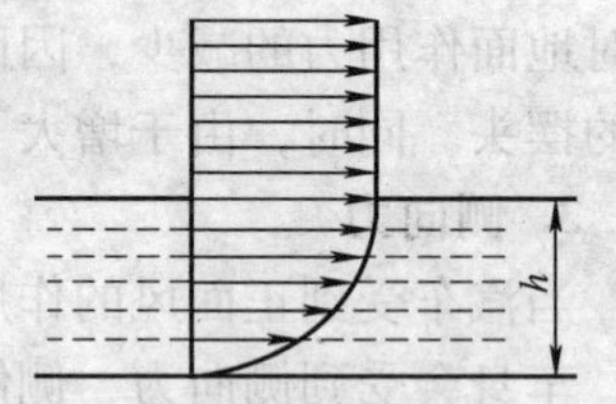

图 5-9　表示附面层内的速度分布

图 5-10 表示轿车表面的附面层。

粘滞阻力的大小与汽车的外形有关。如果表面平整光滑，没有局部的凹凸变化，则有助于空气分子顺利以层流的形式滑过。车身表面任何小的凹凸变化，如风窗胶条、后视镜等都会形成湍流从而形成较大的粘滞阻力。

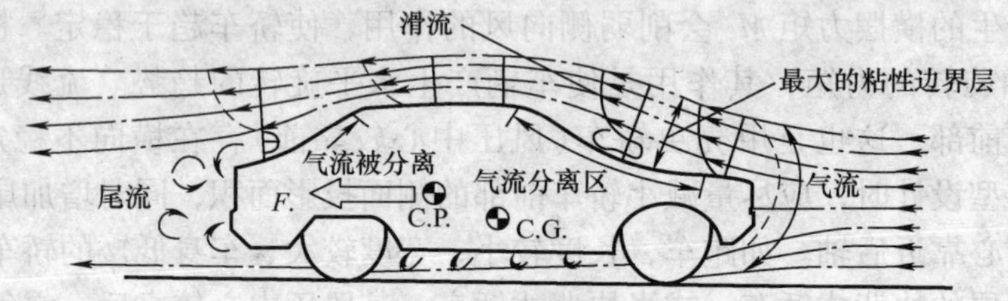

图 5-10　轿车表面的附面层

当汽车行驶时，车身表面急剧的形体变化会造成气流的边界层剥离车身表面，在车身表面与剥离后的边界层之间的区域形成负压区，周围的空气从四面八方涌进来填补，于是产生了气流的旋涡，称为尾流。尾流区的空气密度较低，对汽车具有一定的阻碍作用，汽车造型设计中应尽可能减少。

2. 汽车周围的流谱

汽车表面空气的流动情况可在风洞中，用在汽车表面粘贴丝线的方法进行观察，但汽车整体的流场通常在烟风洞中进行观察，这种风洞按一定要求释放烟流，由烟流流过汽车或模型的过程，可以清晰地观察到气流流过汽车的完整图像，如图 5-11 所示。

图 5-11　风洞中得到的轿车流谱

(1) 汽车前部的流谱

在研究汽车流谱时，汽车前部气流通常自发动机罩沿向上倾斜的表面移动，此时空气粒子速度增加。因车身外形在发动机罩和风窗玻璃处出现转角，所以流速会变慢。如图 5-12 所示，车身表面气流通常在 S 点出现分离现象。随后气流压力逐渐升高，气流在风窗玻璃上的 R 点再次附着。由于轿车纵向截面先后逐渐减小，故气流速度逐渐变慢，在轿车尾部，气流会再次分离形成尾流。

试验表明，影响发动机罩和风窗玻璃转角部位气流的主要因素如下：

1) 发动机罩和风窗玻璃间的夹角 γ。

2) 发动机罩的结构和三维曲率。

3) 风窗玻璃的结构和三维曲率。

发动机罩在水平方向的曲率越大，分离点 S 越往前移动；风窗玻璃法向曲率越大，附着点 R 越往下移动。现代轿车发动机罩曲率都较小，对 S 点没有显著影响。但发动机罩侧面不要设置凸起物以免阻碍气流流向两侧。在风窗玻璃下沿开设通风口，有利于减小该处涡流

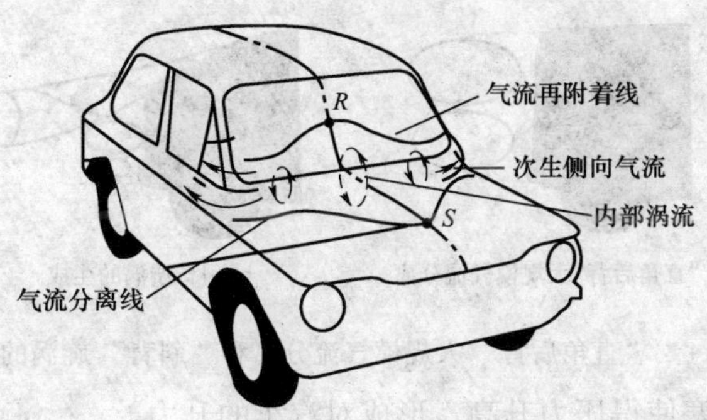

图 5-12　汽车前部流谱情况

的影响。另外，气流还会受到玻璃下沿的压条、凸边及刮水器等干扰的影响。

（2）汽车尾部的流谱

常常可以看到路面上一些轻树叶或尘土被汽车尾流卷起沿着路面移动的情景。当气流沿着汽车表面流动到尾部时，气流分离而形成尾随在轿车后面的尾流。汽车尾部的流谱与周围的压强分布如图 5-23 所示。尾流中主要是负压，好像作用于汽车后截面上的吸力，从而产生运动阻力。设计时，应设法减小截面面积，以减小尾流负压，从而减小车身运动阻力。良好的车身造型设计，首先应避免尾流涡旋造成对路面过大的紊流，以减少尘土飞扬；其次，应考虑引导气流对后窗玻璃等部位有一定的冲刷作用，以防止尘土沉积。图 5-13a 表示尾流将地面尘土扬起后，由于负压区紧靠后窗，导致尘土在后窗玻璃和后围板上大量沉积，使后窗玻璃的透明度降低，车尾也弄得十分肮脏。如果在车位顶部设置导流装置，顶盖气流将沿着后窗向下流动冲刷后窗表面，同时，负压区向后部移动，尾部涡流离后窗较远，使后窗上尘土沉积的概率降低，从而保持后窗有良好的透明度，如图 5-13b 所示。

图 5-14 表示汽车尾部的两种气流结构，其中图 5-14a 为“直角后背”车型，该车型具有较大的低压尾部，气流在尖的后顶角处脱离。若后背倾斜角小一些，将会出现不同的气流形式，如斜背和阶梯背形状的轿车，如图 5-14b 所示。由图 5-5 中心线压力分布可知，汽车后部的表面空气压力明显低于前部和侧面的压力。沿着汽车侧面，车身曲率较小，上表面较低的压力向上吸侧面相对高压的空气，导致在车身“C”柱产生密度高的圆锥形旋涡。

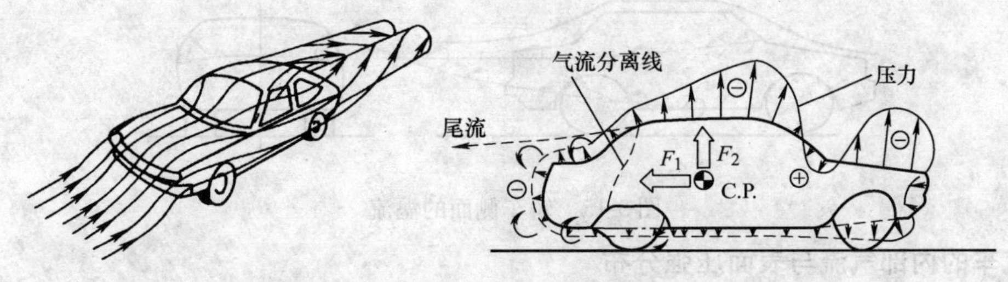

a) 尾流导致后窗易尘土沉积　　b) 尾流冲刷后窗沉积的尘土

图 5-13　厢式汽车尾部的流谱

（3）汽车底部的流谱

汽车底部大都是不平整、不光滑的，汽车底部产生的涡流以及气流在底面形成的附面层和地面产生的次生地面附面层，严重阻碍着底部气流的流动，消耗气流的能量，形成对汽车

图 5-14 “直角后背”大规模气流分离和“斜背”旋涡的生成

的阻力。底部气流受阻塞使得压力升高，形成对汽车的升力。

汽车在行驶时，由于汽车底部和地面之间气流的粘滞和干扰，在底部形成一种相当复杂的、强烈的涡旋(即湍流)，对汽车的气动力影响很大。进入汽车底部的气流首先是以与汽车运动相反的方向相对于地面运动，然后由于粘附到汽车底部而又随汽车一起运动，从而产生一种沿地面与汽车一起运动的“旋涡”。汽车底部的流谱受以下因素的影响：

1)汽车底部与地面的距离。

2)车身造型以及汽车长度、宽度和高度之比。

3)底部的平整光滑程度。

4)地板的纵向和横向曲率。

例如，具有光滑底部的轿车，由于其底部减少了湍急的气流和摩擦损失，所以空气阻力将随离地间隙的增加而减小。轿车地板的合理造型，力求使气流通畅，将有助于降低气动阻力和升力。实际上，车身底部由于底盘传动机构、发动机底部以及其他机构在底部外露，故很难实现使底部平顺。

(4)汽车侧面的流谱

一般情况下，汽车顶盖上的气流速度高于底部气流的流速，而压力则低于底部，因此，底部高压区的空气会从底部流出经过两个侧面向上运动。该气流与迎面来的气流相互作用，会产生旋转的气流运动，即涡流。一部分涡流贴附着车身侧面，另一部分则随气流向后延伸，呈螺旋状拖在汽车后面形成尾涡，如图 5-15 所示。同时，前风窗前的气流分离区存在的涡流扩展到前风窗两侧边缘，又沿车身两侧一直延伸到汽车尾部，尾部的气流分离区也可能产生涡流，并延伸到尾流中。这两对尾流在车尾部合成为一对，使汽车阻力增加。

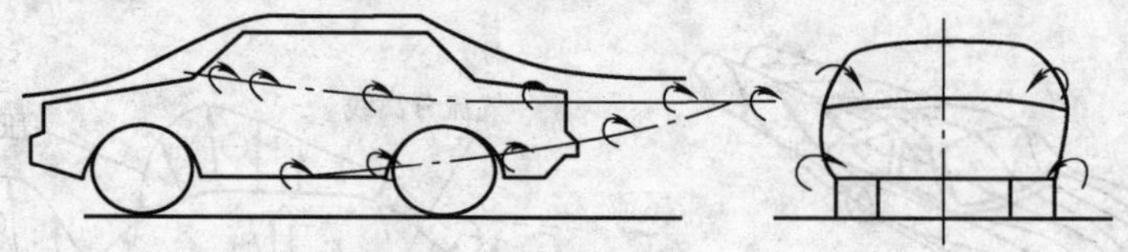

图 5-15 轿车侧面的涡流

3. 汽车的内部气流与表面压强分布

(1)汽车的内部气流

轿车的内部气流包括车室内部的通风气流、发动机冷却散热的气流。内部气流对车外流谱有双重影响：其一，由于一部分外部气流被引进车内而降低了外部气流作用于车身表面的压力；其二，外部气流在通过散热器和内部空气通道时，由于涡流、摩擦和漏气等而损失了动量。由于车室内部通风仅引入少量气体，因此动量损失较小，从空气动力学流谱的观点考虑，可以忽略不计。而发动机冷却散热气流相当大，气流通过散热器后，紊乱曲折地流过发动机和其他机件，最后从位于汽车底部的一系列开口处扩散到外面。由于冷却系的气流导腔不规则，各类拐角、障碍使流动方向较多地发生突然改变，摩擦和动量损失相当大，实际上造成了一个附加的“内部气流阻力”。例如，前置发动机可以较好地利用轿车前部气流来散热。冷却气流可以从前围面罩的格栅、保险杠上部与格栅下条之间的间隙，以及保险杠上的开口或保险杠下部的间隙中进入。通常，前围面罩格栅处的气流速度较弱，保险杠下部气流速度最强。特别在高速行驶时，该处气流对冷却发动机效果最好。而后置发动机应加大风扇功率，强制气流通过散热器来散热。

总之，研究车内气流的目的在于如何恰当地引进外部气流以最有效地完成冷却、通风后排出车外，并使气流的进出对整车气动性能的影响最小。

(2) 车身的表面压强分布及车内的通风

车身表面压强的大小分布与汽车内部气流组织密切相关，它是选定车身通风的进出口位置，及估计通风量的依据。不同车型的车身表面压强分布特性如图5-16所示。为此，进气口应尽可能开在正高压力区，以便提高进气效率；排气口应尽可能设在负高压区，以使排气顺畅无阻。驾驶室前围板上的正值压力占车身总宽范围内压力的70%～80%，可在具有较高正压强的前格栅处和驾驶室前围板附近，以及发动机罩后部设置进风口。近于流线形的轿车，大的负压一般出现在后立柱和车顶后端；而流线形的程度较差的车辆，通常后窗下方的负压值较大。一般来说，压强的数值还取决于通风口附近的具体结构，因车型和造型而异。轿车一般将进风口设在发动机罩后部，出风口设在后窗下部，如图5-17所示。另外，车内通风还会受到车窗开闭的影响，因此，对于不安装排风扇及空调系统的汽车，在设计通风系统时，应进行综合考虑。

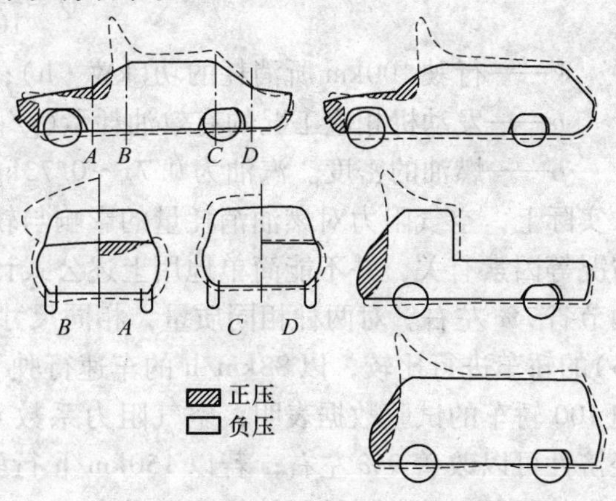

图5-16 不同车型的车身表面压强分布特性

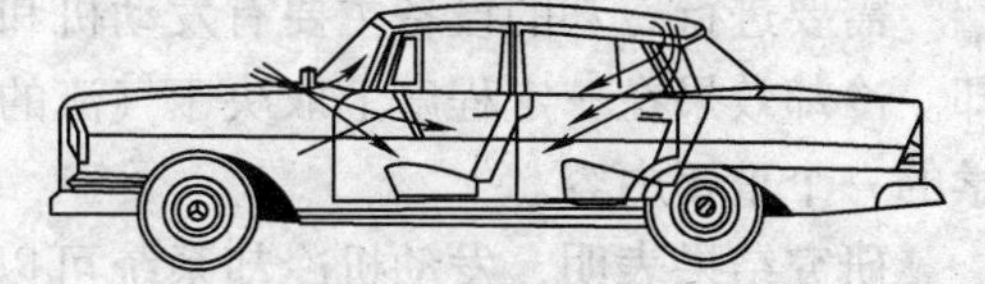
图5-17 轿车车内空气的流向

由上述分析可知，汽车空气动力性问题很复杂，影响因素众多。在汽车造型设计完成后，往往还需要通过风洞试验和在轿车试验场对其空气动力特性进行全面考核和验证。

5.2.4 空气阻力与其他因素的关系

(1) 与车速的关系

研究表明，汽车行驶时受到的空气阻力与风阻系数、正面接触面积和车速的平方成正比，一辆车速为193km/h的轿车所受到的空气阻力是一辆车速为96.5km/h的轿车的4倍。空气阻力对于最高车速的影响用一个例子说明：若不改变一辆法拉利的形状，而将其车速从290km/h提高到322km/h，需要将其最大输出功率从213kW提高到393kW。但通过风洞研究，只需将其风阻系数从 0.36 降低到 0.29，就能达到同样的效果。可见，降低风阻系数是提高最大车速的关键。

(2) 与加速性能的关系

减小空气阻力和轿车的重量，可以提高轿车的加速性能。同时，轿车的加速能力还与行驶速度有关。当轿车从静止开始行驶时，其加速度可能为最大；而当达到最大车速时，加速能力将大为降低。这是因为车速增加使空气阻力大大增加，从而导致加速能力下降。

(3) 与燃油消耗量的关系

汽车空气阻力是由发动机所产生的牵引力来克服的。若能减小空气阻力，就可减小发动机所需功率，从而减小汽车的耗油量。若轿车做匀速直线行驶时，则百千米油耗 Q 为

$$Q = \frac{Wb}{102\rho} \tag{5-2}$$

式中　W——行驶 100km 所消耗的功(kW · h)；

b——发动机相应工况的有效油耗量(g/[kW · h]$_t$ · N)；

ρ——燃油的密度。汽油为 0.71 ~0.73kg/L，柴油为 0.81 ~0.82kg/L。

实际上，空气阻力对燃油消耗量的影响与轿车类型、发动机特性、车速、道路状况和使用情况等因素有关，并不能简单地用上述公式计算。试验表明，空气阻力系数每降低 10%，燃油节省 7% 左右。对两种相同质量，相同尺寸，但具有不同空气阻力系数(分别是 0.44 和 0.25)的轿车进行比较，以 88km/h 的车速行驶了 100km，燃油消耗后者比前者节约了 1.7L。奥迪 100 轿车的试验数据表明，空气阻力系数 C_D 值从 0.42 降低为 0.30，混合循环时，燃油经济性可以改善 9% 左右；若以 150km/h 行驶时，燃油经济性则可改善 25%。可见，空气阻力的降低对改善燃油经济性意义重大。

5.2.5　汽车内部设备的冷却和散热通风

需要进行冷却的设备主要有发动机和制动装置，这些装置都要由引入的外来空气进行冷却。冷却效果在一定程度上取决于气流的流动过程，因而内部设备的冷却也是汽车空气动力学的一个重要内容。

研究结果表明，发动机冷却系统可以产生整个汽车阻力的 10% ~15%。前置发动机可以较好地利用汽车前部气流来散热。气流可从前围面罩的格栅、保险杠上部与格栅下条之间的间隙，以及保险杠上的开口和下部的间隙中进入。一般来说，前围面罩格栅处的气流较弱，保险杠下部的气流速度最强。在高速行驶时，该处气流对发动机的冷却效果最好。后置发动机应加大风扇功率，强制气流通过散热器来散热，通风道最好密封以防止气流扩散。

汽车是由人驾驶的运输工具，为了乘员的舒适性必须设置散热通风系统和空调设备。为实现乘员室内的通风，往往在汽车前部压强较高的部位开设进气孔，在汽车后部或侧面压强较低的部位开设排气孔。而这些孔的形状和具体的开设部位会受到气流绕流汽车时的速度场、压强场的制约，这也是汽车空气动力学的一个重要研究内容。这类试验对流场的要求一般要比内部设备冷却试验高一些，同时也要很好地模拟空气的温度、湿度和太阳的照射条件。这类试验也必须在能够模拟气候条件的风洞中进行。

5.3 空气动力特性在车身造型设计中的应用

轿车的设计需要最大程度地兼顾安全、舒适、快速与节约的原则，这些要求使得轿车的空气动力学研究备受重视，空气动力学特性在车身造型设计中的应用已成为汽车造型构思的重要依据。然而，由于实际物体周围的空气流谱受到数不清的因素的影响，使得汽车空气动力学至今还是一门以风洞实验为基础的经验性学科，其合理应用是通过测定空气阻力系数，比较并分析车身周围气流的流谱来进行的。逐步改善气流状态使之逼近理想的造型，以减小空气阻力，降低升力，减少涡流的产生与发展，控制气流，降低泥污喷溅的程度。由此总结出来的任何规律都是有条件的。这些结论具有一定的不完备性。

影响空气动力特性的参数可分为三类：

1)位置参数：迎角、侧偏角和离地间隙。

2)形状参数：车身前部、侧部、后部等各部位特定形状。

3)功能参数：载荷，通过散热器片及其附近的气流情况。

车身造型所涉及的主要是位置参数和形状参数。位置参数是指行驶状态中的轿车与气流方向以及地面位置的相对关系。形状参数是指决定车身形状各局部基本形式的空气动力性能参数。不同车型各部分的气流状态不可能完全相同。这里仅是通过很多车型的试验结果对一些特定部位的气流规律进行探讨。

车身空气动力性优化设计内容通常有以下几方面：

1)光顺车身表面的曲线形状，消除或延迟空气附面层剥离和涡流的产生。

2)调整迎面和背面的倾斜角度，使车头、前窗和后窗等造型的倾斜角有利于减小阻力和升力的产生。

3)减少凸起物，形成平滑表面。

4)设计空气动力附件，有效引导气流，这是改善和控制车身周围流场的有效措施。

5.3.1 车身外形设计的局部优化

1. 车头部形状的优化

车头部有进气口、前灯组合和保险杠等部件。车辆前方的静止空气被车头向上下左右排开。绕过车头部转角的气流会在前发动机盖的前部和前轮前部形成气流分离。车前端的倾斜或直立与风阻系数密切相关。一般来说，车头越平整圆滑、且向后仰，越有助于减少风阻系数 C_D。如图5-18所示，当倾角为正值时，容易造成气流阻滞而使阻力和升力增加；当倾角为负值时，有利于气流通过。车前端圆角 γ 对阻力的影响如图5-19所示，圆角曲率半径越大则空气阻力越小。圆角曲率半径与倾角的适当配合可以保证造型与空气动力状况共同取得最佳效果。

2. 前风窗倾角的优化

风洞试验研究发现，前风窗倾角对空气阻力系数和升力大小均有较大影响。风窗与地面的角度并不是越小越有利于减少阻力系数，而是有一个最佳值。三菱公司的风洞实验确认这个最佳值在30°左右，而美国汽车工程师协会SAE81015标准确认这个最佳值为28°。实际上，在一定前风窗倾角和与其匹配的车头倾角情况下，阻力情况最佳时，并不一定升力最

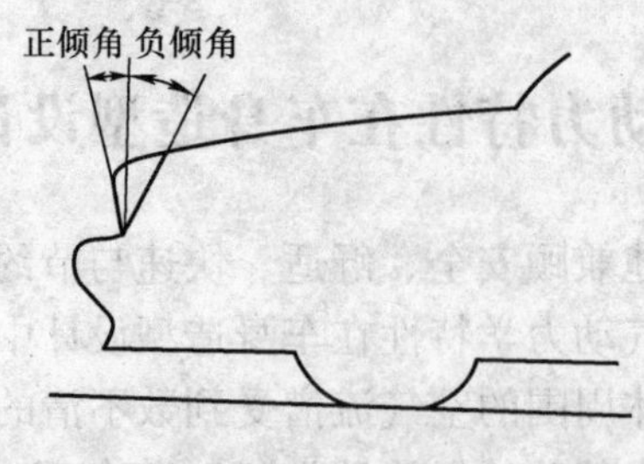

图 5-18　车前端倾角

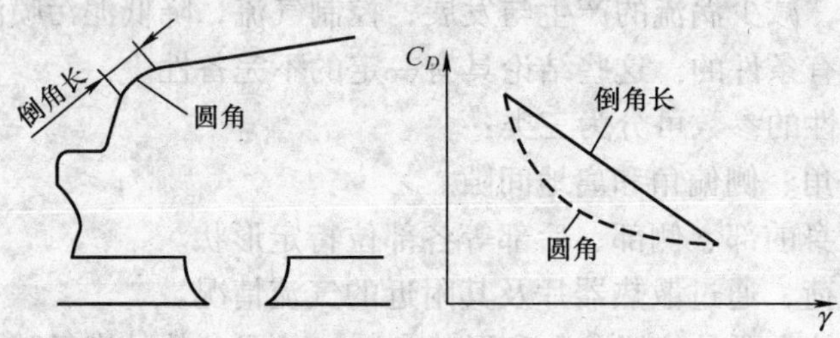

图 5-19　车前端圆角对阻力的影响

小。甚至在前风窗倾角超过 30°之后，仍使升力降低，而同时阻力增加。所以前风窗倾角最佳值是与车头一定倾角相匹配的结果，设计时一般通过试验寻求最佳匹配方案。影响前风窗倾角气流状况的因素还有前风窗俯视曲线、顶盖形状、侧窗形状、刮水器位置等。设计时必须将这些因素综合起来相互协调，否则可能会相互制约或抵消。

3. 顶盖外形的优化

顶盖前部应和前风窗表面尽量圆滑地过渡，这样能减少涡流，从而减少空气阻力。现代轿车的顶盖一般设计成较平滑、向上鼓的外形，气流可以较平顺地流过车顶，外形表面不易产生涡流，并使气动阻力系数降低，但轿车的正投影面积有可能增加。因此，在满足车室空间要求的同时，应选择合适的上挠系数 a_r/l_r 的值，如图 5-20 所示。

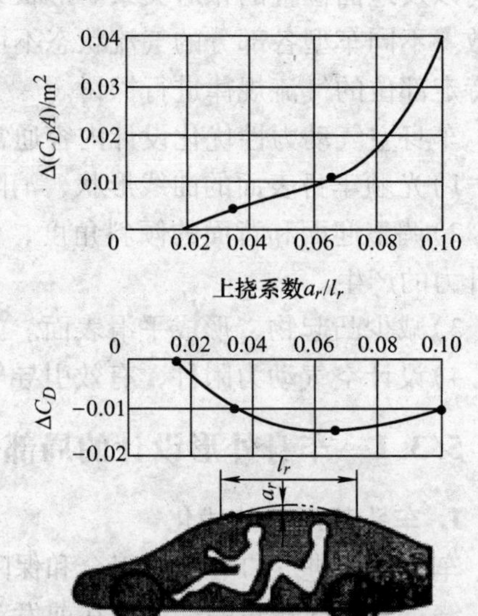

图 5-20　轿车顶盖外形对气动阻力的影响

此外，为避免由轿车前端经顶盖流向尾部的气流与底部的气流在车身尾部混合而形成尾涡，轿车顶盖的末端常做成“鸭尾”形状，因鸭尾上翘对气流的干扰而产生高压区，可以降低气动阻力和升力，如图 5-21 所示。

4. 车身侧面形状的优化

整个车身侧面虽然不是迎面产生阻力的区域，但其形状和流过它的气流流谱却会严重影响整车的空气动力性能。

对侧面气流影响最大的部分，是车前端与侧面的转角形状，这部分形状要求圆滑过渡，避免棱角或急剧转弯；发动机罩两侧以及前翼子板侧面形状，对车身前部气流流向车身侧面的趋势起控制与疏导作用；车身俯视的侧面曲线弯曲程度，在一定范围内可使侧面气流改善，降低空气阻力系数，但若侧面宽度增加则会使迎风面积有所增加，但并不明显改变整车的阻力。

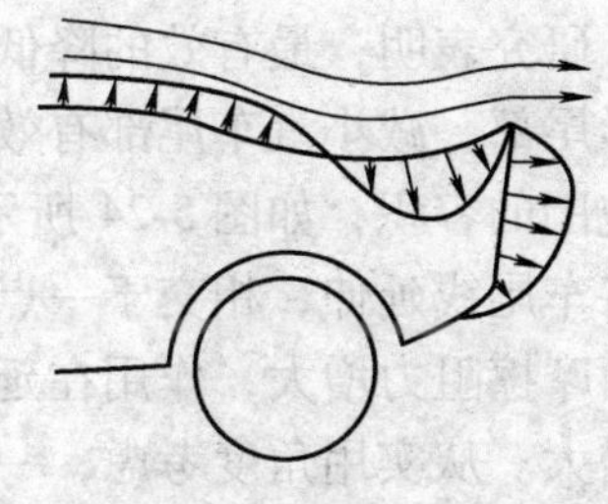

图 5-21　鸭尾的作用

5. 车身后部的优化

气流分离一般都发生在轿车的后背。由气流分离引起的形状阻力以及诱导阻力都与轿车的后背倾斜角 φ 有关。汽车后背倾角 φ 是指从顶盖后缘所引出的与行李箱盖上最后边缘相切的直线与水平线的夹角，如图 5-22 所示。轿车的后背形式多种多样，是影响轿车造型样式的主要部位之一。按后背倾角的大小与阻力的关系常将轿车分为三类：

1) 直背式车身　后背倾角 $\varphi < 25^{\circ}$。

2) 舱背式车身　后背倾角 $\varphi = 25^{\circ} \sim 50^{\circ}$

3) 方背式车身　后背倾角 $\varphi > 50^{\circ}$。

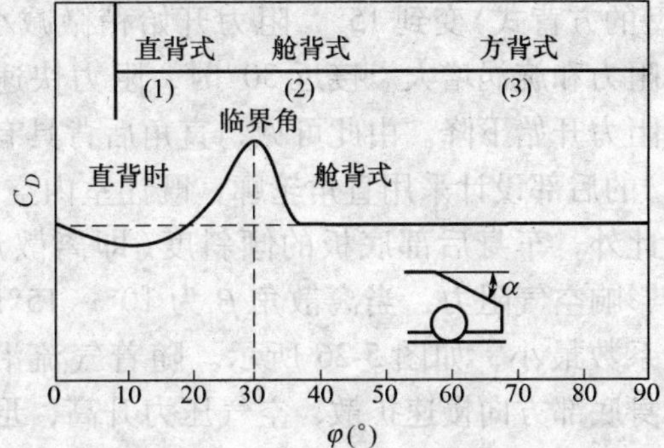

图 5-22　按车身后背倾角不同对车身分类

试验表明，汽车后背倾角的大小不仅影响空气阻力，也会影响升力。当后背倾角 φ 不大于 10°，气流一般不会分离；当 φ 接近 20°，其阻力会急剧增加；φ 达 30°时，阻力达最大值，大于 30°时阻力又会急剧下降，故可将 30°成为临界角；当 φ 接近 40°时，阻力系数变为常数。对于快背式与方背式车身，由于 φ 增大时汽车后背上的涡流也随之增强，所以后背上的静压力也随之减小，而升力则相应增加。汽车造型时应兼顾到空气阻力和升力，选取合适的后背倾斜角。轿车后背的造型是汽车空气动力学设计的关键点，是减小阻力和降低升力潜力最大的地方。

为防止后窗后部的涡流过早形成，要尽量使气流流经顶盖，并使气流的剥离点向后推移，以使涡流区尽可能缩小。在设计后窗等后部形状时，应注意细部产生的涡流，尤其应注意顶盖后侧转角处形状，因为转角形状直接影响后窗后部螺旋形涡流。当然这部分造型的最佳方案只有通过风洞试验，观察流谱才能逐渐改进而确定。

20 世纪 60 年代早期，法拉利的工程师们发现在轿车尾部增加一个尾翼，即后扰流板，可以大幅度减小升力，甚至产生一个完全向下的压力。同时，阻力只是略微增加。后扰流板的主要作用，是引导大部分气流直接离开车顶而不发生回流，这就会减小升力，如图 5-23 所示。对于折背式车身，后扰流板的作用很小，采用底部“后翘”的办法更好。

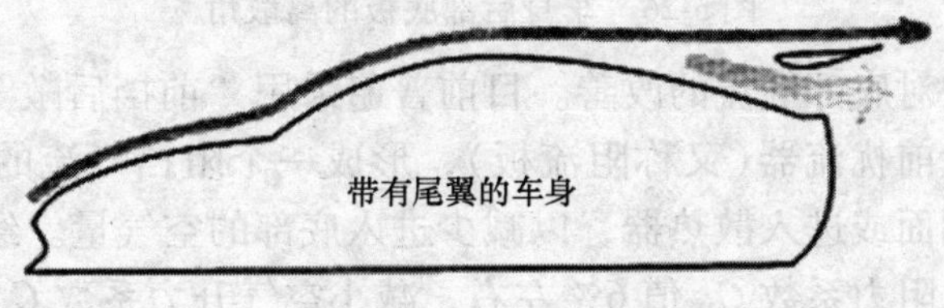

图 5-23　后扰流板的作用

研究表明，最有效的降低空气阻力的技术是采用船形尾部，减小汽车尾部有效横截面面积，即减小尾流包围的容积，如图 5-24 所示。作为最极端的结构，能将车尾线延伸，相交于一点，这样虽没有尾流，但表面摩擦阻力增大，作用在延伸面上的压力也使总阻力增大。从实用角度考虑，一般不会采用这种设计。

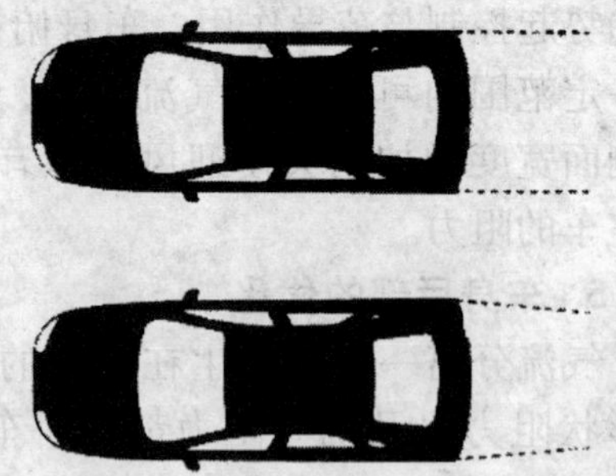

图 5-24　船尾造型：减小尾流

试验表明，后灯角度对斜背式轿车的空气阻力会产生非常关键的影响。图 5-25 表示一种典型的汽车其风阻系数随后灯角度的变化情况。随着角度从 0°（典型的方背式）变到 15°，阻力开始稍微减小，随着后灯角度的进一步增大，这种趋势相反，阻力和旋涡增大。接近 30°时，阻力快速增大并在 30°达到最大值。后灯角度超过 30°后，阻力开始下降。由此可见，直角后背具有较好的空气动力学性能。许多掀背式轿车（两厢车）的后部设计采用直角轮廓，既让室内空间扩大，也能减小空气动力特性的影响。

此外，车身后部底板的倾斜度（即离散角）也会影响空气阻力，当离散角 β 为 10°～15°时，风阻系数最小，如图 5-26 所示。随着气流沿着后车身底部方向慢速扩散，空气压力升高，形状阻力会下降。

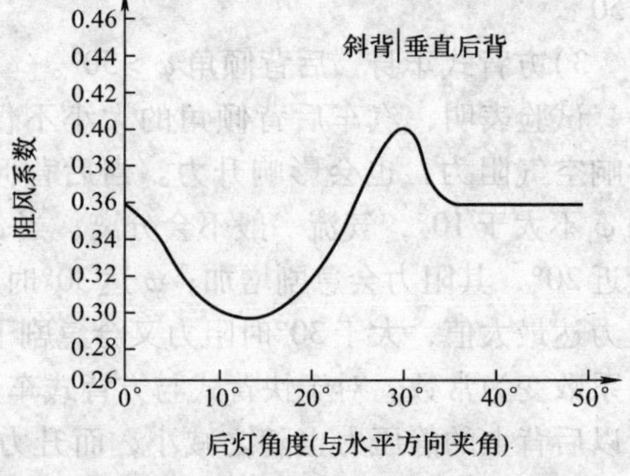

图 5-25　汽车后灯角度对风阻系数的影响

6. 车身底部的优化

为减小汽车底部气动阻力，降低升力，车身底部的优化主要从两方面考虑：一是设法减少流入底部的空气量；二是尽量使底部的空气流动顺畅。

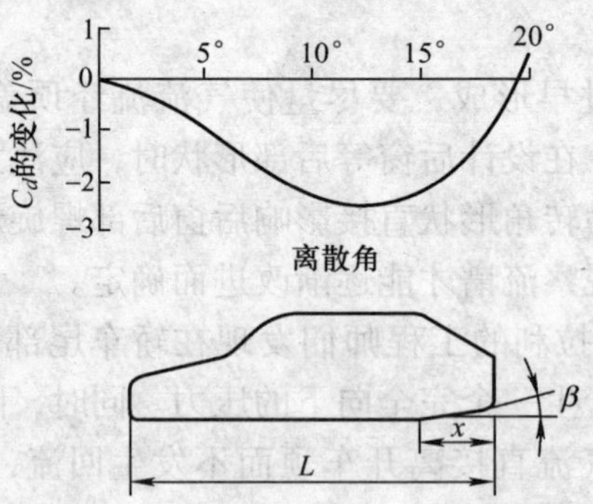

图 5-26　车身后部底板的离散角

轿车造型十分注意对底部气流的改善。目前普遍采用“前挡后敞”的方法。“前挡”就是在前保险杠下部设置前扰流器（又称阻流板），形成一个阻挡气流的气坝，使气流更多地流向汽车上表面和两侧面或进入散热器，以减少进入底部的空气量。经过精心设计的前扰流器可以减小汽车的空气阻力系数 C_D 值 6% 左右，减小空气升力系数 C_l 值 15% 左右。对于乘用车，希望有中性的或稍微负的升力，以保持汽车的稳定性，并在高速时不需要增加过大的转向力。对于高级轿车，最好能产生较大的向下的空气动力，以提高轮胎的附着力。阻流板的尺寸及安装位置、前倾斜角度由风洞试验来确定。“后敞”就是使汽车底面后端向上翘曲，敞开底部气流的出口，缓解底部气流的阻塞。“前挡后敞”使汽车底面有前低后高的趋势，直接影响到汽车造型的整体姿态。

需要说明的是，研究发现车头阻流板能同时产生两种作用：增加由阻流板产生的风阻系数和减少整车的风阻系数。这两种因素哪一个起到更大作用取决于阻流板的位置、角度、尺寸以及与车头形状的匹配。

改善底部气流的另一个方法是尽力使汽车底面平整光滑，使底部气流不发生分离现象，不形成涡流区，从头至尾使气流顺畅流动。这种方法通常需要覆盖整个汽车底部的光滑底面。为了保证进入底部气流的顺畅流动，最好不设独立的保险杠，而把保险杠隐入车身前端，并且底部前面向上翘曲，以使气流进入底部时不受干扰，附面层厚度增长缓慢。这种方法比较复杂，对材料、工艺等有特殊要求，因此仅在一些试验车型上采用。当然，在考虑车身底部光滑问题时，需要考虑很多因素，如保养操作口、悬架的间隙、车轮的运动、向发动机冷却系统供给空气等。在车身底部设计过程中，还要考虑制动和排气等。

7. 车身其他部位的优化

(1)后风窗

从减小风阻系数 C_D 的角度来看，三厢车最不好的地方就是尾部。因为需要保留一个行李箱，车顶不能延长到车尾处，而是过早地向下折到后窗面。车顶与两侧的层流提前分离，从而把尾流区域扩大到了后窗后面。三厢车尾部复杂的台阶形状使得对气流流谱的整理十分困难。近年来三厢车尾部变化的趋势是后窗与水平面的交角越来越小，后窗向后一直伸展到行李箱的中部。行李箱变得越来越短和越来越高，从尾部造型来看，三厢车正在向着两厢车靠近。

与前窗一样，后窗与水平面的夹角并不是越小越好。风洞实验说明，对于三厢车来说，后窗与水平面的夹角与 C_D 值之间存在下面复杂的关系：

0°~10°之间时，夹角越大，C_D 值越小；

10°~28°之间时，夹角越大，C_D 值越大；

28°~35°之间时，夹角为30°时，C_D 达到峰值，之后突然下降；

35°~90°之间时，夹角越大，C_D 值逐渐增大。

(2)行李箱

1)行李箱高度。当行李箱的高度小于100mm时、C_D 值在0.4左右，而当高度增加到150mm的时，C_D 值骤然下降到0.37，并在行李箱高度小于400mm时一直保持不变。当行李箱高度大于400mm时，C_D 值逐渐上升但速度很慢，一直到行李箱的高度达到与车顶相同高度时，C_D 值仅上升到0.38。由此可知，较高的行李箱对降低 C_D 较有利。

2)行李箱形状。尖锐的行李箱尾部转角有利于顶面和两侧气流的分离，使得车后形成稳定的尾流区。

(3)外后视镜

外后视镜的造型和安装位置都会对气流产生显著影响。现代后视镜背面壳体均为流线形,其空气阻力只占全车空气阻力的2%。外后视镜安装通常安装前立柱根部附近,气流从发动机罩上部和前窗汇集而转向侧面,形成急湍。在这样的气流中安装外后视镜,最容易扰乱气流,产生涡流,从而增加阻力。外后视镜的位置,从理论上来说希望摆在气流平顺而无急湍流动的区域，以减小其对气流干扰的影响。近年来，随着汽车造型的发展，大多将外后视镜与前柱根部连成整体，将镜背面的流线型体与前立柱的造型十分光顺地连接起来。这样的造型，可对前立柱根部前、侧面两股气流汇合处的高速气流起到疏导和控制作用，甚至还可以使前方气流所夹带的泥污不致飞溅到侧窗上。图 5-27 是现代轿车外后视镜的一例造型。

图 5-27 现代轿车外后视镜造型

(4)刮水器

前风窗根部及发动机罩后缘是气流转折的部位，此处最容易产生涡流。前风窗刮水器就安装在此区域内，由于本身形状较复杂，又位于这一气流不稳定区域，所以旧式外露的刮水器对气流所产生的影响可想而知。现代轿车都已将前风窗刮水器改为内藏式，脱离了车身外部气流区域，解决了刮水器复杂形状对气流的干扰，降低了空气阻力。刮水器的转轴根部被遮挡在发动机罩表面以下，迎面风力不易把刮水器吹起来，并且无雨时刮水器完全收容在发动机罩后边缘的沟槽内。为此，将发动机罩后缘设计成略有向上翻翘的形式，使其对迎面从发动机罩上流过来的气流有导向作用，以便较平顺地折向前风窗玻璃表面再流向顶盖上面。这种内藏式刮水器结构对于前风窗造型也有所改善，使前风窗玻璃下部光顺平整，没有刮水器外露的杂乱感。

5.3.2 车身外形设计的整体优化

车身外形设计的整体优化是将空气动力学的各项研究成果及改进经验，系统地应用到整车造型设计中，赋予其良好的空气动力性能，较小的空气阻力，较好的行驶稳定性和燃油经济性以及较低的空气动力噪声等。整体优化的原则是首先确定一个符合总布置要求的低阻形体，在其发展成实用化汽车的每一设计步骤中，都应严格保证形体光顺性，使气流不从汽车表面分离，称之为形体最优化。

为了减少空气阻力系数，现代轿车的外形一般用圆滑流畅的曲线去消隐车身上的转折线。前围与侧围，前围、侧围与发动机罩，后围与侧围等地方均采用圆滑过渡，发动机罩向前下倾，车尾行李箱盖短而高翘，后翼子板向后收缩，风窗玻璃采用大曲面玻璃，且与车顶圆滑过渡，前风窗与水平面的夹角不宜超过 25°～33°，侧窗与车身相平，前后灯具、门把手嵌入车体内，去掉不必要的装饰，车身表面尽量光洁平滑，车底用平整的盖板盖住，降低整车高度等等，这些措施均有助于减少空气阻力系数。在 20 世纪 80 年代初问世的德国奥迪 100C 型轿车就是最突出的例子，它采用了上述种种措施，其空气阻力系数只有 0.3，成为当时轿车外形设计的最佳典范。随着汽车新技术的发展，汽车空气动力性能越来越好，比如梅赛德斯-奔驰 CL 轿车尽管有较大的车轮翼子板，对发动机的冷却系统和车内的空调系统有着极高的要求，但这一新型的双门跑车还是比它的“老前辈们”有着更好的空气阻力系数：

C_D 仅为 0.27。

5.4　轿车的空气动力性试验

汽车的外形受到汽车的性能、制造工艺、艺术造型等制约，其形状复杂，与规则的流线形相差甚远。因而其空气动力性能，至今还不能完全用计算方法预测，主要依靠试验方法进行研究，所以风洞试验研究是发展汽车空气动力学的重要手段。试验方法大致可分为风洞试验和道路试验两大类，主要目的是测量作用在汽车上的各种气动力和进行流谱观察，以便提高汽车的动力性、燃料经济性、行驶稳定性，改善汽车的冷却通风，减少灰尘积垢和降低噪声。

风洞试验研究通常包括以下几方面，其中汽车空气动力学的部分试验任务如图 5-28 所示。

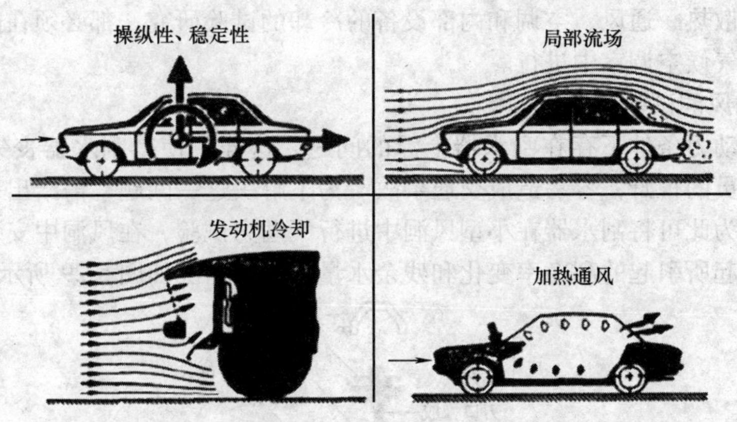

图 5-28　汽车空气动力学的部分试验任务

1. 汽车空气动力与稳定性的试验研究

汽车的空气动力特性包括六个气动力分量，重要的是升力、空气阻力、纵倾力矩和侧向气动力。风洞试验测得的汽车各气动力分量，可用于研究它的稳定性和操纵性。为了便于研究分析汽车在路面上行驶时的操纵性能，还可以分别测出前后桥的升力。

汽车空气动力特性的风洞试验研究，可以测量汽车总体气动力和测量表面压强分布两方面综合进行。上述试验可以在某些航空风洞和汽车风洞中进行，但这些风洞必须能够很好地模拟汽车的速度和侧风条件，必要时还必须模拟某些不稳定流场的特殊情况。

2. 汽车流谱的试验研究

对于汽车外形的试验研究，通常还辅以汽车流谱的研究。人们可以从流谱中了解到汽车上的气流分离与尾流的情况，便于对气动力现象和机理的分析，从而对汽车的气动造型做出进一步的改进。对于绕流汽车表面流动的试验研究，可以在一般风洞和烟风洞中进行观察或拍照。

3. 环境模拟试验研究

一般汽车专用风洞有模拟日照的光源和温控设备，温度可在 -40 ~ +60℃之间调节，可模拟汽车的日照条件和汽车表面的结冰情况。有的风洞还可进行喷溅和扬尘试验，以弄清汽车表面污染的情况，寻求有效的治理方法，这类试验必须有较完备的流场显示设备，以清晰地观察汽车周围的流动情况，为采取可靠的治理措施提供准确可靠的试验结果。因此汽车运行环境的模拟试验，也是汽车空气动力学风洞试验的主要任务之一。

4. 内流空气动力学特性的试验研究

汽车内流空气动力学特性是风洞试验研究的重要组成部分。其研究内容通常有：室内的散热、通风的研究和发动机与制动装置冷却的研究等。

为了满足乘员的舒适性要求等，汽车室内要通风，必须在汽车前方压强较高的部位引入空气，并在后方或侧面压强较低的部位排出。这种试验要求必须能够很好地模拟空气的温度、湿度和太阳的照射条件，还需对发动机的热负荷及散热情况进行较好的模拟。

发动机室内的冷却通风与发动机热效率密切相关，是汽车的重要性能指标。为满足发动机和制动装置等内部设备冷却的需要，必须在前方压强较高的部位引入空气，因此试验要求必须很好地模拟进气口处的流场，同时对空气的湿度、温度必须较精确地进行模拟。另外，散热器处的进气情况和驾驶室内的流场等都可用试验手段来揭示。

对于汽车的散热、通风、空调和内部设备的冷却的试验研究，都必须在能够创造气候条件的气候风洞或气候空调室中进行。

5. 刮水器的风洞试验研究

在一定的气动力条件下存在刮水器上浮的问题，这样就使得刮水器丧失清洁车窗的功能，影响驾乘人员的视野，容易造成交通事故。为了解决这一问题，需给出一个合适的刮水器杆臂支承力。为此可将刮水器在小型风洞中进行气动力试验，在风洞中安装喷淋装置，以观察刮水器的浮起所引起的刮净率变化和残余水量。试验情况如图 5-29 所示。

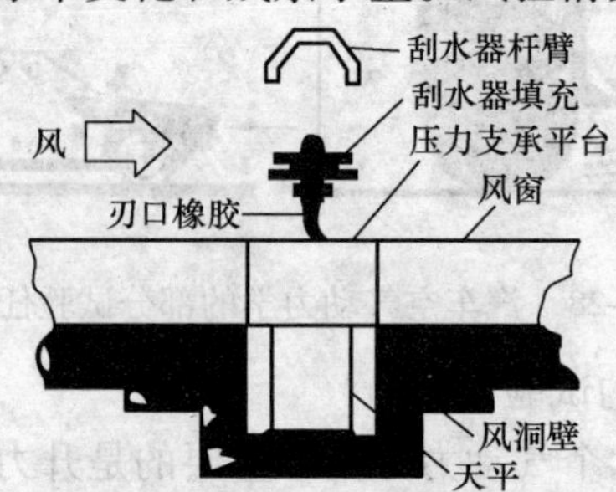

图 5-29　刮水器的风洞试验

【阅读材料 5-1】 不试验也能判断空气的流动特性——计算机仿真

人们很早以前就期待着用计算机对车辆周围的空气流动进行仿真，然而由于表征空气流动的三维、非定常、非线性方程式必须用高速、大容量的计算机计算，在不久之前用计算机仿真还几乎是不可能的。但是近几年来由于计算机高速化，对空气动力学的计算机仿真已渐渐开始变成现实。图 5-30 是计算机对车身周围流场的仿真。目前的情况是计算机仿真需要复杂的计算软件、大量的计算时间，为明了流场全部流态需要大量的计算点。

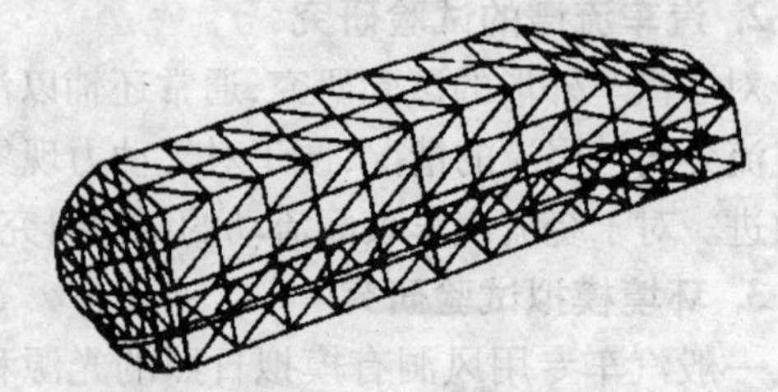

图 5-30　计算机对车身周围流场的仿真

流动仿真的基础是求解表征流动的纳维尔·斯托克斯方程式的解。首先需要进行按图 5-30 所示，对要计算的流场进行网格分割。该图是采用直交网格分割的方法，也有沿边界面进行适当的网格分割的情况。然后对每个面元，或面元的交点给出其速度和其他的物理量，对被离散化的纳维尔·斯托克斯方程式需要进行大量的反复计算。

目前，由计算机仿真能得到与实际定性一致的结果，但是由于离散化的方法、面元分割、边界条件等计算方法的不同导致计算结果也不同。在经过大量反复计算的基础上，在不断解决各种问题的同时，对流动的计算机仿真已取得显著成果。

5.5 汽车造型设计方法

汽车车身设计主要指造型设计，有传统设计方法和现代设计方法，分为汽车外部造型设计和内饰造型设计。在计算机技术应用于造型设计之前，传统的造型设计一直是很复杂的问题。设计师通过调研采集资料信息，形成造型概念后，通过绘制外形构思图和大量创意设计方案绘制出车身布置图和效果图，再塑制小比例油泥模型、全比例油泥模型，绘制总布置图，塑制车身主模型等完成汽车造型的创作。

5.5.1 汽车传统造型设计方法

传统造型设计方法的整个过程是基于手工设计完成的，必须通过实物和图纸相结合的方式来表达设计，并传递设计的数据信息。主要包括手工造型设计、实物模型制作和结构设计。其特点是顺序设计、环环紧扣、严谨保守，设计周期长，工作量大，反复修改的过程繁杂。传统设计方法流程图如图5-31所示。

在借鉴、继承、改进已开发车型的基础上，根据技术要求首先进行车身开发规划，确定总布置方案，然后画出车身总布置草图及外形构思图。具体方法和步骤如下。

1. 绘制1:5的车身布置图

设计师在充分理解开发规划内容和设计理念的基础上，确定整车初步车身外形控制尺寸（如汽车的总长、总宽、总高、轴距、轮距等）和内部尺寸布置图，确定前后悬、前后风窗位置及倾角、发动机罩高度等，确定座椅位置和转向盘的位置与倾角，以及各操纵机构的位置等。根据汽车类型、舒适性、安全性等技术要求，确定车身总布置方案（如发动机和传动系的布置），画出1:5的车身布置图，如图5-32所示。

2. 绘制1:5的车身效果图

车身效果图是指在上述车身布置图的基础上，由工业造型师考虑审美要求，修改布置图线形，采用水彩或素描等方式绘制而成的图画，用以表现预想的汽车造型效果。根据市场调研和信息反馈，可以绘出多种方案的效果图供选择，可以是平面投影图，也可以是立体透视图；可以是黑白图，也可以是彩色图，边修改边完善。最后广泛征求意见，对多种方案进行分析比较，从中选定一种满意方案。

车身效果图分为车身造型效果图和车身内饰效果图两种，造型效果图要表现出车型前面、后面和侧面的关系，同时表现出车身前脸、车门外拉手、车外后视镜、刮水器、尾灯、车牌位置等结构细节，如图5-33所示。内饰效果图主要表现出仪表板、中控台、座椅等的空间位置。为了清晰地表达某些内饰的位置，可以单独绘制这些位置的效果图，如图5-34所示。

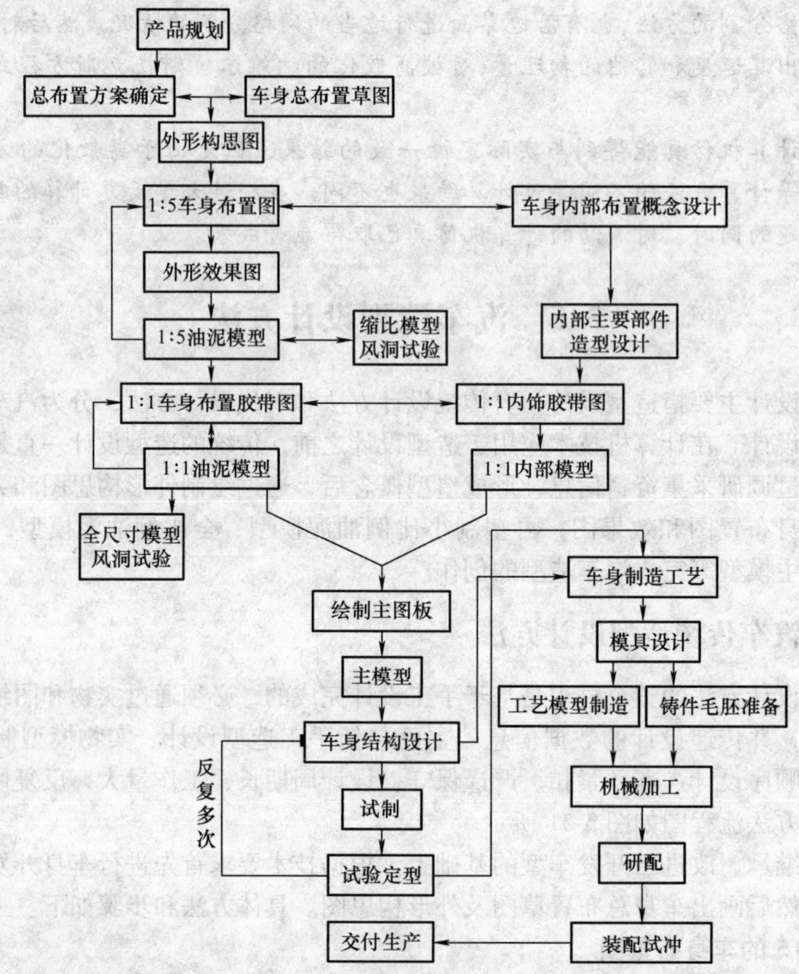

图 5-31　汽车传统造型设计方法流程图

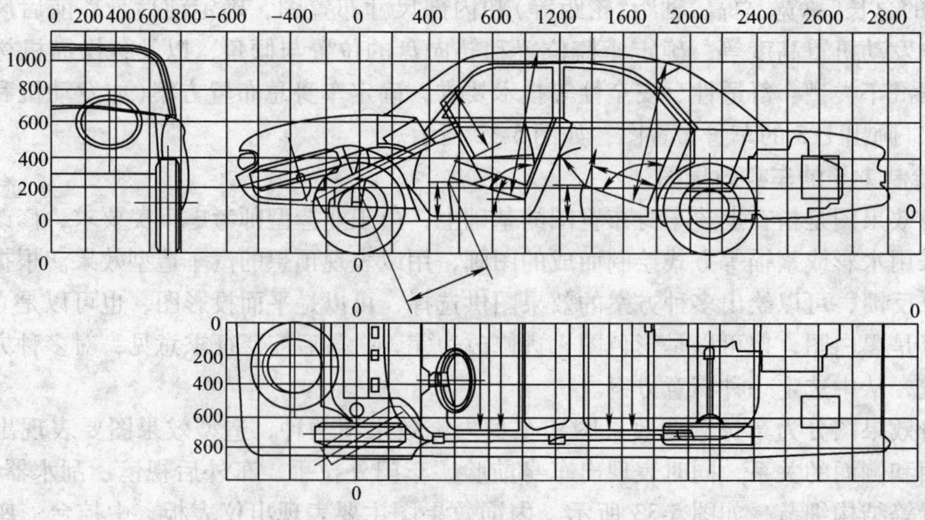

图 5-32　1∶5 的车身布置图

总之，绘制车身效果图时应注意以下几点：

1) 整车效果图，按照透视规律绘制并配以色彩，力求形象、逼真，以收到设计中的汽车跃然纸上的效果。

2) 局部效果图，需要细致刻画和突出需要琢磨的部位。

3) 内部效果图，详细反映出车身的内部装饰和设施的效果。

4) 从审美角度，应及时合理地修改车身布置图的线形。

图 5-33　车身造型效果图

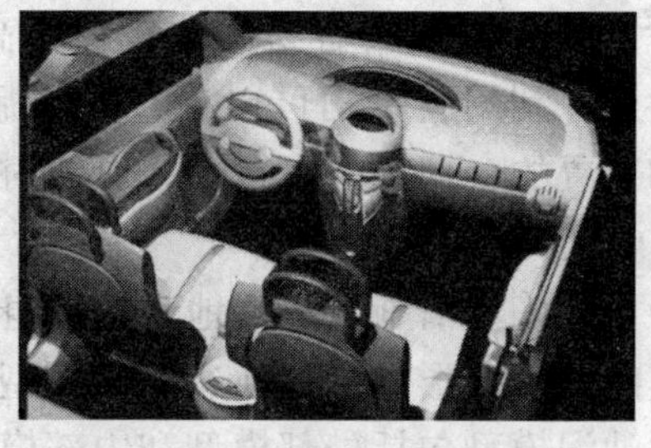

图 5-34　车身内饰效果图

3. 制作 1∶5 油泥模型

在将设计构思实物化的第一步中，为了降低成本，减少不必要的损失和浪费，通常先雕塑 1∶5 油泥模型，即以 1∶5 车身布置图的外形尺寸和车身造型效果图为依据，将车身造型构思初步用形体表现出来。此模型应定位安放在刻有坐标网格线（每个距离一般为 40mm）的平台上，模型上也划分有相应的网格线，如图 5-35 所示。

图 5-35　雕塑 1∶5 油泥模型

雕塑 1∶5 油泥模型的作用是将前述选定的效果图立体化、真实化，也为了体现效果图中未能表现出或尚未明确的部位。在满足设计要求的前提下，在油泥模型制作过程中，可对模型进行修正以完善汽车外观设计。另外，油泥模型制作完成后，可以用此模型进行风洞试验，初步了解其外形的空气动力性能，依据结果分析，不断改进车身外形，确定最终模型。油泥模型塑制是明确车型概念的重要环节。

以上是车身的初步设计，无论从平面到立体，还是从图纸到模型，其尺寸都是缩小的。尽管缩小比例的图纸或模型给初步设计工作带来修改和制作上的方便，但若将其放大成 1∶1 实际尺寸后，有可能出现线型变化、比例失调等缺陷，甚至出现由量变到质变的大变化。因此，必须重新审查放大后的效果，对已确定的小比例形体进行 1∶1 尺寸的设计，再根据具体情况进行合理修正与改进。

4. 制作1∶1车身布置胶带图

以1∶5车身布置图和油泥模型为依据，放大制作1∶1车身胶带图。胶带图是指用不同颜色、不同宽度的胶带在标有坐标网络的白色图板上，粘贴上模型轮廓的曲线和线条，将汽车的整个轮廓、布置尺寸、发动机位置、车架布置及人体样板都在图板上显示出来的图形，如图5-36所示。胶带图具有易修改、效率高、不变形、易保存的特点。利用胶带图可以检查放大后的效果以及结构设计和布置的合理性、可行性，以便对初步设计的小模型不合理部分进行适当修改。

图5-36 制作胶带图

5. 雕塑1∶1油泥模型

为了准确、清晰、逼真地表达车身的真实形状和尺寸，尤其是体现连续曲面的车身外表面及其间的过渡形体，仅通过缩比模型是不够的，必须通过制作1∶1全尺寸模型才能实现。全尺寸油泥模型包括外部模型和内部模型，要求表面光整、曲线连续、较准确地反映车身各部分曲面的外形。模型的轮廓曲线和尺寸，包括细节部分都必须严格按照技术要求制作出来。在模型制作的整个过程中，车身结构设计师、造型设计师、工艺师以及负责整车总布置的技术人员应始终紧密配合和协商，及时对模型进行修改和检测，其中对外部模型进行风洞试验是模型制作过程中的一项重要检测内容。通过分析、研究模型的空气动力状态，对整车动力性能进行最优化设计。

6. 绘制车身总布置图

设计人员为了进一步对车身结构进行具体分析和设计，确定各构件的相对位置和连接关系，在全尺寸油泥模型完成后，需要测量出车身模型表面轮廓，得到所有用于造型和结构设计的控制尺寸，然后绘制成车身平面图形即车身总布置图。最终确定的车身总布置图，通常按照1∶1的比例绘制在主图板上，也称车身主图板。主图板是制造第一辆样车时进行零件结构设计和总成设计的依据，也是制造模具的参考图。绘制时应注意以下几方面：

1）通常绘制侧视图、俯视图和前后视图，各视图需将要表达的轮廓曲线画出。

2）对于全新开发的产品，车身总布置图除了应绘出车身外形的主要轮廓线外，还要绘出主要部件外形（如发动机总成、动力传动系总成、行驶系、转向系、排气系统、后视镜、座椅、仪表板、备胎等）、内饰轮廓曲线和室内布置工具图形（如眼椭圆、头廓包络面、人体模板等）驾驶人座椅、发动机罩、行李箱罩等的主要外形尺寸和关键尺寸。

3）尺寸精确、线条清晰，能精确地反映车身各零件的装配关系、主要结构断面及车身中运动部件的轨迹。

4）为方便查看和量取尺寸，总布置图上要按一定间隔绘出网格线，通常间隔大小取100mm或其整数倍。

主图板网格线零线选取，如图5-37所示。

1）高度方向零线　取车架纵梁上表面或地板平面（无车架）作为高度零线。

2）宽度方向零线　取汽车的纵向对称线。

3）长度方向零线　取过前轮中心的垂线。

7. 绘制车身内外零件图

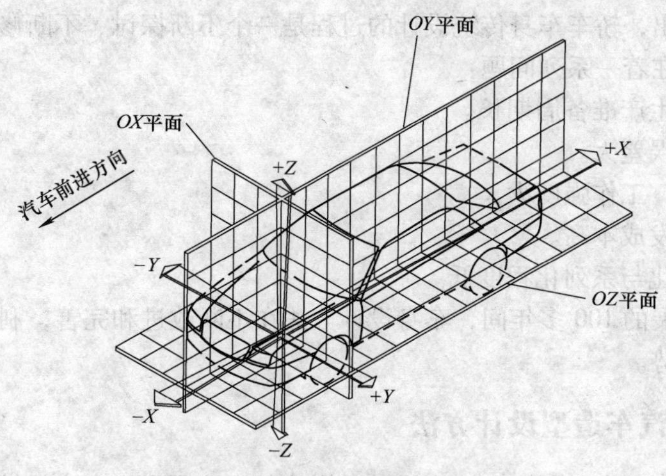

图 5-37　主图板网格线零线选取示意图

车身上各零件的边界条件可以从主图板上获得，通过对零件的具体结构设计所确定的截面形状，又可用来充实主图板的内容。在车身内外零件图上也必须绘出相应的坐标网格线，其图形和尺寸从主图板取下，以与主图板相同的坐标线为基线进行标注尺寸，零件图上的尺寸按零件内表面标注，主图板上未注明尺寸的按主模型量取。

必须指出，在传统车身设计工作中，可以说绝大部分时间都在从事这种繁琐的、重复性的工作。特别是由于车身覆盖件的装配关系是一环紧扣一环的，而车身图纸又都按坐标来标注尺寸，所以哪怕是局部外形和尺寸的改动，也会产生连锁反应，“牵一发而动全身”，导致制图工作的大量返工。

8. 样车试制

样车是一辆具有试制性质，能够驾驶运行的汽车。试制样车主要以手工操作为主，其目的是为了检验车身外形和结构设计的合理性，考核其性能、强度和寿命，从中找出缺陷，取得修正的数据。另外，根据试制样车，可以分析大批量生产时的工艺性，评定车身外形，开展样车试验，考核车身的使用性能。

样车试制仍是一个不断修改的过程。在造型过程中，造型设计人员对样车进行全面检查，许多不足之处会更真实地反映出来，根据设计要求进行修改。经过多次的反复试制、试验、修改，直到产品定型。定型样车作为今后批量生产的依据。

9. 制作车身主模型

主模型是根据车身总布置图和零件图制作的1∶1 实体模型，是大批量生产前制造车身冲模、装焊夹具、检验样架等的不可缺少的依据，也是检验车身零件尺寸和形状、车身总装配尺寸以及修复损伤模具的依据。

主模型分为外主模型(外覆盖件立体表面形状)和内主模型(内部零件立体表面形状)，内部模型与外部模型要求有一定的装配或者配合关系。主模型表面尺寸即为车身覆盖件的内表面尺寸，精度要求极高。制作时应准确地做出零件表面轮廓和尺寸以及其他结构要素，如翻边、冲孔、凸台等。

制造主模型过去通常采用经过特殊处理的硬度较高的优质木材，保存时要求恒温、恒湿，以防变形。目前多采用机加工性能良好的塑料或环氧树脂玻璃钢材料。

由上述可以看出，轿车车身传统设计的过程是一个不断探讨、不断修改、不断完善的过程，其设计方法存在着一系列问题：

1）车身开发及生产准备周期长。

2）设计的累积误差大。

3）费时、费力，工作强度大。

4）车身设计开发成本高。

5）产品的通用化与系列化程度低。

在车身设计发展的100多年间，车身设计方法在不断改进和完善，利用计算机取代人的部分劳动是必然趋势。

5.5.2　现代汽车造型设计方法

在现代轿车车身开发过程中，造型设计是影响整个流程和汽车市场销量的关键。

现代轿车车身造型主要包括以下几方面工作：外形构思、效果图设计、模型制作和CAD建模。

（1）外形构思

造型设计师在产品策划阶段，根据前期定位、市场需求和技术描述，从造型的角度进行创意构思和造型定位。新颖别致的创意是车身造型的关键，是汽车不同风格的体现，也是汽车产品吸引消费者的亮点所在。目前，汽车的开发周期一般需要2年左右，要保证现在的创意在2年后不过时，需要造型设计师必须具备敏锐的造型观察力、判断力和对流行趋势的预测能力。新型轿车的构思是在同类旧款车型或其他车型的基础上借鉴、继承和改进而形成的，根据目前同类车型的对比情况，总结出造型的发展趋势，并根据前期市场调研情况，包括竞争车型、流行元素、价位、目标客户群等方面，假想用户的审美情趣，确定车身的主要造型元素和风格，进而确定新产品的方案和参数。这是创造性思维的体现，也是指导效果图设计的基础。

每年在世界各地举办的汽车展览会、市场的信息反馈等，都是设计开发部门的资料信息来源。目前，品牌轿车“四位一体（4S）”的专营店中，其中一项是“信息反馈（Survey）”，其作用之一就是为厂家开发新产品提供依据。

图5-38　造型草图

表达创意最直接和快速的手段是草图，草图是造型设计师思维创意的快速表达，通常要设计出多种方案的草图（图5-38），等草图全部完成后通常进行一个内部评审，选出几个具有代表性的造型方向进行下一步的细化工作，即效果图设计。

（2）效果图设计

设计师将造型设计用效果图反映在画面上，称为二维造型设计。画效果图之前还必须进行总布置草图，它是预先对车内各部件以及乘员空间等的布置，以满足功能要求及人机工程要求。同时，效果图作为开发人员造型构思和初步选型的参考，还可以用来指导油泥模型、数字模型和做方案展示，因此，效果图要有精确的效果。比例、透视、色彩、材质等都需要有准确的表达。图5-39中显示出整车的形状、色彩、材质及反光效果等。

效果图分为车身外形效果图和车身内饰效果图，车身外形效果图应表现出车型前面、侧面和后面三者的关系，同时也要表现出车门外手柄、外后视镜、刮水器臂和车牌位置等结构细节；车身内饰效果图主要表现出仪表板、中控台、门护板、座椅及相互之间的空间位置等。

图5-39　车身外形效果图

一般情况下，效果图设计要经过三轮设计和选择，最终以唯一方案来指导三维数字模型(即CAS模型)设计和模型制作。计算机软件的应用在很大程度上提高了设计的工作效率，目前，设计师大多通过计算机来完成效果图的设计。

(3)模型制作

模型制作是造型过程中的重要环节。三维模型包括实体模型和数字模型两大类，实体模型按制作过程分为1∶5油泥模型和1∶1油泥模型、树脂模型等，油泥模型多以手工制作为主，树脂模型多以数控铣加工为主。数字模型主要有前期的CAS模型和后期的A-CLASS两种。

目前，随着虚拟现实技术的发展，可根据效果图的造型特征，直接在计算机中用辅助造型建模软件建立CAS模型，配合虚拟现实技术用于方案评审展示，方案评审完毕后选出相应造型，通过数控铣床铣削出全尺寸油泥模型，然后对铣出的模型进行精细处理，在造型确定后扫描全尺寸油泥模型并建立A-CLASS表面。

(4)CAD建模

建立A-CLASS表面，就是通过三维坐标测量仪对全尺寸模型进行测量，得到模型上离散的点集，将点集数据输入计算机，通过专门的CAD设计软件建立整个车身表面的数学模型(即CAD模型)(图5-40)，以供工程设计人员用来进行详细的三维结构设计。

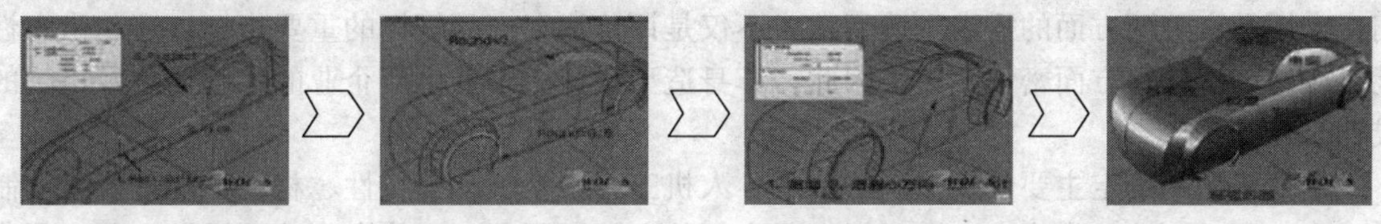

图5-40　CAD建模过程

至此，前期造型设计工作并未完全结束，因为在工程设计时可能会出现许多前期造型无法预料的问题，所以在后续工作中需要造型设计师配合对造型做相应调整，甚至在车型上市后，根据用户的反馈信息业也可能对造型继续做相应改进，直到这款车型停产为止，其造型工作才算最终结束。

5.5.3　现代汽车造型设计发展趋势

随着计算机辅助设计的迅速发展，在汽车车身设计中越来越多地引入了CAD/CAM的设计手段，改变了车身传统设计方法固有的开发周期长、设计累计误差大等问题。计算机三维建模具有快速、精确等优势，尤其是新开发的虚拟现实(VR)技术给实体油泥模型制作的必要性带来了疑问，曲面造型系统CATIA改变了以往只能借助油泥模型近似准确表达曲面的工作方式，它利用CAD/CAM系统在计算机中建立一个数字模型取代传统设计方法中的立体实物模型。通过图形输入输出设备对生成的数字模型进行各种功能操作观察效果，满意之后通过数控程序加工出立体模型，完成几何造型设计。随后再对形成的车身外表面数字模型进行结构设计、结构分析和生产准备。它使结构设计、有限元分析和模具加工共享统一的车身设计数据和图形库，确保数据和图形的传递准确无误，而且设计、工艺和检验人员可以使用同一数据资源，既方便又准确。

近年来，采用新的3D造型技术和VR技术发展出的外形三维模型建模，人们可以实现在计算机上建立汽车虚拟油泥模型，利用虚拟造型工具如虚拟刮刀、刮片、模板等对汽车虚拟油泥模型进行刮、削、扫操作。该建模过程与真正的汽车油泥建模过程相一致。这种方法彻底取代了车身传统设计方法中手工制作1∶5和1∶1油泥模型的过程，是车身设计方法发展的方向。

计算机辅助设计手段在车身设计中介入的范围越来越广，最终车身设计的整个过程会实现完全在计算机上完成。以现在的技术水平而言，数字模型和实体模型相比，灵活性还较低，实时数字影像技术也远未达到完美的程度，所以即使在汽车和数字技术都相当发达的国家，油泥模型制作技术长期内仍处于不可动摇的位置。在近期及今后相当长的一段时间内，车身设计中仍将采用油泥模型制作来体现设计思想和方案的具体细节，用于方案的评选和修改。

随着计算机技术的不断发展，各种新的造型方式在不断地被尝试，“无纸化设计”和“无油泥设计”是近年来比较热门的造型方式，给人们提供了更便捷的工作方式和更高的工作效率。无论技术如何发展，观察力、想象力、美感、空间感、工程知识和技能等永远是汽车造型设计师的必修课。

5.5.4 汽车造型设计的制约因素

车身造型设计的目的是使汽车能尽量完美地体现它的物质功能和精神功能，充分满足人们在实用和审美两方面的需求。造型款式不仅是评价汽车产品好坏的重要指标，还与汽车性能、质量、价格等方面密切相关。因此，车身造型设计决定着生产企业的品牌形象及市场的成功与否。

车身造型的确定主要受机械制造水平、人机工程、空气动力特性、材料性能等要素的制约。由于先进制造技术为车身造型提供了广阔的空间，因此，现代车身造型设计在很大程度上受汽车空气动力学和造型美学两大因素发展水平的影响。在不断追求气动优化的同时追求个性化、多样化，实现功能技术与形式美的协调统一。此外，现代计算机辅助设计和人工智能技术等方面的发展，将对汽车造型设计方法产生深刻的影响。

近年来，空气动力学对车身造型的影响越来越重要，人们在实践中又认识到以下三个问题：

1）既要使汽车具有很好的空气动力特性，又要使每个车型具有强烈的独特风格，避免同类汽车造型越来越相似的弊病。

2）在不改变汽车正面投影面积的前提下，不断降低自重。为了考虑汽车舒适性，正面投影面积不能减小，但由于气动阻力与汽车正面投影面积成正比，正面投影面积则不能过大，要用正面投影面来限制汽车的外形尺寸。

3）气动性能与汽车舒适性、安全性的矛盾。汽车的舒适性需要足够的车内空间，而要得到宽敞的空间就要增加汽车外形的尺寸，尤其是横截面，尺寸的增加势必增加汽车的迎风面积，将直接增大汽车的空气阻力。在汽车速度较低的情况下影响不大，而高速行驶时则会影响巨大。试验表明，当车速在 30km/h 以下时，消耗在路面阻力上的功率大于克服风阻所消耗的功率；而当车速大于 30km/h 时，消耗在风阻上的功率则会急剧增加。速度在 70km/h 左右时，克服风阻所消耗的功率就会超过克服路面阻力所消耗的功率；如果速度超过 100km/h，绝大部分的功率就消耗在克服风阻上了，可见车身造型对于汽车行驶阻力的影响十分巨大。如果为了减少阻力采纳流线形车身造型，其车身纵截面与飞机机翼的形状相似，高速运动时就会产生很大升力，对行驶稳定性产生负面作用，这就产生了矛盾，即气动性能与汽车舒适性、安全性的矛盾。

如何有效解决上述问题或矛盾，是当前汽车空气动力学研究的重要问题。车身设计的趋势就是在不断追求气动优化的同时，追求个性化、多样化、实现技术、性能与造型的协调统一。

【阅读材料 5-2】　　汽车空气动力学的发展历程

自从德国工程师卡尔·本茨 1885 年发明了世界上第一辆汽车后，德国就在齐柏林工厂的航空风洞中进行了一系列有关车身外形的实验研究。后来，德国工程师 P. Jaray 和他的助手 W. Klemperer 发现前圆后尖的物体阻力最小，从而找到了解决形状阻力的途径，鱼和鸟的体形正是形状阻力较小的造型。美国的 W. Elay 教授于 1934 年采用风洞和模型汽车，测量了各种车身的空气阻力系数，这是具有重要历史意义的试验。例如，他提出了“如果头部不是干净利落的圆滑，即使有良好的尾部造型也意义不大。”20 世纪 30 年代后期，法国 J. Andreau 对汽车表面压强分布进行了详细的研究，提出了压差阻力的概念，同时他也较早地研究了侧风的稳定性。40 年代，另一位法国人 L. Romani 在诱导阻力方面进行了大量的研究工作，并提出了许多独到的见解。60 年代初，英国人 R. G. S. White 在进行了风洞实验之后，找出了轿车外形特征与阻力系数之间的关系，提出了一整套估算气动阻力系数的方法。70 年代，J. Scibor-Rylski 总结了前人的成果，为汽车空气动力学成为一门独立学科奠定了基础。我国在 80 年代才较为系统地研究汽车空气动力学。

复习与练习题

一、名词解释

1. 空气阻力
2. 升力
3. 空气的粘滞现象

二、简答题

1. 车身空气阻力的组成和影响因素是什么？
2. 影响空气阻力系数的因素有哪些？以现代轿车为例，如何减小空气阻力系数？
3. 举例说明汽车周围的流谱与车身形状之间的关系。
4. 影响空气动力特性的参数有哪些？车身空气动力性优化设计内容通常有哪些方面？

三、思考题

1. 现代轿车造型设计的制约因素有哪些？
2. 试简述空气动力学的最新研究成果在车身设计中的应用。

四、讨论题

用空气动力学的观点分析现代轿车车身外形设计有哪些需要优化的部位？如何优化？

第 6 章　车身结构碰撞安全性

学习目标

1. 熟悉汽车碰撞形式、碰撞试验及汽车安全性设计法规
2. 掌握车身抗撞性设计要求及设计方法
3. 了解汽车安全新技术

学习要求

知识要点	能力要求	相关知识
汽车碰撞形式	熟悉汽车碰撞形式及汽车安全性设计法规	新车评价规程
车身结构抗撞性	掌握车身抗撞性设计要求	抗撞性
汽车安全技术	了解主动安全与被动安全技术	汽车安全新技术
车身安全技术性设计	了解车身结构安全性设计方法	碰撞试验

【导读】 随着全世界汽车拥有量的增加，汽车碰撞事故越来越多，人员伤亡和财产损失是巨大的，交通事故已成为非常严重的社会问题。由于驾驶习惯、安全意识、道路条件、交通环境、气候和汽车技术状态等因素的作用，交通事故不能完全避免。如何最大限度地保证事故发生时人员的安全、减少事故造成的损失具有重要的现实意义。

显然，先进的汽车安全设施是行车安全不可缺少的保障。从 1900 年到现在的一个多世纪时间里，从率先使用汽车前照灯、创建第一座汽车安全试车场，到开发出用于汽车撞击试验的人体模型等，各大汽车厂家一直都在不遗余力地发展汽车安全技术。随着电子技术的发展，安全带、安全气囊、ABS 和一些智能化系统等一系列安全配置现已被广泛应用于汽车产品中，使汽车的主动安全性和被动安全性大幅度提高，使驾驶汽车成为一种安全、高效的活动方式。在发达国家中，虽然汽车保有量在增加，但汽车交通事故死亡人数或死亡率反而有下降趋势，这说明先进的安全技术可换来生命的保证。近几年，随着我国汽车安全技术的发展，交通事故发生率也在逐步降低。

如今，汽车安全性已与节能、环保一起成为现代汽车技术发展的三大主题，它将逐步替代质量和价格成为汽车市场竞争的优先因素。

6.1　汽车碰撞安全性

汽车碰撞安全性是交通安全的重要内容之一。汽车设计师不仅要追求汽车较高的动力性、良好的经济性和美观、舒适等性能，还应使汽车在碰撞事故中能最大限度地保护乘员安全，努力做到“车毁人不亡”或“车伤人不伤”，即让汽车具有较高的“汽车碰撞安全性”。

评价汽车的安全性一般从汽车主动安全性和被动安全性两方面来考虑。汽车主动安全性是根据汽车设计和汽车理论对汽车内部构造进行合理、有效设计来主动预防事故的发生，或避免发生事故的性能，也称为事故前汽车安全性。其特点是从防止汽车事故发生所采取的措施来考虑的，提高汽车的行驶稳定性，尽力防止事故发生。其研究内容包括汽车操纵稳定性、制动性、驾驶人视野性、乘坐舒适性、噪声对舒适性的影响、灯光系统和门锁报警等。比如 ABS(防抱死制动系统)、EBD(电子制动力分配系)、TCS(Traction Control System 牵引力控制系统)、LDWS(车道偏离预警系统)、高位制动灯、前后雾灯、后窗除雾等都是主动安全性设计。

汽车被动安全性是从事故发生后，为减少因事故引起的损失来考虑的，它是指汽车在不可避免的情况下，一旦出现事故时，通过车内的保护系统来有效保护乘员，将伤害减少到最低限度的能力，即汽车所具有的在交通事故中保护乘员免受伤害的能力，也叫事故后汽车安全性。其研究内容包括车身抗撞性(Crash worthinness)、乘员约束保护系统(如安全带、座椅、安全气囊、内饰软化等)，以及转向系统防伤性能(如转向盘、吸能式转向柱)等。被动安全性又可分为降低碰撞时的损坏和碰撞后的急救等两方面工作。其中，碰撞后的急救包括乘员自救和车外人员能及时给予乘员急救援等。

汽车安全技术的主要内容如图 6-1 所示。

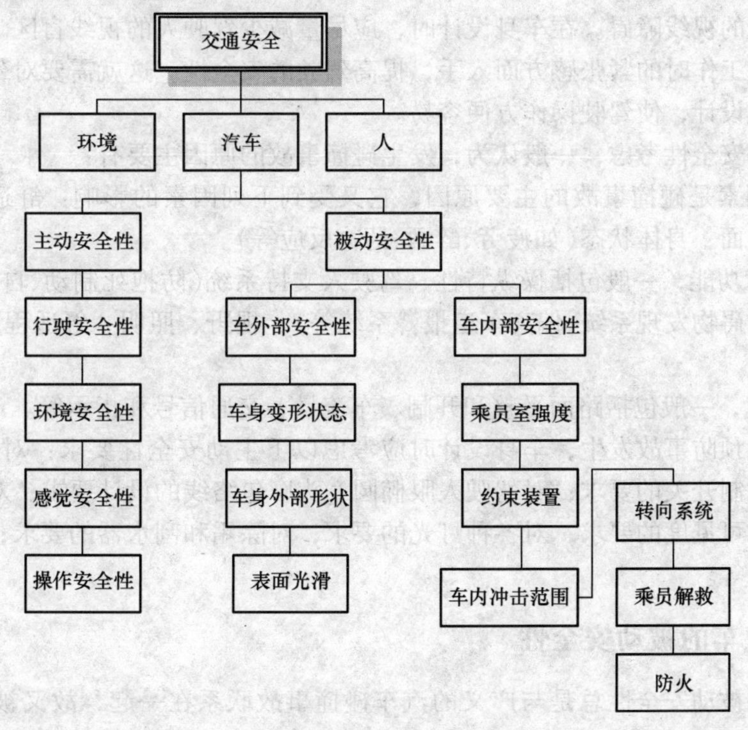

图 6-1 汽车安全技术的主要内容

6.1.1 汽车的主动安全性

对于轿车来说，主动安全性非常重要，一旦发生事故，可能会造成严重后果。据统计，很多交通事故的发生都与汽车的主动安全性相对较差有很大关系。如直接影响汽车行驶安全性的汽车制动性较差，出现严重侧滑或制动跑偏而发生的交通事故占交通事故总数的 35%

左右。另外，与汽车操作稳定性和感觉安全性有较大关系的汽车照明和驾驶人的视野等都直接影响汽车交通事故的发生率。因此，提高汽车的主动安全性，对于预防交通事故的发生具有积极的意义。

汽车的主动安全性涉及领域较广，可以分为行驶安全性、环境安全性、感觉安全性和操作安全性。其中，行驶安全性是汽车主动安全性的基本要求，它要求汽车有最佳动态性能，保证良好的制动性能，特别是悬架、转向系和制动系的运动协调，以保证汽车良好的操纵稳定性能。汽车的操纵稳定性包含着互相联系的两个内容：一是操纵性，二是稳定性。操纵性表示汽车能及时而准确地按照驾驶人的指令行驶的能力；稳定性是指汽车抵抗外界干扰保持稳定行驶的能力。操纵稳定性包括悬架系统的操纵稳定性、转向系统的操纵稳定性等。汽车的制动性表示汽车能在短时间内迅速降低车速直至停车并保持方向稳定的能力，包括防抱死制动系统(ABS)、防侧滑系统(ASR)等。

环境安全性是使振动、噪声和各种气候条件加于汽车乘员的心理压力尽可能减小到最低程度的结果，它在减少行车中可能产生的不正确操作方面具有重要意义。感觉安全性是从照明设备、声响报警装备和直接、间接视线等方面入手提高汽车的安全性，如汽车的前照灯应照亮道路，以便驾驶人能看清道路交通状况，及时辨别障碍物；另外，在驾驶人改变汽车方向时，应给出示意或指示出危险状况；还有汽车的前窗门柱、转向盘、风窗玻璃和刮水器等都会造成驾驶人的视线障碍。在车身设计时，应尽量减少驾驶人的视线盲区。操作安全性是指从降低驾驶人工作时的紧张感方面入手，提高驾驶的安全性。这就需要对驾驶人周围的工作条件做出优化设计，使驾驶操作方便容易。

从汽车主动安全性考虑，一般认为，发生碰撞事故的原因主要有：

1)驾驶人因素是碰撞事故的主要原因，它又受到下列因素的影响：舒适性、噪声、使用手机、人机界面、身体状态(如疲劳、醉酒、药物反应等)。

2)汽车技术功能，一般包括操纵特性、驾驶人支持系统(防抱死制动、自动巡航、电子稳定、助力转向、障碍物发现系统、偏离车道报警系统等)、视野、照明、舒适程度(振动和噪声控制、空调)等。

3)道路环境，一般包括路面平整和开阔、车流量、交通信号和指示等。

因此，为了预防事故发生，车身设计时应考虑以下主动安全性要求：对转向盘、踏板、变速杆和各种控制开关的要求；对驾驶人眼椭圆、头廓包络线的设计要求；对车前方视区的要求；对车后方可见度的要求；对各种灯光的要求；对除霜和刮水器的要求；对噪声、密封性和报警的要求等。

6.1.2 汽车的被动安全性

由于汽车的被动安全性总是与广义的汽车碰撞事故联系在一起，故又被称为“汽车碰撞安全性”。从抗撞性考虑，汽车的被动安全性显然尤为重要。

被动安全性分为汽车外部安全性和汽车内部安全性。汽车外部安全包括一切旨在减轻在事故中汽车对行人、自行车和摩托车乘员的伤害而专门设计的措施。决定汽车外部安全性的因素为：发生碰撞后汽车车身变形的状态、汽车车身外部形状。从车辆的被动安全性考虑，对汽车外部设计的最基本要求应是使碰撞的不良后果减轻到最低程度(涉及车外的人和汽车自身)。车内安全包括事故中使作用于乘员的加速度和力降低到最小；在事故发生以后提供足够的生存空间，以及确保那些对从车辆中营救乘员起关键作用部件的可操作性等有关措施。轿车安全性的决定性因素是：车身的变形状态、乘员室强度，当碰撞发生时和发生后的生存空间尺寸、约束系统、车内部被撞击面积、转向系统、乘员的解救、防火。

本章以轿车为例，主要研究其碰撞形式、乘员伤害、车身抗撞性安全设计及碰撞试验等被动安全性内容。

6.2　汽车碰撞形式及乘员伤害

6.2.1　汽车碰撞形式

由于诸多因素的影响，汽车交通事故中很难找出完全一样的两起事故，碰撞形式各异。据汽车事故统计分析，汽车碰撞通常分为正面碰撞、侧面碰撞、后面碰撞(一般为追尾碰撞)、滚翻和撞行人等形式。

2007 年我国交通事故统计，正面碰撞事故占总数的 28.21%，但由于在设计上对此采取了许多成功的措施，使人员死亡率只占碰撞事故死亡总人数的 29.01%。侧面碰撞事故占总数的 36.84%，事故发生概率高于正面碰撞，此碰撞过程及对乘员的伤害情况与正面碰撞有很大不同。正面碰撞中，乘员距离发生碰撞的区域有较大空间，可通过车身前部设置的吸能装置吸收一部分碰撞能量，而侧面碰撞时，乘员距离车门之间的空间较小，不能设置吸能装置，所以在侧面碰撞中对乘员的保护更困难，因此乘员死亡率占事故死亡总人数的 25.68%。后面碰撞最常见的是追尾事故，追尾发生的比例为 11.63%，通常是低速碰撞，死亡率很低，经常出现的伤害形式主要是乘员颈部的伤害，但很多轿车追尾货车的碰撞中，轿车乘员死亡率很高，占事故死亡总人数的 15.07%。有时事故发生后汽车会滚翻，虽然发生这种情况的概率较低，但死亡率占到事故死亡总人数的 5.89%，其中多数是由于乘员未系安全带被甩出车外造成的。汽车碰撞类型比较及各类碰撞事故死亡人数的比较如图 6-2 和图 6-3 所示。

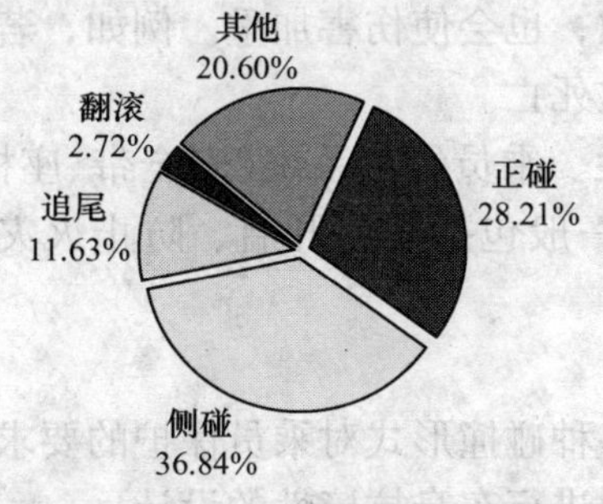

图 6-2　汽车碰撞类型比较

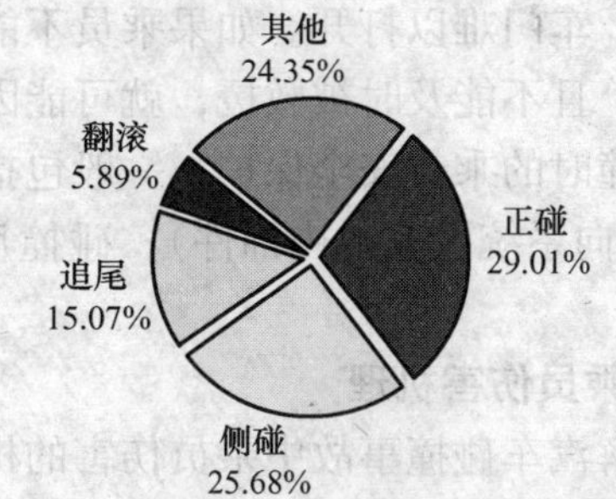

图 6-3　各类碰撞事故死亡人数的比较

由于我国城市交通多以平面交叉路口为主，所以侧面碰撞发生的概率很高，且车门结构决定了对乘员的保护措施受到限制，造成侧面碰撞在交通事故中死亡人数的比例仅次于正面碰撞，位居第二，因此，汽车侧面碰撞安全技术及乘员伤害的研究具有重要意义。

在交通事故中，除上述碰撞形式外，人车碰撞也是常见的形式，主要有汽车与行人、汽车与自行车或摩托车的碰撞。尤以车辆前端与人的碰撞最为普遍，约占 68.5%。与乘员相比，行人往往是此类交通事故的受害者。过去，汽车被动安全技术研究中的乘员保护一直是研究的核心内容，而行人安全技术研究很少，如今，此问题已引起相关部门重视。

6.2.2　汽车碰撞时的乘员伤害

1. 乘员伤害的原因

在上述各种碰撞事故中，造成乘员伤害的原因主要有以下几类。

(1)生存空间丧失

汽车在碰撞事故中，由于乘坐室外部结构的侵入或乘员室的变形，会导致乘员生存空间丧失，使乘员受到碰撞或挤压。例如，在正面碰撞中，转向盘可能将乘员挤在座椅靠背上；在侧面碰撞中，车门侵入乘员室可能直接撞击乘员；滚翻事故中，车顶结构严重挤压变形使乘员头部受到挤压等。另外，在碰撞事故中，如果车门被打开，乘员有可能被抛出车外，也会成为导致乘员伤害的原因。

(2)二次碰撞

汽车碰撞分为一次碰撞和二次碰撞。汽车与汽车或汽车与障碍物之间的碰撞为一次碰撞；一次碰撞后汽车的速度下降，车内乘员受惯性力的作用继续以原有的速度向前运动，在乘员生存空间未丧失的情况下，乘员与汽车内部结构(包括安全带和安全气囊)的碰撞或被抛出车外，称为二次碰撞。乘员受到伤害的主要原因，是在二次碰撞中与车身上的风窗玻璃、风窗上梁、转向盘、转向管柱、后视镜、前立柱、仪表板、前座椅靠背、顶盖等部位发生接触，甚至被抛出车外而造成从轻伤到致死的各种伤害。

(3)碰撞火灾

在碰撞事故中，如果燃油系统发生泄漏，有可能导致火灾，这也是对乘员造成伤害的原因之一。

(4)碰撞后不能快速逃逸与被救援

汽车发生碰撞事故后，乘员不能快速逃逸与被救援的主要原因可以归纳为两类：一类是乘员丧失逃逸空间，如驾驶人被转向盘挤住或被安全带卡住；另一类是碰撞后乘员逃逸或被救援时，车门难以打开。如果乘员不能及时逃逸或获救，也会使伤害加重。例如，若乘员发生失血，且不能及时被救援，就可能因失血过多而导致死亡。

碰撞时的乘员安全保护，一般包括乘员室的抗撞性、乘员约束系统(安全带、座椅、安全气囊、转向系统及其他内饰件)；碰撞后的乘员保护，一般包括车门开启、防止火灾、紧急呼救等。

2. 乘员伤害机理

了解汽车碰撞事故中乘员伤害的机理，有助于将各种碰撞形式对乘员保护的要求，转化为对车身结构碰撞响应特性的要求，从而可以更合理地进行车身抗撞性的设计。

在汽车碰撞事故中，乘员受到的伤害主要是由于所谓“二次碰撞”而造成的。在没有安全带的情况下，人体的头部、胸部、大腿及小腿会直接撞到驾驶室的风窗玻璃、转向盘、仪表板等部件，从而造成皮肤、骨骼、内脏及神经系统的损伤；在有安全带的情况下，人体虽然不会直接撞击在转向盘、仪表板等部件上，但由于巨大的减速度和安全带压力的作用，大脑和胸部也会受到直接伤害。况且，在碰撞速度较高时，往往会发生乘员的“下潜(Submarining)”现象，即人体向前下方滑动，使安全带发生上窜的现象，由于“下潜”效应，会发生安全带压迫腹部或卡住颈部的现象，这很容易使乘员受到致命的伤害。

汽车碰撞事故中，乘员伤害机理涉及到很多医学和生理学的知识。由于事故发生的条件是多种多样的，因而损伤形式和伤害程度不尽相同。撞车伤害的部位和形式主要包括以下几个方面：

①表皮层的伤害。如挫伤、擦伤、裂伤、烧伤等。

②神经系统的伤害。如脑伤害(脑内出血、视网膜下出血、硬脑膜外出血)、脊髓伤害(椎体骨折、椎体错位等引起脊髓损伤)等。

③胸部的伤害。如胸壁及胸骨的伤害、食道伤害、呼吸器官的伤害、心脏的伤害等。

④腹部的伤害。如内脏的挫伤、裂伤，肠管、膜类的破裂等。

⑤骨折和韧带伤害。如长骨骨折、颅骨骨折、胸廓骨骨折以及关节的错位、脱臼等。

⑥面部的伤害。如眼球损伤等。

以下只对人体各部位的伤害机理做简要介绍。

(1)头部伤害

在汽车碰撞事故中，对头部的伤害(包括颅骨骨折和面部伤害)特别受重视，关于头部的耐冲击性和伤害标准的研究最多，研究方法多种多样，内容也较充实，但其主体仍是脑损伤的研究。除了头部被压碎那样极端的情况外，头部的伤害一般都是由冲击导致脑与颅骨的相对转位而引起的。当头部受到冲击时，最轻度的伤害是脑震荡，只引起脑机能的暂时性障碍，而脑的形态并未发生变化；中等程度的脑伤害有微小的形态变化和生化变化；更严重程度的脑伤害是脑挫伤，伴随发生脑出血，使脑子的局部或整体受到不同程度的压迫，造成脑机能障碍。

因此，为防止汽车碰撞中对乘员头部造成伤害，应当尽量减小或避免头部受到冲击，降低碰撞时引起的头部的减速度。

(2)颈部伤害

颈部是一个有大量神经、血管和食道、气管通过的重要部位，即使极轻微的冲击也可能造成很麻烦的后遗症，即所谓颈拉伤症，若脊椎也同时受到撞击或挤压，还会产生对脊椎的伤害，严重的冲击则可能致残，甚至致命。

(3)胸部伤害

胸腔中有重要的内脏器官，包括呼吸系统、循环系统、心脏等。在汽车碰撞事故中，乘员胸部受到转向盘和仪表板强烈冲击的情况，发生的频度和致命度都很高。胸部伤害主要包括胸壁、胸骨、食道、呼吸器官(气胸、血胸、横隔膜破裂等)、心脏以及心脏周围的血管等部位。胸壁外伤发生的频度较高，但其危害不是很大，胸骨或肋骨的骨折及随之而来的呼吸器官障碍则需引起重视。食道位置在气管与脊椎之间的下方，受伤害的频度较低，但万一破裂，则会发生危险；呼吸器官的功能是靠胸部和横隔膜的运动来进行的，如果肺内的支气管、肺泡、响壁、纵隔等部位裂伤，则空气将通过这些裂伤处进入胸腔，压迫肺部，使肺泡像漏气的皮球一样萎缩，从而导致肺功能障碍，甚至肺功能完全丧失。如果因胸膜或心脏及其周围血管损伤出血而压迫肺泡，则会引起血胸症，血胸发生的频度很高，占胸部伤害的75% ~80%。若是心脏及其周围血管损伤出血将是致命的。横隔膜是胸腔与腹腔的隔壁，也是肺进行吸气动作的重要肌肉组织，横隔膜一旦破裂，腹腔内脏将进入胸腔内，血液同时压迫肺部，使吸气困难，往往成为致命伤害；心脏是由强韧的心肌组成的，用于血液循环，特别是把血液送往全身的左心室，其中充满了高压的血液，这部分的损伤将是致命的，如果心脏本身裂伤，则包裹心脏的心腹内将充满血液，退回右心室的低压大静脉变窄，也会导致失去循环机能，心脏的伤害几乎都会立即致死，但发生的频度很低。心脏周围血管裂伤，尤其是胸部大动脉裂伤，很容易造成致命伤害。

(4)下肢伤害

在汽车碰撞事故中，下肢是继头部之后的第二大频繁受伤的部位。下肢主要有大腿、小腿和脚以及膝关节、踝关节和与其相关的韧带及软组织等组成。在碰撞事故中，下肢伤害主要包括长骨骨折、关节损伤、韧带扭伤、肌肉撕裂、肌腰损伤等模式。在正面碰撞事故中，随着安全防护装置(如安全带、安全气囊等)的广泛应用，有效地保护了前排乘员的头部和胸部，因而使得下肢损伤的比例增加。其症状常常为大面积软组织撕裂或缺损，并伴有严重骨折或脱位。配有安全气囊的汽车发生碰撞时，未系安全带的乘员常常下肢损伤严重；那些原本会在未配有安全气囊的汽车中因剧烈的正面碰撞而死亡的乘员，在配有安全气囊的汽车中有可能幸存下来，从而增加了下肢损伤的发生。另外，两车相向偏置碰撞，极易造成驾驶人一侧车体严重变形，从而引起下肢关节和骨骼的损伤。因此，汽车碰撞事故中的下肢损伤越来越引起人们的重视。

对于下肢各部分而言，由于在事故中接触的车内部件及其放置的相对位置不同，导致其受伤形式各不相同。在过去，如果小腿或下肢刚好在膝关节以下部位受到碰撞，通常会发生后交叉韧带撕裂。现代轿车内仪表板通常是斜向下方的，增大了乘员搁脚空间，从而确保后交叉韧带不会受损，所以膝部的损伤机理通常是膝关节的骨骼结构破裂及韧带或肌腱的撕裂。脚踝部的伤害机理是当踝关节处于不稳定状态时，碰撞事故中汽车内部部件与乘员脚部接触而产生过大的轴向力作用于踝关节上，导致踝关节出现不稳定位置，在某一位置时轴向力作用于关节的薄弱部位，形成高应力区，从而引起骨折或韧带撕裂；小腿的损伤机理是过大的剪切力、轴向力和弯折力矩引起骨折；大腿的损伤机理是冲击和弯折引起骨折。

调查结果表明，下肢伤害往往由以下几种情况所致：

①下肢与汽车仪表板、转向柱、地板和脚踏板等内部件发生撞击，在撞击部位产生了过大的接触力，导致该部位出现骨折或其他损伤。

②与汽车内部件撞击产生的力在向下肢其他部位传递时，产生的轴向力或扭转力矩超过该部位的承受极限，导致该部位出现骨折或扭伤。

③下肢关节在碰撞发生时产生了过大的转动或运动，超过了其运动极限，从而导致关节受损，如碰撞时常常出现的因过度背屈、过度内翻和过度外翻而导致的踝关节损伤。

④在碰撞发生时驾驶室外的部件侵入驾驶室，或前围板、前围板下部(或地板前部)及地板向驾驶室内的乘员空间侵入，下肢受到挤压或剪切而受伤。

⑤在碰撞过程中，膝关节及其以下部位被卡在地板与仪表板之间无法移动，引起在下肢传递的轴向力或力矩过大，造成下肢骨折。

(5)腹部伤害

腹腔中有重要的内脏器官及组织，包括消化系统、泌尿系统、生殖系统、肝脏、脾脏以及与此相关的软组织和血管等。汽车碰撞事故对腹部的伤害同样取决于作用力的强度和速度。内脏的伤害多为因强烈的冲击引起的挫伤或裂伤，其中肝脏和脾脏受伤害的频率较高，对它们的伤害会危及生命。

在汽车正面碰撞事故中，对腹部的伤害通常是由于转向盘的撞击或挤压，或安全带的作用导致的。在侧面碰撞事故中，对腹部的伤害一般是因为侵入乘员室的侧围结构从侧面撞击或挤压乘员腹部造成的。

(6)骨盆伤害

在汽车正面碰撞事故中，对骨盆的伤害大多是由于仪表板猛然撞击膝盖所产生的撞击冲力造成的。此时，如果髋部是外展的，对大腿骨向后的撞击可能会导致髋关节脱臼；如果大腿被挤在座椅与仪表板之间，可能会导致骨盆在骶骨关节处与骶骨脱离。在侧面碰撞事故中，车门撞击可能使髋骨臼部骨折。因此，骨盆的损伤机理可以归纳为通过大腿传来的直接冲击和髋关节的过度伸展或内收或纵向位移过大所引起的伤害。

6.3　汽车安全技术法规与新车评价规程

目前，关于汽车被动安全性要求的公开规范主要有法规和评价规程，它们规定了对汽车被动安全性的要求和规范化的试验评估方法，也为车身抗撞性设计指明了目标。

6.3.1　汽车技术法规和标准

汽车安全技术法规是指规定技术要求的法规，可以引用“标准”“技术规范’”或“实施规程”的全部或部分内容。

在汽车技术法规实施过程中，汽车生产企业设计和生产的汽车必须符合汽车法规的要求并经政府部门审定，签发证明后才允许在市场上销售。出口外销的汽车也必须符合进口地区的汽车法规的要求，否则不允许进口或不发给行驶证。

标准与技术法规是技术领域中不同的规范性文件体系，它们的区别如表 6-1 所示。

表 6-1　技术法规与标准的比较

项　目	技术法规	标　准
定义	执法权威机构采用的规定或行为规则等约束性文件	为协调相关各方面工作关系而确定采用的各项原则
目的	从保障生命财产安全、保护环境、节约能源方面来维护公共利益	保障行业、协作单位之间的协调关系，不断提高产品的技术水平；克服国际贸易之间的技术壁垒，获得最佳经济效益
制订、批准、管理机构	政府颁布、由政府或授权机构执行、监督和管理	不具有政府管理职能的有关机构或组织(如行业组织、地区性组织、学会、协会)颁布，相应的机构协调
内容	涉及汽车安全、环境保护、节约能源的技术内容，并包括为管理需要而制定的行政规则	一般为纯技术内容，不包括行政规则
适用范围	国家主权范围内	一般不受限制，可以跨域区域
管理方式	强制性，产品需通过认证机构的认证才有可能在法规管辖区域内得到认可	非强制性，企业可根据合同要求自主选择

尽管标准不等于技术法规，并不等于标准和技术法规毫无联系，二者具有十分密切的关系。一是二者都是涉及技术要求的文件，均具有极强的技术性，都要以科学技术的成果为基础，内容均可包括产品特性，加工生产方法的术语、符号、包装、标志等方面要求；二是技术法规可以引用标准。政府在制订技术法规时，常常引用标准来代替技术法规中有关技术要求的详述条款。这样做既可以通过引用标准充分借鉴科学技术成果，又能简化技术法规起草的过程，缩短起草的周期。

汽车技术标准与法规是在汽车工业的发展过程中不断完善形成的，二者相互依存，在汽车产品生产与管理中共同发挥作用。

6.3.2 各国汽车安全技术法规

目前许多国家都制定了“汽车安全”法规，但由于各国汽车技术的发展以及汽车交通事故的情况存在差异，所以，安全标准或法规的侧重点和发展不尽相同。

一般来说，汽车安全技术法规的主要内容可分为三大类。

(1)防止事故发生的规定

如关于汽车外形尺寸和凸出物的规定，关于各种灯光和信号的规定，关于操纵性、稳定性的规定，关于制动装置的规定，关于车窗玻璃和刮水、除雾、除霜的规定，关于视野的规定，关于座椅和安全带的规定，关于仪表的规定，关于轮胎及轮辋的规定等。

(2)在发生碰撞后保护车内乘员不受二次冲击损害的规定

如汽车整体结构要考虑碰撞后防止车室变形以确保生存空间的规定(一般要求前、后部变形的吸收碰撞能量，以及侧面碰撞、翻车时车室变形要小)，关于汽车内饰软化、阻燃的规定，关于内部突出物的规定，关于转向柱挠性的规定，关于保险杠的规定等。

(3)关于保护环境的规定

如关于汽车尾气排放的规定，关于汽车噪声的规定等。

当前，世界上主要的汽车法规有美国汽车法规、欧洲汽车法规和日本汽车法规，形成了三大汽车法规体系。此外，加拿大、澳大利亚、沙特阿拉伯、南非、新加坡等国家也都有自己的汽车法规，但这些法规基本上都是参照美国法规或欧洲法规再结合本国具体情况制订的。我国汽车安全法规的制订工作也在不断发展中，陆续出台了许多强制性的汽车安全法规。随着国际交流的频繁，在世界范围内有要求简化和统一法规的倾向。

1. 美国汽车安全法规

美国的汽车安全法规(FMVSS)是在美国《国家交通及机动车安全法》的授权下，由美国运输部下属的国家公路安全管理局制定的。从 1968 年 1 月 10 日实行以来，经过不断的修改，对各条款要求更加严格。

美国汽车安全法规将汽车的安全问题分为三大部分。第一部分是防止撞车等不安全事故发生的法规，即主动安全法规。这类技术法规是对保证汽车安全行驶所需的条件加以规定。例如，各种便于操纵和识别的标志及位置，使得驾驶人不致因标志及位置不清和操纵失误而造成事故。此外，对制动系统、灯具、轮胎及车身附件的性能有明确的规定。这些技术法规属于 FMVSS 中的 100 系列编号内(见表 6-2)。第二部分中的技术法规是对撞车时的保护加以规定，即被动安全法规，它力求使乘客的伤亡减至最少。例如，撞车时对乘员的防护、座椅及安全带、车门及门锁、风窗玻璃等部件在撞车时应对乘员起到保护作用。这些法规属于

FMVSS 中的 200 系列编号内(见表 6-3)。第三部分中的法规是对撞车时防止灾害性事故的发生而加以规定，即汽车防火安全法规。这些法规属于则 FMVSS 中的 300 系列编号内。

表 6-2　美国 FMVSS 汽车主动安全法规

编　号	内　容	编　号	内　容
101	控制器和显示器	114	防盗装置
102	变速器变速杆顺序，起动机的互锁机构和变速器	115	汽车识别号的基本要求
103	风窗玻璃除雾和除霜系统	116	汽车制动液
104	风窗玻璃刮水和洗涤系统	117	翻新充气轮胎
105	液压制动系统	118	动力操纵风窗玻璃
106	制动软管	119	汽车充气轮胎(不含轿车)
107	回复反射器	120	汽车轮胎和轮毂的选择
108	灯具、回复反射器和辅助设备	121	气压制动系统
109	新充气轮胎	124	加速器控制系统
110	轮胎选择及轮毂	125	警报装置
111	后视镜	129	新不充气轮胎
112	前照灯隐蔽装置	135	汽车制动系统
113	发动机罩锁		

表 6-3　美国 FMVSS 汽车被动安全法规

编　号	内　容	编　号	内　容
201	车内碰撞乘员保护	213	儿童约束系统
202	头部约束	214	侧面碰撞保护
203	减轻转向机构对驾驶人伤害的碰撞保护	215	车外装置保护
204	转向机构后移量	216	车顶抗压强度
205	窗玻璃材料	217	大客车紧急出口和车窗的固定与开启
206	门锁及车门保持件	218	摩托车头盔
207	座椅系统	219	风窗玻璃区域的侵入
208	乘员碰撞保护	220	校车滚翻保护
209	安全带总成	221	校车车身连接点强度
210	安全带固定点	222	校车乘员座椅和碰撞保护
211	车轮螺母、轮辐及轮毂盖	223	后面碰撞保护装置
212	风窗玻璃安装	129	后面碰撞保护

2. 欧洲汽车安全法规

欧洲各国除有自己国家的汽车法规外，主要有两个地区性的汽车法规，一是联合国欧洲经济委员会(简称 ECE)制订的汽车法规，二是欧盟(简称 EEC)制订的指令。EEC 指令不同于 ECE 法规的是，EEC 指令一经下达后，就要在欧盟成员国内强制执行，并优先于本国法规，所以 EEC 指令在成员国内是强制性的，而 ECE 法规由各国任意自选，是非强制性的，但 ECE 法规也已被大多数国家所接受，并引入本国。

尽管 ECE 汽车技术法规和 EEC 指令由两个不同组织机构发布，但由于两大组织机构之间关系密切，EEC 指令的法规内容与 ECE 法规项目大多数基本相同。在 120 余项 EEC 指令中有关汽车的项目为 66 项，其他许多项目也具有很大程度的相似性。

ECE 法规自 1958 年制定以来，经不断的修改、补充，至今已颁布实施 109 项法规。其中 ECE 的汽车被动安全法规见表 6-4。

表 6-4　ECE 汽车被动安全法规

编　号	内　容	编　号	内　容
R11	车门锁及铰链	R34	火灾防止
R12	防止转向机构对驾驶人的伤害	R42	前、后端碰撞保护装置
R14	安全带固定点	R44	儿童乘员约束装置
R16	安全带和约束系统	R58	后下部防护装置及安装
R17	座椅、座椅固定点和头枕	R61	驾驶室后挡板前向外部突出物
R21	内饰件	R66	大客车车顶结构强度
R22	摩托车头盔	R73	货车、挂车及半挂车侧面碰撞
R25	头枕	R80	大客车座椅及固定点
R26	外部突出物	R93	前下部防护装置
R29	商用车驾驶室安全	R94	正面碰撞乘员保护
R32	后面碰撞车辆结构特性	R95	侧面碰撞乘员保护
R33	正面碰撞车辆结构特性		

3. 日本汽车安全标准(法规)

日本早在 1951 年起就根据《道路运输车辆法》制定了道路运输车辆安全标准，后经 40 多次的修订，至今仍在执行。安全标准属于法规命令，不同于一般的工业标准。各汽车制造厂所生产的汽车如符合此标准，则政府将发给安全合格证书并定期进行检查。该标准(法规)的制定和修改除根据日本运输技术审议会的安全长期计划及汽车安全性(EVS)文件外，还重点参考了 EEC 汽车法规及美国联邦安全标准 FMVSS，同时也参考了英、法、德等国的汽车安全标准或法规，已形成了比较健全的道路车辆安全标准体系。

日本汽车安全标准几经修订，现在已发布的有关汽车安全和排放标准 73 条，其中主动安全标准 43 条，被动安全 17 条，防火 2 条。此外，还设置了试验方法标准 88 条。由于日本的汽车工业以出口为主，因此日本生产汽车执行的标准法规大多为 FMVSS 和 ECE 等法规。日本道路车辆法律、法规及其管理制度与美国联邦机动车安全法规相比差距很小，基本做法一致。

现行日本汽车安全部分标准见表 6-5 所示。

表 6-5 日本汽车安全部分标准

标准编号	标准名称	标准编号	标准名称
11-1	道路车辆安全标准	11-4-16	车外后视镜安装位置
11-2	机动车检验规程	11-4-21	车窗玻璃
11-4-1	吸收冲击式转向装置	11-4-22	后雾灯
11-4-2	缓冲式后视镜	11-4-24	防抱死制动系统
11-4-3	乘用车灯、刮水器、洗涤器	11-4-30	正面碰撞乘员保护
11-4-6	仪表板吸收冲击	11-4-32	驾驶人安全带报警装置
11-4-8	座椅及固定装置	11-4-33	除雾、除霜装置
11-4-9	座椅靠背吸收冲击	11-5-4	大客车座椅安全带的安装
11-4-10	座椅安全带固定点	11-7-18	机动车牌照安装架
11-4-11	座椅安全带	11-7-22	车外后视镜的安装位置
11-4-12	车门防开启装置	11-7-26	数字式车速表的显示
11-4-13	缓冲式室内后视镜	11-7-48	汽车车窗玻璃上粘贴物的规定

4. 我国汽车强制性安全标准和法规

我国汽车强制性标准体系是以欧洲 ECE/EEC 汽车技术法规体系为主要参照体系，在具体项目内容上紧跟欧、美、日三大汽车法规体系的协调成果。因此，这些强制性标准从技术要求的角度看，其内容是与国际上先进的法规体系相同的。自 1993 年第一批强制性标准发布以来，现在有关汽车安全方面的标准共有 66 项，其中主动安全 23 项，被动安全 24 项，一种安全 19 项。已颁布的我国强制性汽车被动安全标准如表 6-6 所示。其中颁布的国家强制标准 GB20071《汽车侧面碰撞的乘员保护》和 GB20072《乘用车后碰撞燃油系统安全要求》已于 2006 年 1 月 18 日批准发布，并于 2006 年 7 月 1 日开始实施。

表 6-6 我国强制性汽车被动安全标准

标准编号	标准名称	标准编号	标准名称
GB14167	汽车安全带固定点	GB11550	汽车座椅头枕性能要求与试验方法
GB11566	轿车外部突出物	GB15086	汽车门锁与门铰链的性能要求与试验方法
GB11552	轿车内部突出物	GB14166	汽车安全带性能要求和试验方法
GB7603	汽车护轮板	GB15083	汽车座椅系统强度要求和试验方法
GB9656	汽车用安全玻璃	GB11567	汽车及挂车侧面及后下部防护装置要求
GB15743	轿车车门强度	GB11557	防止汽车转向机构对驾驶人伤害的规定
GB17258	汽车用压缩天然气瓶	GB8410	汽车内饰材料的燃烧特性
GB17354	汽车前、后端保护装置	GB20071	汽车侧面碰撞的乘员保护
GB17259	机动车用液化石油气钢瓶	GB20072	乘用车后碰撞燃油系统安全要求
GB11551	乘用车正面碰撞的乘员保护		

6.3.3　新车评价规程

新车评价规程(New Car Assessment Program,NCAP)1978年首先在美国开始实施，由美国国家公路交通安全管理局负责进行。随后，欧洲、澳大利亚以及日本、韩国、中国以此为参照，相继制定了NCAP标准。其主要目的是准确和全面地为消费者提供汽车安全性能的信息，帮助消费者做出购车决定。显然，NCAP是一种非强制性检测标准，其最终目标是通过市场激励机制，促使汽车生产商自主开发出能在碰撞中表现出更好的安全性能、能更好保护乘员的汽车。与强制性安全法规相比，NCAP有以下特点：

1)执行机构的中立性质。它是由行业性组织操作，定期对企业无偿提供或市场上出现的新车进行碰撞试验。尽管它不是政府的强制性标准，但因为其严格的要求和权威，以及公正、公开的测评程序得到了消费者的广泛认可，并由此得到各个汽车厂家的重视，将其作为汽车开发的重要评价依据。

2)试验内容更严格、更全面。它规定的试验条件，比如碰撞速度及碰撞项目等，均高于当地的强制性安全检测法规。

3)对试验结果的评价更加细化，并向社会公开评定结果。它把试验结果由简单的合格与不合格，变成量化后的具体分数，并根据分数给出某种碰撞形式中乘员保护的星级评价，或对多种碰撞形式的总体星级评价。

NCAP一般由一个独立的第三方检测组织来操作，定期将企业送来或者市场上出现的新车进行碰撞试验，根据车内乘员的头部、胸部和腿部等主要部位的伤害程度评价试验车的安全性并进行分级。目前，美国新车评价规程所进行的试验主要包括与刚性固定壁障的正面碰撞试验、移动可变性壁障与静止试验车的侧面碰撞试验和汽车抗滚翻试验。欧洲新车评价规程所进行的试验包括与可变性固定壁障40%重叠率的正面碰撞试验、移动可变性壁障与静止试验车的侧面碰撞试验、横向移动试验车侧面撞击刚性柱形障碍物试验和撞行人试验。

NCAP作为世界上最权威的新车安全碰撞体系，自问世以来，得到了世人的认可和信赖，也对车辆安全性的不断改进和提高起到了促进作用。现行的标准中过多地注重了成人保护，而新的NCAP标准将改革为成人碰撞保护、儿童保护、行人保护、主动安全技术独立评价。

在中国，随着汽车保有量的不断增长及车速的提高，汽车碰撞事故近几年来呈上升趋势。为了提高我国汽车的被动安全性能，2006年7月，中国汽车技术研究中心推出了我国的新车评价规程(C-NCAP)。与我国现有汽车正面和侧面碰撞的强制性国家标准相比，不仅增加了偏置正面碰撞试验，还在两种正面碰撞试验中，第二排座椅增加了假人放置，以及更为细致严格的测试项目，技术要求也非常全面。

正面碰撞时试验车辆100%重叠正面冲击固定刚性壁障，碰撞速度为50～51km/h(试验速度不得低于50km/h)。在驾驶人和前排乘员位置分别放置一个H型第50百分位男性假人，用以测量前排人员受伤害情况。在第二排座椅最右侧座位上放置一个第5百分位女性假人，用以考核安全带性能。

偏置碰撞时，试验车辆正面冲击固定可变性吸能壁障，碰撞速度为56～57km/h(试验速度不得低于56km/h)。在驾驶人和前排乘员位置分别放置一个H型第50百分位男性假人，用以测量前排人员受伤害情况。在第二排座椅最左侧座位上放置一个第5百分位女性假人，用以考核安全带性能。

C-NCAP 的作用主要体现在以下三方面：

1）根据中国特色，确立车辆碰撞安全性能评价体系，引导生产企业提高产品安全技术水平。

2）能够客观、系统地反映汽车的碰撞安全性能指标，帮助消费者深入了解和对比产品信息，从而提高消费者对产品安全性能的辨别能力。

3）提高安全性能好的汽车的市场竞争力和影响力。

【阅读材料6-1】　标致206、207新老两代车型 Euro NCAP 测试对比

车身结构与车内安全配置的差异直接在 Euro NCAP 碰撞测试中得到体现。Euro NCAP 碰撞测试选择的是2000款标致206车型。由于车型较老，因此被动安全配置相对新款车型而言也并不丰富，仅配置有前排双气囊和前排带限力器的预紧式安全带。测试车型车重为943kg。如图6-4所示，在64km/h、40%正面重叠碰撞实验中，标致206的A柱较好地保持了其形状，车门也没有发生明显的变形，正面碰撞测试的评分为11分。在前排气囊和预紧式安全带的保护下，减轻了前排乘员头部的冲击，但是由于安全带对胸部约束力依然有些高，因此前排乘员的胸部受到一定的冲击，获得“良”（Adequate）评级。因此 Euro NCAP 测试对于标致206正面碰撞测试的评分为11分，占满分16分的68.75%。

图6-4　标致206车型40%正面重叠碰撞实验

Euro NCAP 碰撞测试选择的新一代车型是2006款标致207五门版，这款在欧洲市场上销售的207车型虽然是配置最低的入门级车型，但是标配的安全配置却毫不逊色高配车型：前排双级开启安全气囊，侧面头部/胸部/腰部一体保护气囊，前排带限力器的预紧式安全带和驾驶座/副驾驶座安全带提示器。相对标致206车型而言，被动安全配置标配率也是大幅提升，测试车型车重为1163kg。同样在64km/h、40%正面重叠碰撞实验中，标致207的A柱形变好于标致206，同样较好地保持了其形状，车门也没有发生明显的变形。在前排气囊和安全带的保护下，减轻了前排乘员头部的冲击，如图6-5所示。Euro NCAP 组织指出标致207的可溃缩转向柱部分设计良好，因此在正面碰撞时并没有对驾驶人和乘员的膝盖造成过大的伤害。标致206车型所暴露出的脚部伤害问题也得到了不错的解决，因此 Euro NCAP 测试对于标致207正面碰撞测试的评分为15分，占满分16分的93.75%。正面碰撞成绩提升了25个百分点。

标致206由于欠缺不少必要的被动保护设备因此没有获得加分，最终总分为25分，勉强获得四星评价。而标致207则因配置了前后排安全带提示器（加3分），并且参加了柱状

图 6-5　标致 207 车型 40% 正面重叠碰撞实验

碰撞测试(加 2 分)，因此获得了 5 分的额外加分。标致 207 获得了 35 分的总分，超过了 Euro NCAP33 分的五星标准，获得五星评价。新老两代车型在安全性能上的差距可见一斑。

6.4　车身抗撞性安全设计

“抗撞性”一词首先出现于 20 世纪 50 年代早期的美国航空工业，用于描述某一结构在碰撞中保护乘员的能力。车身抗撞性是指车身结构在碰撞过程中保证乘员免受伤害和碰撞后安全逃逸的能力。显然，在车身上，这种对乘员的保护能力主要是由车身结构来提供的，因此车身抗撞性是汽车车身结构的主要性能之一。研究车身抗撞性的最终目的是在汽车碰撞事故中如何保护乘员的安全。研究表明，车身结构的抗撞性主要是由薄壁梁形结构和接头组成的框架结构决定的，要求它们在碰撞过程中能吸收大部分碰撞能量，可以为乘员室提供大部分的刚性，为乘员提供足够的生存空间。

6.4.1　与抗撞性相关的车身结构特点

车身的基本结构是指主要用以传递载荷的车身结构。目前，轿车车身通常是承载式车身。一般来说，白车身结构的设计决定了载荷路径，其车身结构由构件、板壳零件及其接头组成，是承受载荷和传递载荷的基本系统。

对一般钢结构车身，其构件一般是薄壁梁形的结构，由薄板件经点焊连接后形成，目前最常用的材料是高强度钢。其构件截面有闭口的，也有开口的，它们在车身中起支撑和加强作用。薄壁梁形结构相交汇的部位称为接头，接头的特性对车身结构性能有较大的影响。除此以外，车身结构中还存在着大量的板壳零件，如车门内板、车门外板、发动机盖、行李箱盖、顶盖、翼子板等。

图 6-6 所示为轿车车身结构。按车身上下结构来分析，车身下部即底架总成主要包括前后纵梁、底架各横梁、地板、门槛、地板中间通道、前围板、后围板、翼子板等；车身上部主要包括侧围的 A、B、C 立柱、风窗上下横梁、顶盖边梁等。若按车身前后结构分析，分为前车身、中部车身和后部车身。车身前部结构较复杂，它要承受较大的集中力，这些力来源于动力总成、散热器、车前板制件的重力及前悬架支承力等，主要由底架的前纵梁支承，并传至整个车身前部结构。此外，前车身的导风板和散热器框架等板壳零件，也是车身的承力构件。汽车的中部乘员室部分主要承受分散在地板上的重力，如车身装备和乘员的重力、车门重力等。车身后部行李箱主要承受燃油箱、备胎和行李等的重力，后纵梁主要承受后悬

架的支承力。

汽车车身结构的安全性如何，在一定程度上影响到交通事故对乘员所造成的危害程度。在车身结构的布置上，人们的要求已经从美观、舒适进而发展到追求高的安全性，尤其是高速公路和立体交叉的普及，车辆行驶速度的不断提高，对车身结构的安全性也提出了许多新的要求。随着科学技术的进步，计算机辅助设计(CAD技术)得到了广泛应用，在车身结构安全性方面发挥了重要作用，同时新结构、新材料以及新的工艺也不断应用到汽车车身结构上来。

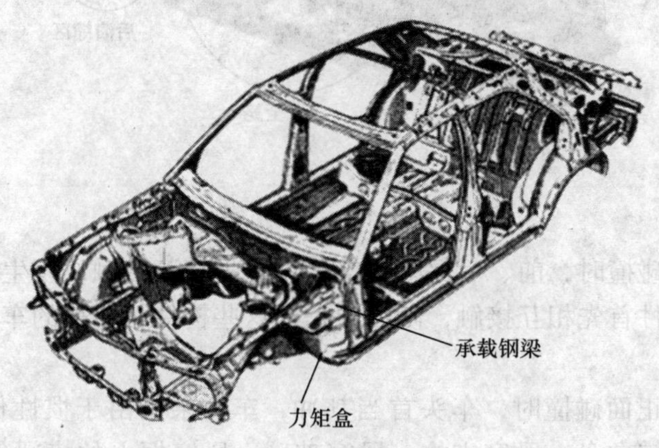

图6-6 轿车车身结构

6.4.2 车身抗撞性设计要求

20世纪30年代至50年代期间，在汽车安全性设计上，强调当汽车前方受到碰撞或发生翻滚时，乘员室的结构要能保持其完整性。50年代后又增加了一个新概念，即被撞击的车体前部要尽可能多地消耗掉撞击能量。以上两方面的努力使得被撞击的车身结构应能吸收大量的能量，延长停止时间(stopping time,自汽车受碰撞至完全停止运动的时间)，加大乘员室的长度，从而尽可能保存乘客“生存的空间”，同时可降低作用于乘客的碰撞加速度，进而采取将车身前部与乘员室分开等方法，使后者的变形和减速度达到最小限度。由于车身前部受碰撞时较侧面碰撞时距乘员更远一些，因此，从防护效果来说，汽车前部受碰撞时乘客所受的伤害比侧面碰撞时轻。

碰撞能量吸收的概念包含两方面含义：一是撞击后乘员经历的速度变化时间尽可能拉长，即以可控制的方式将撞击力作用于某物体，从而改变力的方向，以达到增加乘员身体的停止距离(stop distance,即突然停车后的运动距离)；二是宁愿让被碰撞变形的结构永远变形或很缓慢地恢复原形，以防止可变形结构弹回撞击到乘员身上，即避免“二次碰撞”，否则，撞击能量将返回作用于乘员而未被车内部件所吸收。具体来说，汽车碰撞于某物体(一次碰撞)后，紧接着乘员会碰撞到车内结构(二次碰撞)。在这种情况下，未佩戴安全带的乘员会以汽车一次碰撞前的速度继续向前运动，直至碰到前方的车内部件为止。实践表明，去掉车体内凸出的坚硬把手和锐利的部件，可以减少乘员的许多伤害，所以采用易吸收能量的材料作为车体内部构件，同时，使撞击力分散地分布于更大范围的体表，以使乘员的撞击加速度减至最小限度。这就是抗撞性设计的基本思想——“安全座舱结构”，国外称之为“友好的”内部结构(“friendly”interior)，如图 6-7 所示。

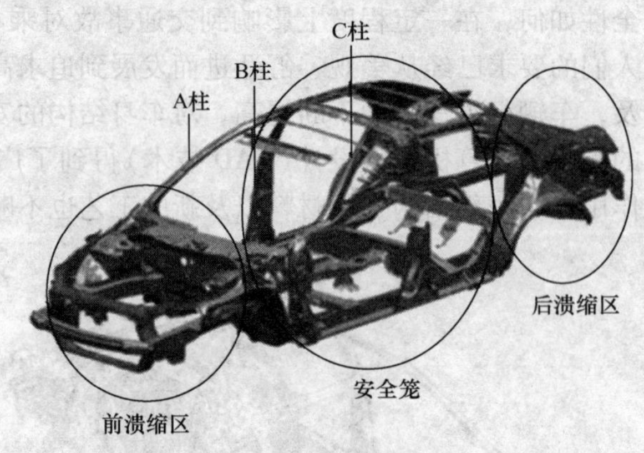

图 6-7　安全舱结构

当汽车发生正面碰撞时，前、后保险杠等构件首先相互接触；发生侧面碰撞时，车门或车身侧面的护条等构件首先相互接触，随后便是与这些构件相连接的车身构架产生变形或断裂，危及车内乘员。

当汽车受到高速正面碰撞时，车头首当其冲，车内乘员由于惯性作用而离开座位向前冲。此时，仪表板、转向盘、风窗支柱、风窗玻璃、风窗框上的横梁等往往会与人体的胸部、腹部或头部相撞，成为主要致伤构件。

当汽车与行人碰撞时，保险杠、车前钣金件或车身前围等部位最易使行人受伤。行人受撞击后，其头部很可能倒向轿车的发动机罩、风窗框下缘或风窗玻璃等部位。

由此可见，对汽车车身构架及上述各结构部分都应有较高的安全性要求。轿车车身抗撞性具体设计要求如下：

1)正面碰撞：确保乘员生存空间，减小乘员室变形和对乘员室的侵入；减小车身减速度；碰撞过程中车门不能自动打开，碰撞后可以不使用工具至少打开一侧车门。

2)侧面碰撞：减小侧围结构对乘员室的侵入量，防止侵入量过大时对乘员的挤压伤害；减小侧围结构对乘员室的侵入速度，尤其是与乘员接触时车门的速度，减轻对乘员的撞击力；碰撞过程中车门不能自动打开，碰撞后可以不使用工具打开非碰撞侧的车门。

3)后面碰撞：减小乘员室变形；减小碰撞中车身的减速度，减轻对乘员颈部的伤害；碰撞中保持燃油箱的存放空间，减小对燃油箱即油路的挤压。

4)滚翻：提高车顶的支撑刚度，减小乘员室的变形量；滚翻过程中车门不能打开，碰撞后可以不使用工具打开车门。

5)低速碰撞：设计时要求设置低速碰撞吸能区，避免汽车重要部件的损坏，以减少因撞车带来的维修费用。

6)行人保护：汽车碰撞行人时，对行人的伤害主要有一次碰撞时由前保险杠、前散热器罩和发动机罩前端等造成的下肢伤害，发动机罩和风窗玻璃等撞击行人产生的二次碰撞对行人头部的伤害。在车身结构设计时，应将前保险杠、前散热器罩、风窗玻璃、发动机罩前端及其上表面的刚度设计得软一些，以缓冲对人体的撞击。另外还有受撞击后的行人与路面三次碰撞产生的伤害。

【案例】如图 6-8 所示，在正面碰撞中，轿车车身各不同部位的刚性对轿车安全性的影响，图中给出了 4 种不同的方案，剖面线部分表示刚性结构，无剖面线部分表示弹性结构。这是在理想的状态下，没有任何偏斜角度而碰撞的情况。从图中可以看出，第 4 种方案在车身前部和后部均为弹性结构而中部为刚性结构的情况下，能保证乘员室几乎不发生变形，从而保护了乘员安全。按照这种刚性匹配方案设计制造的汽车称为安全汽车。

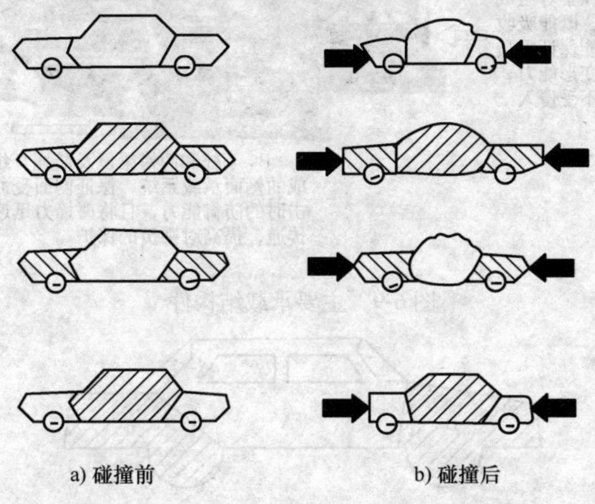

图 6-8　车身不同部位刚性对安全性的影响

显然，车身抗撞性与车身结构的刚度有直接关系。一般来说，车身结构的刚度越高，车身抗撞性越好，安全性越高。但试验表明，具有足够刚度的车身并不能充分保证汽车碰撞时乘员的安全性。对于车身结构的碰撞安全性来说，一方面，必须要求乘员室应有足够的刚度，以保证在碰撞过程中乘员具有足够的生存空间；而另一方面，乘员室以外部分应具有一定的柔性结构，以保证在碰撞过程中尽可能多地吸收碰撞能量，减少残余碰撞能量对乘员造成的伤害。

由以上内容可知，决定车身结构的抗撞性主要有两方面因素，即车身结构的能量吸收特性和坚固的乘员室的结构刚度，设计中应采取相应的结构措施予以实现。不论是承载式车身还是有车架式车身，车身结构的能量吸收特性和乘员室的结构刚度都取决于其主要结构件的设计，主要承载结构件如图 6-9 所示。

车身设计时，一般将车身结构分为碰撞安全区和缓冲吸能区两种设计模式，如图 6-10 所示。图中 A 区为乘坐安全区，乘坐室应有足够的刚度，不允许发生大的碰撞变形，例如碰撞后车门仍能正常开启，以保证乘员有足够的生存空间；B 区为缓冲吸能区，即车身前部结构和后部结构，在前后碰撞时允许有较大的变形，以便合理地吸收一次碰撞时的撞击能量，使得二次碰撞时，作用于乘员身体上的力和加速度不超过人的忍耐极限。此外，发动机、变速器等刚性部件不得因碰撞而侵入驾驶区，转向柱、转向盘以及一些操纵机构的碰撞位移不得威胁乘员的安全。

因此，车身结构的碰撞安全性实际上就是车身结构承受碰撞的能力、变形模式以及吸收碰撞能量等综合能力的体现。

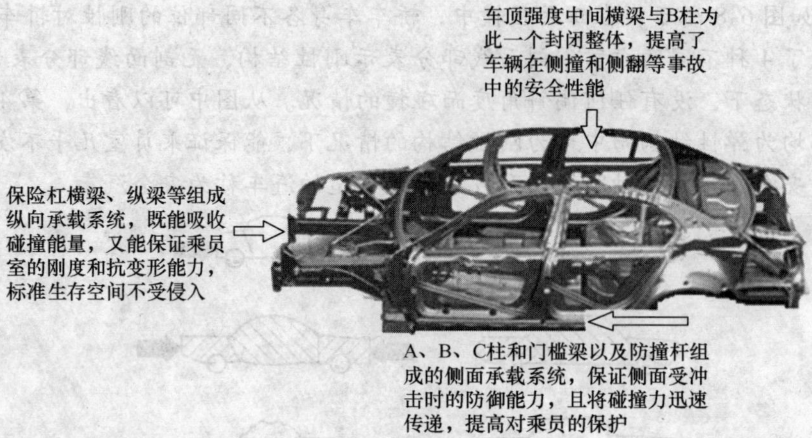

车顶强度中间横梁与B柱为此一个封闭整体，提高了车辆在侧撞和侧翻等事故中的安全性能

保险杠横梁、纵梁等组成纵向承载系统，既能吸收碰撞能量，又能保证乘员室的刚度和抗变形能力，标准生存空间不受侵入

A、B、C柱和门槛梁以及防撞杆组成的侧面承载系统，保证侧面受冲击时的防御能力，且将碰撞力迅速传递，提高对乘员的保护

图 6-9　主要承载结构件

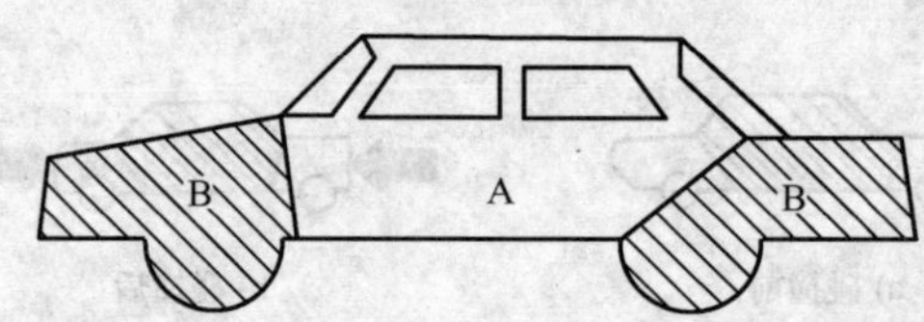

图 6-10　车身结构的碰撞安全区和缓冲吸能区

6.4.3　车身抗撞性设计内容

由上述内容可知，车身设计时必须要求两点：一是车身结构必须具有缓冲变形功能，以吸收碰撞能量，降低碰撞加速度和撞击力；二是应为乘员提供生存空间，即车身的整体刚度应合理分布且能够控制，以保证乘员室撞击时的完整性。

车身抗撞性设计的核心内容是合理组织车身结构各部分的刚度。车身结构刚度对汽车的操纵性、平顺性、抗撞性和被动安全性等重要性能有较大影响。因此，车身抗撞性设计的内容主要有以下三个方面。

1. 车身结构刚度组织

车身结构刚度组织是在汽车各种碰撞形式中，从保护乘员的角度出发(这里仅从被动安全性方面阐述车身的刚度组织)，考虑车身结构的特点，合理布置车身的主要承载结构(如主要横、纵梁结构和接头结构等)，并合理配置它们的刚度。

根据车身抗撞性设计要求，车身结构刚度组织主要包括两方面内容。

(1)合理组织车身结构的吸能

合理组织车身结构的吸能就是将车身结构的吸能要求分解为对相应吸能部件的要求。从车身结构的特点考虑，车身前后部分各结构吸收能量的能力是不同的，因此，在车身结构设计时，考虑车身抗撞性的要求，了解各部分结构在吸能能力上的不同，使主要吸能部件吸收主要的碰撞动能，次要吸能部件少量吸能，并使尽可能多的部件参与吸能，以提高材料的使用效率。

(2)合理组织碰撞载荷的传递

即合理设计碰撞载荷的传递路径。其主要工作应满足以下要求：减小乘员室的变形或对乘员室的侵入；为吸能结构提供牢固、稳定的支撑，保证吸能部件吸收能力的实现；使承载能力强的部件承受较多的载荷，承载能力弱的部件承受较小的载荷；使尽可能多的结构部件参与载荷的传递，以提高材料的使用效率。

1)正面碰撞中载荷的传递。图 6-11 是正面碰撞中载荷的传递路径。图中显示了正面碰撞时，从车辆前端向后传递的纵向力主要有两条路径，一条是在碰撞中纵向力经前纵梁、门槛梁和乘员室底部纵梁向后传递，这条路径承受纵向力的能力最大，通常在其前端设置主要的吸能部件。当前部结构压缩变形较大时，前车轮可能参与碰撞，此时，纵向力经前轮、铰链柱下部结构和门槛梁向后传递，这样可以防止前部结构继续发生变形而使动力传动总成撞向乘员室。另一条路径是纵向力经前指梁、铰链柱、A 柱、车门及其防撞梁和门槛梁向后传递。此路径上较大的载荷会导致前门框较大变形，使碰撞后车门开启困难，因此该路径前部结构的吸能能力通常较小。

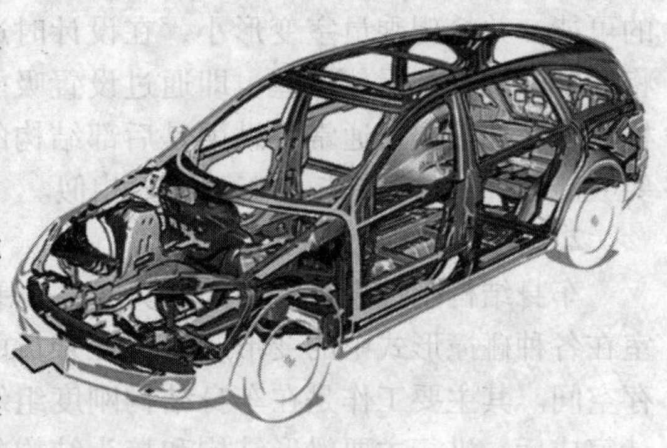

图 6-11 正面碰撞中载荷的传递路径

2)侧面碰撞中载荷的传递。由于侧面碰撞时，以保证乘员足够的生存空间为抗撞性设计准则，所以乘员室允许的压缩空间有限，应以提高乘员室刚度、减小乘员室变形为主要设计目标。

图 6-12 显示了侧向撞击力在车身结构中的传递路径。当汽车侧面受到撞击时，车门在侧向撞击力的作用下，产生向车内运动的趋势，这种趋势受到车门框的阻挠，同时，车门框受到车门传递来的侧向力的作用。如果车门内布置了防撞梁，前门受到的侧撞力将主要被传递到铰链柱和 B 柱，铰链柱有向车内运动的趋势，对这种趋势的抵抗，在铰链柱上端主要由前风窗下横梁和仪表板安装横梁的刚度提供，在铰链柱下端主要由该处车身底部横向结构的刚度提供；在侧向力的作用下，B 柱受到向车内弯曲的弯矩作用，对 B 柱向车内变形的抵抗，主要来自其弯曲刚度和 B 柱上、下接头的刚度；后门受到的侧向撞击力将主要被传递到 B 柱和 C 柱，C 柱受到侧向力时的情况与 B 柱类似。

图 6-12 侧面碰撞中载荷的传递路径

作用在门槛上的侧向力，一方面来自外部的直接撞击；另一方面来自 B 柱的作用。当 B 柱受到弯矩作用后，通过 B 柱下接头，使门槛梁受到向车身内侧的推力、弯矩和绕门槛梁中心线的力矩的作用。在这些载荷作用下，门槛梁将产生向车身内侧的弯曲变形。对这种变形的抵抗，一方面来自门槛梁的弯曲刚度，以及门槛梁与铰链柱和 C 柱接头的弯曲刚度；另一方面来自车身底部横向结构对门槛梁向车内运动的抵抗。最终，门槛梁受到的侧向力通过车身底部的横向结构被传递到车身的非撞击侧。

3)后面碰撞中载荷的传递。如图 6-13 表明了后面碰撞中载荷传递的两条路径：第一条路径由后保险杠经后纵梁传递给门槛梁；第二条由后车轮后部结构经后车轮传递给门槛梁。

对于低速的后面碰撞，抗撞性设计的主要目的是减少因维修带来的费用；当碰撞速度较大时，希望降低车身的减速度以降低乘员受伤害的可能，并希望乘员室变形小，在设计时通常将后部结构设计得软一些，即通过设置吸能结构实现缓冲撞击，通常后纵梁是后部结构的主要吸能部件，这种措施与正面碰撞相似。

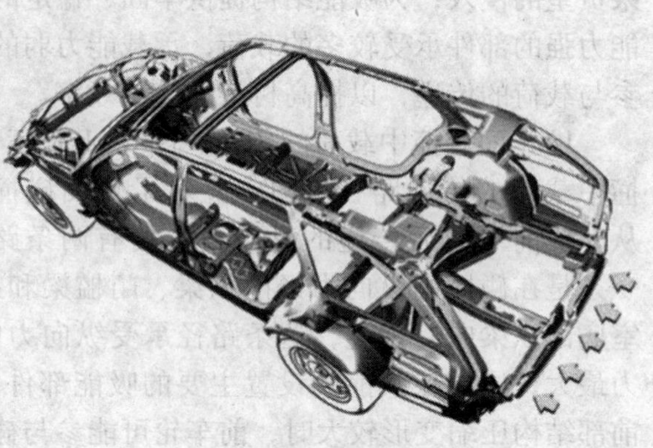

图 6-13　后面碰撞载荷的传递

2. 车身结构刚性设计

车身结构刚性设计的目的是为了减少乘员室在各种碰撞形式中的变形，以保证乘员的生存空间。其主要工作是在车身结构刚度组织设计完成后，进行主要梁形结构和接头结构的设计，在满足重量约束的条件下，达到在刚度组织中对部件刚度特性提出的要求，进而满足乘员室的刚度要求。

当车辆受到正面碰撞时，为了满足为前部吸能结构提供牢固支撑的要求，应将乘员室设计得刚性大一些，也就是乘员室与载荷路径相关结构在承受前部传来的载荷时有较大的刚度。A 柱和车顶前部横梁、车顶后部横梁的共同作用是与其他横梁及纵梁一起，形成一个完整的笼式乘员室。对于通常以正面碰撞为主的事故来说，这几道位于前部的钢梁（尤其是 A 柱）对于乘员的安全有着非常重要的作用，一旦 A 柱发生较大形变，车辆就很难维持足够的乘员生存空间。

当汽车受到侧面碰撞时，受到撞击的部位一般是车门或立柱，而车门和立柱所围住的直接就是乘员室。对轿车而言，当其遭受侧面碰撞时，几乎没有可以利用的缓冲吸能区间，因此，为防止车门或立柱发生较大变形侵入乘员室而伤及乘员，其理想的侧面碰撞特性应是有足够大的刚性。具体来说，应将车门、B 柱、门槛梁等设计得刚性大一些，车顶两道横梁不但起着支撑车顶的作用，同时也和侧围、车底部的钢梁一起，起到了抗击侧面碰撞的作用，以保证乘员有足够的生存空间。目前，某些高档车主要车身结构件采用超高强度钢，利用先进激光焊接工艺，形成高安全车身，如图 6-14 所示。

图 6-14　安全车身

对车身侧面主要部件刚度特性的具体要求如下。

（1）车门

在车门上设置防撞梁可以增强车门刚度，同时满足强度、塑性、韧性、延迟断裂特性等性能。

侧面碰撞时，车门受到的载荷可以通过防撞梁分散给两侧的立柱，从而减小车门受撞击区域的变形。图 6-15 为车门防撞梁的布置。设计时，通过对车门铰链和门锁的设计，使车门防撞梁与车身结合为一体，有利于将车门所受的撞击力有效地传给两侧的立柱，防止在碰撞过程中防撞梁出现变弯失稳。考虑到侧撞时乘员很可能会撞击到车门内板，所以，车门内板应柔软一些，或在车门内侧安装侧撞安全气囊。

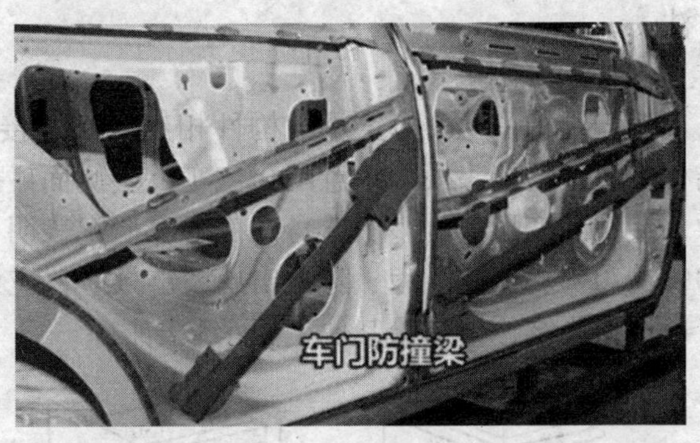

图 6-15　车门防撞梁的布置

随着汽车工业的发展，各种新技术、新材料被不断运用到车门防撞梁上，现代轿车车门防撞梁通常采用铝合金防撞梁、碳纤维增强塑料混合结构防撞梁、超高强度钢车门防撞梁。新工艺也逐渐被应用在车门防撞梁上，比如速腾车门防撞梁改为 Y 形，进一步提高了抗撞性能，如图 6-16 所示。

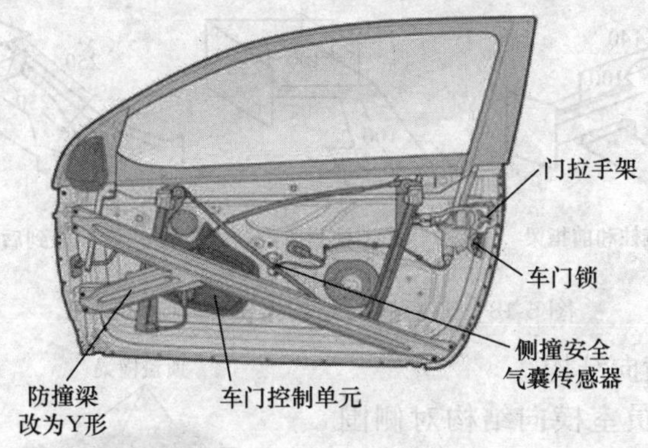

图 6-16　速腾 Y 形防撞梁

(2) B 柱

汽车发生侧面碰撞时，为保证乘员安全，B 柱必须抵抗向车内的弯曲变形，所以要求其弯曲刚度应足够大。受撞击时，B 柱各部位受到的弯矩是不同的，设计时一般 B 柱的截面形状很复杂，以抵抗不同截面处受到的不同弯矩，且 B 柱各部位受力分布要合理，以防止发生撞击时 B 柱会产生受弯失稳，否则，B 柱抵抗侧向撞击的能力会急剧下降。通常，B 柱中段受到的弯矩较大，为防止局部产生塑性变形，通常，采取加强措施，图 6-17 为 B 柱的加强结构。

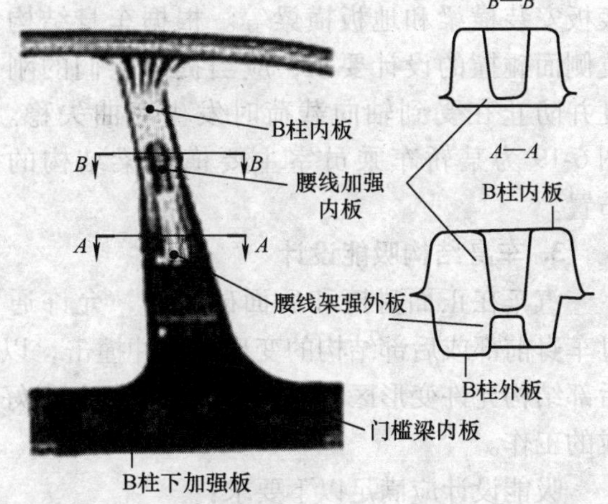

图 6-17　B 柱的加强结构

(3) 门槛梁

侧撞时门槛梁的变形主要是向车内侧发生弯曲变形，其弯曲刚度大小和分布与 B 柱的要求相似。为了提高门槛梁的弯曲刚度或改变其分布，可以使用加强板、填充发泡材料等方法。

(4)接头结构

车身结构中两个以上承载构件相互交叉连接的部位称为接头。图 6-18 所示为车身侧面结构中各主要接头模型示意图。汽车发生侧面碰撞时产生的内力通过接头传递，在传力过程中，接头的变形影响整个车身的变形。研究表明，车身接头刚度对整个车身刚度的影响可达 50% ~70%。侧撞时为了防止出现铰链效应，应当提高接头结构的刚度，使侧面撞击载荷可以通过接头结构传递给其他主要承载结构。

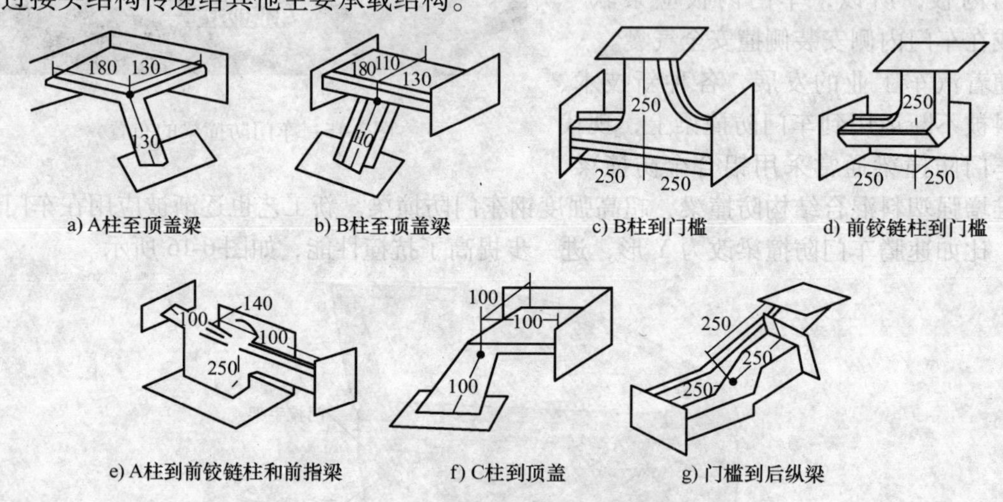

图 6-18　车身侧面结构接头模型示意图

(5)乘员室底部的横向结构

在侧面碰撞中，乘员室横向结构对侧围结构起到了支撑作用，起主要作用的是横向的梁结构，如顶盖横梁、前风窗下横梁、仪表板安装横梁和地板横梁等。根据车身结构抗侧面碰撞的设计要求，应当提高它们的刚度并防止在受到轴向载荷时发生弯曲失稳。图 6-19 为某轿车乘员室主要横向梁结构的布置。

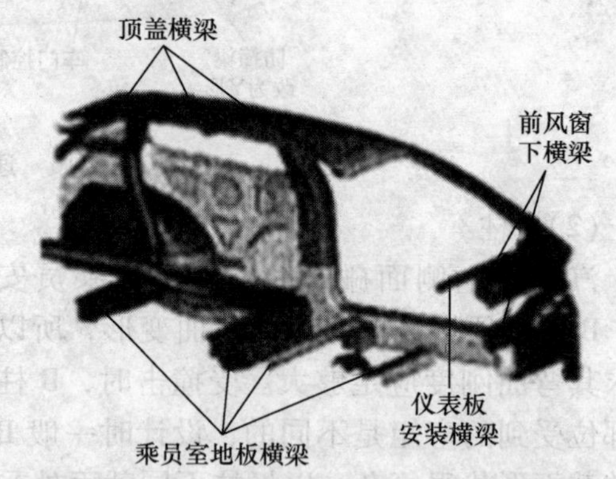

图 6-19　某轿车乘员室主要横向梁结构的布置

3. 车身结构吸能设计

汽车在正面碰撞和后面碰撞中，允许通过车身前部或后部结构的变形来缓冲撞击，以减少碰撞过程中车身的减速度。在车身前部或后部结构允许变形区有限的情况下，如何很好地完成这一任务，就是车身结构吸能设计要完成的工作。

吸能设计应满足以下要求：

1)在碰撞过程中，能量吸收结构在随机碰撞事故中能以相对固定的模式吸收碰撞能量。

2)碰撞能量应尽量不可逆地转换成变形能，对于金属梁主要是转换成塑形变形能。

3)在能量吸收过程中应能控制质心加速度以保护乘员的安全，将加速度引起的惯性力控制在人体的允许伤害范围内。

4) 为了吸收更多的总动能，吸能结构应能提供足够长的变形行程，且要求在变形前不占据过大的空间，变形后不造成次生破坏，如侵穿或碎片飞裂等。

5) 能量吸收结构质量要尽量轻，具有良好的“比吸能”，即单位质量所吸收的能量较高。

6) 能量吸收装置应该成本低廉，易于制造和更换，通常采用一次性使用结构。

轿车车身前部结构和后部结构为缓冲吸能区。因正面碰撞事故的车速一般高于追尾碰撞，所以车身前部结构的设计尤为重要。由汽车正面碰撞时的损伤机理可知，正面碰撞时的理想特性曲线如图 6-20 所示。图中表示了 3 个变形吸能区，第 1 区即从车辆前端到保险杠之间，为行人保护和低速防护区，当发生低速碰撞时要求车辆该处变形和变形力值要小，要求车头几何形状和尺寸能保证与行人碰撞时，行人的头部落在发动机罩中央部分，最大限度地降低伤亡程度，同时要求在低于 15km/h 的车速下，能保证车头零部件尽可能不发生损坏，即保护行人和车辆自身。第 2 区即从保险杠到悬架前端之间，称为相容区，即碰撞能量吸收区，当发生正面碰撞时，要求该处变形力的值应尽量均匀，且尽可能多地吸收碰撞能量，要求零部件刚度相对较低，以便减小作用于乘员的惯性力，降低乘员在二次碰撞中的伤害程度。第 3 区即从悬架到车身前围之间，为自我保护区，当发生高速碰撞时，为了阻止变形扩展到乘员室，要求此处的变形力值应急剧上升，即要求零部件刚度相对较大，以抵御正面碰撞过程中发动机等大质量动力总成向乘员室内侵入，保证乘员有足够的生存空间。

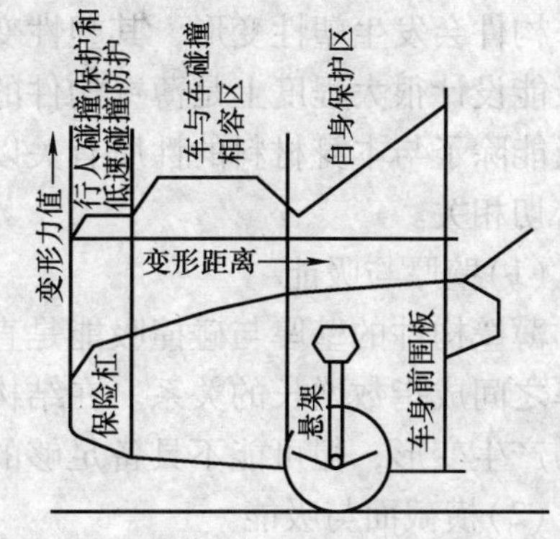

图 6-20　正面碰撞时的理想特性曲线

为了实现正面碰撞时理想特性曲线中第 1 区的特性，需要采用吸能材料的保险杠和软质发动机罩，风窗玻璃采用软支承等，同时应使发动机罩与乘员室内的硬质部件保持一定的空间(一般为 10cm)。为了实现图中第 2 区的特性，前纵梁应在能正常发挥支撑和承载作用的前提下，设计为吸能变形模式。第 3 区要求在高速碰撞时，必须采用相应的结构措施使汽车动力总成向下移动而不致被挤入乘员室，如图 6-21 所示。随着行人保护法规融入汽车开发流程，目前的汽车设计将会发生相应变化，尤其是车身造型和总布置设计会出现变化。

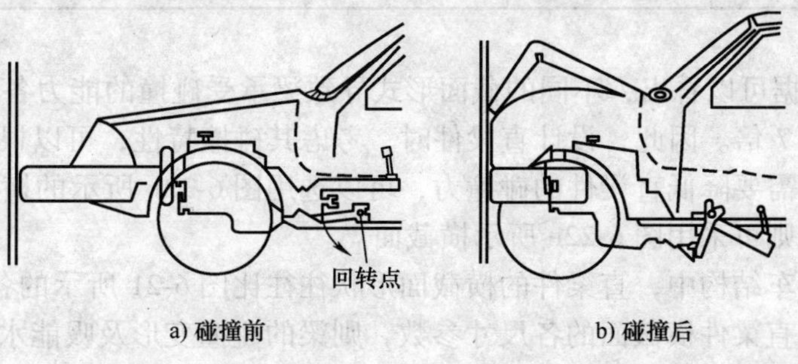

图 6-21　正面碰撞时使动力总成向下移动示意图

对于后面碰撞(主要是追尾碰撞)，其理想碰撞变形特性与前部相似。一般后面碰撞速度较低，且由于行李箱和后部车身纵梁等可构成一个吸能区间，所以尾部吸能设计比前部较容易些，其吸能能力主要与构件材料的性质、截面形状和尺寸大小、板料厚度等有关。追尾碰撞时，乘员受到的主要伤害形式是颈部冲击损伤，因此，车辆尾部区段应尽量软化，同时座椅、头枕要起到很好的保护作用。

实际上，汽车车身结构几乎都是由薄壁金属件构成的，在发生碰撞时，受到强烈撞击的薄壁构件会发生塑性变形，其塑性变形本身就伴随着碰撞能量的吸收。因此，车身结构的碰撞吸能设计很大程度上是薄壁构件的碰撞性能设计。与一般的吸能元件不同，薄壁构件的碰撞吸能除了与本身材料的性质有关以外，还与材料壁厚、截面形状和面积、预变形以及焊点等密切相关。

(1)壁厚与吸能

薄壁构件的壁厚与碰撞吸能是直接相关的，对于相同模式的变形，变形所吸收的能量与壁厚之间成指数增长的关系。在结构设计时，壁厚的选择必须与实际情况相适应，壁厚太小容易产生变形，但可能不具备足够的吸能能力，而壁厚过大又不易变形吸能。

(2)横截面与吸能

汽车结构中的薄壁构件除了发动机罩、翼子板等板件外，还有重要的承载和碰撞吸能用梁构件，如前纵梁等。直梁件的横截面对汽车碰撞安全性的设计来说，是非常重要的影响因素，它可以有不同形状的横截面，而不同的横截面会导致直梁件碰撞吸能水平的差异。图6-22所示是5种形状不同，但周长相等、形状规则的横截面，国外曾对这些横截面梁的碰撞力进行对比研究，其研究结果如表6-7所示。

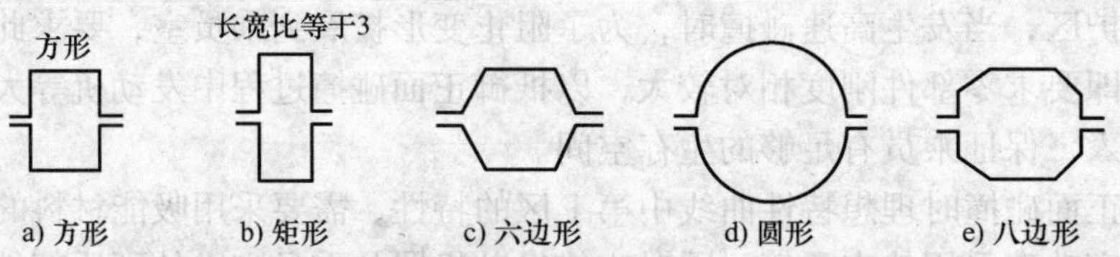

图6-22　形状不同、周长相等的横截面

表6-7　各种横截面梁的碰撞力(相当于图6-22中截面形式a的比值)

截面形式（参见图6-22）	a	b	c	d	e
碰撞力值	100%	69%	107%	114%	115%

从表6-7的数据可以看出，不同的截面形式导致梁承受碰撞的能力各不相同，最大值与最小值的差别达1.7倍。因此，设计直梁件时，考虑其碰撞特性，可以根据需要选择不同形状的横截面。如果需要降低直梁件的碰撞力，可以选用图6-22b所示的横截面；若需要增大直梁件的碰撞力，则可采用图6-22e所示横截面。

实际上，在汽车结构中，直梁件的横截面形状往往比图6-21所示的各种形状复杂得多。研究表明，若改变直梁件横截面的各尺寸参数，则梁的碰撞变形及吸能水平将会发生一定的变化。由此可见，梁的横截面是与碰撞吸能紧密相关的一个重要参量。

(3)预变形与吸能

试验表明，如果结构的某些部位的刚度相对于其他部位明显较弱，当该结构受到碰撞时，首先会在弱化部位皱褶屈曲，从而导致整体结构发生皱褶变形。根据该原理发展了一种

“预变形”技术，即通过人工方法预先使结构的某些部位弱化或强化，从而引导结构在碰撞时向着皱褶压缩的方向发展。

薄壁构件受到碰撞时的变形模式通常表现为弯折变形、翘曲变形或皱褶压缩变形等。直梁件碰撞变形模式的示意图如图6-23所示，这些变形模式一般要根据边界条件、载荷条件和约束条件的不同而不同。

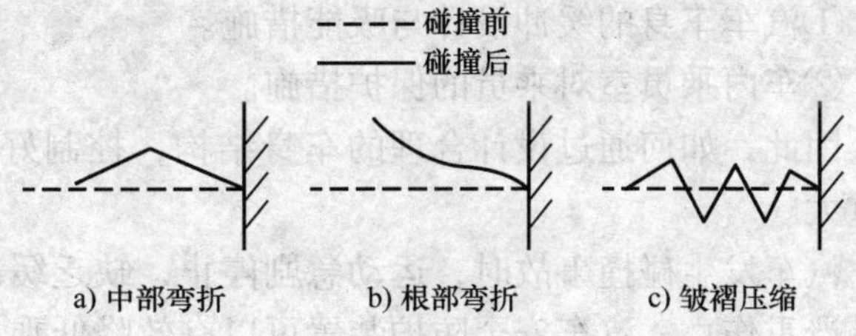

图6-23　直梁件碰撞变形模式

显然，在这几种变形模式中，皱褶压缩的变形量是最大的，最有利于吸收碰撞能量。因此，皱褶压缩是薄壁构件碰撞吸能设计的一个主要研究目标和方向。

需要说明的是，预变形既有可能提高部件的碰撞能量吸收水平，也有可能起到相反的作用。因此，采用预变形技术时，需要仔细分析结构的特点，在不影响构件发挥正常功能(如承载或支撑作用)的前提下，在可行的基础上同时采取其他相应的措施，从而实现结构的吸能要求。具体吸能效果可以通过有限元分析方法进行校核。

试验表明，在轿车正面碰撞的总能量中，车身前部结构吸收的能量约占80%，驱动部件和车身前围板各占约10%。车身前部结构吸收的能量，约有70%分配给纵梁，25%分配给轮罩，5%分配给发动机罩、翼子板等。

图6-24显示了丰田轿车前后碰撞时的力流方向和变形位置，箭头表示力流方向，圆圈表示主要变形部位。

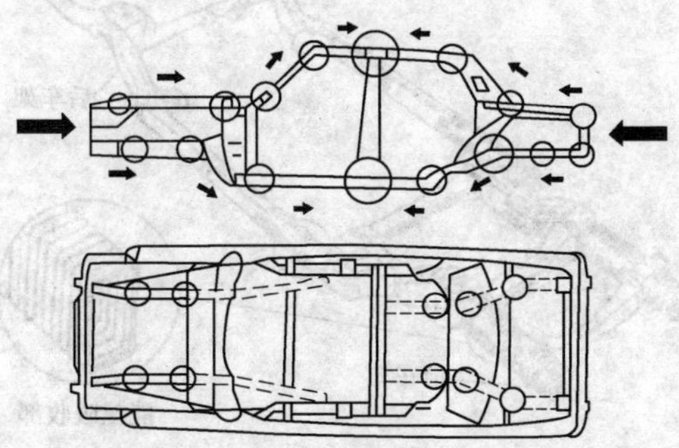

图6-24　丰田轿车前后碰撞时的力流方向和变形位置

综上所述，在车身抗撞性设计时，影响乘用车安全性的决定性因素主要有：车身的变形状态、车体的强度和刚度、碰撞发生时和发生后的生存空间尺寸、约束系统、转向系统等。总之，车身结构碰撞安全性实际上就是车身结构承受碰撞的能力、变形模式以及吸收碰撞能量等的综合体现。良好的车身结构碰撞安全性，意味着在一定的变形模式下结构应能承受较大的碰撞载荷，并能吸收较多的碰撞能量，使结构变形向有利于保护乘员生存空间的方向发展，使乘员所受到的损伤符合有关的法规要求。此外，还要尽力做到碰撞时对行人的保护。

6.4.4　基于碰撞安全性的主要结构设计

汽车碰撞造成的人员伤害有“一次碰撞”引起的，也有“二次碰撞”引起的，但“二次碰撞”对人体的伤害情况主要取决于“一次碰撞”的剧烈程度。由以上内容可知，汽车碰撞安全设计主要包括两方面：

①汽车车身的缓冲设计与吸能措施。

②车内乘员室对乘员的保护措施。

因此，如何通过设计合理的车身结构，控制好“一次碰撞”对降低人体的伤害程度意义重大。

汽车发生碰撞事故时，运动急剧停止，缺乏缓冲距离以及人体与尖硬物接触等都会导致乘员严重伤亡。汽车安全防护装置可以有效降低乘员伤亡程度以及汽车损坏程度，其基本功能和结构原理可归纳为：

1）对乘员施加约束使之避免汽车发生碰撞时与车内物体撞击或被抛出车外。

2）产生缓冲作用，亦即构件以适当的变形距离吸收撞击能量，或者说使速度逐渐下降而避免出现较大的减速度和碰撞力。

3）加大人体与汽车构件的接触面积，避免产生点接触，从而使碰撞造成的单位面积挤压力减少或使碰撞力转移到人体非要害部位。

目前，从车身抗撞性角度考虑，车身结构设计通常从以下几方面进行。

1. 吸能车架结构

为了减轻碰撞对乘员的伤害，人们一直在考虑如何更有效地吸收碰撞能量。比如在车架边梁上设置凸凹台的设计。图 6-25 是美国福特公司生产的波纹管型车架，利用波纹管的压溃变形来吸收碰撞能量，从而保证乘员必要的生存空间。

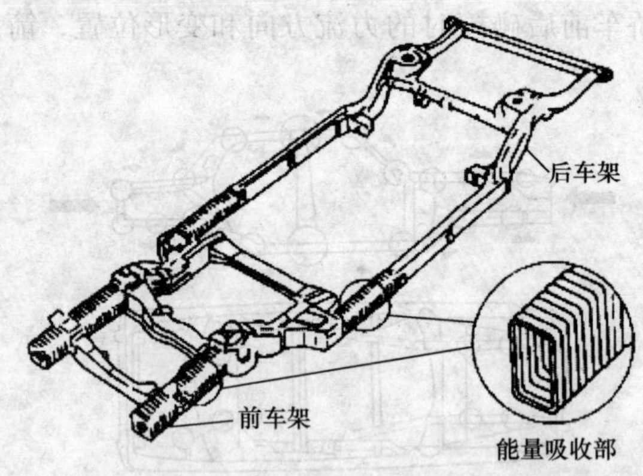

图 6-25　吸能车架结构

2. 吸能式转向柱

各国对防止转向柱对驾驶人的伤害都有法规要求。法规规定了当汽车发生正面碰撞时，转向柱的向后水平位移量和碰撞力的要求。为了满足这些法规的要求，吸能式转向柱得到广泛应用。转向柱除了能满足正常的功能外，在汽车发生正面碰撞时，能够有效地吸收碰撞能量，防止或减少碰撞能量伤害驾驶人的转向柱称为吸能式转向柱。由于吸能的机理和形式的不同、转向柱与车身受撞脱开方式及转向轴受撞压缩的形式不同，吸能式转向柱的种类也不同。一般分为伸缩式转向柱和套筒式吸能转向柱等类型。

当汽车发生正撞时，碰撞能量使汽车的前部发生塑性变形。位于汽车前部的转向柱及转向轴在碰撞力的作用下，要向后即驾驶人胸部方向运动。这种运动的能量应通过转向柱以机械的方式予以吸收，防止或减少其直接作用于驾驶人身上，造成伤害。另一方面，在汽车发生正面碰撞时，驾驶人受惯性的影响会产生冲向转向盘的运动。驾驶人本身的运动能量一部分由约束装置如安全带、气囊等加以吸收，另一部分传递给转向盘和转向柱系统。这部分能量需要通过转向盘及转向柱系统予以吸收，以防止超出人体承受能力的碰撞力伤害驾驶人。

3. 车身侧面和顶部的安全设计

汽车受到侧面碰撞时，由于乘员与车门之间的距离较小，车身变形空间小，对乘员采取特殊保护的可能性受到限制，所以侧面安全设计主要考虑两个因素：一是车身的侧面刚度，二是增设车门加强梁、加强板等内饰件。车门结构要能提供侧碰撞保护，车门受到撞击后，一方面要保证成员不被甩出车外，另一方面又要能开启，为救助工作提供方便。车顶在翻车后不被压扁。同时，侧面防护的思路是尽量将撞击力有效地转移到车身具有保护作用的梁、柱、地板、车顶及其他部件上，分散撞击力。而对车身顶部则应增大强度和刚度，使之在车辆倾翻时不会被压扁。为此，研究人员采取了许多方法，如增加车门、侧围以及横梁、车顶纵梁和立柱等件的强度和刚度。目前，汽车生产企业利用计算机模拟碰撞试验等手段进行汽车结构的安全性设计，取得了一定的进展。

4. 乘员约束与保护系统设计

一般来说，严重损伤和致死的危险性随着撞击的严重性或车速的增加而增大，当撞击较轻时，伤亡的危险性很小；当车速超过56.3km/h时，未配限制性装备（如安全带）的乘员中，50%可发生严重损伤，25%可致死。理论和实践都证明，仅有吸能的车体结构缓冲“一次碰撞”还不够，还要依靠汽车乘员保护系统来吸收乘员动能、防止或减缓车内乘员与车内物体之间的“二次碰撞”。传统上，汽车的乘员约束与保护系统由座椅、安全带及安全气囊等组成。实践证明，除了极高速的撞击外，保护系统一般可使伤亡的危险性显著降低。

为保证行车安全，现代轿车广泛采用对乘员施加约束的安全带、头枕、安全气囊以及安全座椅、汽车碰撞时防止乘员受伤的各种缓冲装置等。这些安全防护装置是现代汽车结构的重要组成部分。在发生汽车碰撞事故时，安全防护装置能有效地减轻乘员的伤亡和汽车的损坏。

(1)安全带

汽车碰撞时，其速度迅速下降，而车内乘员的身体由于惯性的作用仍以较大的速度向前冲，就有可能撞到前面的转向盘、仪表板、风窗玻璃上，引起伤亡。安全带和安全气囊是避免人体与前面的构件相撞的两种常用的防护装置。

安全带是人与汽车之间的纽带，是被动安全性中的必不可少的基本构件。从世界上第一辆装备有三点式安全带的汽车——沃尔沃PV544交付使用，直至今天，三点式安全带仍然是汽车中最重要的独立安全装置，其最重要的特性是包含一条横向腰带和一条斜跨胸带。两条带交汇并固定在座椅旁低处的接合点上，构成了端点指向地面的“V”字形，这样在负载之下安全带也不会位移。现代轿车必须装备安全带，前排座椅装用三点式，后排座椅可用两点式或三点式，如图6-26所示。

安全带系统的重要部分是安全带收缩总成，其首要目的是发生碰撞或强烈制动的过程中将安全带锁紧在恰当的位置。使用安全带可起到以下几方面的作用：

①将乘员紧“捆”在座位上，当车的前部被撞时，乘员不致被“甩”向前方。

②缓慢减速，基本能排除乘员与车内部件之间的“二次碰撞”。

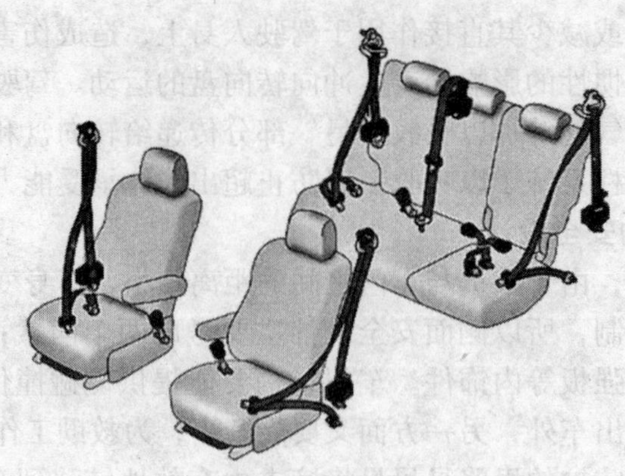

图 6-26　安全带

③可使力分布在身体坚实的部位，如肩、胸廓、骨盆等处，从而在减速期间得到最大的保护。

④当出现极严重碰撞时，安全带可显著地控制乘员的运动，同时软质的内部构件也可吸收身体的一部分能量。

⑤当车体发生翻滚时，安全带使乘员固定于原位，避免乘员被抛出车外。

拽出、拉长、入扣、调紧，经过这一简单的手工操作安全带即可就位，使碰撞导致的死亡和严重受伤的风险降低了 50% 以上，显然安全带是极有效的安全防护装置。总之，安全带能够在正面碰撞、追尾碰撞、斜角碰撞以及翻车事故发生时防止乘员从座位上被甩出，帮助乘员减少受伤的风险。

(2) 安全气囊

安全气囊主要由传感器、气体发生器、气囊和电控单元组成，它平时折叠于转向盘中央和车体前部，传感器感受汽车的碰撞程度并将信号送到控制器，控制器对信号进行处理，当判断有必要打开气囊时发出信号触发气体发生器，气体发生器迅速点火并产生大量气体给气囊充气，整个过程所需要的时间约需 10ms。

当发生减速度足够大的碰撞时，传感器检测到汽车发生碰撞时的车速和冲击参数，气体发生器根据传感器指令释放高压气体或引爆固体燃料，使得气囊在 10ms 左右，以 320km/h 的速度产生高压氮气或氩气并迅速向气囊充气，使气囊膨胀，从而使乘员与转向盘或车体前部件分隔开来，以达到防护的目的。整个过程比眨眼时间还要快！1s 之后，气囊可由设计好的小排气口排气，气囊收缩，以发挥逐渐缓冲功能，驾驶人可以自由移动，避免在车身继续移动时阻碍碰撞后的视线。

在很多汽车的转向盘上和仪表板右侧杂物箱上方都标有“AIR BAG”的字样，这表示安全气囊安装在此处。安全气囊只能在驾乘人员和转向盘或仪表板之间的有限空间内发挥作用，并且必须在几分之一秒的时间内完成使命，而且安全气囊的使用是一次性的。需要强调的是：车速越快，碰撞时间越短，一旦碰撞时间比气囊的爆发时间还要短时，气囊的保护作用就很有限了。另外，气囊没有固定乘员的作用，因此它仅能作为安全带的一种补充装置。

轿车上配置的安全气囊分为正面碰撞驾驶人气囊和前排乘客气囊。因两位乘员的乘坐位置不同，安全气囊的大小和形状各异；侧面安全气囊根据需要保护的部位不同又分为侧面头部保护气帘和头部气囊等，如图 6-27 所示。

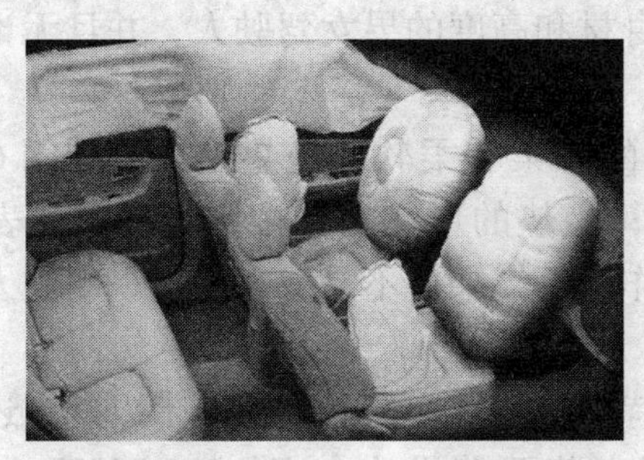

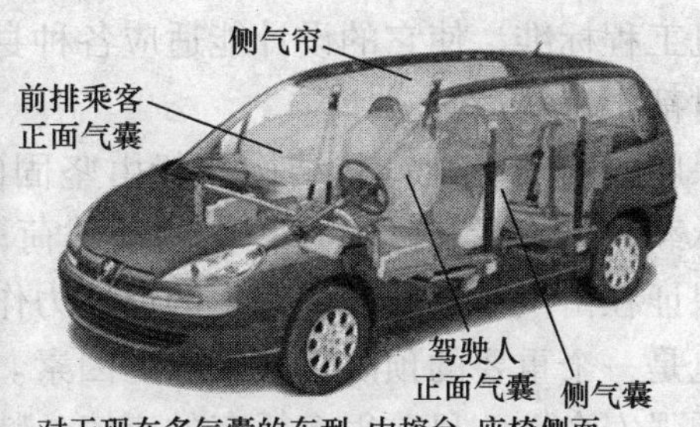

图 6-27　安全气囊

【阅读材料 6-2】　**安全气囊**

安全气囊是汽车被动安全中一项技术含量很高的产品。早在 40 年前就发明了安全气囊。1953 年 8 月 18 日，美国人约翰·赫特里特获得了“汽车缓冲安全装置”的美国专利。赫特里特是一位自学成才的宾夕法尼亚州工程师，他在 1952 年的一次事故后，萌发了设计撞车安全装置的想法。在这次事故中，他为躲避一个障碍物而猛打转向盘进行制动，他和妻子都用手臂本能地保护坐在前座中间位置上的女儿。这次事故后，他意识到必须有一个更好的方法来保护乘员，两周后他绘制好了设计图纸，并交给了代理人，这份图纸确定了今天安全气囊的雏形。

安全气囊的保护效果已经被人们普遍认识，有关安全气囊的第一个专利始于 1958 年。1970 年就有厂家开始研制可以减轻碰撞事故中乘员伤害程度的安全气囊；20 世纪 80 年代，汽车生产厂家开始逐渐装用安全气囊；进入 90 年代，安全气囊的装用量急剧上升；而进入新世纪以后，汽车上普遍都装有安全气囊。

安装了安全气囊装置的轿车转向盘，与普通转向盘没有什么区别，但一旦车前端发生了强烈的碰撞，安全气囊就会瞬时间从转向盘内“蹦”出来，垫在转向盘与驾驶人之间，防止驾驶人的头部和胸部撞击到转向盘或仪表板等硬物上，这种奇妙的装置自从问世以来，已经挽救了许多人的性命。美国一研究所分析了 1985 年至 1993 年美国 7000 多起汽车交通事故，发现有气囊装置的轿车前部撞车，驾驶人的死亡率，大型轿车降低了 30%，中型轿车降低 11%，小型轿车降低 14%。

安全带与安全气囊要配套使用，没有安全带，安全气囊的安全效果将要大打折扣。据调查，单独使用安全气囊可使事故死亡率降低 18% 左右，单独使用安全带可使事故死亡率下降 42% 左右，而当安全气囊与安全带配合使用时可使事故死亡率降低 47% 左右。由此可见，只有两者相互配合才能最大可能地降低事故死亡率，安全气囊系统必须作为安全带的配合系统出现。

随着整车被动安全重要性的深入人心，在一些高档豪华车中出现了三十几个气囊，包括颈部、膝部，甚至是在车顶的两侧会配有两条管状气囊，在意外情况发生时能够有效缓解来自车顶上方的下压力，配合侧面气帘能够有效保护乘客的头部和颈部。膝盖部分的气囊位于前排驾驶座椅内，一旦打开能够有效保护后排乘客的腰下肢体部位，从而也能缓解来自正面碰撞的前冲力。

(3) 安全座椅

汽车座椅的安全研究不仅要求座椅的外观具有吸引力，要赏心悦目，还应符合最严格的安全和人机工程标准，使它的设计能适应各种身材和高度的男女驾驶人，并且无论长途还是短途旅行时都十分舒适。

为确保座椅的安全性，其结构一般由坚固的骨架和柔软的坐垫组成，如图 6-28 所示。骨架主要承载人体重量和碰撞过程中的动载荷；坐垫的形状需要按照包裹人体表面形状设计，并且保证在由汽车速度变化产生的惯性力作用下，乘员不易滑下座椅。驾驶人座位各构件的质量也是一个重要的预防事故发生的因素。

为了增强安全性，目前很多轿车的座椅，特别是前排座椅除了安全带以外，还配置了安全头枕、侧安全气囊、颈椎保护装置、座椅固定装置等设施。比如，VOLVO 公司开发的“主动式安全座椅”，极大地提高了行车的安全性。

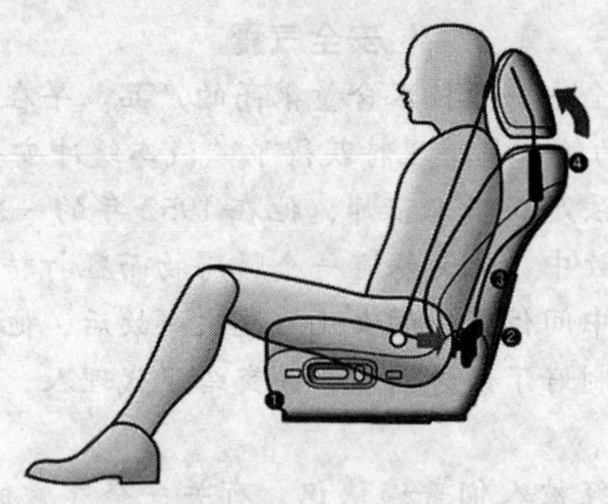

图 6-28　安全座椅

现代轿车座椅的安全性、美观性同样备受关注，应借助于图样、模拟样品、撞击试验结果、强度试验结果等资料设计并制造，以确保座椅的安全性、抗振性、舒适性和多功能性。

汽车儿童安全座椅是一种专为不同体重(或年龄段)的儿童设计的，安装在汽车内的能有效提高儿童乘车安全的座椅。常见汽车儿童安全座椅构造如图 6-29 所示。欧洲强制性执行标准 ECE R44/03 的定义是：能够固定到机动车辆上，带有国际标准化组织固定装置(International Standards Organisation FIX，ISOFIX，是一个关于在汽车中安置儿童座椅的新标准，这一标准正在为众多汽车制造商所接受，其作用是在于使儿童座椅的安装变得快速而简单)接口的安全带组件或柔性部件、调节机构、附件等组成的儿童安全防护系统。在汽车碰撞或突然减速的情况下，可以减少对儿童的冲压力和限制儿童的身体移动，从而减轻对他们的伤害。

总之，设计良好的汽车座椅，不仅能提高汽车行驶的安全性，还可以保证乘员的舒适性，适宜人体的姿势、正确的血液循环和手臂运动的自由度，又可减少驾驶人的疲劳。

【阅读材料 6-3】　　梅赛德斯-奔驰 CL 轿车多功能防护座椅

空气和座椅看起来像是两个毫不相关的概念，但是在梅赛德斯-奔驰 CL 轿车的座椅中(如图 6-30 所示)，空气却扮演着非常重要的角色。即使在最简单的配置中(没有附加选项)，也安装了 Alfmeier 公司生产的带有气动脊柱保护设备的座椅。这种座椅靠背中的压缩空气腔的形状可以按照乘员的人体结构自动调整。Alfmeier 公司的冲气阀控制座椅中气囊的空气量，并保持气囊的形状稳定。座椅所需空气由膜片泵提供，正副驾驶人座椅的压缩空气气囊都可以单独调整。台风扇通过座椅上的气囊向车内输送新鲜空气，可将新鲜空气直接输

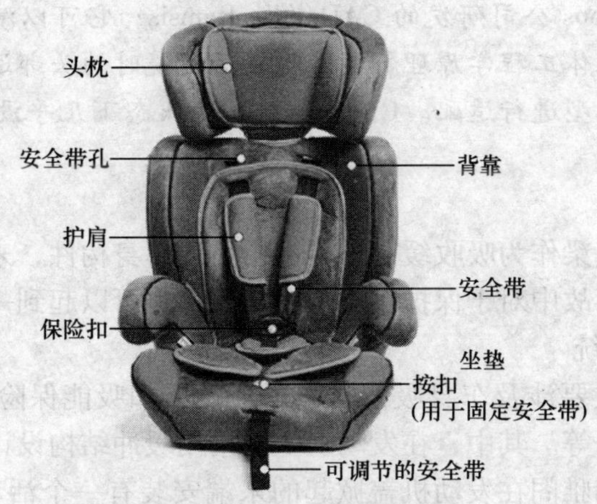

图6-29 常见汽车儿童安全座椅构造

送到乘员的头部。

图6-30 梅赛德斯-奔驰CL轿车的多功能安全座椅

如果选择了附加项，CL轿车可以提供正副驾驶人位置的多功能座椅。分布在座椅四个区域中的新型气垫可以更好地适应人体结构，它们分别位于座椅、座椅扶手、脊柱保护区和肩部保护区中。这四个安全保护气囊由压电控制阀控制，反应速度非常快，使它们也可以精确地集成到车内乘员保护系统之中。在紧急情况下，压电控制阀首先会向座椅和扶手中的保护气囊中充气，保证乘员在侧向有更多的保护，而且在不同的行驶状态下均可有效地对人体进行侧面保护。当车辆发生急转弯时，根据车辆的转向情况、行驶速度和横向加速度，压电阀控制着向脊柱保护气囊中充入的压力和冲气量。

在大批量生产的车辆中(正常配置)，正副驾驶人位置的座椅是通过电动控制的，而不是气动控制。座椅的位置可以实现无级调节，有六个不同的调节定位点。在后排座椅中，还可以配备Alfmeier公司生产的、可收缩的气动额撑。

为了免受驾驶人座椅位置和驾驶人身材高矮的影响，保证驾驶人始终具有良好的视野，梅赛德斯-奔驰公司的设计师们在早期研发阶段就对汽车内部结构的几何形状进行了设计。

他们使用了 Human Solutions 公司研发的 CAD 软件 Ramsis，它可以演示测试驾驶时的驾驶人视野，分析驾驶人按照人体工程学原理舒适地观察后视镜时的头部运动和头部位置状况。而且，它可以按照乘员的体型进行适配。CL 轿车在怠速状态下几乎没有噪声，汽车的座椅也变得更加舒适。

5. 行人保护系统

汽车保险杠与加强横梁作为吸收缓和外界冲击力的车身构件，来缓和车辆对行人的冲击力，同时，在低速碰撞事故中对于保护车身与车身附件也可以起到一定作用。

(1)碰撞缓冲防护系统

碰撞缓冲防护系统主要涉及车身吸能材料的应用，如吸能保险杠、软性的发动机盖材料、前照灯及附件无锐角等。其中，在发动机盖上采用缓冲结构设计，则是目前国内汽车厂商较为常见的做法。比如雅阁在发动机盖掀起的末端安装有一个活动铰链，碰撞到行人时，铰链带动发动机盖下沉，从而达到缓冲减少伤害的作用。此外，前翼子板和保险杠也都预留出碰撞的余地空间，同样起到缓冲作用。

可以说，中型车是所有车型中对实施行人保护相对更容易做到的车型，因为其车身尺寸(包括车前部尺寸)，能够基本保证行人碰撞时头部接触的位置是在风窗中心附近，从而通过改变这一区域的吸能设计来降低对行人头部伤害指数。因此，很多中型车在进行安全设计时，都充分利用了这一特点。

碰撞缓冲防护系统从技术成本上来看，价格相对低廉，因此应用也十分广泛。在国内中级以上车型，如大众朗逸、新宝来、速腾等都有这种类似设计，技术上已非常成熟。

另外，新材料也已被应用，比如东风雪铁龙世嘉使用了 GE 公司的新型行人碰撞保护材料，这种貌似塑料的新材料价格甚至高于钢材，因此在选择车辆时，不能简单地从车体厚度来评价车辆的安全性能。

(2)行人保护安全气囊

行人保护安全气囊可进一步避免人体与汽车的风窗玻璃发生撞击，以免在猛烈碰撞下行人与车内乘客受到更大的伤害。当汽车在正面碰撞行人时，气囊迅速向前张开和向两侧举升，托起被撞行人同时防止行人跌向两侧。目前，行人保护安全气囊系统已应用于高级轿车上，如保险杠内藏式气囊、发动机罩气囊、前围安全气囊等，如图 6-31 所示。

图 6-31　行人保护安全气囊

【阅读材料 6-4】　福特汽车公司研发的行人保护安全气囊

福特汽车公司的行人安全车采用了两种可在碰撞中对行人进行保护的新颖安全气囊。这两种气囊，一种是发动机罩气囊，另一种是前围安全气囊，两者配合使用可减少最常见的行人伤亡事故。

发动机罩气囊在保险杠上方紧靠保险杠处开始展开。碰撞前由一个碰撞预警传感器激发，50 ~75ms 内完成充气，保持充气状态时间可达数秒钟。充气后的安全气囊在前照灯之间的部位展开，由保险杠顶面向上伸展到发动机罩表面以上。气囊的折叠模式和断面设计保证了气囊展开时能与汽车前端的轮廓相合，以保证儿童头部和成人腿部的安全。

前围气囊系统的作用则是提供二次碰撞保护，防止行人被甩到发动机罩上后部被前窗底部碰伤。该系统包括两个气囊，各由汽车中心线向一侧的 A 立柱延伸，气囊由传感器探测到行人与保险杠发生初始碰撞后触发。在行人翻到发动机罩上滚向前窗这段时间内，气囊完成充气，两个气囊沿前窗底部将左、右 A 立柱之间的汽车整个宽度完全覆盖，不仅能盖住前窗玻璃底部，还可盖住刮水器摆轴与发动机罩支座等致命的“硬点”。

(3)高效防穿透风窗玻璃

高效防穿透风窗玻璃由两层玻璃组成，其间紧贴一层厚度为 0.38mm 的塑料膜。当头部撞击风窗玻璃时，可减轻损伤，因而有一定防护作用。但这种夹层玻璃很脆，且易碎，严重碰撞时头可穿通玻璃，面部会被碎玻璃所刺破。

在假人撞击试验的基础上，又设计出一种新的风窗玻璃，两层玻璃中间夹有一层厚度为 0.76mm 的塑料薄板，彼此间疏松粘贴。这种复合玻璃受撞击力作用后可发生伸展变形，可吸收更多的能量，在撞击速度达 46.7km/h 时仍可安全地保护行人头部不会穿透风窗玻璃。1967 年后，在汽车工业和玻璃制造业的共同努力下，为各种车辆提供了一种新型的高效防穿透风窗玻璃，它既能有效地减少面部损伤，又能减少脑震荡的危险。据美国国家公路交通安全管理局评估，采用此种新型风窗玻璃后，较严重的面部撕裂伤和骨折可减少 70%。此后，在这种风窗玻璃内面又加上一层抗撕裂伤的内防护层(塑料)，以进一步保护面部和头皮免遭损伤。

除此以外，能够改善视野性的构件，诸如刮水器和玻璃吹风系统、视镜、遮阳板等构件的效能，同样也可以减少发生事故的可能性。另外，为了防止汽车火灾事故，必须考虑内饰材料的阻燃性、燃料系统的防渗透、电器系统的防火等，尤其是碰撞后的火灾，对油箱的布置以及燃油的泄漏等问题采取了许多对策，为提高车身的安全性积累了可贵的经验。

为进一步提高汽车的碰撞安全性，设计者通常从以下几方面考虑：

①为碰撞减缓和吸能技术。开发各种新型材料，在此基础上提高车体的吸能性；采用缓冲碰撞及吸能材料，如碳纤维强化塑料与钢材混合的车架大梁，并填充泡沫充填物及其他新材料。

②驾乘人员保护系统。开发各种安全气囊，从最初的正面安全气囊、侧置安全气囊，发展到今天的二次爆发式安全气囊、智能安全气囊以及气囊式安全带等。在发达国家，正面安全气囊已成为轿车的标准装备。

③汽车环境识别系统。通过安装在车内的路况传感器、激光扫描雷达、监视器等准确探测汽车前方的障碍物与车辆的距离，并根据探测结果做出指令，尽量减少碰撞事故的发生。

④驾车者状态识别技术。利用探测器监视驾车者精神状态，并根据监测结果发出警报声、冷风及振动座椅等方式提醒驾车者，直至自动停车。

⑤GPS 救援系统。利用卫星定位系统技术，通过卫星定位系统地图确认事故地点，及时告知救援基地进行抢救。

近 30 年来，在汽车安全防护方面所取得的成就显著减少了车祸所造成的伤亡，但人们的期望常超过实际防护能力。其实，最好的安全装置也不能保证乘员绝不会发生创伤，没有任何单一的方法可以解决乘员的防护问题。除了车内部件的改进和附加安全装置外，还要改变驾驶环境和提高驾驶人的素质。另外，交通工程、交通管理等综合治理措施也是至关重要的，只有这样，交通安全问题才能逐步得到改善。

6.5　汽车碰撞性试验与模拟分析

车身结构碰撞安全性研究的目的，是如何使车身结构设计具有符合安全标准要求的合理的碰撞特性，即设计出确保碰撞减速度、车身压缩变形长度、车室完整性和车身轻量的最佳车身结构。目前，广泛采用实车碰撞试验和计算机模拟碰撞试验等方法来求得车身结构的碰撞特性。碰撞试验的目的在于了解车辆在碰撞时，车身各部分产生的力、减速度、变形情况、乘员的反应动作等，以及研究为保证乘员在发生碰撞时所受损伤最小的安全结构。一般碰撞试验的种类如下：

1）实车撞车试验，包括汽车与固定壁的正面碰撞试验、汽车与汽车的正面碰撞试验侧面碰撞试验和追尾试验、汽车与可动壁成一定角度的碰撞试验以及翻车试验。

2）模拟撞车试验，包括平台车冲击试验、台架冲击试验和静态模拟试验。

决定车身结构的碰撞特性主要有两方面的因素，即车身结构的能量吸收特性和坚固的车室结构，设计中应采用相应的结构措施给予实现。而不论是承载式车身还是车架式车身，车身结构的能量吸收特性都取决于其主要结构件的设计。

应该指出的是，安全车室的结构不仅要考虑车身前部和后部的碰撞特性，以及车室的强度要求，还应考虑车辆正面碰撞时转向盘的向后移动量，车辆后面碰撞时造成燃料系统泄漏等对安全不利的因素，即对车身各部分的变形量都应给予控制。

从整个车辆的构成来看，像发动机、变速器、悬架等部分质量较大，不产生变形的部分也较多，在车辆碰撞中承受冲击、吸收必要的能量。因此，设计中应分析它们的布置形式及位置、安装结构等，这对车身的碰撞特性有着很大的影响。

安全试验是研究汽车安全性的最准确、最可信的方法。它可以模拟实际车辆撞车的全过程，但撞车安全性试验耗资巨大。因此，随着计算机技术的发展和应用，安全性模拟计算成为十分有效的手段，尤其在设计或研究的初期，模拟计算能够提供一些基本的规律，避免大量尝试性的试验。

车身结构与车内安全配置的差异可以在 Euro NCAP 碰撞测试中得到体现，比如标致 206 车型在碰撞测试中获得 25 分，勉强获得四星评价，而全新设计的欧版标致 207 车型则在同样要求的碰撞测试中获得 35 分，以接近满分的成绩获得五星评价。新老两代车型在安全性能上的差距可见一斑。

6.6　汽车安全性新技术

汽车在一百多年的发展史中，有关汽车的安全性能的研究和新技术的应用发生了日新月异的变化，从保险杠减振系统、乘客安全带系统、安全气囊到汽车碰撞试验、车轮防抱死制动系统（ABS）、驱动防滑系统（ASR）以及无盲点、无视差安全后视镜及儿童座椅系统的研究，汽车的安全性能正日趋完善。

车辆智能安全保障系统是先进的车辆控制系统的一部分，包括安全系统、危险预警系统、防撞系统等，涉及传感器技术、通信技术、决策控制技术、信息显示技术、驾驶状态监控技术等。这些车载设备包括安装在车身各个部位的传感器、激光雷达、红外线、超声波传感器、盲点探测器等，具有事故监测功能，由计算机控制，在超车、倒车、变换车道、雨天、大雾等容易发生事故的情况下，随时通过声音、图像等方式向驾驶人提供车辆周围及车辆本身的必要信息，并可以自动或半自动地进行车辆控制，从而有效地防止事故的发生。同时，利用车身四周的传感器分别探测车辆前后左右的路况，为驾驶人提供及时的回避操作指令，并提醒驾驶人保持安全车距，防止车辆与车辆、车辆与其他物体或车辆与行人间的正面、追尾和侧向碰撞。

先进安全汽车涉及主动安全和被动安全两个方面，利用传感器和雷达检测扫描周围的交通环境或路面状态，应用电子、信息及通信处理技术，使其具有更高的智能化，真正实现了“人-机”统一，进一步提高了车辆的安全性。不仅如此，汽车的安全配置也不再是单一的配件，而是更多的配件和电控系统被集成起来，形成互不相同但又相互交叉的综合系统，展示了安全汽车的发展方向。

6.6.1　主动安全性新技术

主动安全技术就是尽可能防止交通事故的发生。现代汽车设计师们更多考虑的是主动安全设计，使汽车能够主动采取措施，避免事故的发生。可以从制动系统、车速自动控制系统、驾驶人视野、控制及显示装置和驾驶人疲劳驾驶等几个方面得到体现。

1. 主动安全系统

(1)制动系统(ABS、EBD、ASR、ESP)

汽车制动防抱死装置能缩短制动距离，并能防止车辆在制动时失控，从而减少了交通事故发生的可能性。而电子制动力分配是 ABS 的辅助功能，它可以改善 ABS 的功效。加速防滑控制系统是 ABS 的升级版，它的作用是当汽车加速时将滑动率控制在一定的范围内，从而防止驱动轮快速滑动，没有 ASR 的汽车在加速时驱动轮容易打滑。电控行驶平稳系统(EBD) 是 ABS 和 ASR 系统功能的延伸，是目前最高级的汽车防滑装置。随着技术的进步，又因为 ABS、ASR、ESP 在技术及性能上的贯通，可以预见在今后的汽车上将越来越多地安装 ASR 和 ESP。

(2)电子稳定控制系统(ESP)

ESP 系统由中央控制单元(ECU)及转向传感器、车轮传感器、侧滑传感器、横向加速度传感器和执行器组成，其目的是在电脑实时监控汽车运行状态的前提下，对发动机及制动系统进行干预和调控。

汽车在行驶过程中，转向传感器感知驾驶人转弯方向和角度，车速传感器感知车速、节气门开度和转速力矩，制动传感器感知制动力，而摆角传感器则感知车子的倾斜度和侧倾速度。ECU 了解这些信息之后，通过计算判断汽车要正常安全行驶和驾驶人操纵汽车意图的差距，发出指令，调整发动机的转速和车轮上的制动力，从而修正汽车的过度转向或转向不足，以避免汽车打滑、转向过度、转向不足和抱死，从而保证汽车的行驶安全。严格来讲，ESP 系统实际上包括 ABS(防抱死制动系统)和 TCS(牵引力控制系统)两大系统的功能，但又不是两者简单的叠加。它们之间的差别主要是：ABS 和 TCS 只能被动地做出反应，而 ESP 则能够探测和分析车况并纠正驾驶的错误，防患于未然。

(3) 车速自动控制系统

车速自动控制系统是一种车速电子自动控制系统，当行车速度一定时，该装置可自动保持以某一恒定速度行驶而无需踩加速踏板，可使高速行驶的车辆运行更加安全、平稳，适合在现代高速公路上的行驶车辆。

(4) 主动行驶安全系统

该系统也称为行驶动力学调节系统，不仅能保持和改进 ABS 和 ASR 的基本作用，即汽车在纵向动力学临界状态下的稳定作用；而且在汽车各种工作状态下，都能明显地减小侧滑危险，即在横向动力学临界状态下，也能起到稳定作用。

(5) 智能巡航系统

智能巡航系统与传统巡航系统不同，普通的巡航控制系统只能让车辆保持在设定的车速上匀速行驶，而智能巡航系统能够使车辆和前车保持固定的距离。当前方车辆的行驶速度低于本车的巡航速度时，该系统会自动将车速调整到与前车车速相同，以保持车距。而当前车提速时，本车也会随之提速，直至恢复到预定的巡航速度。

智能巡航系统主要由雷达传感器、方向角传感器、轮速传感器、制动控制器、转矩控制器和发动机控制器等组成。雷达传感器安装在散热器的护栅内，可探测到前方 200m 的距离，在前后轮毂上均装有轮速传感器，可测出车辆的行驶速度，方向角传感器用以判断车辆行驶的方向，发动机控制器和转矩控制器用以探测和调整发动机输出转矩，以提高发动机的动力性，并适时调整车辆的运行速度。各种控制器和传感器均由车内计算机控制。

(6) 自动巡航技术

该技术具有高度智能化功能，能够自动调整车速。它携带的 GPS 定位系统会时时提醒自动巡航系统接近 $1km^2$ 范围内可能突然出现的物体。例如，前方道路上准备穿过路口的车辆，在路边等待穿越的行人等，自动巡航系统接受信息后，马上能判断出最佳车速是多少并自动巡航行驶，待确认无潜在危险后，又会自动恢复。

(7) 卫星定位导航系统

该系统可以向驾驶人提供有关交通信息，如该车行驶时的所在位置，前进路线中交通事故及堵塞情况等。指导驾驶人如何按最佳路线行驶，以便顺利到达目的地。该系统可提高交通运输效率，使驾驶轻松，有助于交通安全。

(8) 驾驶人视野、控制及显示装置

好的视野是安全驾驶的首要因素。可以通过增加摄像头，改善玻璃材料以防雾、防眩，加热后窗以便在不利的天气情况下帮助镜面保持清洁，安装紫外线灯以减少黑洞效应等方式，使驾驶人的视野更好，减少交通事故的发生。

世界各国在这方面开展了很多研究工作，有较多成果已经可以使用或者需降低成本，使其商品化。主要的成果有：自动灯光分布及调节系统、风窗玻璃上面的各种导行信息显示器，进行增水处理的风窗玻璃及其防霜系统，可以扫除盲区的后视镜等。

(9) 防侧翻系统

防侧翻系统是利用陀螺仪来监测汽车转弯是否太快或由于紧急躲避而使车身出现的突然侧倾。如果传感器判断出车速过快或者转向角度过大，便会自动调节制动和节气门，来帮助控制车辆，并修正车辆行驶轨迹。在主动预防侧翻的同时，宽阔的侧面气囊将从顶篷展开，覆盖侧窗玻璃的大部分，同时气囊可保持充气6s，以便在较长时间的翻倾中提供连续的保护，可为前两排座椅的乘员提供覆盖保护。

(10)转弯减速调节系统

当车辆行驶遇到弯道时，由于驾驶人对道路不熟悉，或者注意力不集中，或者车速太高，经常发生车辆撞上路标或者翻车事故。转弯减速调节系统可检测转弯车辆经由路面的转弯半径及曲率，并相应地使车辆速度减低。

(11)驾驶辅助系统

驾驶辅助系统能够防止由于车辆偏离相应的行驶路线引起的碰撞或交通事故。与危险警告系统不同的是，当感到危险来临时，驾驶辅助系统将自动应用自动车速和转向控制装置及制动装置或自动驾驶系统。

1)预警监测系统。对驾驶人、车辆和道路状况进行监测并提供警示。如行人横穿预警，采用在汽车保险杠上的超声波传感器监测车辆前面横穿的行人或自行车，当有情况发生时发出预警，提醒驾驶人注意。用于车轮控制系统中的激光雷达，它把照射幅度很小的光束对准前方，在左右方向水平振动并不断照射，根据前车反射光反射回来的时间计算车距，保持安全车距，与前车过分接近时便发出报警，以提醒驾驶人适时操作，保证行车安全。

马自达626SensorCar概念车主要应用了碰撞预警系统技术。装在格栅上的激光雷达装置可以监测车前行人的举动，对于走入汽车行驶路线的行人，车子会点亮仪表板上的警告灯，扬声器同时发出鸣响。后保险杠中的传感器能够监测后部的车流情况，在要发生后端碰撞时，警告系统会启动安全带电动预紧器，自动拉紧安全带，同时仪表板上的警示图标亮起，后扬声器发出警报。

2)危险警告系统。危险警告系统能够防止车辆偏离相应的行驶路线引起的碰撞或交通事故。研究采用CCD摄像机识别道路上的白线，当汽车开始偏离行驶的道路而驾驶人也没有给出转弯信号时，系统产生声音预警，如果驾驶人仍未采取纠正动作时，系统自动控制汽车保持行驶方向。

3)检测路面及环境状况系统。使用传感器或摄像机检测路面状态(干燥、潮湿或冰雪，有无障碍物等)；检测周围车辆及障碍物的距离，车辆的相对速度；检测周围行人及交通状况，夜间则用红外线监视系统在显示屏上指示行人状况。这些检测不断地给驾驶人提供信息或者危险状态警告等。

4)倒车雷达和倒车影像系统。倒车雷达已经是非常大众化的配置，它由超声波传感器(俗称探头)、控制器和显示器(或蜂鸣器)等部分组成。倒车雷达一般采用超声波测距原理，在控制器的控制下，由传感器发射超声波信号。当遇到障碍物时，产生回波信号，传感器接收到回波信号后经控制器进行数据处理，判断出障碍物的位置，由显示器显示距离并发出其他警示信号，得到及时警示，从而使驾驶人倒车时做到心中有数，使倒车变得更轻松。

但是倒车雷达技术在设计时也容易出现“设计盲点”问题。例如：雷达无法侦测过低障碍物位置(临界点约为30cm)；因为发射角度过小，虽然目前设计大都以两只雷达来共同执行侦测动作，可惜每只发射角度过小(约60°)，不利倒车转弯动作；还有视觉死角问题，一旦在汽车处于两只雷达之间的三角形空白地带，若有静止于这个区域内的物体，将在扫描上产生盲点困扰。总之，只要是雷达设备就有盲点区域，只是大小、位置不同而已。

倒车影像系统弥补了所有普通倒车雷达的不足，它具有数字显示＋声音提示＋真实图像显示＋夜视＋汽车多媒体功能，这是普通倒车雷达所做不到的。当变速杆置于倒档时，该系统会自动接通位于车尾的高清摄像头，将车后状况清晰地显示于车内中控台的液晶显示屏上。通过车内的屏幕，驾驶人可以直观地获得车尾的视觉影像信息，这对于车尾窗很高的车辆特别有用，能够避免倒车时撞到小孩、自行车、矮桩等倒车雷达不能准确发现的物体。

5）轮胎压力报警系统。在汽车的高速行驶过程中，轮胎故障是所有驾驶人最为担心和最难预防的，也是突发性交通事故的重要原因。公安部2000年的统计数字表明，我国高速公路上发生的重大交通事故约有70%是由于爆胎引起的。因此，保持标准的车胎气压行驶和及时发现轮胎故障是防止爆胎的关键。轮胎压力报警系统利用安装在每一个轮胎里的压力传感器来直接测量轮胎的气压，并对各轮胎气压进行显示和监视。当轮胎压力异常时，系统自动报警。

6）打瞌睡警告及唤醒系统。使用安装在驾驶人前仪表板处的小型摄像机及夜间使用红外线扫描装置，监视驾驶人的脸部表情变化，通过微机处理，判别驾驶人是否打瞌睡。当驾驶人注意力不集中，处于危险状态时，即发出警告响声，同时还会由空调系统中自动散发出具有提神效果的香气。

7）紧急制动先期警告系统。一般驾驶人在紧急制动时，脚由加速踏板移到制动踏板时约需0.8s。这一系统可以监视驾驶人紧急制动的先期动作，当加速踏板弹回的加速度达到一定值时，制动灯即亮起，警告后边车辆驾驶人，使后车驾驶人多0.8s对前边车辆状况的反应。配备该系统能减少车辆的追尾现象。

2. 碰撞规避系统

利用车辆上的探测装置，当遇到危险时向驾驶人提供警告或自动采取相应措施。采用CCD摄影机监测车前道路的情况，并配有激光雷达探测道路上的车辆与行人，该雷达在夜间也能很好地工作。当有碰撞危险时，系统发出声音预警。若驾驶人仍未减速，系统将自动制动车辆，还可采用具有判别将要进入道路成为障碍物的运动目标的识别技术，因此不仅是已在道路上的行人被系统跟踪，而且那些将要进入道路的行人也在系统跟踪之列。

安装在后保险杠中的传感器可以监测后面的车流情况，由计算机程序确定有无撞车的可能。在马上要发生后端碰撞时，后端警示系统启动安全带电动预紧器，自动拉紧安全带，最大限度减少系安全带乘员受伤害的危险。

显然，先期的主动保护系统需要各种先进的技术支撑，如先进的数据融合技术，可将视频和雷达传感器的信号融合起来。要实现安全，价值链上的各个环节都是安全的重要因素，包括先进的传感器、数据融合与高速处理技术、强大的软件和汽车电子网络、良好的HMI（人机接口），使驾驶人更好地进行主动防御。

6.6.2 被动安全性新技术

被动安全技术就是在碰撞事故发生后，尽可能对乘员和行人进行保护。

1. 被动安全系统

（1）智能安全气囊（SRS）

越来越多的汽车安装了安全气囊，以保护乘员在中等到严重的碰撞中避免受到伤害。目前多采用带微处理器的智能控制系统，这种控制系统对电子式传感器传来的信号进行处理，输出点爆信号。

传统上安全气囊只能对车内乘员起保护作用，新世纪的汽车将更加注重人、车与环境的融合，因此对行人的安全保护也将成为汽车设计者考虑的因素之一。有一种安全气囊，安装在汽车前部，保护行人在碰撞过程中免受伤害。福特汽车公司的行人安全车采用了两种可在碰撞中对行人进行保护的新颖安全气囊。这两种气囊一种是发动机罩气囊，另一种是前围安全气囊，两者配合使用可减少最常见的行人伤亡事故。

1）发动机罩气囊。发动机罩宽幅气囊由碰撞传感器激发后，会在保险杠上方沿着发动机罩的外形展开。主要在碰撞中为中、高身材的成年行人提供腹部和臀部保护，以及为儿童和矮小身材的成年人提供头部和胸部保护。

2）单独的前围气囊。单独的前围气囊系统受到碰撞传感器的激发后，会在左右 A 立柱之间的风窗底部前方区域展开，覆盖汽车在这一部位的“坚硬点”，包括刮水器和 A 立柱下部，提高头部的防护性能。

3）乘员传感系统。该系统可根据乘员的体重、身高和胖瘦程度以及在座位上的具体位置来决定安全气囊打开的确切程度，使保护人员的安全气囊可以很智能地打开或收缩。

（2）双级燃爆气囊

双级燃爆气囊能根据碰撞程度进行分级燃爆，可以根据冲击力大小选择爆发力量，保证安全气囊以适当的力度燃爆并对驾乘人员的头、胸、腹等重要部位进行保护，避免了小事故时气囊完全燃爆对乘客造成额外的冲击，从而解决了普通安全气囊在瞬间燃爆时“速度过快、爆发力过大”可能产生的伤害。

（3）座椅安全带

目前安全带的设计引入了许多先进技术，安全带收缩装置可以根据车辆的设计而有不同的变形。采用碰撞传感器检测，当碰撞发生瞬间张紧安全带，保护驾驶人和乘客。同时还有专门为儿童考虑而设计的安全带，以保护儿童的安全。

（4）主动头部约束系统

如果车辆被追尾，普通的甩头动作将会使乘员的头先向前移动然后猛地向后，造成颈椎伤害。主动头部约束系统能够使头枕随着乘员头部一同向前，保持两者的距离，避免后甩。2008 年推出的第八代雅阁使用了主动式头部约束系统，在发生碰撞时，首先乘员被推向座椅靠背，紧接着靠背内内置的塑料板推动连杆并促动头枕，最后头枕被推向前上方，以支撑乘员头部，从而加强了颈部保护，减轻了猛烈的反向运动损伤。

（5）行人探测仪

带有红外线系统的立体摄像机或雷达测试技术的行人探测仪，如图 6-32 所示。能及时探知行人的碰撞安全性，与主动式发动机罩或行人安全气囊以及汽车制动系统相结合，共同发挥作用，进一步提高行人安全性。

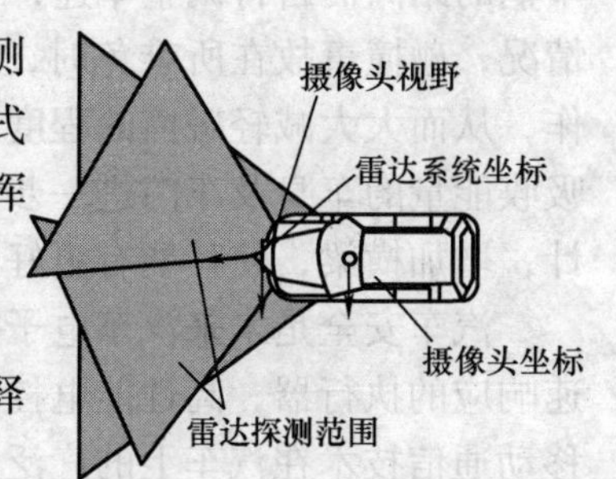

图 6-32　行人探测仪

（6）紧急门锁释放装置

当车辆发生碰撞，传感器已确认发生碰撞，系统能立即释放门锁，让车门能迅速打开。

（7）灭火系统

发动机室内传感器检测出火情后，即起动灭火装置自动灭火，如装置失灵，则发动机罩自动释放开，可从外面灭火。

(8)紧急事故自动通报系统

通过该系统车辆可自动与负责交通管理的无线电台及时联系，电台可以获知发生事故的车辆的位置、事故及乘员受伤害的主要情况，可以通知有关部门及人员及时前往事故地点，进行救援工作。

2. 被动安全警告系统

(1)盲点和车道偏离警告系统

除了预防正面碰撞之外，最新的技术也开始针对降低车辆侧部碰撞事故来开发新的安全系统。盲点和车道偏离警告系统具有两个功用：

1)当在车身侧面驾驶人视线盲区内出现障碍物或有车辆靠近时，通过后视镜中的一个红色警示灯提醒驾驶人。

2)监测行驶中的车辆是否逐渐偏出它所在的车道，并通过蜂鸣器或警告灯及时提醒驾驶人。

车辆本身作为一个系统，包含着许多子系统：认知模块、决策模块和控制模块。认知模块实际上是指驾驶人的“感觉器官”，是用以获取外界环境信息并通过一定的处理，从这一系统信息中提炼出驾驶人驾驶所需的内容。而决策模块好比驾驶人的“大脑”，是以认知模块提供的道路状况、车辆姿态、位置等信息为基础，对汽车安全、高效行驶所应采取的运行状态进行分析，决策出汽车运动状态应发生的改变。控制模块是驾驶人的“肌肉”，控制系统对汽车的实际操作，包括踏加速踏板、转转向盘等，都是通过驾驶人“肌肉”运动，以实现决策模块所决策的汽车运动状态的改变。

(2)自动报警系统

采用碰撞传感器、汽车位置传感器、自动和手动启动开关、无线电通信设备。当事故发生后，能迅速地向控制中心发送求助信息，并在救援人员抵达事故现场之前转发汽车乘员伤害情况、乘员数量、乘坐位置、安全带使用情况、气囊展开情况等重要信息，从而使救援人员做好相应准备。

3. 减轻碰撞系统

减轻碰撞系统通过两个雷达探测装置随时监测路面状况，其中一个探测器探测角度比较窄，但探测距离较远，另一个探测角度比较宽，负责探测近处侧部的状况，这种组合能够让汽车的电脑得到一个近似3D效果的探测区域。在汽车运行中，减轻碰撞系统可以根据周围车辆的距离而自行调整车速，使车辆间保持安全距离，减小发生碰撞的可能。一旦发生紧急情况，碰撞事故在所难免时，它可以发出警报并自行采取制动等措施，而无需驾驶人的操作，从而大大减轻碰撞的程度甚至完全避免事故，为乘客提供了更有效的保护。能承受碰撞吸收能量的车身及车门进一步改善能承受正面及侧面碰撞并吸收能量的车身，改进车门设计，增加横梁，使其能有更好的防侧撞能力，采用中间有泡沫充填物的夹层钢板等。

汽车安全是未来汽车电子控制的重要发展方向之一，随着更加先进的智能型传感器、快速响应的执行器、高性能电控单元、先进的控制策略、计算机网络技术、雷达技术、第三代移动通信技术在汽车上的广泛应用，通过数据总线进行系统集成，可以将汽车安全的很多装置集成在一起，提高汽车的安全性能。现代汽车正朝着更加智能化、自动化和信息化的机电一体化方向发展。综上所述，汽车安全性的智能化发展趋势，要求在每个安全领域都能开发出性能更好、反应更快和分辨力更强的安全系统，使它们在不同的环境和条件下，针对不同的乘员迅速做出不同的反应。

6.6.3　未来汽车的主动安全性

未来汽车的主动安全性大致包含以下几方面内容。

1. 视野性

汽车在行驶过程中，驾驶人对外部环境信息的收集有 95% 以上是通过人的观察来进行的。因此，良好的视野性能是汽车主动安全性的重要组成部分，具体包括前方视野(或称直接视野)、后方视野(或称间接视野)，以及特殊环境的视野(包括寒冷季节、雨雾天气，以及夜晚等条件下的视野)。

2. 操纵性

一般而言，汽车驾驶人经过对道路环境的感知和判断后，不停地通过手脚的反应对汽车进行操纵控制，实现预定目的，所以，汽车能否按指令实现预定的运动，也是汽车主动安全性的主要内容之一。未来智能汽车的操纵性能将包括智能转向、智能制动、智能加速和减速系统等。

3. 信息系统

汽车驾驶人在操纵和控制汽车过程中，必须不断地从各方面获得所需要的信息。未来汽车的仪表和信号等信息系统将不仅为驾驶人和乘员提供汽车本身的状态信息，而且还能提供有关驾驶人注意力状态和车外环境基本状态等信息，帮助驾驶人更完整地获得信息，并及时处理各种情况。

目前，世界汽车主动安全性的研究主要围绕着以下几方面进行。

首先，是对人的感知、判断和操纵特性的研究。这种研究包括：

1) 对驾驶人在普通驾驶条件下的驾驶动作进行分析。

2) 对驾驶人在紧急操纵状态下回避行驶中障碍的驾驶动作进行分析。

3) 对不同年龄段的驾驶人在驾驶中受外界刺激时响应特性进行研究。

4) 对人在不同技术性能下的驾驶适应性的研究。

其次，是进行交通心理学和人的生理特性方面的研究。这种研究的目的是使未来汽车的操纵性能与人的生理性相适应，从而减少因人机工程原因引发的交通事故，奠定智能汽车操纵性能设计和人机工程设计的理论基础。汽车智能化的前期工作是用汽车的驾驶辅助系统弥补人的感知和判断甚至操作方面的不足，将来如果技术成熟就可以进一步智能化。

第三，是开展提高汽车视野性能的基础研究。这种研究虽然是基础性的，但是前期工作还主要是与车辆的视野设计有关，内容包括风窗玻璃的印象偏离分析与计算测量、后视镜振动特性模拟分析、智能前照灯灯光分配系统，以及指示信号的易见度特性研究等。

6.6.4　未来汽车的被动安全性

虽然汽车的主动安全性目标是要实现在交通事故发生之前就采取措施，防止交通事故的发生，但汽车交通事故原因的调查结果表明，由于驾驶人原因而造成的交通事故比例在世界各国都很高。这就是说，即使未来汽车的主动安全性再好，也不能预防大部分交通事故的发生。因此，提高汽车本身在发生交通事故时和事故后保护乘员、行人免受或减轻伤亡的汽车被动安全性也是未来汽车安全性的主要课题。

除了现在所使用的汽车安全带和安全气囊等传统被动安全设备外，专家预测未来汽车的被动安全性发展将集中在以下几个领域。

1. 吸能式车体结构

汽车碰撞时，车体结构的安全作用是在吸收汽车动能的同时减缓成员移动的过程，并保证乘员有相应的生存空间。专家认为，在未来汽车的车体结构设计中，要预先设计一个具有高吸能性的所谓“压扁区”。当车体受到撞击时，该压扁区能以一种可以预见的形式发生断裂或破坏，在一定的行程内被压扁，从而最大限度地吸收车辆所受到的撞击能量，使乘员不受直接撞击力，并大大减少间接作用力。另外，汽车的前后保险杠不仅要有吸能功能，还要考虑对行人的保护；车门结构要能提供侧碰撞保护，车门在受撞击后，一方面要保证乘员不被甩出车外，另一方面又要能开启，为救助工作提供方便；车顶在翻车后不被压扁。为此，美、欧、日的汽车生产企业正在利用计算机模拟碰撞试验等先进手段进行汽车结构的安全性设计，并取得了一定的进展。

2. 乘员保护系统

未来汽车的乘员保护系统是被动安全性的核心系统。理论和实践都说明，仅有吸能的车体结构缓冲“一次碰撞”还不够，还要依靠汽车乘员保护系统来吸收乘员动能、防止或减缓车内乘员与车内物体之间的“二次碰撞”。传统上，汽车的乘员保护系统由座椅、安全带及安全气囊等子系统组成。随着汽车向智能化方向的发展，未来汽车一方面将广泛利用和发展传统的乘员约束与保护系统的安全性能；另一方面还将开发新的智能化系统，以进一步提高乘员侧方碰撞保护、头部保护以及儿童乘员等的保护。

3. 人体耐冲击性和伤害标准研究

这是一个涉及工程学、人体解剖学、生理学和医学等领域的基础研究问题。研究的主要内容是：根据人体生理学和医学把人体能耐受的冲击定量化，用工程学观点来研究人对冲击的响应，以把握乘员保护装置的性能要求和需要进一步完善的程度。

另外，未来智能汽车的被动安全性研究内容还包括各种安全性试验。

复习与练习题

一、名次解释

1. 二次碰撞
2. 升力
3. 空气的粘滞现象

二、简答题

1. 什么是汽车主动安全性和被动安全性？各有什么特点？
2. 汽车的碰撞形式有哪些？轿车正面碰撞的车身抗撞性要求是什么？
3. 轿车车身侧面的刚度特性设计要求有哪些？
4. 车身结构吸能设计应满足哪些要求？

三、思考题

轿车安全性的决定性因素有哪些？

第 7 章　车身结构有限元分析及优化设计

学习目标

1. 了解有限元方法的基本理论
2. 掌握车身结构有限元建模方法及简化方法
3. 掌握车身结构有限元分析方法
4. 学会车身结构优化设计的基本过程和方法

学习要求

知识要点	能力要求	相关知识
有限元基本理论	1. 掌握有限元分析方法基本原理 2. 掌握有限元方法的分析过程	有限元软件应用
车身有限元建模方法及简化	1. 掌握车身有限元的建模方法 2. 掌握车身有限元建模的简化原则	网格划分、载荷处理、结构简化
车身结构优化设计	掌握结构优化的设计原则	目标函数，参数优化

车身结构一般由梁、柱和板壳零件等组成，它们通过焊接与铆接构成空间形状复杂的体系，尤其是车身外板都是由形状各异的曲面构成，不可能用传统的解析数学来描述。另外，车身所承受的载荷也十分复杂，除包括自重、货物、乘员、设备等各种静载荷外，同时要受到各种路面激励和各种车速条件下惯性力的作用，以及各种连接构件之间的相互约束作用，也不可能用经典力学的方法来计算。在车身结构分析中，有限元法因具备解决结构形状和边界条件均任意的力学问题的独特优点，而被广泛采用。各种汽车车身零部件及整车均可采用有限元方法进行静态分析、模态分析及动态分析等，使车身结构设计更趋完善。

7.1　有限元方法概述

【导读】　汽车车身 CAE 的发展状况及有限元方法在车身设计中的应用

随着计算机技术的发展，现代车身设计广泛地运用计算机辅助技术(CAE)。现代车身设计已由原来的经验、类比、静态设计，向建模、静态、动态特性分析、动态优化及虚拟装配设计转变，形成了以设计、分析、试验于一体的一整套流程。它们之间相互联系，做到设计与分析并行，并且采用大量的虚拟试验代替实物试验。汽车车身 CAE 能够革新产品开发过程、缩短周期降低成本、改进产品设计质量、提高产品开发效率。利用计算机模型仿真测试各种不同的设计方案，不必浪费制造物理样机所需的时间与经费，可以获得较优的乃至最优的设计方案；同时可以在计算机上方便地确定、修改设计缺陷，逐步优化设计方案，因此，不但减少了昂贵的物理样机数量，而且提高了产品设计质量，大大缩短了产品开发周期，既减少了设计的盲目性，也缩短了产品设计周期，形成了车身开发的新思路，如图 7-1 所示。

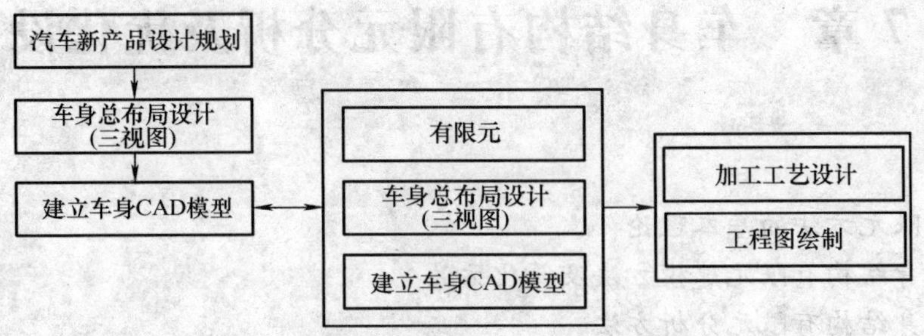

图 7-1　车身开发 CAE 思路

国外新车型开发周期已经缩短到 24～36 个月，这与采用现代车身结构设计方法是分不开的。经过几十年的积累和发展，国外许多大汽车公司建立了高性能的车身计算机辅助工程系统，形成了完整的设计、分析方法与试验程序。国外普遍采用的车身结构设计系统和流程如图 7-2 所示。

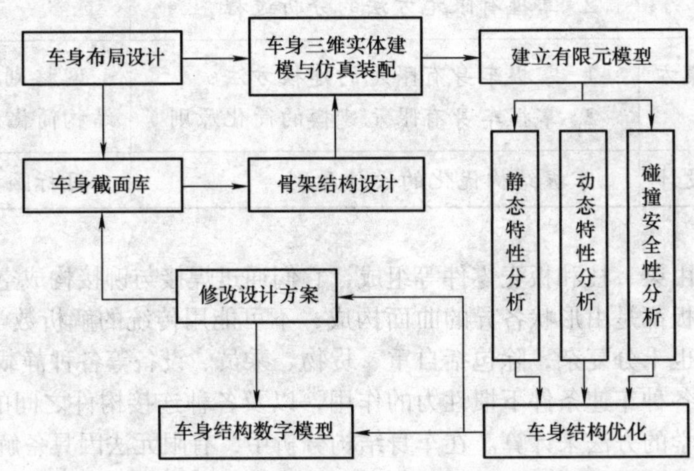

图 7-2　车身结构设计系统集成框图

有限元法是 20 世纪中期兴起的应用数学、力学及计算机科学相互渗透、综合利用的交叉学科，最初被应用于航空器的结构强度计算，并由于其方便性、实用性和有效性而引起从事力学研究的科学家的浓厚兴趣。经过短短数十年的努力，随着计算机技术的快速发展和普及，有限元方法迅速从结构工程强度分析计算，扩展到几乎所有的科学技术领域。与有限元法几乎同时诞生的有限元软件，随着有限元法与计算技术的发展而迅速发展。以有限元软件为依托的力学学科——计算力学，将力学理论应用于工程实践，使古老的力学学科仍然闪耀着强大的生命之光。有限元软件的应用解决了许多用传统理论和方法无法解决的工程问题。

美国福特汽车公司在 20 世纪 70 年代就将 Nastran 结构分析程序引入到汽车结构设计中，用板、梁单元进行车身结构的静强度有限元分析，找出高应力区，并改进应力分布。日本五十菱汽车公司在 80 年代末已将 CAE 应用到车身设计的各个阶段，从最初设计阶段的粗略模型到设计中、后期的细化模型，分析的范围包括强度、刚度、振动、疲劳、碰撞及形状和重量的优化。进入 90 年代后，有限元分析得到了更为广泛的应用。美国通用汽车公司在通用有限元程序的基础上自主开发了后处理程序，将发动机和道路激励载荷集成到数据库中，进行发动机和道路激励的响应分析和改进。日本日产汽车公司利用有限元分析仿真来带动整车性能的优化，其分析中使用的模型包括了悬架、发动机、轮胎和转向机构。目前，国外各大汽车公司利用有限元软件进行车身结构静态分析及轻量化分析。现在其工作重心已转向动态响应分析。随着研究的深入，国外学者将振动、噪声和平顺性结合起来作为一个热门领域进行研究分析，同时伴随振动而来的疲劳问题也逐渐得到大家的关注和研究。随着生活水平的提高，人们越来越关注自己的生命安全，因此基于计算机仿真的碰撞分析等领域也备受工程师重视，如今在这些领域已经取得了很大进步。总之，CAE 技术的应用，有效地推动了汽车制造业的前进，汽车业的需求也极大地带动了 CAE 的应用及发展。

7.1.1 有限元方法的基本原理

有限元法(The Finite Element Method,FEM)，是求解边值或初值问题，建立在待定场函数离散化基础上的一种数值方法，有限元的基本思想是将连续体划分为有限数目的假想单元(有限元)，它们仅在结点处彼此相连接，用这些单元的集合模拟或逼近原来的物体，化无限自由度问题为有限自由度，然后利用各单元内光滑但在整个连续体内连续而且分段光滑的近似函数来分片逼近整个连续域上的未知场函数，如应力场、位移场。有限元分析的基本概念是用较简单的问题代替复杂问题后再求解。它将求解域看成是由许多称为有限元的小的互连子域组成，对每一单元假定一个合适的(较简单的)近似解，然后推导求解这个域总的满足条件(如结构的平衡条件)，从而得到问题的解。这个解不是准确解，而是近似解。由于大多数实际问题难以得到准确解，而有限元方法不仅计算精度高，且能适应各种复杂形状，因而成为行之有效的工程分析手段。有限元方法与其他求解边值问题近似方法的根本区别在于它的近似性仅限于相对小的子域中。有限元法将函数定义在简单几何形状(如二维问题中的三角形或任意四边形)的单元域上(分片函数)，且不考虑整个定义域的复杂边界条件，这是有限元法优于其他近似方法的原因之一。

有限元方法的分析过程主要包括：首先将所研究的连续体划分为若干个有限大小的子区域，即有限元(单元)，进而对各个单元进行分析，并假定单元内部位移为结点位移的简单函数，建立单元的结点位移和结点力之间的关系，然后将这些单元组合成为整体，引入边界条件，通过求解整体结点力和结点位移关系的代数方程组，最终得到连续体在离散点处的未知量(位移或应力)。用有限元法分析工程结构问题时，将一个连续体离散化后，应保证其数值解的收敛性。数值解的收敛性与单元的划分及单元的形状有关，例如，以位移为独立函数的协调模型，其位移函数的选取必须符合收敛准则，才能保证其数值解的正确性。同样一个问题，由于单元划分的不同、单元形状选取的差异以及位移函数选取的不规则性，得到的解答可能是完全相反的。关于单元划分、单元形状的选取和对不同研究模型独立函数的确定，目前都已有成熟的理论、方法和准则。

7.1.2 有限元方法求解基本步骤

对于不同物理性质和数学模型的问题，有限元求解法的基本步骤是相同的，只是具体公式推导和运算求解不同。常用的有限元法实际上是有限元位移法，它用结点位移作为基本未知量，目标是建立整个结构结点力与结点位移的关系式。有限元求解问题的基本步骤通常如下。

1. 问题及求解域定义

根据实际问题近似确定求解域的物理性质和几何区域。

2. 将连续体模型转化为离散模型即求解域离散化

将求解域近似为具有不同有限大小和形状，且彼此相连的有限个单元组成的离散域，习惯上称为有限元网络划分。根据结构的特点选择最合适的单元类型、最接近的模拟实际结构，选择合适的单元类型和大小是问题的关键。一般情况下，单元越小(网络越细)则离散域的近似程度越好，计算结果也越精确，但计算量将增大，因此，通常单元划分在几何形状变化大的区域要适当加细，当几何形状较为平坦时，可以用大单元。

3. 选择位移函数

对选定的单元，选择单元内的位移函数，即对单元构造一个适合的近似解，建立单元试函数，以某种方法给出单元各状态变量的离散关系，具体地说，就是用单元结点上的位移为基本未知量，让单元内的任一点可以用结点位移插值表示。一般，位移函数采用多项式表达，位移函数对每一个单元都是通用的。

4. 推导单元刚度矩阵和方程

通过单元的力的平衡方程，应力-应变关系和应变-位移关系，得到联系单元结点力和结点位移的单元刚度矩阵，从而建立单元方程。单元方程的一般矩阵形式为

$$K_e d_e = F_e \tag{7-1}$$

式中　K_e——单元刚度矩阵；

d_e——结点位移矢量；

F_e——单元结点力矢量。

为保证问题求解的收敛性，单元推导有许多原则要遵循。对工程应用而言，重要的是应注意每一种单元的解题性能与约束。例如，单元形状应以规则为好，畸形时不仅精度低，而且有缺失的危险，将导致无法求解。

5. 组装单元方程，得到总体方程，引入边界条件，并求解

将单元总装形成离散域的总矩阵方程(联合方程组)，反映对近似求解域的离散域的要求，即单元函数的连续性要满足一定的连续条件。运用叠加法，对单元方程进行拼装，得到整个结构的总体方程，相互连接的单元在拼装过程中，在其共有的结点上，必须保证结点力的平衡。在实际工程中，往往还需要在得到结构的整体联立方程组后，引入边界约束条件，对方程进行必要的处理，保证对应于约束位置的结点位移为给定值。

6. 联立方程组求解得到结点位移

有限元法最终导致联立方程组。联立方程组的求解可用直接法、迭代法和随机法。求解结果是单元结点处状态变量的近似值。对于计算结果的质量，将通过与设计准则提供的允许值比较来评价并确定是否需要重复计算。

7.1.3　有限元软件简介

随着计算机技术的不断发展，软硬件技术的不断改进，为有限元等数值计算方法在计算机中的实现提供了条件。目前，能够实现大型结构三维实体精确建模和有限元建模的软件已经很多。例如 UG、ADMADS、Hypermesh 等。有限元软件和有限元方法是同时诞生的，并

随着有限元方法和计算机技术发展而迅速发展。有限元软件是使用有限元方法解决各种科学和工程问题的关键，它使有限元方法转化为直接推动科技进步和社会发展的生产力，使之起了巨大的社会作用。现代有限元软件是一个多学科的、综合技术的集成化产品。现代软件工程的方法和技术，在有限元软件研制中均占有重要的地位，它们和有限元方法相结合，已经形成了一个特殊的，称之为有限元软件的研究领域。40 年来，有限元软件经历了有限元分析软件、有限元分析与设计软件、有限元分析与 CAD 软件、有限元分析/CAD/顾问系统软件四个阶段，现在已经进入研制人工智能的有限元专家系统的新阶段。目前，世界上流行的通用有限元软件有 300 多种，各种专用的有限元法程序则是数以千计。但是著名的软件仅有几十个，我国引进的几种主要有限元软件有：

1）SAP 程序系统。该系统是一个线性静、动力分析程序，由美国加州大学伯克利分校的 K. J. Bathe、F. E. Peterson 等人于 1970 年共同研制。

2）ADINDA/ADINT 程序系统。该系统是非线性静、动力/热应力分析程序。在 K. J. Bath 教授的领导下，由麻省理工学院于 1975 年完成。

3）NASTERAN 程序系统。该系统是大型结构分析程序。由美国国家宇航局所属各研究中心共同研制，1970 年公开程序。

4）ANSYS 程序系统。该系统由美国 Swanson 分析公司开发。1970 年完成，经过数十年的改进，已经成为一个有着广泛用户的大型、通用的软件系统。

5）ASKAT 程序系统。该系统由德国斯图加特大学航空和宇宙航行空间结构静力学与动力学研究所在 H. Agrsi 教授领导下研制发展起来的，1970 年用 FORTRAN 语言写成并公布。

6）GTSRUDL 程序系统。该系统是结构分析与设计集成式软件系统，其前身是 1966 年到 1970 年由麻省理工学院开发的。

这些软件都是在大型机上开发的，都经过相当长时间的实践考验，因此功能都是比较齐全可靠的，软件的后处理系统都是近几年增加的，而且都在不断发展中。有限元软件设计流程图如图 7-3 所示。

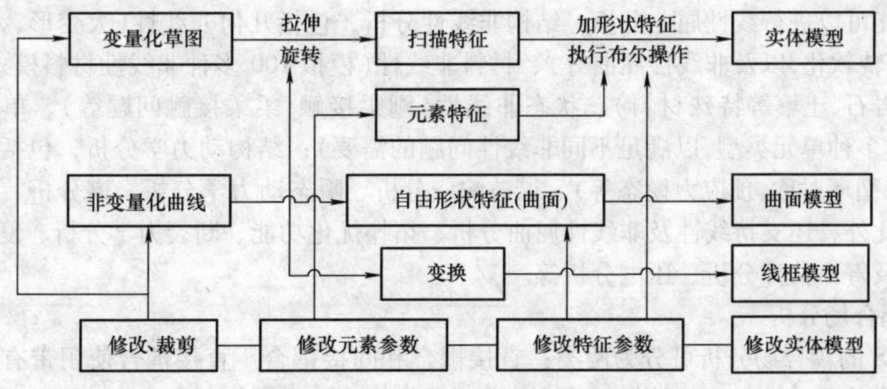

图 7-3　有限元软件设计流程框图

随着微机软件技术的发展，使得有限元分析程序可以充分利用高档微机和各种配套资源，重要的是有限元前后处理技术在微机平台上也得到了有效的发挥，甚至比大型机和工作站上还要简便，赢得了用户的欢迎，为有限元技术的推广做出了重大贡献。目前，应用较多的微机有限元分析软件主要有德国的 ASKA、英国的 PAFEC、法国的 SYSTUS、美国的

ABQUS、ADINA、ANSYS、BERSAFE、BOSOR、COSMOS、ELAS、MARC 和 STARDYNE 等公司的产品，下面简要介绍应用较为广泛的 ANSYS 和 MSC 软件。

1. ANSYS 有限元软件介绍

ANSYS 是由美国 ANSYS 公司开发的大型通用有限元分析软件。ANSYS 公司总部位于美国宾夕法尼亚州的匹兹堡，是世界 CAE 行业中的著名公司。ANSYS 是融多物理场于一体的大型通用有限元软件，其结构相关分析主要功能有以下几个方面：

(1)前处理

ANSYS 提供了一个强大的实体几何建模及网格划分工具，用户可以方便地构造三维几何模型及有限元模型。ANSYS 提供两种可交叉使用的实体建模方法：自顶向下及自底向上，采用基于 NURBS 的三维实体描述方法，几十种图素库可以模拟任意复杂的几何形状，强大的布尔运算可以实现模型的精雕细刻，以及方便地进行拖拉、旋转、复制、缩放、蒙皮、倒角等操作，大大减少建模时间，辅助工具(如选择、组元、拾取、工作平面、局部坐标系等)为建模提供了极大方便，ANSYS 提供了多种网格划分方法，可以实现对网格密度及形态的精确控制；拉伸网格划分可以由二维网格单元直接拖拉成三维单元；智能自由网格划分可对复杂模型直接划分，而且对单元的密度进行智能控制，如在应力集中处的网格自动加密等；映射网格划分可以生成整齐的四边形或六面体网格，而且单元尺寸及形状可以得到最精确地控制；自适应网格划分让用户根据指定的求解精度，指导软件自动生成有限元网格，执行分析、估计网格的离散误差，返回来重新自动定义网格大小进行分析和误差判断，直到达到要求。ANSYS 还提供一些特殊的网格划分工具，以满足特殊要求。ANSYS 提供的参数化设计分析语言，可以将几何模型及有限元模型参数化，进行产品的系列设计与分析。ANSYS 软件可以和多数 CAD 软件接口，实现数据的共享和交换，如 Pro/Engineer、Nastran、Alogor、AutoCAD 等。

(2)结构分析

线性结构分析，用于分析惯性和阻尼对结构影响不显著的线性或准静态问题，其中特征值求解功能可以进行线性屈曲分析；结构非线性分析，包括几何非线性(大变形、大应变、应力刚化、旋转软化,以及非线性屈曲等)、材料非线性(模拟 100 多种非线性材料模式,包括橡胶、泡沫、岩石、土壤等特殊材料)、状态非线性(刚柔接触、柔柔接触问题等)、单元非线性(提供 100 多种单元类型,以满足不同非线性问题的需要)；结构动力学分析，包括模态分析(包括模态循环对称、预应力模态等)、谐波响应分析、瞬态动力学分析、谱分析、随机振动分析等；此外，还支持线性及非线性屈曲分析、拓扑优化功能、断裂力学分析、复合材料分析、疲劳及寿命估计分析、压电分析等。

(3)耦合场分析

ANSYS 的耦合场分析可分为两类：直接耦合和间接耦合。直接耦合使用带有多个场自由度的耦合单元。由于通过单元矩阵或载荷向量把耦合构造到控制方程中，因此可以一次求解多场自由度。间接耦合则使用“物理环境”的方法，每种“物理环境”属于不同的物理场。通过将一个“物理环境”分析的结果作为另一个“物理环境”的载荷实现耦合。间接耦合方式为用户提供了更自由的耦合方式，从而实现任意两场或多场的耦合分析。

(4)后处理及其他功能

ANSYS 提供了强大的后处理功能，能使用户很方便地获得分析结果。其功能包括：计算结果的彩色云图、等值线(面)、梯度、矢量、粒子流、切片、透明显示；变形及动画显示；图形的BMP、PS、TIFF、HPGL、WMF等格式的输出与转换；计算结果的排序、检索、列表及数学运算；对于钢筋混凝土单元可显示单元的钢筋、开裂情况，以及压碎部位；管、肘形弯管、梁、板、磁源等单元的实际形状和横截面显示等；其他功能还包括优化功能、子结构、子模型、生死单元等。

ANSYS作为世界知名的大型通用有限元分析软件，经过近30年的不断完善及应用推广，已经广泛应用于核工业、铁道、石油化工、航天航空、机械制造、能源、交通、国防军工、电子、土木工程、造船、生物医学、轻工、地矿、水利、家电等各工业领域。

2. MSC. NASTRAN有限元软件介绍

NASTRAN(NASA Structural Analysis)是一个大型、通用的有限元结构分析计算机程序系统。它是在美国国家宇航局(National Aeronautics and Space Administration,简称NASA)主办下研制与发展的。MSC. NASTRAN是一种大型、通用、功能齐全、适用面广的有限元软件，可对结构进行各种静力、动力分析、灵敏度分析与优化设计。该系统不但可求解一般的工程结构问题，而且对于处理大型工程问题也同样非常有效，已广泛应用于航空、航天、船舶、汽车、机械、建筑、桥梁、水力、化工、海洋、能源、橡胶等工程部门和研究中心的结构分析与设计。NASTRAN软件具有极高的软件可靠性，MSC. NASTRAN每年更新一个小版本，每两年推出一个大版本，使MSC. NASTRAN始终在计算结构技术上处于领先地位。MSC. NASTRAN备有一种独特的DMAP语言，一方面为用户提供由DMAP语言组成的固定分析流程，也可由用户根据需要用DMAP语言修改与重组新的流程。目前，几乎所有的CAD/CAM系统都开发了与MSC. NASTRAN的直接接口，MSC. NASTRAN的计算结果常常被作为评估其他有限元分析软件精度的参照标准。

MSC. PATRAN软件是公认的首屈一指的有限元分析前后处理软件，具有齐全的前、后处理功能，主要包括：

1)运用SGM(Sing Geometric Model)技术，使用户直接在MSC. PATRAN框架内访问CAD/CAM系统数据库，读取、转换、修改和操作正在设计的几何模型而无需复制，在CAD几何模型上直接快速地生成有限元模型。

2)拥有综合全面而先进的网格自动划分技术及方便的网格处理功能。

3)具有全面的分析模型定义功能，可将单元特性、材料特性、载荷和约束条件等各类分析信息直接加到有限元网格或任何CAD几何类型上，迅速生成MSC. NASTRAN和其他著名分析程序的有限元模型输入数据文件。

4)提供了多种有限元分析结果可视化工具，使用条纹、等值、变形、张量和向量图等方式直观地显示计算结果或动画显示。

5)全新的图形用户界面和用户自定义PCL语言，为用户建模与集成软件带来极大方便。

MSC. NASTRAN还提供了丰富的单元库，包括通用的和特殊的单元。最常用的单元有标量单元、线单元、面单元、体单元、约束元和质量元，可有效模拟车身结构。

7.1.4　有限元软件分析基本过程

1. 有限元单元类型及其选择

目前许多大型通用有限元软件都带有丰富的单元库用来模拟物理模型，单元类型的选择取决于结构的几何形状、材料特性、受载情况等，还取决于计算分析的人对计算结果的期望程度。在 MSC. NASTRAN 中有如下几类单元类型：

(1)标量单元

所有的标量单元都是在结构模型的两个自由度之间或一个自由度和“地面”之间来定义的，标量单元的刚度由用户直接定义的。

(2)线单元

线单元也称之为一维单元，每个单元有两个结点，每端一个结点，是用于表示杆和梁的性质。杆单元支持拉、压和轴向扭转，但不允许弯曲，梁单元则包括弯曲。

(3)面单元

面单元也称之为二维单元，如三角形单元、四边形单元。这些单元可以是变厚度的，也可以是不变厚度的。可用来表示这样的结构，其厚度远小于该结构的其他尺寸，面单元可以用于板(平的)和壳(如柱面或球面)的离散化。

(4)体单元

体单元也称为三维单元，常用的三维单元主要有四面体单元和六面体单元，这种单元用来表示厚板和体的特性。体单元仅包含平移自由度，不包括转动自由度。

(5)约束单元

约束单元又称之为“刚性单元”。这类单元是用于处理结点(或标量点)各运动分量(自由度)之间的固定约束关系。因此，一个约束单元等价于一个或多个多点约束方程。选择单元时，首先需要理解结构受力特性；其次取决于对模型效果的评价；再次取决于技术人员对计算费用与计算精度的接受程度。例如，对于客车车身，可以采用梁单元建模，也可以采用以壳单元为主建模，还可以采用板-梁单元混合。

2. 网格划分

单元类型确定以后，在单元网格划分时要注意单元大小的确定，划分网格是建立有限元模型的一个重要环节，它要求考虑的问题较多，需要的工作量较大，所划分的网格形式对计算精度和计算规模将产生直接影响。为建立正确、合理的有限元模型，需要考虑以下几个因素。

(1)网格数量

网格数量的多少将影响计算结果的精度和计算规模的大小。一般来讲，在保证解的收敛的情况下，网格数量增加，计算精度会有所提高，但同时计算规模也会增加，所以在确定网格数量时应权衡两个因素综合考虑，当网格较少时增加网格数量可以使计算精度明显提高，而计算时间不会有大的增加。但当网格数量增加到一定程度后，再继续增加网格时精度提高甚微，而计算时间却有大幅度增加，所以应注意增加网格的经济性。实际应用时，可以比较两种网格划分的计算结果，如果两次计算结果相差较大，可以继续增加网格，相反则停止计算。

(2)网格疏密

网格疏密是指在结构不同部位采用大小不同的网格，这是为了适应计算数据的分布特点。在计算数据变化梯度较大的部位(如应力集中处)，为了较好地反映数据变化规律，需要采用比较密集的网格。而在计算数据变化梯度较小的部位，为减小模型规模，则应划分相对稀疏的网格。单元网格的急剧变化，会造成在其附近应力分布的精度变差，所以网格的密度要逐渐过渡。单元网格划分的疏密程度很多情况取决于经验积累，应不断总结提高。

(3)单元阶次

许多单元都具有线性、二次和三次等形式，其中二次和三次等形式的单元称为高阶单元。选用高阶单元可提高计算精度，因为高阶单元的曲线或曲面边界能够更好地逼近结构的曲线和曲面边界，且高次插值函数可更高精度地逼近复杂场函数，所以当结构形状不规则、应力分布或变形很复杂时可以选用高阶单元。但高阶单元的结点数较多，在网格数量相同的情况下由高阶单元组成的模型规模要大得多，因此在使用时应权衡考虑计算精度和时间。

(4)网格质量

网格质量是指网格几何形状的合理性。质量好坏将影响计算精度。质量太差的网格甚至会中止计算。单元质量评价的几个重要指标有：单元细长比、单元最小夹角、翘曲角、雅克比等。单元细长比的推荐范围是：1.1～1.2，但在非重点区域可以放宽至1∶5，甚至更大。单元翘曲角作为平板翘曲程度的检验，对于完全平的单元，翘曲角为零，一般应$<5°$，但有时也可以放宽至$<10°$。雅克比为零通常表示单元质量较差。直观上看，网格各边或各个内角相差不大、网格面不过分扭曲、边结点位于边界等份点附近的网格质量较好。在重点研究的结构关键部位，应保证划分高质量网格，即使是个别质量很差的网格也会引起很大的局部误差。而在次要部位，网格质量可适当降低。当模型中存在质量很差的网格(称为畸形网格)时，计算过程将无法进行。

(5)网格分界面和分界点

结构中的一些特殊界面和特殊点应分为网格边界或结点，以便定义材料特性、物理特性、载荷和位移约束条件。即应使网格形式满足边界条件特点，而不应让边界条件来适应网格。常见的特殊界面和特殊点有材料分界面、几何尺寸突变面、分布载荷分界线(点)、集中载荷作用点和位移约束作用点等。

(6)位移协调性

位移协调是指单元上的力和力矩能够通过结点传递相邻单元。为保证位移协调，一个单元的结点必须同时也是相邻单元的结点，而不应是内点或边界点。相邻单元的共有结点具有相同的自由度性质；否则，单元之间必须用多点约束等式或约束单元进行约束处理。

(7)网格布局

对车身有限元网格划分中，对变化剧烈、圆角过渡和拐角处，要求单元尺寸小、网格密度大；对于变化平滑区域则采用单元尺寸大、网格密度小的策略，不应该在整个车身都使用同一种网格尺寸。当结构形状对称时，其网格也应划分对称网格，以使模型表现出相应的对称特性。不对称布局会引起一定误差。

(8)结点和单元编号

结点和单元的编号影响结构整体矩阵的带宽，因而影响计算时间和存储容量的大小，因此合理的编号有利于提高计算速度。但对复杂模型和自动划分网格而言，人为确定合理的编号很困难，目前许多有限元分析软件自带有优化器，网格划分后可进行带宽和波前优化，以提高计算效率。

3. 材料类型及其选择

一般，大型通用有限元软件都能处理多种材料性质。用来描述线性静力分析的材料类型有各向同性材料、二维各向异性材料、轴对称体正交异性材料、二维正交异性材料、三维各向异性材料、层复合材料等。汽车中常用的钢材可以认为是各向同性材料，它在各个方向都具有同样的材料性质。

4. 载荷处理

汽车工作条件多种多样，零部件的承载情况也各不相同，汽车载荷的确定方法一方面是通过计算，另一方面是通过试验。计算方法在汽车设计课程中都有介绍，试验方法则是通过传感器测试路面对车轮的作用力，获知各部件所承担载荷的大小。在有限元分析中，载荷一般分为以下几种。

(1)集中载荷

集中载荷包括集中力和集中力矩，具有方向和大小。一般，当载荷作用在结构上的区域很小时，可处理成集中载荷，但在集中载荷作用点附近，可能存在应力失真。有时为简化计算，也将某些外力处理成集中载荷，如在车架分析中，发动机、变速器、油箱、散热器等大部件的质量可以简化为集中载荷方式处理，采用质量单元，通过多点刚性连接将载荷传递到各支撑点。

(2)分布载荷

施加于面上，分布于空间，由物体惯性引起的载荷，都可看成是分布载荷，包括对一维、二维、三维单元施加的分布载荷。分布载荷可以是集中的、线性的和均布的载荷。汽车结构件上所受到的载荷，随行驶路面、行驶速度、操作条件的不同而会发生变化，在载荷分布处理中还要考虑最不利载荷分布的情况。

在汽车结构分析中，还要考虑计算载荷组合问题、多种计算工况的问题。如车身计算中，车身的计算工况就包括：垂直弯曲工况、转向时的水平弯曲工况、扭转工况。因此主要载荷就包括垂直载荷、扭转载荷和碰撞载荷等等。在有限元分析中，往往需要对载荷做一定简化，以满足现有的工程需要。例如，对于客车车身有限元分析中，客车车身所受载荷与边界条件及客车的某些结构相当复杂，难以完全将其模拟出来，对不需要重点考虑的边界、载荷和结构部件可将其简化，简化的依据是圣维南原理。

注：圣维南原理指，如果把物体的一小部分边界上的面力，变换为分布不同但静力等效的面力(主矢量相同,对于同一点的主矩也相同)，那么，近处的应力分布将有显著的改变，但是远处所受的影响可以忽略不计。

另外，载荷施加应注意以下几点：

1)施加的载荷应尽量与结构的实际承载情况一致。

2)对于板壳单元、平面单元或三维实体单元等组成的连续性模型，集中载荷可能带来应力奇异点。

3)载荷施加完毕后，要注意检查载荷状况：大小能否平衡？分布是否合理？方向是否正确等。

4)简化假定越少越好。

7.2 车身有限元模型的建立

有限元模型是进行有限元分析的基础，也是影响有限元软件分析结果的关键。建立工程问题的有限元模型就是将工程问题转化为有限元计算模型。有限元模型的精度对问题的求解难易和准确性有很大的影响。车身有限元分析模型是整个车身有限元分析过程的关键。车身有限元建模是一项系统工程，车身有限元分析模型的建立涉及机械设计与制造、汽车构造、材料学、试验学，力学、数值计算等多学科知识，同时要求技术人员具有丰富的实践经验。在车身有限元开始建模之前，要系统地规划设计车身有限元分析模型，经过规划好的车身有限元分析模型才具有工程实用性。

车身结构比较复杂，这包括复杂的边界条件、横截面形状以及各部件之间的连接。构造上的细节往往成为建模中需要考虑的难点，建立较高精度的车身结构有限元模型是整个分析工作的关键。车身结构有限元模型化涉及的主要工作有：模型的简化、几何模型的建立、建模单元的选择、网格划分等。模型化的关键是选择合适的单元来模拟车身结构部件，在车身结构上具有力学特性的点或局部都可根据需要采用相应的单元来模拟。构成计算模型的各个单元的力学特性应当尽量近似于实际结构在这个区域的力学特性。当然，计算模型不可能完全等同于实物，但它必须和实物保持严格的相似关系，只有这样，才能利用模型计算中取得的数据和结论来反映整车在受力情况下的内在规律。因此对车身结构进行有限元分析，首先要进行结构分析，判定是板梁组合结构还是实体构件；截面形式以及受力分析。根据受力分析判定结构是弯曲状态、扭转状态还是弯扭组合状态。建立一个比较准确的有限元模型。即有限元模型和实际车身应相符合，越接近实际情况，则分析准确度越高。

汽车的车身和车架是复杂的承载结构系统，除了承受车身系统自身载荷、乘员及行李或货物的重力等静载荷以外，还要承受着由道路条件、汽车行驶状况（如车速）等因素影响的动载荷，另外，还有可能产生的碰撞载荷等。若用经典力学方法计算其强度和刚度，或进行动力分析，则需要作很多简化和假设，计算冗长繁杂，精度也很差，因此，长期以来设计工作存在一定的盲目性，影响结构合理化和轻量化，有限元法非常适用于计算复杂结构，与人工相比，计算时间短，计算精度高。

汽车车身结构主要是由薄板冲压的覆盖件、承载骨架和各种加强件组成的。在有限元分析中可将它们看成是由许多单元（例如杆件、板和实体等）所组成的整体，或起承载作用，或承受、传递外部载荷，以保证整体汽车的正常工作。由于汽车各构件要完成各自独特的功能，它们的结构各不相同，且都较复杂，因此，寻求有关这些结构件正确而可靠的设计和计算方法，是提高汽车的工作性能及可靠性的主要途径之一。

7.2.1　车身建模的简化原则

有限元模型是有限元分析的基础，有限元模型的质量直接影响到有限元分析结果的准确性。由于建模的目的不同，建模时所需考虑的重点也不同，建立一个合理的有限元模型，可以加快建模过程，提高建模精度，同时降低建模成本。单元类型的选择，除了与零件几何形状及受力状态有关以外，还与分析目的有关。同时还要根据分析目的对车身零件进行适当简化。例如，对于静力学分析，应尽量保留大部分特征，特别是应力集中区；对于模态分析，只需保证质量和刚度分布，并可以采用较少的网格数来进行简化；而对于碰撞分析，变形区的网格应尽量保持初始几何，而其他部位则可以尽量简化。主要简化方法如下。

（1）结构简化

汽车车身主要由地板、前面板、侧围、后围、顶盖和立柱等薄板零件组成，其零件结构复杂，建立车身的详细有限元模型并不意味着将整车结构原封不动地用有限元单元进行离散。因为对未进行简化的几何模型进行有限元网格划分时，由于细小尺寸或尖角的存在会带来单元尺寸的急剧增多和单元质量的急剧恶化，而对结构的细微环节进行适当简化对结构的整体性能影响很小。进行结构简化时，应对所关心的部位少简化或不简化，对其他非关心区域，在不影响所关心部位的情况下进行较大简化。比如为了满足工艺及装配要求，车身钣金件上孔的分布极广，对于直径较小的孔可以忽略，较大的孔则应保留。

(2)结点的简化

模型中选用的结点要尽量符合实际结点构造，通常简化为铰结点或刚结点，铰结点的特征是各杆端可以绕结点中心自由转动，而刚结点的特征是汇交于结点的各杆端之间不能发生任何相对转动。汽车结构连接通常采用焊接和铆接方式，需要采用专用焊点单元或其他等效连接方式。

(3)单元类型的选取

在建立车身结构的有限元模型时，考虑其力学特性。汽车的车架、车身等一般是由板壳所组成，因此一般选用壳单元。壳单元主要以四边形单元为主，同时有适当的少量比例的三角形单元以满足网格质量过渡的需要。尽可能采用四边形单元是因为在保证形状较好(没有很小的锐角)的情况下，即使变形也不会产生很大差别，应力分布也不会变化很大。而有些客车车架以及轿车车身是由梁单元、板单元及实体单元混合组成，因此可用实体与梁单元组合结构。目前，大多数通用有限元软件都带有丰富的单元库用来模拟物理模型，主要的单元类型分为以下几种：线单元(也称为一维单元)、面单元、体单元、约束单元。选择单元时，首先要分析结构的受力情况，并评价模型效果，同时要考虑到计算费用和计算精度。在建立车身有限元模型时，选择单元类型可参考表 7-1。

表 7-1　车身建模常用的有限单元类型

单 元 类 型	在车身上的应用举例
质量单元(Mass)	被省略部分的重量(如发动机、行李、乘员等)
梁(Beam)	承受弯曲载荷的细长结构、如底板下横梁、车架梁等、点焊、复合材料板的加强筋
弹簧(Spring)	模拟悬架或发动机支撑的刚度特性
杆(Bar)	承受拉伸载荷的细长结构，某些限位约束可简化为刚性杆，如车骨架在拓扑优化设计时等
壳单元(Shell)	车身冲压件
体单元(Solid)	螺栓、发动机等

另外，按照计算精度的要求，在设计初期，可选取较简单、近似程度大的模型，而在设计开发后期，要查明结构细部应力和变形，就需要选取较精确的模型。如车架、驾驶室，在设计初期可将其简化为空间钢架进行分析，但在最后校核时，则可以采用全板单元，验算各连接处的局部强度等。

(4)单元数量的控制

在车身基本力学性能分析中，有限元模型的单元数量是影响前处理工作和计算时间的主要因素之一。白车身有限元单元类型确定以后，接着就要确定有限元单元的大小，进行单元的划分。划分单元时，根据有限元法的基本原理，应该说单元划分得越细，越接近真实结果，但由于所用软件对结点和单元规模的要求，以及实际计算机资源的限制和计算所用时间的经济性，白车身有限元的单元规模应有一定限制。根据建立模型的不同目的，对车身模型的单元规模的控制有所不同。另外，分析类型不同，如瞬态分析和热传导分析花费的时间也不同，模态分析采用不同算法、求解频率振型的数目不同，花费的时间也不同。要适当估计分析时间和计算机资源。考虑到工作量和计算进度的要求，可根据参考资料适当地进行模型规模的预先控制。模型规模控制的原则是在可以较准确地获取计算结果的前提下，尽量减小模型规模。

(5)连接方式的模拟

车身及其附件结构中构件的连接方式十分复杂，有焊接(通常为点焊、缝焊等)、螺栓连接、铆接、粘接等。对于螺栓连接，为了更真实地模拟被连接零件螺栓孔周边受力情况，将螺栓孔中心作为主结点、螺栓孔周围两排结点作为从结点全部用刚性元连接起来，以增大受力面积，减少应力集中。连接方式的模拟还包括钢板弹簧、减振悬置等的模拟。这些结构的模拟采用弹簧单元和刚性元组合起来模拟。

(6)翻边的处理

对于汽车车身而言，有大量翻边结构，主要应用于部件之间的相互定位、焊接。它对于零件的横向弯曲刚度和扭转刚度有很大的提高，对静态和动态分析结果会产生很大影响，因此必须加以考虑。对于翻边结构，基本上加以保留，按照零件本身的形状进行建模。

(7)载荷和约束的模拟

约束和载荷的模拟是车身结构有限元建模中较困难的一个环节。在进行模拟的时候，如果想逼真地再现真实，往往要花费较多的精力。因此，在研究具体问题时，往往要进行试验和仿真之间的相互验证。主要载荷为弯曲、扭转、侧向载荷与纵向载荷等，而载荷大小、作用位置与作用方向的确定也要综合考虑实际工况。

总之，有限元计算模型必须具有足够的准确性，要能反映车身的实际结构。既要考虑实际结构与所建模型的一致性，又要考虑支撑情况和边界约束条件的一致性，还要考虑载荷和实际情况的一致性。同时，计算模型要具有良好的经济性。复杂的计算模型的建立相应地会花费更多的时间、人力、物力去进行前处理、数据准备工作、数据计算和后处理，从而使计算周期加长，费用大大增加。

7.2.2　车身有限元分析难点及解决方法

为保证较高的计算精度，建立的车身有限元模型要能如实反映车身实际结构的重要力学特性。有限元分析计算结果的可信度高低，直接受分析模型、载荷处理、约束条件等和实际工程结构力学特性符合程度的影响，若有失误则会造成很大误差，严重时将使计算、分析失败。因此，在车身有限元分析中需注意以下几个问题。

(1)复杂曲面网格的划分

一般而言，网格剖分需要经过以下步骤：首先在有限元分析软件中建立零部件的几何模型，而后利用有限元分析软件选取适当的单元对几何模型进行自动剖分；也可以用手工剖分的方法直接给出各个结点坐标，然后利用结点构造单元，最终形成网络。

汽车车身由很多大型覆盖件组成，这些覆盖件的外形一般都是比较复杂的曲面。而一般有限元分析软件所提供的几何建模功能相当有限，建立不了汽车车身这样的复杂曲面。手工剖分的方法更是不可能形成与覆盖件外形相一致的网格。很多大型的三维CAD软件(CATIA、Pro/E)都内嵌了与大型通用有限元分析软件(ANSYS、SAP系列)的接口。而且一般而言，这些大型的三维 CAD 软件都具有很强的曲面造型和实体造型功能。利用这些软件对汽车车身进行造型并不困难。因此在工程实际应用中，通常采用首先利用三维 CAD 软件进行实体建模。同时，在三维软件中对复杂曲面进行网格剖分时，也要遵循网格剖分的一般原则。尽量避免选用高次单元；应尽量使网格分布均匀，避免网格畸变。

(2)边界条件的设定

汽车车身一般是薄钢板焊接或铆接的整体结构，所以在进行有限元分析时，一般而言，是将车身作为一个整体来考虑。非承载式与半承载式车身通过车架与板簧支座相连；承载式车身直接与板簧支座相连，所以车身的边界条件就体现为板簧支座的位移。

若汽车满载且在凸凹不平路面上行驶，前后车轮位于不同平面，属弯扭联合作用工况，也是危险工况。此时，对车身整体进行分析时，应根据路面状况统计资料确定路面最大凸凹差，而后将该差值换算成板簧支座处的位移。对板簧等悬架系统弹性元件，可以用杆、梁单元组合来模拟。在有些情况下，应该更关心车身局部的受力、变形或振动情况。例如，计算车身侧撞时中立柱的受力。这时，就需要确定单个零部件的边界条件。确定单个零部件的边界条件大概分为两步：首先将车身作为一个整体，选取较稀疏的网格进行计算，得到零部件处的位移；然后将该位移施加在具体零部件的边界，作为该零部件的边界条件。也可以通过实验确定边界条件，即在实验样车的具体部位贴应变片，然后使实验样车处于指定工况，将应变片所测得的数据作为零部件的边界条件。

(3)试验与分析结果的误差分析

有限元分析结果与试验结果之间的误差主要来源有：

1)刚度误差。车身模型中零件间采用固接联结方式，这比车身实际的点焊、螺栓等联结方式的刚度要高。

2)质量误差。模型简化略去了对整体结构力学性能影响较小的结构及小零件，忽略了螺栓联结部分的螺栓、螺母的质量和其他如油漆、阻尼材料等附属质量。这样有限元模型质量比实际质量要小。

3)计算及试验误差。在结构离散、迭代计算过程以及信号采集、处理过程，产生不可避免的误差。

针对上述分析，适当调整车身有限元模型上的刚度和质量分布，以使有限元模型能尽量符合实际结构的动态特性，使计算结果和试验结果充分接近。

7.3 有限元法在车身结构分析中的应用

在汽车结构分析中，有限元方法由于能够解决结构形状和边界条件都任意的力学问题的独特优点而被广泛使用。各种汽车结构件都可应用有限元法进行静态分析、固有特性分析和动态分析，并且从原来对工程实际问题的静态分析为主，转化为以模态分析和动态分析为主。在汽车结构分析中采用有限元法来进行各构件的模态分析，同时在计算机屏幕上直观形象地再现各构件的振动模态，进一步计算出各构件的动态响应，较真实地描绘出动态过程，为结构的动态设计提供方便有效的工具。具体来说，汽车结构有限元分析的应用主要涉及以下内容：

1)可靠性：在汽车设计中对所有的结构件、主要机械零部件的刚度、强度、稳定性以及疲劳寿命进行分析。

2)安全性：研究结构耐撞性与乘员安全性等。

3)经济性：研究结构优化及轻量化等。

4)舒适性：进行结构噪声振动分析等。

总之，有限元法除了广泛应用于汽车结构分析外，还可应用于车身内的声学设计，通过车身内声模态与整机模态的耦合，评价乘员感受的噪声并进行噪声控制。还可应用于汽车的空气动力学计算、汽车碰撞和被动安全性计算等。由于计算机技术的飞速发展，现在利用有限元法求解分析汽车结构，计算规模、计算机容量和计算速度对于各种通用实用程序来说已不再作为主要矛盾。应用中的一些难题，或者说关系到有限元计算成功与否的关键，仍在于形成的计算模型中，各种支承、连接怎样与实际结构相符，以及载荷尤其是动态分析中的激励怎样反映支承的特点等。对于载荷，特别是动态载荷，难题在于载荷变化曲线是什么，在计算中又怎样施加，如行驶、制动、转弯工况的载荷怎样选取。类似这些问题解决得好坏会直接影响有限元分析精度。有限元方法的主要研究内容如图 7-4 所示。

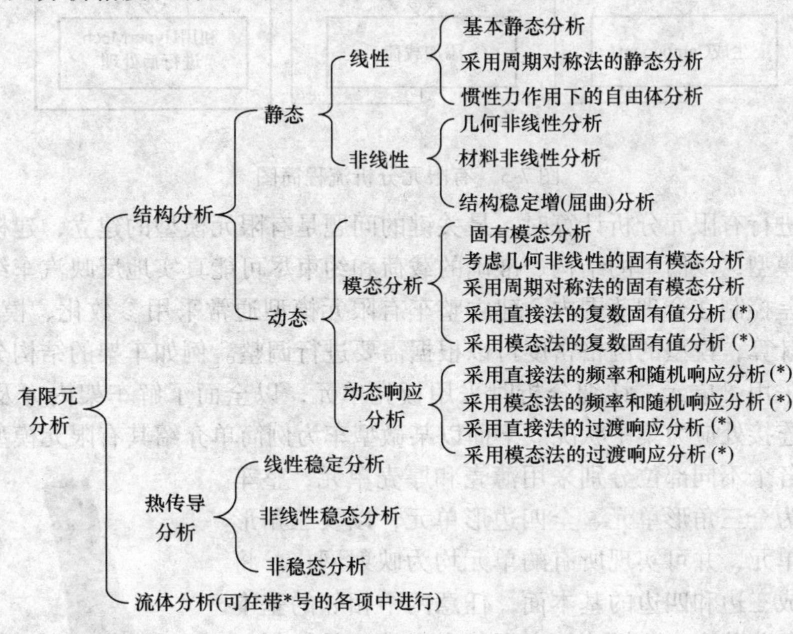

图 7-4　有限元方法的主要研究内容

7.3.1　车身有限元分析

汽车由底盘、发动机、车身三大总成构成。在这三大总成中，车身总成比底盘和发动机总成要复杂得多，车身的设计过程也相对复杂，涉及工业造型、工程材料、生产工艺、结构力学、人机工程学等诸多学科。因此，直到今日，车身设计尚无通用的标准和规范的设计过程可以遵循。车身作为一个承载结构必须具有足够的强度以保证其疲劳寿命，具有足够的刚度以保证其装配和使用要求，同时应具备合理的动态特性以控制振动和噪声，有足够的抗冲击强度保证撞车时乘员的安全。有限元方法能有效地满足上述车身设计的要求。在进行车身结构设计时，通过有限元分析，观察白车身及其结构件在各种工况下的变形，得到车身的强度、刚度、振动频率等各种力学性能。将有限元分析的结果反馈到车身设计环节，修改设计不合理的参数，经过重复的优化，提高车身设计质量，使产品在设计阶段就可保证满足使用要求，从而缩短设计试验周期，节省大量的试验和生产费用。其分析流程简图如图 7-5 所示。

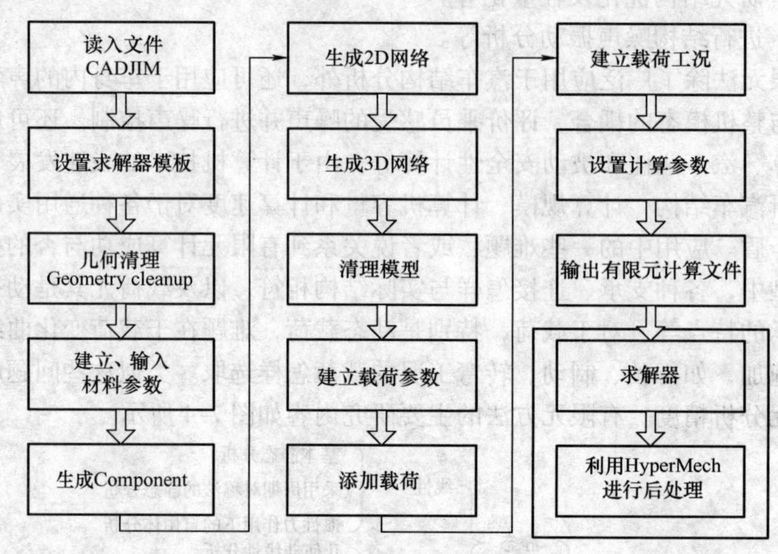

图 7-5　有限元分析流程简图

在对整车进行有限元分析计算时，最关键的问题是有限元模型的建立，建模的关键在于要构造合理的模型，以简单的结构、准确的载荷和约束尽可能真实地反映汽车结构的力学状态，将模型误差控制在合理范围内。建立整车有限元模型通常采用参数化、模块化的方法，以便于修改、计算，模型的网格密度可以根据需要进行调整。例如车架的结构分析，在初步分析时，可以采用梁单元，详细分析时采用板壳单元，以全面了解车架内力及应力分布状况，重点研究连接处应力集中状况。下面以某微型车为例简单介绍其有限元模型。

根据车身各个不同部位分别采用薄壳和厚壳单元，整车的单元可剖分为全三角形单元、全四边形单元，以及三角形和四边形混合单元，并可实现所有的单元均为映射网格。将所有曲面分割成三边和四边的基本面，任意两个相邻的基本曲面只能有一条公共边，这样才能实现任意壳结构的映射网格剖分。图 7-6 为某微型轿车中立柱的基本曲面和有限元映射网格剖分情况。

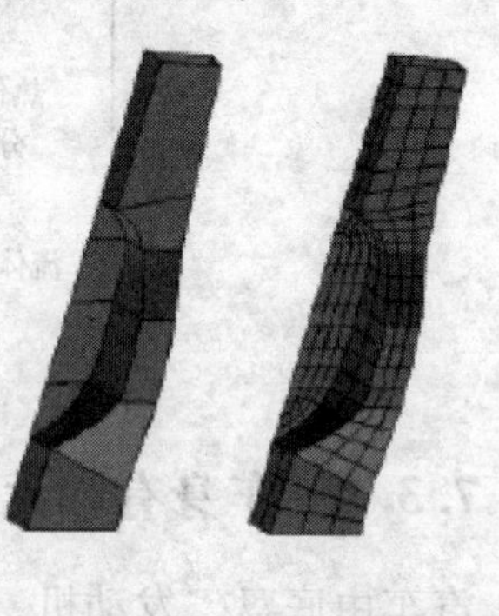

图 7-6　基本曲面和映射网格划分

在整车的有限元建模中，车身部位采用图 7-7a 所示的 8 结点的弹塑性薄壳单元，单元的每个结点具有 6 个自由度，它们是沿 x、y 和 z 方向移动和绕这 3 个方向转动，单元的中点沿着所划分壳体的曲面，该单元具有很好的形状适应性并能适应大变形、大应变和大转动的特点，可用来分析材料所出现的塑性变形和车身碰撞情况。车架部分采用图 7-7b 所示的由三维实体单元蜕化成的 16 结点超参数厚壳单元，沿壳厚方向分布 5 个积分点，该单元能很好地反映应力沿厚度的变化，用它来模拟梁结构，能更好地反映梁的实际情况。整车的有限元模型单元都采用映射网格，这不仅便于网格的调整，提高计算效率，而且使得每一单元

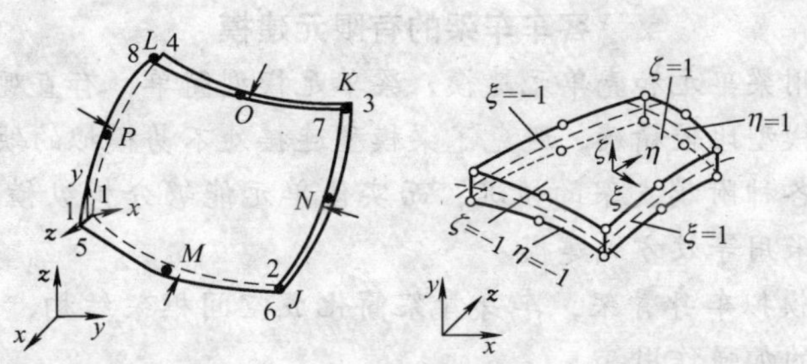

图 7-7　薄壳和厚壳单元

都具有较好的变形适应性。

【阅读材料 7-1】　　　　　白车身的有限元建模

首先要制订分析方案：包括几何模型简化、单元类型的选择、网格的划分、网格质量的判断、材料的选择、总体质量控制，以及部件的编号等。按照车身总成、零件和模型中部件、组件、零件相对应。如左右前纵梁总成、左右侧围焊接总成、前围焊接总成、顶盖总成、前后梁总成等，建立模型系统以方便建模和修改。

制订模型简化方案，模型规模适当，重点分析部位要细化，非重点部位则要简化。在保证计算目的和精度的条件下，尽量控制节点规模，最大限度保留主要力学特征，删除小孔和面，同时要主要连接件的处理，例如点焊连接部位要单独构成组件等。

白车身选用壳单元，以四边形单元为主，且尽量采用矩形单元，网格尽量均匀，在过渡区可以使用三角形单元。整车有限元模型如图 7-8 所示，车身及车身部件有限元模型如图 7-9 所示。

图 7-8　整车有限元模型

图 7-9　车身有限元模型及车身部件有限元模型

【阅读材料 7-2】　　客车车架的有限元建模

客车骨架可以采用梁单元和壳单元建模，梁单元模型简单，有直观的内力图，在设计初期分析使用，板单元模型比较精确，避免了梁模型连接处不易模拟的缺点，可以反映纵横梁连接、局部加强板、各种附属支架的情况，而实体单元能够分析纵横梁连接处应力变化情况。车架的悬架系统采用等效方式建模。

1）用三维梁单元模拟车身骨架，车身骨架简化成空间框架结构，忽略车身蒙皮对车身总体结构强度和刚度的加强作用。

2）车身骨架的交叉点为结点，梁柱截面形心为连线建立车身骨架空间计算模型。

3）忽略对整车变形影响较小的非承载构件以简化模型，将空间曲梁简化为直梁，例如忽略侧围和车顶的小连接件，把顶盖横梁、前后围横梁等曲梁划分为若干个直梁单元。

经过初步建模，后续修改以及细化，完成车架模型的由粗到精的几何有限元建模，为结构分析奠定基础。客车车身骨架几何模型和有限元模型如图 7-10、图 7-11 所示。

图 7-10　Pro/E 环境下的客车车身骨架几何模型

1—前围　2—顶盖　3—天窗　4—空调架　5—地板钢架　6—内行李架　7—后围
8—发动机舱　9—后桥　10—底架　11—侧位　12—前桥

图 7-11　在 ANSYS 环境下的客车车身有限元模型

7.3.2　有限元法在车身强度分析中的应用

车身强度是车身零件正常工作时必须满足的基本要求。车身零件在工作时，不允许出现结构断裂以及塑性变形，也不允许发生表面损坏等。如果白车身的强度不足，将造成车身零部件局部开裂或整体断裂，严重影响汽车的使用寿命和安全性能。设计中应计算结构在最大载荷下的变形与应力，以进行强度和刚度的检验，因此要对车身进行最大载荷情况下的工况分析，直接关系车身骨架强度的主要是弯曲和扭转两种工况，以及它们的组合工况。下面分别简要介绍几种工况载荷和约束方案的确定过程，并进行强度有限元分析，从而评价白车身的强度水平。

1. 弯曲工况

这里弯曲工况仅反映轿车在平坦路面行驶的情况，考虑车身质量和载荷，方向垂直向下，载荷均匀地分布在车身相应的部位，轿车四轮均匀地与地面接触。车身和车架(指非承载式车身)在行驶过程中受到 3 种载荷，即发动机重量、乘客重量、行李重量的作用，将该负荷分别加在车身和车架相应的部位，其中发动机重量以实体单元的体积载荷的形式加在车架上，乘客重量和行李重量以面载荷的形式加在车身底板上。从图 7-12 中可以看出车身和车架沿 y 轴方向的位移，并据此判断该车身和车架的弯曲刚度。从图 7-13 中可看出该工况下的车身各处的 Von Mises 等效应力的分布，并找到最大应力位置，进而判断其强度是否符合要求。

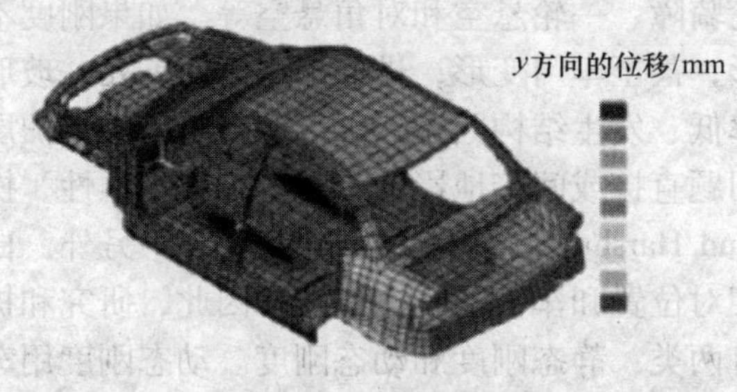

图 7-12　弯曲工况下车身向下的位移分布

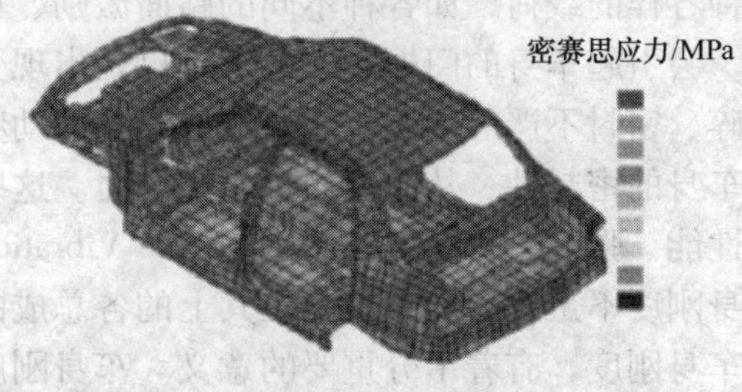

图 7-13　弯曲工况下 Von Mises 等效应力的分布

2. 扭转工况

车身扭转主要是由道路不平和车轮转向时形成的附加载荷，分析扭转载荷的通常方法是在车架的前车轮处加扭矩，但要确定所加扭矩的大小比较困难，采用前、后轮悬空的方法来模拟扭转载荷。车辆在恶劣的路况下行驶时，车身所受到的最大扭转载荷情况是其前轮悬空或后轮悬空状态。将左前轮悬空，其余 3 个车轮均匀着地，在满载下分析车身和车架的变形和应力分布。从图 7-14 可以看出车身和车架的前部沿 y 轴方向(向下)的位移情况，并找到前轮处的最大位移。从图 7-15 可看出该工况下的车身各处的 Von Mises 等效应力的分布，并找到最大应力出现的位置，从而判断其强度情况。

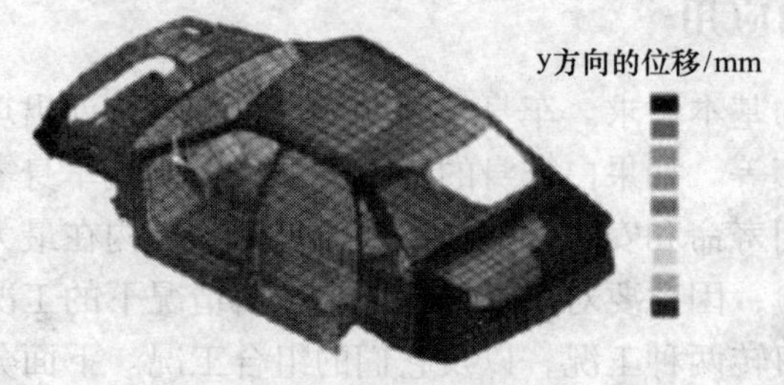

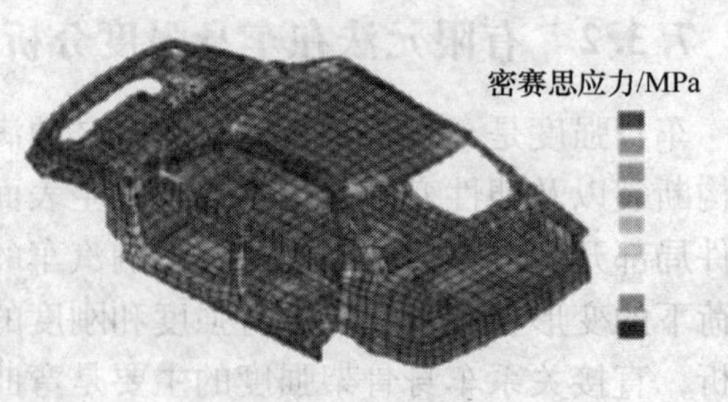

图 7-14 左前轮悬空时车身向下的位移分布

图 7-15 左前轮悬空时 Von MiSes 等效应力的分布

采用薄壳单元模拟车身，厚壳单元代替梁单元来模拟车架，不仅便于有限元模型的建立，而且能获得更好的分析结果。通过分析结果可判断出最大应力区是由于该处结构刚度变化剧烈所造成的，从而可提出改进方案。

7.3.3 有限元方法在车身刚度分析中的应用

车身刚度虽然不是强制性标准，但目前是行业内公认的评价标准和试验指标。车身结构的刚度是指车身结构反映出的载荷与变形之间关系的特性。车身作为汽车的关键总成，其结构必须有足够的强度和静刚度以保证其疲劳寿命、装配和使用要求。汽车在行驶过程中受到各种各样的载荷，如各种不同的路面激励、单轮骑障、一轮悬空和对角悬空等。如果刚度不足，会引起车身的门框、窗框等开口处出现变形，甚至车门变形，进而出现车门卡死、玻璃挤碎、密封不严等问题，还会造成车身振动频率低、发生结构共振，破坏车身表面的保护层和车身的密封性，从而削弱抗腐蚀能力。这些问题直接或间接地影响汽车的行驶平顺性、操纵性能、强度、耐久性、NVH(Noise Vibration and Harshness)特性及安全性能等。另外，白车身刚度不足还会影响安装在其上的各总成的相对位置和车辆的动态特性。因此，研究和提高车身刚度，有着十分重要的意义。车身刚度有两类：静态刚度和动态刚度。动态刚度用车身模态来衡量，静态刚度则主要指完全刚度和扭转刚度。车身刚度分析一般主要包括扭转刚度和弯曲刚度分析。

弯曲刚度可以采用车身在竖向载荷作用下产生的挠度值来定义，或者采用单位轴距下最大挠度值来评价。扭转工况下，根据各结点 z 方向的位移，可以计算出车身与轴的相对扭转角，底架纵梁轴间相对扭转角和全车相对扭转角，并据此得出车身扭转刚度。实际车身结构分析要进行强度和刚度等综合分析，目前车身刚度标准并不规范也不统一，车身结构质量问题还时有发生，结构分析的标准还需要进一步规范。

7.3.4 有限元方法在车身模态分析中的应用

所谓的模态分析就是确定设计结构或机械零部件的振动特性，得到结构固有频率和振型的过程。模态分析方法分为解析模态分析和试验模态分析两种。如果分解过程是应用有限元计算方法完成并取得模态参数，称为解析模态分析(也称为计算模态分析)；如果是基于对实验采集的系统输入、输出信号作分析处理后获得模态参数的，则称为试验模态分析。

动态设计与分析方法是现代汽车设计方法之一，它克服了静态分析方法的局限性，强调从结构整体考虑问题，在性能校核中考虑了振动因素。通过模态试验和有限元动态分析结果信息，可以研究汽车零部件或整车的振动情况，从而改进和提高汽车产品的质量。汽车的工作状态是行驶过程中的状态，车身会受到来自路面的激励而产生振动，因此必须了解整车以及主要零部件在某种变化外力作用下的反应如何，例如：振动频率、振动形态、振动幅度等。如果某些车身结构设计得不合理，由振动产生的弯曲、扭曲等变形，将可能造成某些部件疲劳破坏，甚至断裂，所以振动不仅影响汽车的平顺性，还将影响汽车的使用寿命。

模态分析作为动态分析的基础，是动态分析的重要部分。对车身骨架进行模态分析以掌握车身对激振的响应，从而对车身骨架设计方案的动态性能进行评价，这已成为车身设计过程中的必要工作。早期研究车身结构的模态特性往往采用模态试验法，该方法周期长、工作量大、成本高，不利于在产品设计开发初期对乘坐舒适进行控制和评价。有限元技术的日益成熟和发展，为车身的开发设计提供了可靠的模态特性预测手段，为控制车身的固有频率和振型提供了理论基础。根据模态分析理论，计算前几阶振型以及结构的响应，充分了解和分析结构的一些动力性性能，避开共振频率。用模态综合法来研究整车振动特性和动载荷时，车身结构的模态频率是最重要的参数之一。用它能够预测车身与其他部件如悬架系统、路面、发动机及传动系等系统之间的动态干扰的可能性，通过合理的设计可以避开共振频率，一般希望车身结构整体一阶模态频率越高越好。

另外，汽车振动将带来噪声，影响乘员的乘坐舒适性或使货物受损，严重时振动会造成结构共振或疲劳，从而破坏结构，因此了解车身具有的刚度特性，即结构的固有频率和振型，也可以同时避免由于共振而产生的振动和噪声。

7.3.5　有限元方法在汽车抗撞性分析中的应用

在汽车安全性方面，如何提高车身的抗碰撞能力是汽车被动安全性中需要解决的问题之一。过去，汽车被动安全性的研究主要通过实车碰撞和台架试验等手段来模拟真实的碰撞过程。自从 20 世纪 40 年代梅塞德斯—奔驰公司第一次进行碰撞试验以来，直到 60 年代末期，汽车对障碍物的碰撞试验是评价一辆汽车的安全性能的唯一可用方法。由于整车碰撞试验要在样车试制出来后才能进行，周期长，且碰撞试验是破坏性的，试验费用昂贵。它只能作为较全面的质量最终检验、试验，不能适应开发阶段的需要。汽车生产厂家和设计者一直希望能够利用计算机模拟汽车碰撞事故发生时的车体结构和零部件的变形、车内乘员的运动以及整车在碰撞过程中的响应。随着计算机技术、计算方法及力学学科的发展，采用计算机模拟汽车碰撞过程来研究提高汽车被动安全性的措施已成为汽车产品开发阶段所用的重要手段。利用有限元方法进行汽车碰撞过程的模拟分析，可以节省昂贵的实车碰撞试验费用，可以缩短开发周期，减少碰撞试验次数，降低开发成本。世界各著名汽车生产厂家广泛采用此手段，并且成功地开发了许多用于被动安全性研究的计算分析软件，特别是对于车身结构的改进，可以在相对很短的时间内，对多种方案进行比较，得到较为满意的改进方案。汽车碰撞计算是一个难度很大的非线性工程计算问题，它不仅需要对非线性问题有透彻的了解和合理可靠的求解方法，还需要有汽车碰撞试验的实践经验。目前，国内外用于汽车碰撞模拟的模型，主要如表 7-2 所示。

表 7-2　汽车碰撞模拟的模型

模型种类	主要用途	模拟方法
模拟汽车事故的模型	碰撞中汽车的运动分析	刚体分析方法
模拟结构大变形的模型	汽车碰撞中车身结构的刚度、强度、变形分析	离散参数分析方法、有限元分析方法、多刚体分析方法
模拟人体整体动力性响应的模型	法规中规定的人体伤害指标的确定	有限元分析方法
模拟人体局部结构的生物力学模型		

其中前两类模型主要针对车身的运动和变形，后两类模型主要针对人体的运动和伤害，同一类模型也可采用不同的模拟方法。计算机对汽车碰撞过程的仿真的准确性在很大程度上依赖仿真模型的精度，从建立几何模型开始，模型的质量取决于分析技术人员的水平。技术人员既要考虑单元划分的质量，又要考虑不同部件之间的连接问题。车身上有成千上万个点焊，在碰撞过程中，这些点焊受损或遭到破坏都会影响到汽车整体结构的碰撞性能。

利用有限元法模拟碰撞是在 20 世纪 80 年代以后得到飞速发展的，一批应用价值很高的商业软件被开发应用，其中应用最广泛的是 DYNA-3D（LS-DYNA）系列软件和 CRASH 系列软件。在这类模拟计算软件中，描述动力学方程通常采用广义拉格朗日方程，求解方法采用显式中心插分方法，以节约计算时间，提供较高的时间分辨率。在这两个系列中，一般都提供有壳、体、梁和质量等多种单元，单元形式为大变形、大位移、大旋转；并提供丰富的材料库；可以较好地处理零部件之间以及与车身的接触；提供刚性墙接触面，来模拟车辆结构和部件同固定壁障的撞击作用。

汽车结构的碰撞分析着重关注结构的变形，关注部件的吸能效果，进而评价碰撞能量吸收、乘员生存空间等问题。整个汽车碰撞安全性研究可分为整车碰撞和零部件碰撞，零部件建模是基础，还要包括安全措施防护，例如安全气囊以及安全带，甚至还要包括假人模型。整车模型要区分碰撞区和非碰撞区域、重要结构部件和非重要结构部件等。碰撞分析用单元类型主要有：体单元、梁单元、杆单元和弹簧单元等。应用最多的单元类型是壳单元。壳单元比体单元能更好地模拟弯曲变形效应。

【案例】　**车身碰撞分析**

图 7-16 至图 7-18 为车身碰撞分析中的车身 CAD 图以及有限元软件输出的应力、应变、位移等图，通过分析结果判断碰撞情况。

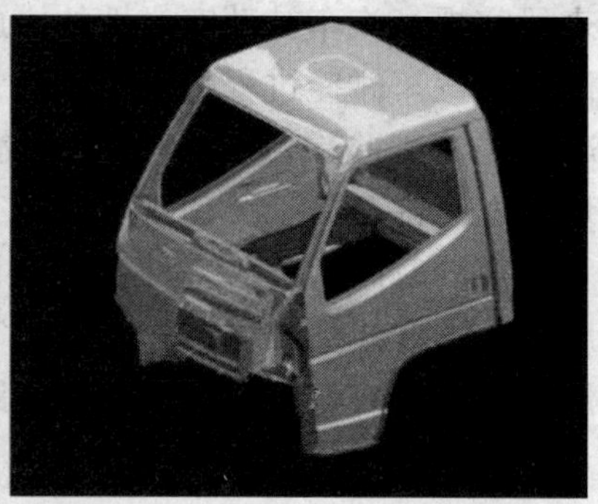

图 7-16　车身 CAD 图及碰撞后的应力图

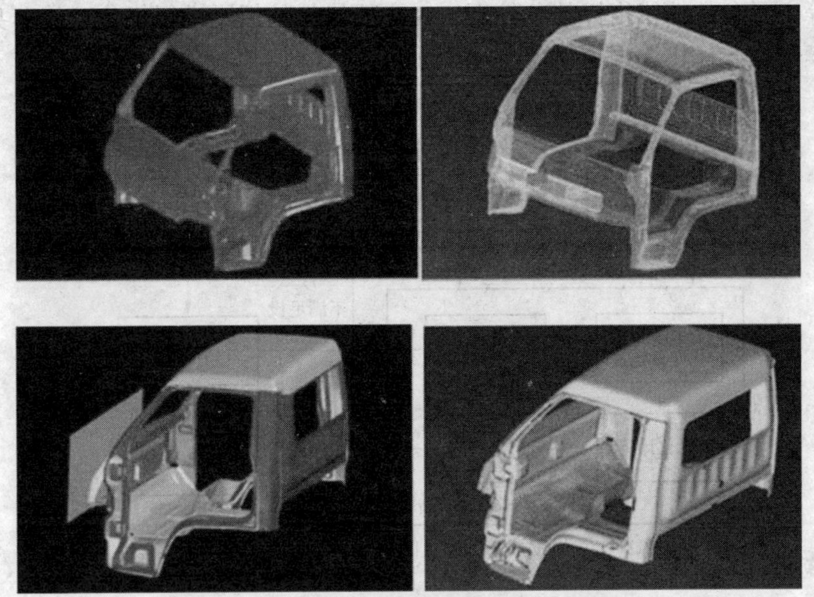

图 7-17　车身 CAD 图及碰撞后的应变图

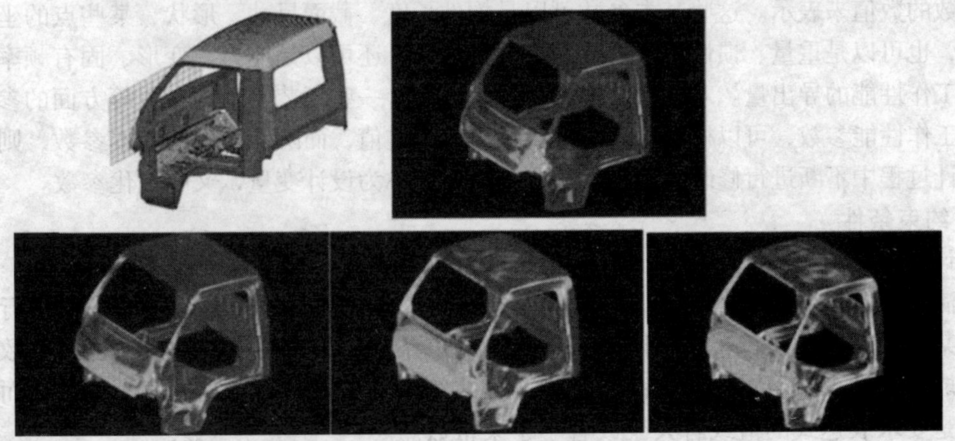

图 7-18　车身 CAD 图及碰撞后的 Von Mises 图

7.3.6 有限元方法在车身结构优化分析中的应用

有限元分析结果仅仅给出指定的设计是否满足设计目标，而在实际汽车设计中，零部件、车身、车架等总成件的设计往往存在多个可供选择的方案。设计优化分析，意味着在满足约束的前提下产生最佳设计的可能性。车身结构的设计优化分析一般是以车身结构性能参数为优化目标，如总质量、一阶频率等，以强度(应力)和刚度(变形)为约束条件，改变车身结构设计参数，如形状、尺寸和厚度等，进行方案比较，选择较优的设计方案，即优化设计的目标函数可以为振动性能、车身质量、刚度、强度等，并且可以互为约束函数。以下将要寻求最优的量称为目标函数，将约束条件称为状态函数，把结构的设计参数称为状态变量。在汽车概念设计中，可以以提高整车刚度、降低车身骨架自重为主要目标，进行优化分析的应用研究。优化过程分步进行，第一步，在不改变骨架厚度和不增加截面周长的情况下，对矩管的长宽比进行优化，使车身的扭转刚度达到最大；第二步，在满足扭转刚度和低阶模态频率等主要参数性能指标的条件下，对主要构件的板厚进行优化，使车身的总质量达到最小值。车身设计优化流程图如图 7-19 所示。

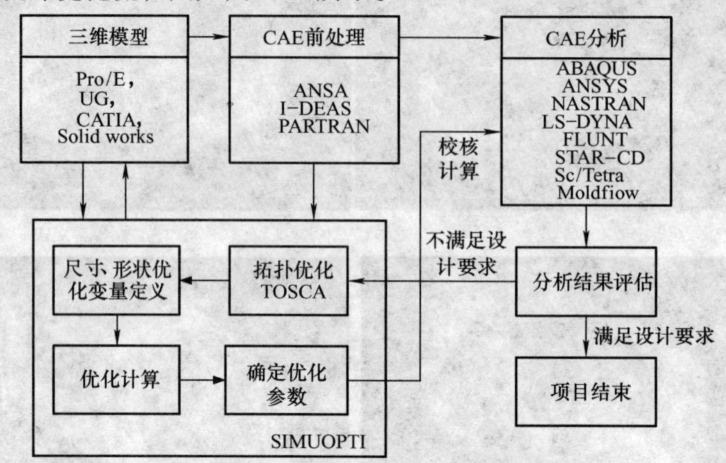

图 7-19　车身优化设计流程图

1. 设计变量

设计变量为自变量，通过改变设计变量的数值来实现优化设计。一个设计方案可以用一组基本参数的数值来表示。这些基本参数可以是构件长度、截面尺寸、形状、某些点的坐标值等几何量，也可以是重量、惯性矩、力或力矩等物理量，还可以是应力、变形、固有频率、效率等代表工作性能的导出量。对某个结构进行优化设计，一些工艺、结构布置等方面的参数，或者某些工作性能参数，可以根据已有的经验预先取为定值，而除此之外的基本参数，则需要在优化设计过程中不断进行修改、调整。这些基本参数称为设计变量，又叫优化参数。

2. 约束条件

设计空间是所有设计方案的集合，但这些设计方案有些是工程上所不能接受的。如果一个设计满足所有对它提出的要求，就称为可行设计，反之则是不可行设计。一个可行设计必须满足某些设计限制条件，这些限制条件称为约束条件，简称约束。约束又可按其数学表达形式分成等式约束和不等式约束两种类型，等式约束就是要求表达式的值为常数，而不等式约束就是要求表达式的值或者大于或者小于某常数。

3. 目标函数

目标函数是设计变量的函数，即要尽量减小的数值。用它可以评价设计方案的好坏，所以它又被称为评价函数。目标函数可以是结构重量、体积、功耗、成本或其他性能指标和经济指标等。如梁的质量可以取为目标函数。建立目标函数是整个优化设计过程中比较重要的问题。当对某一设计性能有特定的要求，而这个要求又很难满足时，则针对这一性能进行优化将会取得满意的效果。

车身中有数千根型材或钣金件，每个零件又有 4 ~ 10 个参数，若对所有零件都一一分析，数据量异常庞大，部分无用零件也会干扰设计者找到最具影响力的零件，因此可以通过灵敏度分析筛选对目标函数或约束函数影响极大或极小的零件及其参数。轻量化是优化设计的重要方向，通过刚度灵敏度分析、模态灵敏度分析、质量灵敏度分析可以得到对轻量化最有效的零件参数，并在约束条件下进行质量优化。

车身结构决定汽车力学特性，力学特性直接决定着汽车的安全性、舒适性等。如果想要使其刚度、低阶频率尽可能提高，而车身质量尽可能降低，就需要加强一些重要部位，同时减弱一些对车身力学性能影响不大的零件。利用有限元方法可以达到这一目的，例如，改变车身梁结构的截面形状，提高截面的抗扭、抗弯刚度。对于梁结构来说，它的力学特性是由它的截面属性来决定的，因而在车身骨架生产之间进行的优化设计，此阶段梁截面的形状参数是可以修改的，因此这一方法非常可行。或者，改变主要结构件的厚度，使得结构整体性能增强。随着钣金件或管件型材厚度的变化，车身的质量以及刚度和低阶模态值必然随之变化，但是不能无限制地依靠增加钢板的厚度来提高车身的刚度和低阶模态值，或者任意地减小钢板的厚度来降低车身的质量，因此要经过迭代计算找到最优厚度。通过改变车身的梁结构的截面形状和厚度是最适合全承载车身优化设计的方法，这样可以提高截面的抗扭、抗弯刚度，同时也能实现车身轻量化。

有限元法是一种用于结构分析的数值分析方法。在车身设计中充分应用有限元分析技术可以改善设计质量，提高设计的一次成功率，从而可以提高汽车厂家的自主开发能力。从工程应用有限元分析的实际情况来看，有限元分析在车身零部件和车身整体的结构分析、模态分析和碰撞分析等领域中都有着广阔的应用前景。

7.4　基于ANSYS的车身有限元分析及优化设计实例

有限元方法在汽车工业中有着广泛的应用，如罐式汽车的罐体分析、起重运输车起重臂及支架的有限元分析等，下面就某客车车身骨架的优化设计过程进行简要说明。

7.4.1　客车车身骨架截面形状的优化

1）目标函数：整车的抗扭刚度是要寻求的最优值。为了适应ANSYS软件环境，选抗扭刚度的倒数为目标函数。

2）设计变量：选取车身骨架主要型材的截面长宽数值为设计变量，通过改变它们，达到最优的车身结构性能参数。它们分别是：侧围长纵梁、顶盖侧边长纵梁、侧围车窗立柱、前后围立柱、车门立柱、侧围腰柱、侧围腰部纵梁的截面长度和宽度值。

3）状态函数：取以上各截面长宽和为状态函数，体现了不增加截面周长这一约束。

优化变量的方案初值及优化结果，整车抗扭刚度的收敛情况，都可以通过有限元软件得到，并可以通过分析优化结果判断优化后的抗扭刚度是否接近目标值，车身骨架截面尺寸的最优值和原始值之间的关系，进而判断概念方案对车身骨架截面形状选定的初值是否合理。

7.4.2　客车车身骨架总质量优化

1）目标函数：优化的目标是降低车身骨架的总质量，因此可选反映车身骨架重量的车身骨架总体积当成目标函数。

2）设计变量：选下列部件的板厚作为设计变量，包括顶盖蒙皮、侧围蒙皮、底盘纵梁、底盘横梁、底架牛腿、侧围车窗上下长纵梁。选定的依据是在满足大客车主要性能的条件下，所选部件的质量在车身结构总质量中所占的比例较大，且改变该构件对整车的刚度及低阶频率影响较小。

3）状态函数：选对车身性能影响最大的整车抗扭刚度、车身一阶扭转模态频率和一阶弯曲模态频率为状态函数。

优化变量的初值和优化结果，各主要性能参数的收敛过程等通过有限元软件显示。优化结果表明，经过优化车身骨架总质量减少了；整车抗扭刚度减少；车身的一阶扭转固有频率和一阶弯曲固有频率增加。通过结果分析优化性能，例如：车身骨架总质量和整车抗扭刚度同时降低，而一阶扭、弯固有频率都稍升，原因除了质量减少的比例要略大于刚度减少的比例外，还由于结构的复杂性，系统固有频率随系统各物理参数变化的敏感性。结构优化后车身刚度分布及变化应均匀合理。

实例中车身结构的优化有限元分析及结果表明，在概念设计阶段就建立简化模型，对其进行结构的优化分析，不但可以预示产品性能，而且缩短了设计周期。所建模型完全可以用来进行早期结构分析和方案评价，并为后续详细设计提供借鉴和依据。其优化设计流程如图7-20 所示。

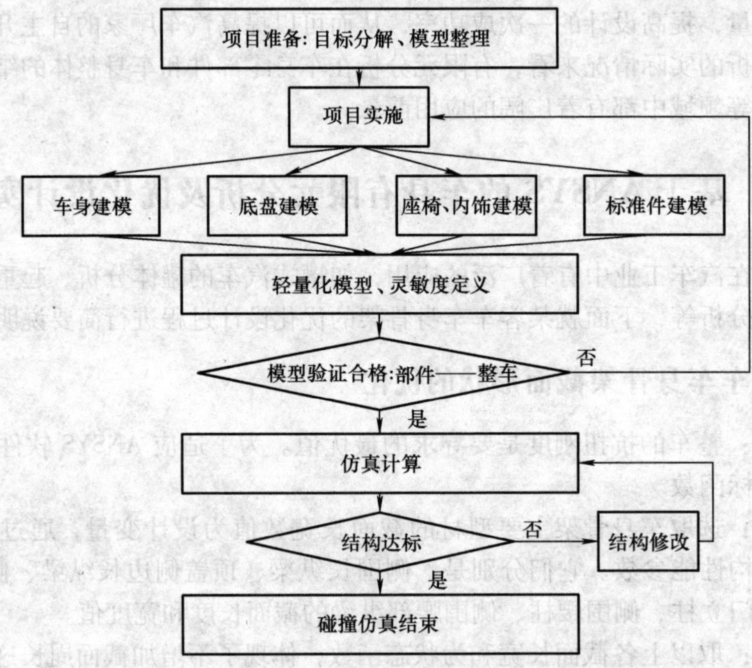

图 7-20　有限元优化流程图

【案例】　车架结构的有限元分析

1) 车架结构特点，如图 7-21 所示。

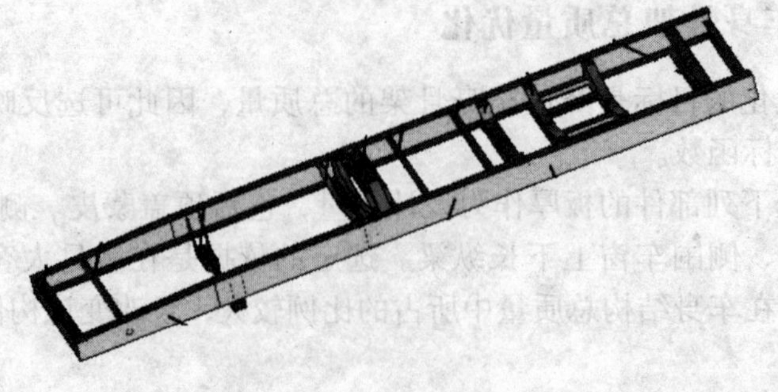

图 7-21　车架 CAD 图

2）车架载荷及约束，如图 7-22 所示。

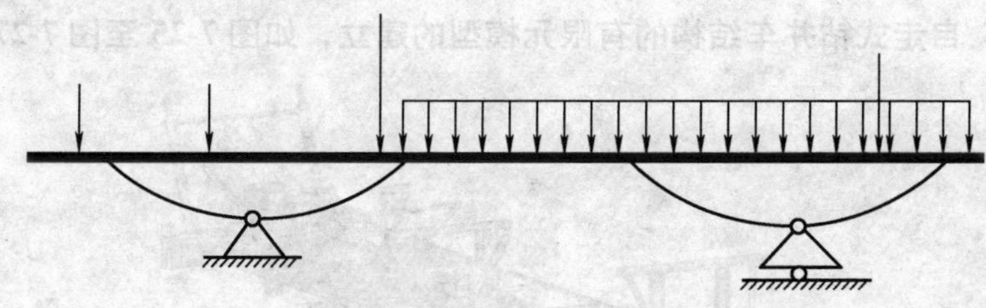

图 7-22　车架力载荷与支撑示意图

3）单元选择：主体结构采用 4 结点板壳元；悬架采用弹簧元；纵横梁连接采用约束方程。

4）网格划分：车架网格图如图 7-23 所示。

图 7-23　车架网格图

5）计算工况

①弯曲工况：汽车满载（满员），在平直良好的路面上匀速正常行驶。

②弯扭组合工况：汽车满载（满员），四个车轮中三个车轮处于同一平面位置不变，而另一个车轮向上抬高 60mm。弯曲工况和弯扭组合工况如图 7-24 所示。

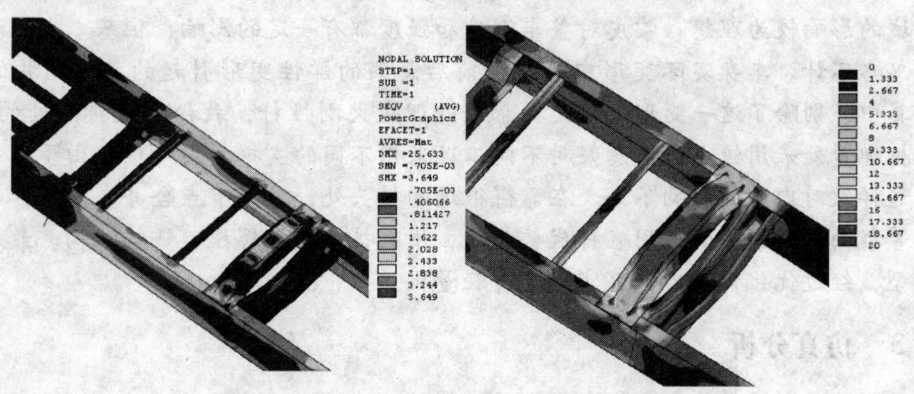

图 7-24　弯曲工况和弯扭组合工况

6)计算结果分析。

【案例】 **自走式钻井车结构的有限元模型的建立，如图 7-25 至图 7-27 所示。**

图 7-25 自走式钻井车几何模型

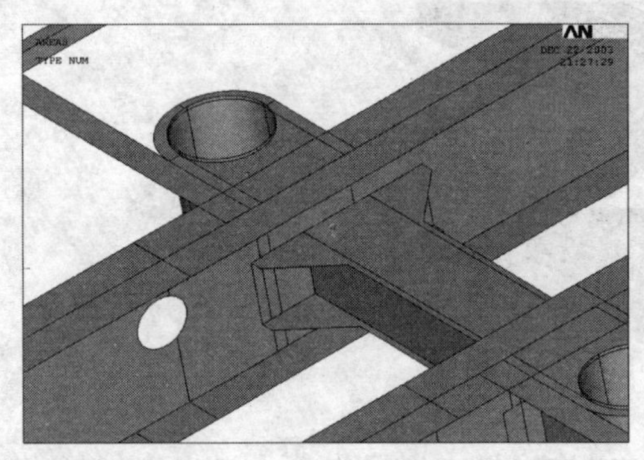

图 7-26 局部几何模型

图 7-27 局部有限元模型

【案例】 **有限元优化**

本案例以有限元分析为基础，只考虑在扭转工况下进行截面尺寸的优化问题，选用截面空间尺寸为优化设计变量，对车身做部分简化处理。骨架结构基本为矩形钢件焊接而成，尤其是腰梁、立柱等主要受力构件，这对简化计算机模型，暂时忽略螺栓、铆接等这类局部应力复杂区域的影响较为理想。蒙皮对整车刚度和强度都有一定的影响，但基本上不承受剪切力，可以忽略不计。车身实际变形中包括了前后悬架的弹性变形引起的整车结构的刚体位移。在计算中，剔除了这一变形。就是把悬架处理成大刚性杆，放松在铰接点处的自由度。后悬架钢板弹簧处采用铰支，前悬架对不同工况采用不同的支撑方式处理。由于本身的侧倾角很小，这样做对内力的影响不大。在靠得很近的接头处，采用节点合并。同时，在刚架系统中，用等截面替换变截面，用直杆代替曲杆，用刚接头代替螺栓、铆接结构。最后得到车身计算模型，经过优化计算后，可实现车身轻量化。

7.4.3 仿真分析

有限元模型包括驾驶室白车身、支架系统、车门和内饰。其中，驾驶室白车身有限元等均为薄壁结构，划分为 4 结点或 3 结点壳单元；前下横梁划分为梁单元；连接支座采用 4 结点或3结点壳单元模拟；分总成内部和各分总成之间使用的连接单元为CWELD单元，还有RBE2和BEAM单元。

1. 静力分析-顶压分析

顶压分析模型及分析结果如图7-28所示。

图7-28 顶压分析模型及分析结果

2. 静力分析-后压分析

后压分析边界条件及载荷如图7-29所示，底部约束前端转轴部分和后面支架下端，后部压力10000N通过RBE2单元作用于后壁上。模型及分析结果如图7-29所示。

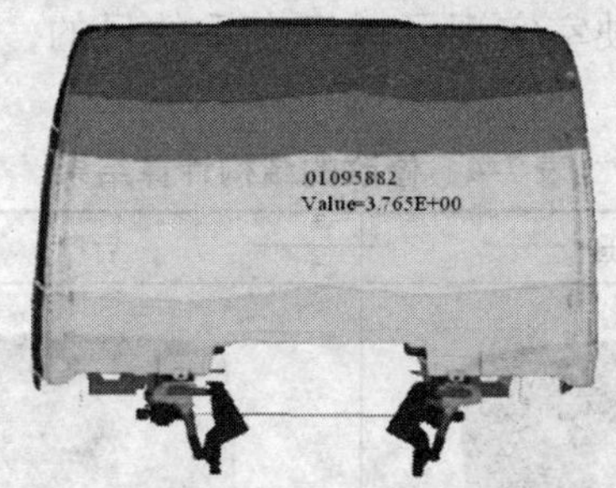

图7-29 后压分析模型及分析结果图

3. 灵敏度分析

根据上面列表中所得的设计变量ID号，得到对顶压、后压、前压三种工况灵敏度系数较大的部件如图7-30所示。

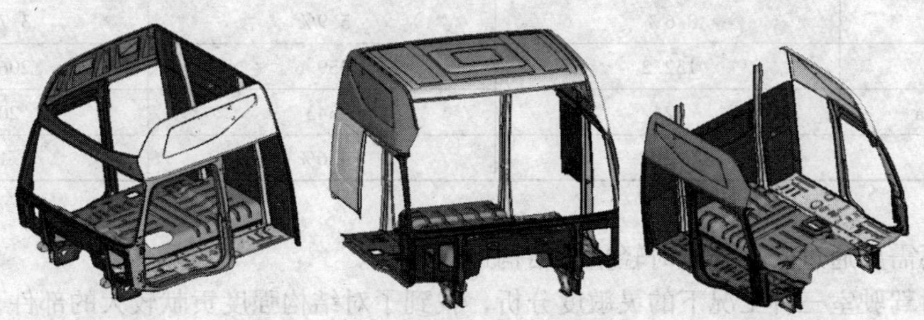

图7-30 顶压灵敏度系数较大的部件

灵敏度系数越大说明改变等量位移所需改变质量越少，从分析得到的灵敏度系数可以看出优化的重点应为地板、立柱和覆盖件，综合顶压、后压、前压加载点位移灵敏度系数，本着增加灵敏度系数比较大部件厚度，减少灵敏度系数较小部件厚度的原则拟定出初步修改方案。修改部件厚度如表7-3所示。

表 7-3　汽车部件厚度修改方案

变量号	部件号	原厚度/mm	更改后厚度/mm	部件名称
88	184	1.25	1.4	左地板
89	185	1.25	1.4	右地板
192	68	1.5	1.6	发动机罩
33	130	1.25	14	左门框
34	131	1.25	1.4	右门框
54	151	1.0	1.2	顶盖外板(左)
55	152	1.0	1.2	顶盖外板(右)
198	74	1.5	1.6	顶盖前加强板(左)
199	75	1.5	1.6	顶盖前加强板(右)
42	139	1.0	1.2	前围左加强板
43	140	1.0	1.2	前围右加强板
……	……	……	……	……

4. 改进方案仿真分析

根据灵敏度系数进行修改的结构计算结果如表 7-4 所示。

经过轻量化分析之后，驾驶室实现了减轻自重的目的，驾驶室质量由 507.4kg 降低至 486.4kg，减重 4.1%。

表 7-4　修改的结构计算结果

	顶压	后压	前压
结果云图			
原位移/mm	2.816	3.755	1.698
修改位移/mm	2.575	3.533	1.635
降低比例	8.6%	5.9%	3.7%
原应力/MPa	132.2	359.6	206.4
修改应力/MPa	124	343	200
降低比例	6.2%	4.6%	3.1%

最后还需要通过安全分析对轻量化结构进行验证。

通过对驾驶室三种工况下的灵敏度分析，找到了对结构强度贡献较大的部件，对这些部件进行厚度的变化以减轻质量，并且厚度变化范围较小，对改进后的结构进行了三种工况的静力分析，分析结果表明驾驶室的结构强度有所提高，然后又进行了动态的仿真验证，即以 ECER29 的试验规程为标准进行仿真分析，分析结果表明轻量化之后，乘员的生存空间还有小幅增加。综上，驾驶室经过轻量化分析之后，新结构质量减轻了 21kg，减重比例为 4.1%。考虑到改变材料强度之后会带来一系列的生产问题，比如成本、模具等，因此本次分析中并未对驾驶室部件的材料强度进行优化分析。

复习与练习题

一、简答题

1. 简述有限元计算中汽车的受力分析与载荷的处理原则。
2. 举例说明汽车结构有限元简化原则。
3. 简述应用有限元对汽车结构进行分析时的载荷处理原则。
4. 简述如何应用有限元方法分析车身强度。

二、思考题

查阅资料，说明不同类型的结构单元网格划分标准。

三、讨论题

以有限元方法分析汽车车架模态为例，简要说明其分析过程。

第8章　汽车车身材料与结构轻量化

学习目标

1. 了解轿车车身轻量化的意义
2. 掌握轿车车身轻量化的主要途径

学习要求

知识要点	能力要求	相关知识
轿车车身轻量化的概念、意义	1. 车身轻量化概念 2. 车身轻量化意义	车身轻量化
轿车车身轻量化途径	1. 车身轻量化途径——新材料 2. 车身轻量化途径——工艺 3. 车身轻量化途径——结构	车身壳体、结构件、覆盖件、车身附件

汽车在给人们的出行带来方便的同时，也产生了油耗、安全和环保三大问题。如何应对这三大问题，各国政府都提出了相应的措施，包括制定法律法规，如油耗法规、安全法规以及排放法规。各国汽车工业界一致认为，汽车轻量化是满足上述三个法规的有效方法。

8.1　车身结构轻量化的意义

汽车轻量化就是在保证汽车的强度和安全性能的前提下，采用现代设计方法和有效手段对汽车产品进行优化设计，或使用新材料以尽可能降低汽车产品自身重量，以达到减重、降耗、环保、安全的综合指标。美国在欧洲全顺车上的实验表明，约75%的油耗与整车质量有关，降低汽车质量就可有效降低油耗以及排放。在满足欧Ⅳ标准条件下，每百公里油耗 Y 与自重 X 满足以下关系

$$Y = 0.003X + 3.3434 \tag{8-1}$$

对商用车的研究表明，汽车质量每减少1000kg，油耗可降低6%～7%。油耗的下降，意味着 CO_2，氮氧化物(NO_x)等有害气体排放量的下降。同时，汽车质量减少可以减小动力和动力传动系统的负荷，并在较低的牵引负荷下表现出同样或更好的性能。Lotus公司证明，簧载质量下降，明显提高行驶平稳性和舒适性。但是，汽车轻量化绝非是简单地将其小型化，首先应保持汽车原有的性能不受影响，既要有目标地减轻汽车自身的重量，又要保证汽车行驶的安全性、耐撞性、抗振性及舒适性，同时汽车本身的造价不被提高，以免造成经济上的压力。美国轿车平均自身质量变化情况见表8-1所示。

表 8-1　美国轿车平均自身质量变化情况表

时间	1970	1980	1990	1995	21 世纪
自身质量/kg	1585	1375	1312	1270	1200

8.2　车身轻量化的实现途径

实现车身轻量化主要有三种途径：一是优化车身结构，合理设计板件厚度和冲压薄板的形状，优化骨架传力路径和承载结构件材料分布，在结构设计上主要采用高刚性结构和超轻悬架结构等方法；二是通过材料替代或采用新材料使汽车轻量化，可使用铝镁合金等轻有色金属材料、有机聚合物材料、陶瓷材料等密度小、强度高的轻质材料，或者使用同密度、同弹性模量而工艺性能好的截面厚度较薄的高强度钢；三是采用先进的制造工艺，使用基于新材料加工技术而成的轻量化结构用材，如连续挤压变截面型材、金属基复合板、激光焊接板材等达到轻量化目的。

8.2.1　采用新材料实现汽车轻量化

采用轻量化材料的原则是，为了保证整个车身的强度和耐撞性，需要确保更换材料后车身零件的强度和吸能能力不会减少。在不降低整车性能的前提下，使用轻量化材料，结合新的制造技术和加工工艺的开发，替换原有车身零部件的材料，从而达到轻量化的效果。

未来车身的发展方向，除车身会由目前的钢结构演变为先进的混合式空间结构，其他部位也会根据不同的要求采用不同性能的轻质材料，以实现材料与零部件功能的最佳匹配。铝合金、镁合金、工程塑料、复合材料和高强度钢、超高强度钢等轻量化材料的应用也越来越广泛。世界几种典型轿车用材百分比见表 8-2 所示。

汽车轻量化要求一方面用高强度的材料，另一方面要用轻质材料，即单位重量强度高的材料，而且它还必须在适于成型、耐腐性、焊接、表面处理等方面都具有出色的性能。

表 8-2　世界几种典型轿车用材百分比　（单位:%）

车　名	钢　铁	轻金属	塑　料	其　他
大众路波牌轿车	50.5	16.4	14.0	19.1
奔驰 E 系列轿车	63.0	6.0	8.0	23.0
奥迪 A2 型轿车	34.0	28.8	24.6	12.6
奥迪 A6 型轿车	58.3	12.8	17.1	11.8
福特新型 P2000 轿车	24.0	37.0	—	39.0
福特 Taurus 牌轿车	66.0	9.0	—	25.0
BMW 公司 3 系轿车	56.7	11.5	14.5	—

1. 高强度钢在汽车上的应用

目前车身使用的钢材大部分是近 10 年开发的新型钢材。由于性能的不断改进，以及新的制造技术和加工工艺的开发，钢材仍然是大批量生产汽车车身的主要材料。作为车身制造材料，不仅要求钢板材冲压性能好，还要满足部件的刚度、强度、防腐防蚀能力。通过采用多种改进技术，近年来钢材的性能已经大大提高，其中尤以超轻超薄高强度钢板最具发展潜力。当前车身用新型钢板主要有以下几种。

(1)冷轧钢板

冷轧钢板表面质量好，多用于车身冲压件。汽车车身多采用0.6～0.8mm的薄钢板。这种薄板的尺寸精度非常高，表面光滑，具有良好的力学性能、加工性能、成型性能和焊接性能，主要用于车身侧围板、顶盖、发动机罩、翼子板、行李箱盖、车门板和仪表板等覆盖件。

(2)高强度钢板

普通低碳钢板的拉伸强度为280～320MPa，高强度钢板的拉伸强度在350MPa以上。高强度钢板同时还具有较高的屈服强度，因此降低板厚不会对冲压件的质量造成太大影响。高强度钢的缺点是冲压成型性比普通低碳钢差，容易产生成型不良现象，冲压时回弹较大，价格也较高。高强度钢板主要包括含磷高强度钢板、微合金高强度钢板、双相钢板及烘烤硬化钢板等。为了解决高强度钢的冲压成型问题，同时又保持钢板较好的延展性和耐凹陷性，使钢板冲压成型前具有较低的屈服强度，对钢板进行高温时效处理，薄钢板的屈服强度可以得到一定程度的提高，这种薄钢板称为烘烤硬化钢板，即BH钢。这样使汽车冷轧钢板的强度、深冲性能和零件的凹陷性三者统一起来。同时，BH钢具有减小车身质量的作用，这是钢板本身强度较高并通过烘烤硬化提高零件屈服强度的结果。由于烘烤硬化钢板的时效强化处理将加速薄钢板的常温时效，所以合理地控制钢板的烘烤硬化值、熔炼成分的碳质量分数和冷轧平整量，可望获得高BH值，同时可获得与冷轧镇静钢同水平的常温时效性。图8-1和图8-2为高强度钢板的应用实例。

图8-1　BMW E60侧框架

图8-2　BH钢车门外板

(3)表面处理钢板

在寒冷地区、沿海地区、酸雨地区，车身裸露部分的零件，特别是车架、底板和挡泥板等腐蚀现象非常严重。表面处理钢板可以防止腐蚀，提高车身材料的抗高/低温、抗氧化能力。表面处理钢板有镀锌钢板、镀铝钢板、镀铜钢板、镀铅/锡合金钢板和复层钢板。目前，车身底盘零件等采用的表面处理钢板主要是镀锌钢板。镀锌钢板可分单面镀锌钢板和双面镀锌钢板。从制造工艺上分为热镀锌钢板和电镀锌钢板。采用镀锌钢板的车身件有底板、门槛、发动机罩内板等。

(4)高强度拼焊钢板

高强度拼焊钢板是在冲压前按车型设计将不同厚度和不同性能的钢板剪裁后拼焊起来的一种钢板。使用拼焊钢板坯料可以在汽车最敏感的部位使用涂镀层钢板，便于更好地发挥其耐腐蚀性，而在其他部位使用较薄的高强度钢板。拼焊钢板部件能够进行优质组合，还能减轻车身质量，提高力学性能，实现抗扭刚性、抗冲撞性与提高材料收缩率和降低生产成本的最佳组合。另外，使用拼焊钢板可减少零件数量，简化生产工艺，从而降低模具、焊接夹具、材料和组装成本，改善零件稳定性和抗疲劳断裂性。

(5)夹层钢板

夹层板有钢夹层板和铝夹层板两种。钢夹层板的外层是钢、铝、镁及纤维复合材料，中间夹层是网状或滚压的瓦楞型钢板；铝夹层板的外层与钢夹层板的外层材料相同，中间是发泡铝。其共同特点是质量小、吸收噪声，可提高强度和刚度。目前，阻碍高强度超轻超薄钢材在车身上应用的因素是钢材加工工艺问题。以博世公司为首的一个国际项目小组正在试验研究使用超轻高强度薄板钢来制造轿车车身的工艺技术。使用全镀锌钢板制造的车身，与普通类型车身相比，质量减轻 25%，而车身强度则提高 80%，抗弯强度提高 52%。

目前，世界多家汽车制造公司都掌握了运用超轻超薄钢材制造汽车部件的相关工艺和技术，诸如特殊的冲压工艺、激光焊接技术，尤其是用于制造行驶系部件的内高压成型技术等，使超轻超薄高强度钢板的应用向汽车附件(如车门、发动机罩、行李箱盖板等)延伸。这类零件若采用这种钢板制造，将使零件自身质量减轻 25% ~30%。VOLVO V70 采用高强度钢板的比例增加了 32%，同时提高了高强度钢板的等级；日产的 NISSAN Teana 车型的 390MPa 级以上高强度钢板占到了 60%，并且最先采用了 980MPa 级超高强度钢板。从制造工程的生命周期考虑，钢铁产生的温室气体排量低于铝、镁、碳纤维强化塑料等其他材料。

2. 轻金属在汽车上的应用

铝、镁、钛合金材料是所有现用金属材料中密度较低的轻金属材料(镁合金约 1.74g/cm^3,铝合金约 2.7g/cm^3,钛合金约 4.51g/cm^3。而钢的密度约 7.8g/cm^3)，因而成为汽车减轻自重，提高节能性和环保性的首选材料。轻金属替代钢铁材料是汽车发展的重要方向。车身上采用铸造铝合金的主要部件包括：横梁、上下壁、转向机壳、制动轮缸壳、制动钳、车轮等。

(1)铝及铝合金

在满足相同力学性能的条件下，用铝作为汽车材料可以比钢减少质量 60%，且铝易于回收，发生碰撞时比钢多吸收 50% 的能量，不需防锈处理。传统的钢板成型压机都可以用于成型铝材，但是在工艺设计中应注意补偿铝板中较大的回弹量。1978 年世界中级轿车的车均铝材耗量为 32kg，1998 年增加到 85kg，2008 年每辆轿车的铝使用量进一步上升到 130kg。1996 年奥迪公司生产的全铝 A8 轿车采用铝合金挤压车架，质量降低了 35%，抗扭强度增加了 50%。该公司推出的 A2 小型轿车也采用全铝车身。在铝材料使用方面，宝马(BMW) X5/X6、通用(GM) SUV 混合动力车、Lambda 平台车(CUV)等车型的发动机罩均使用铝材料。

整备质量为 1483.6kg 的轿车，在保持全部性能的前提下，使用铝材料，车身质量能降低 125kg，可见铝及铝合金制品对于车辆的轻量化作用重大。但因为制造成本和材料成本等问题，铝合金向全车身的应用进展较慢，全铝车身主要出现在高级轿车上，20 世纪 80 年代后期开始在发动机罩、挡泥板上使用。全铝型无骨架车身用 6000 系(Al-Mg-Si)合金和 7000 系(Al-Zn-Mg)合金，可减少 30% ~40% 的质量，且安全性更强。针对化学合成处理效果差的问题，研究者又开发了可与钢板在同一流水线进行磷酸锌处理的铝板。由于在轻量化方面效果显著，目前美国和德国把轧制铝用于车身外板，使汽车的铝材化进入实用阶段，特别是现代无骨架车的推出，加大了铝材的应用空间。从近年国外出现的概念车来看，在车体结构上大都采用无骨架式结构和空间框架结构，而且大都以挤压铝型材为主。挤压铝型材是将铝合金挤压成各种复杂断面形状和中空状型材，具有密度小、比强度大、制造成本低的优点。用中空铝型材作保险杠，能减轻质量 30% ~40%，并与钢材件具有同等的抗冲击强度，但是由于铝板比钢板冲压难度大，大批量汽车生产还较少完全采用铝板。采用全铝车身一般是年产量在几千辆的小批量生产的汽车。一般轿车中，铝通常用来制造覆盖件、车轮、空调系统、保险杠、座椅、窗框和换热器扰流板等。铝合金在轿车上应用如图 8-3 所示。

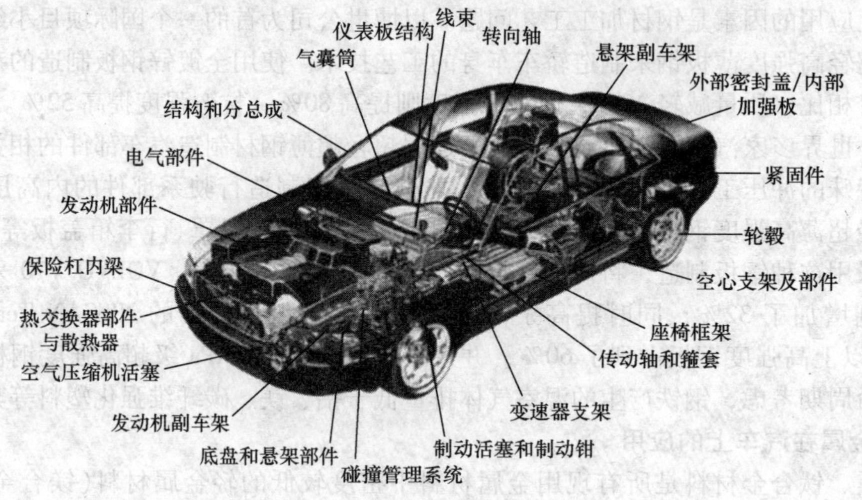

图 8-3　铝合金在轿车上应用

目前，奥迪通过 ASF（全铝空间框架）如图 8-4 所示，通过铝车身方法实现车身轻量化，但这种方法还未推广到量产车型领域。除铝材料外，奥迪在 2007 年上市的新款 TT 上还使用了铝和钢铁混合材料车身，此类车身重量比纯钢铁车身轻 48%。车身的重量约为汽车总重量的 30%，故车身的轻量化占有举足轻重的地位。奥迪 A8 型高级轿车的整个车身均采用铝材制造，框架采用立体框架式结构，覆盖件为铝板冲压而成。这种铝车身与钢车身相比，质量减轻 30% ~50%，油耗减低 5% ~8%。日本本田公司生产的 Insight hybrid 轿车车身用铝合金达 162kg，比钢车身减重约 40%，如图 8-5 所示。

图 8-4　奥迪 2011 款（全铝车身框架）　　　图 8-5　Insight hybrid 轿车车架

（2）纳米铝合金

纳米铝合金就是通过纳米工艺制造出的、具有全新概念内部组织的一种纳米多晶合金。

如果能够成功地在纳米水平实现铝合金内部组织的最合理化，从而生产出纳米多晶材料，那么铝合金材料将作为各种汽车板材，应用到车架、挡泥板、顶盖、前后车门等零部件，这对于实现汽车的轻量化，提高汽车的燃料效率、减少废气排出具有重大的意义。由于纳米多晶合金实现了高BH性以及高成型性，具备了汽车板材所应有的突出性能，因此作为更轻、强度更高、成型性更好的新型合金材料，必将为汽车超轻量车身的实现做出贡献。

(3)镁合金

镁是极重要的有色金属，它比铝轻，能够很好地与其他金属构成高强度的合金。我国原镁产量目前居世界第一位，占全球总产量的1/3。虽然是世界产镁大国，而在镁合金材料生产、研究及应用领域与北美、西欧、日本还有相当大的差距，处于起步阶段。

镁合金在汽车上的应用可以减轻汽车质量、提高载荷及有效承载能力(与铝相比,镁可使重量减轻21%,与灰铸铁相比,可减轻50%)；近年来，国外镁合金在汽车上的应用，以年平均25%的速度快速增长，主要应用情况如表8-3所示。据资料介绍，汽车上有60多种零部件可以采用镁合金生产，我国目前大概有20余种汽车零部件可以采用镁合金生产。如仪表盘骨架、座椅骨架、进气歧管、赛车车轮、支架、转向盘骨架、缸体、壳体类零件等，目前镁合金件正向大型集成化发展。

表8-3　国外汽车用镁合金的主要部件系统

部件系统	零件名称
车内构件	仪表盘、座椅架、座椅升降器、操作台架、气囊外罩、转向盘、锁合装置、转向柱、转向柱支架、收音机外壳、小工具箱门、车窗电动机罩、制动与离合器踏板托架、气动踏板托架
车体构件	门框、尾板、车顶板、IP横梁
传动系统	阀盖、凸轮盖、离合器外壳与活塞、进气管、油底壳、交流电动机支架、变速器壳体、齿轮箱壳体、油过滤器接头、电动机罩、前盖、气缸头盖、分配盘支架、油泵壳、油箱、滤油器支架、左侧半曲轴箱、右侧半曲轴箱、空压机罩、左抽气管、右抽气管
底盘系统	轮毂、发动机托架、前后吊杆、尾盘支架

综上，选用轻金属材料是节油和降低排放的重要方法；选用轻金属材料是提高汽车动力性、舒适性和提高竞争力的方向。

3. 其他材料在汽车上的应用

(1)工程塑料

汽车上使用的工程塑料主要包括热塑性塑料、热固性塑料以及橡胶状塑料。汽车车身采用塑料材料具有质量小、易于加工和防锈防腐蚀的特点。目前，汽车的保险杠几乎都是塑料件。塑料最先使用在汽车的内饰和外饰件上，如仪表板、侧围内衬板、车门防撞条、扶手、车窗、散热器罩等。近年来，塑料在车身板和发动机周围的零部件上的使用量在不断增大，约占车身质量的10%~15%，尤以美欧的汽车制造商采用为多。如奔驰的Smart轿车车身覆盖件采用了具有本色的可随时更换的塑料覆盖件，塑料的透明顶盖既轻量化，又有宽敞的视野，而且使整车的重心降低，对汽车行驶稳定性和安全性非常有利；雷诺的Espace和莲花的Elise轿车也采用塑料车身；戴-克公司1998年推出的CCV概念车采用四块热塑性塑料车身板，加上板材连接件，白色的车身板总质量95kg，开创了全塑车身的里程碑。汽车的尾灯和前照灯的玻璃也逐渐从天然材料转向塑料。一般，热固性塑料力学性能好、强度高、表面质量好，具有良好的表面着色、电镀、植绒、铆接、耐腐蚀等性能，多作为外表面件生产使用。图 8-6 所示为特殊塑料制成的轿车骨架。

图 8-6　特殊塑料制成的轿车骨架

车用材料开始由金属向塑料方向转化，但塑料比金属材料的强度差，一般情况下，塑料化要随之增加零件壁厚，因此今后有待开发出既便宜又有高强度的塑料。

(2)纤维增强材料

常用的纤维增强材料主要有玻璃纤维增强塑料(GFRP)、碳纤维增强塑料(CFRP)和纤维增强金属(FRM)。与钢质零件相比，纤维增强材料生产周期短，便于汽车改型，质量较轻；设计自由；制件整体性好；耐用性和隔热性好。常用的玻璃纤维增强塑料又包括片状/块状模压复合材料(SMC,俗称玻璃钢)、玻璃纤维增强热塑性材料(GMT)和树脂传递模塑材料(RTM)。欧洲和美国玻璃钢(SMC)汽车部件用量最多，应用领域包括了悬架零件、车身及车身部件、发动机盖下部件、车内装饰部件等，其中尤以保险杠、车顶、发动机罩、发动机隔声板、前后翼子板等部件用量最大。图 8-7 所示为 SMC 保险杠。福特金牛座轿车的前围里的下散热器托架，原钢制品有 22 个零件，而应用 SMC 只需 2 件，质量大减，成本降低 14%。美国通用汽车公司生产的 SMC 车门比钢门减轻了 18.1kg。图 8-8 所示为 SMC 大型汽车车门。

图 8-7　SMC 保险杠

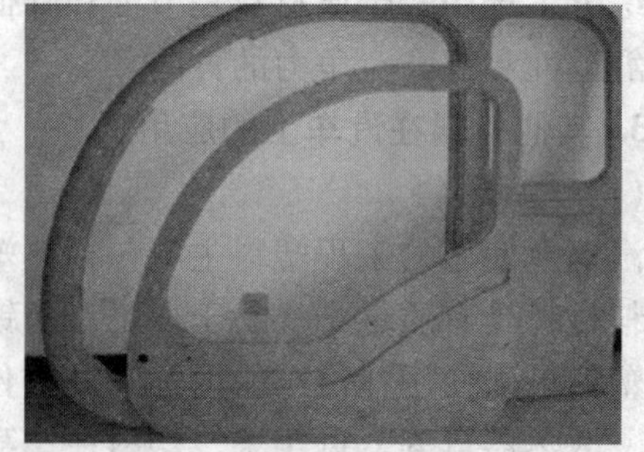

图 8-8　SMC 大型汽车车门

GMT 是一种以热塑性树脂为基体，以玻璃纤维毡为增强骨架的复合材料。主要用于生产蓄电池托盘架、保险杠、座椅骨架、前端组件、门模块、行李箱盖、挡泥板、地板、隔声板、发动机罩、备胎箱、气瓶隔板、压缩机支架等。GMT 被视为 21 世纪绿色材料。宝马公司采用 GMT 代替原来的金属材料制造 M3 运动轿车的保险杠将质量至少减少了 60%。

RTM 在汽车中主要应用于乘用车的车顶、行李箱盖、侧门框和备胎箱，以及货车的整体驾驶室、挡泥板和储物箱门等。雷克萨斯超级跑车 LF-A 整车采用了碳纤维增强塑料（CFRP）作为车身材料，不但能够实现 4 倍于铝材的高强度，且降低了车身自重，如图 8-9 所示。宝马“BMW Concept Coupe”车身也采用重量较轻的 CFRP，如图 8-10 所示。丰田 2007 年发布碳纤维车身的环保概念车 1/X，车架采用碳纤维强化塑料，确保碰撞安全性的同时，立柱之间有较大的视野空间。

图 8-9　雷克萨斯超级跑车 LF-A

图 8-10　宝马“BMW Concept Coupe”车身采用重量较轻的 CFRP

（3）蜂窝夹层材料

蜂窝夹芯复合板是由两层薄而强的面板材料，中间夹一层厚而极轻的蜂窝组成。钢质蜂窝夹芯板可用于汽车零件，质量可减轻 35% 左右；可用于开发防弹材料，应用于运钞车、装甲车等；还可做散热器芯和减振夹芯板。夹层结构在汽车上已经有了较多应，大部分是用于车身外蒙皮、车身结构、车架结构、保险杠、座椅、车门等处。宾利大陆 GT 的扰流板采用碳纤维蜂窝矩阵结构，如图 8-11 所示；图 8-12 中的玛莎拉蒂 MC12 底盘采用碳纤维和蜂窝夹层。

图 8-11　宾利大陆 GT 的扰流板采用碳纤维蜂窝矩阵结构

图 8-12　玛莎拉蒂 MC12 底盘采用碳纤维和蜂窝夹层

（4）树脂板

在树脂板方面，宝马、悍马（Hummer）、三菱汽车和标致雪铁龙（PSA）等制造商均使用树脂板做挡泥板，Smart 自 20 世纪 90 年代以来一直以树脂板代替钢板，2007 年以后，业界开始聚焦代替后面及侧面板玻璃的聚碳酸酯树脂。树脂板在汽车上的应用情况见表 8-4。

表 8-4　树脂：轻量化车体外板的应用情况

汽车车型	树脂在车体外板的使用情况
悍马(Hummer)H3	在挡泥板上采用 Noryl GTX 树脂
三菱 Delica D：5	替代钢铁实现车身轻量化，前方挡泥板采用 Noryl GTX 树脂
本田 Civic（欧洲市场）	本田在新 Civic(欧洲市场)的后窗上采用 SABIC 开发的树脂 Lexan GLX。Lexan GLX 是 SABIC 开发的替代玻璃用聚碳酸酯树脂
Opel Corsa	开发 2007 年上市新款 Corsa 采用的全景天窗。使用 SABIC IP 开发的 Lexan FXD123 树脂。Opel 是继 2005 年推出的 Zafira 后，又一款全景天窗车型
标致(Peugeot) 307 三厢车	使用 SABIC Innovative Plastics 的 Noryl GTX 树脂挡泥板装配在中国上市车型标致 307 上。SABIC IP 称，通过使用聚苯醚(PPE)和聚酰胺(PA)混合而成的 Noryl GTX 材料，最大可减重 50%
宝马 X5	2007 年车型改款时，采用树脂制挡泥板组件。挡泥板组件是用热塑料(PP-EPDM)将车轮罩、空气引导装置、前照灯、GPS、安全气囊感应器、空气冷却器、机油冷却器安装在挡泥板上构成

(5)泡沫铝

泡沫铝是一种在铝基体中均匀分布着大量连通或不连通孔洞的新型轻质多功能材料，是在纯铝或铝合金中加入添加剂后，经过发泡工艺而成，同时兼有金属和气泡特征。它密度小、耐冲击能力强、耐高温、防火性能强、抗腐蚀、隔声降噪、导热率低、电磁屏蔽性高、耐候性强、有过滤能力、易加工、易安装、成形精度高、可进行表面涂装，如图 8-13 所示。泡沫铝已成功地用于汽车的 A 柱、B 柱、门槛梁、前纵梁、保险杠、发动机支架、各种加强肋、发动机盖板、缓冲器、减振支座等关键部位，并取得了良好的效果，如图 8-14 所示。例如，德国卡曼公司用泡沫铝材制造的吉雅轻便轿车(Ghiaroadster)的顶盖板的刚度比原来的钢构件高 7 倍左右，而其质量却比钢件轻 25%。据测算，汽车车身构件约有 20% 可用泡沫铝材制造，一辆中型轿车如采用泡沫铝材制造，某些零件可减重 27.2kg 左右，既可节约能源又可减轻对环境的污染。采用泡沫铝材结构，可大大简化结构系统，零部件数至少可减少 1/3。

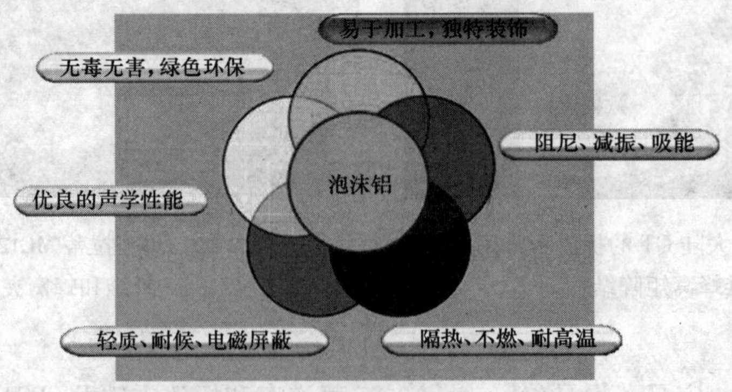

图 8-13　泡沫铝的性能特点

另外应用于汽车上的非金属材料还有纺织复合材料以及高强度结构发泡材料等。例如，福特汽车通过采用 MuCell 微发泡注塑成形技术在零件注塑成形过程中充入气泡的方式，形成极为细微的蜂巢状结构，这些细微的空隙既节约了塑材，又减轻了重量，而且不会影响零件的任何性能。

随着汽车制造商车身轻量化步伐的日益推进，越来越多的车型开始采用轻量化材料。降低成本必将成为轻量化技术发展的关键。

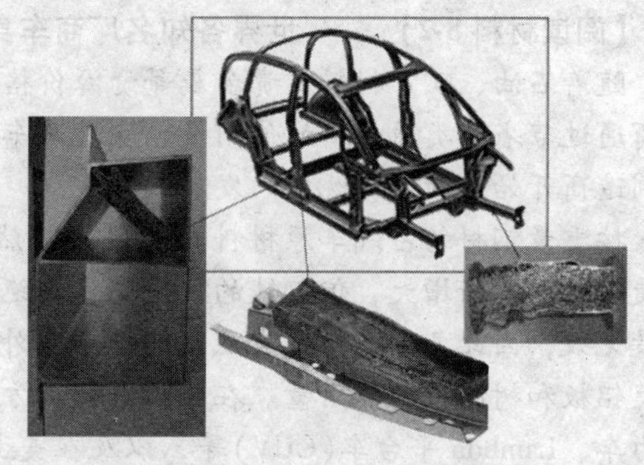

图 8-14　泡沫铝在汽车上的应用

【阅读材料 8-1】　福特车身轻量化技术的最新突破

通常，汽车的轻量化可以通过换用强度更高、重量更轻的金属材料来实现。而对于塑料零件来说，最难的是如何在减轻其重量的同时还能保持其强度、耐用性或性能不变。降低车身重量是实现提升燃油效率并降低尾气排放的重要途径。近 30 年来，为了应用更先进的设备和配置，以提高车辆的安全性能，使得汽车车身的重量在不断地增加。福特汽车通过采用蜂巢状结构的 MuCell 微发泡注塑成形技术的部件可降低车身重量达 20%，既能保证耐用性，又能优化燃油经济性并降低排放。在零件成形过程中注入气泡能使其在显微镜下显示出类似于气泡巧克力的细微结构，从而能进一步减少对塑材原料的需求。这种零件的生产过程所需的能源和时间更少，并能有效降低生产排放和制造成本。

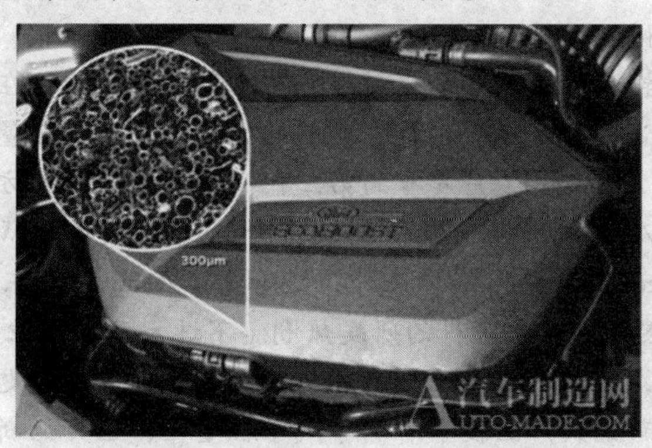

图 8-15　MuCell 微发泡注塑成形技术

通过采用 MuCell 微发泡注塑成形技术（图 8-15）在零件成形过程中充入气泡的方式，形成极为细微的蜂巢状结构，这些细微的空隙既节约了塑材，又减轻了重量，而且不会影响零件的任何性能。与普通的工艺流程相比，MuCell 技术可降低注塑成形过程中所需的压力，实现生产效率提升 33%，从而降低制造的能耗、排放和成本。

MuCell 技术将逐步应用于全新福特福克斯、C-MAX、C-MAX Grand、蒙迪欧和 Galaxy 等车型的发动机罩上。福特汽车致力于在 2020 年之前实现小型车减轻 100kg，以及大型车减重 300kg 的目标，并将其纳入公司的环保行动。福特汽车的轻量化方案除了 MuCell 技术，还包括采用一系列特殊材料，如在福特车型广泛使用的高强度钢。

【阅读材料8-2】　世界各知名厂商车身轻量化技术的应用

随着石油、矿产材料及贵金属等资源价格上涨，原材料价格也随之迅速上升，各汽车制造商通过节省各类原材料的使用量，实现汽车轻量化。为进一步加强车辆轻量化进程，各汽车制造商开始重新修订既定的发展政策。

按重量钢材约占汽车原材料的70%，虽然在过去几十年内，树脂、铝/镁等轻量化材料的使用比例不断增大，但钢铁的使用量仍占绝对优势。在汽车各类零部件中，车身外板轻量化最见效，因此各制造商一直试图降低车身外板重量，并自2007年以后开始在车身外板上加大铝板和树脂板的使用量。在铝材料使用方面，宝马(BMW)X5/X6、通用(GM)SUV混合动力车、Lambda平台车(CUV)等，以及在美上市的较大型号车型的发动机罩均使用铝材料，其中大部分铝材料是由Novelis(原Alcan)提供。一直以来，运动类车型均通过使用奥迪ASF(全铝空间框架)及捷豹(Jaguar)铝车身方法实现车身轻量化，但上述方法还未推广到量产车型领域。除铝材料外，奥迪在2007年上市的新款TT上还使用了铝和钢铁混合材料车身，此类车身的重量比纯钢铁车身轻48%。

在树脂板方面，宝马、悍马(Hummer)、三菱汽车和标致雪铁龙(PSA)等制造商均使用树脂板做挡泥板。Smart自20世纪90年代以来一直以树脂板代替钢板，2007年以后，业界开始聚焦代替后面及侧面板玻璃的聚碳酸酯树脂。无论是作为钢材替代品还是作为板玻璃替代品，塑料产品均被多家汽车制造商广泛应用。钢板替代品树脂Norvyl GTX在第1代Smart上被应用，而板玻璃替代品Lexan GLX则是用GE Plastics与Bayer的合资公司EXATEC开发的表面涂层技术进行生产，并相继被应用在通用汽车车顶及本田欧洲版Civic的后窗上。此外，SABIC Innovative Plastics公司还与现代汽车和路虎(Land Rover)合作开发概念车，今后新车也可能采用上述新树脂材料。

很多车型开始采用铝和树脂等轻量化材料，但此类材料的价格在逐渐上升。替代材料成本也将增加，降低成本必将成为轻量化技术发展的关键。目前，轻量化实现的可能性最大的是国际钢铁协会IIS1于2007年12月发布的第三代高强度钢的研发方案。该方案以日本、美国、欧洲、印度、中国及俄罗斯等世界性钢铁生产制造商加盟的World Auto Steel为主体，开发汽车钢板技术Future Steel Vehicle。此外，随着丰田在2007年东京车展发布超轻量车1/X，日本国内也掀起了碳纤维强化塑料的研发热潮。不过，日本企业虽然在碳纤维强化塑料的研发技术上占据优势，但却面临着比树脂和铝更大的降低成本问题。

钢铁产业界认识到新钢铁产品技术有利于汽车轻量化，已开始新一代技术研究。美国钢铁产业界团体AISI(American Iron and Sreel Institute)认为，从制造工程的生命周期考虑，钢铁产生的温室气体排量低于铝、镁、碳纤维强化塑料等其他材料。在降低燃耗实现轻量化方面，AHSS(Advanced HIigh Strength Steel/高强度钢)至少可减重25%。如果采用目前正在开发的第三代AHSS，车辆有望减重35%。

各汽车厂商新材料使用及研制情况如下：

· 丰田于2007年10月在东京汽车展上发布碳纤维车身的环保概念车1/X。1/X Prius与Prius拥有相同的车内空间，燃油消耗约比Prius节省2倍，重量仅为420kg(约为Prius的1/3)。车架采用轻量且高刚性材料的碳素纤维强化塑料，确保碰撞安全性的同时，立柱之间有较大的视野空间。

· SABIC Innovative Plastics(原GE Plastics,本部:美国马萨诸塞州)宣布与多家汽车制造

商合作，开发采用树脂材料车身外板的概念车。SABIC IP 车身外板用树脂开发。

· Land Rover LRX：Land Rover 于2008 年1 月在 NAIAS(北美国际汽车展)上发布两款概念车 LRX。全景天窗、侧窗及后窗均采用 SABIC IP 的 Lexan GLX t EXATEC 表面涂层技术。

· 现代 QuarmaQ：现代汽车公司于2007 年3 月在 Geneve 车展上发布 CUV 的高技术版展览车(DEMO CAR)QuarmaQ。该款车广泛采用先进树脂材料，减重 60kg。

· Omniuin 宝马 X5，2007 年车型改款时，采用与 Plastic Omnium 共同开发的树脂制挡泥板组件。挡泥板组件是用热塑性塑料(PP-EPDM)将车轮罩、空气引导装置、前照灯、GPS、安全气囊感应器、空气冷却器、机油冷却器安装在挡泥板上构成。首款 X5 使用的还是 ThyssenKrupp Budd 生产的是钢铁制品。

· 奥迪通过铝铁混合实现车身轻量化，为实现新 TT 车身轻量化，奥迪开发出铝和铁最佳比率的混合材料车身。白色车身重 206kg，比纯钢铁车身轻 48%。206kg 包括铝 140kg 和铁 66kg。铝制品中包括板材 63kg、铸造零部件 45kg、冲压件 32kg。TT 整车重量的 69% 是铝制品。底板后部、门及行李箱盖采用钢铁。奥迪 1994 年在 Neekersulm 工厂配备轻量铝材料的研究设施，形成 Audi A8 的 ASF(Aluminium Space Frame)设计理念。A2 和 A8 采用 ASF 技术。奥迪车辆重量每减轻 100kg，燃耗可节省 0.3L/100km，CO_2 排放可减少 7.5 ~ 12.5g/km。

8.2.2　采用新工艺实现汽车轻量化

轻质材料在减轻车身重量的同时，也对汽车工艺提出了新的要求。例如，用新材料制造的零件进行组装结合时，就遇到了接合技术问题。采用高强度钢后，材料厚度更薄，传统的 MAG 焊接工艺面临无法解决的焊接难题，车身组装焊接技术主要种类如表 8-5 所示。

表 8-5　车身组装接合技术

种　类	接合技术
熔融接合	MIG、MAG、CO_2 电弧焊、等离子焊、激光焊、缝焊、电子束焊
固态接合	摩擦搅拌接合、摩擦搅拌点接合
机械接合	铆钉连接、铆钉铆接、压力铆接、翻边咬合
钎焊	激光钎焊、钎焊
粘接	化学粘接
混合接合	粘接点焊、粘接铆接、激光电弧

1. 轻量化成形工艺-精益成型

目前，轻量化成形工艺技术在金属材料方面，有剪裁拼接技术、激光拼焊板技术、液压成型技术、发泡铝成形技术、镁型材的液压热挤出工艺、电磁成形技术、涂装技术、零件轧制新技术、半固态金属加工、喷射成形等新技术；在塑料和复合材料方面，有塑料/金属复合材料工艺、低压反应注射成形、气体辅助注射成形技术等，均可满足汽车轻量化新工艺的要求。下面将对车身中应用较多的几种新技术进行简要介绍。

(1)管件液压成形技术

也称内高压技术，是一种利用液体当成成形介质，通过控制内压力和材料流动来达到成形中空零件目的的材料成形工艺。一般用来制造空心轻体构件，其工艺过程，如图 8-16 所示。内高压成型件具有重量轻、刚度好等优点，而且碳钢、不锈钢、铝合金、钛合金、铜合金及镍合金等都可用该技术成形，原则上适用于冷成形的材料均适用于内高压成形工艺。内高压成形(Hydroforming)具备优良的可延伸性。

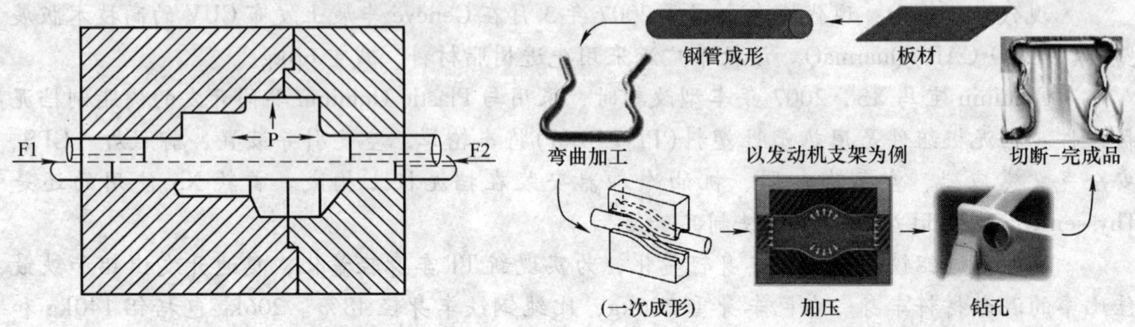

图 8-16　内高压成形原理图　　　图 8-17　金属板料液压成形原理图

金属板料液压成形原理，如图 8-17 所示。使用液压成形方式制造的零件，由于成型后的回弹少、精度高，因此可以节省后续所需的加工以及组装费用。同时，可将原来需要分割成数个零件组合的部件，改以单一的零件代替，减少了零件组合的工作，同时增加车体的刚性，从而达到减轻重量、降低成本的目的。目前，液压成型的汽车车身结构件主要包括：仪表板支架、散热器支架、座椅框架、侧门横梁、车顶纵梁、车身纵梁、车顶托架、副车架等。

与冲压焊接件相比，管材液压成形件重量更轻，一般结构件可减重 20% ~30%，轴类零件可减重 30% ~50%，并可减少后续的机加工量和组焊工作量；提高构件的强度与刚度，由于焊点减少而提高疲劳强度。目前，北美的新车型有近 50% 的结构件采用液压成形。今后，新设计的新型轿车 50% 的结构件将由冲压件改为液压成形件，广泛用于轿车的副车架、散热器支架、底盘构件、车身框架、排气系统异型管件，如图 8-18 至图 8-20 所示。

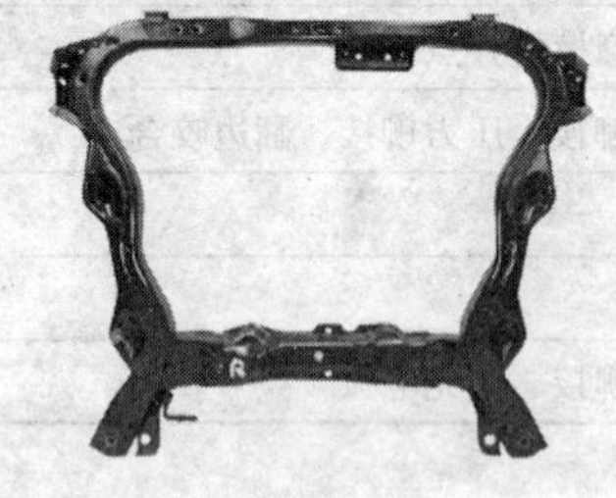

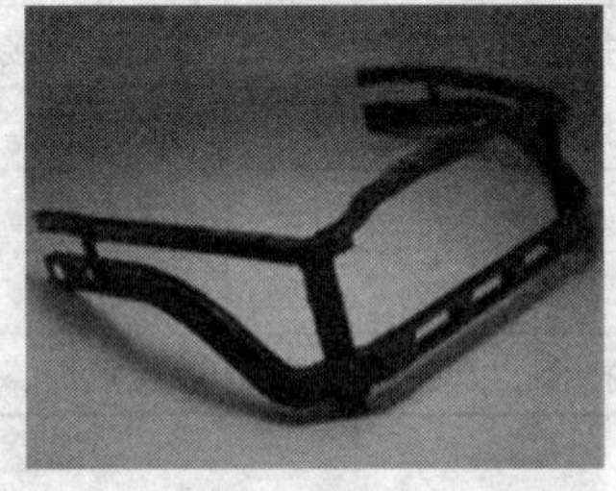

图 8-18　戴姆勒-克莱斯勒侧框　图 8-19　福特 CDW27 发动机支架　图 8-20　沃尔沃 850 铝制前端

(2)热冲压成形工艺

将钢板加热到 Ac3 相变点以上的 A(奥氏体)区域进行冲压成形，然后在冲模中从 Ar3 相变点以上进行急冷。热冲压原理，如图 8-21 所示。在高强度下，冲压构件的回弹以及模具的磨损等都难以解决，在这种情况下产生了热成形高强度马氏体钢及相应的工艺成形技术，其应用也取得了进一步的发展。热冲压成形技术是将钢板(初始强度为 500 ~600MPa)加热至奥氏体状态，然后进行冲压并同时以 20 ~300℃/s 的冷却速度进行淬火处理，获得具有均匀马氏体组织的高强钢构件的成形方式。

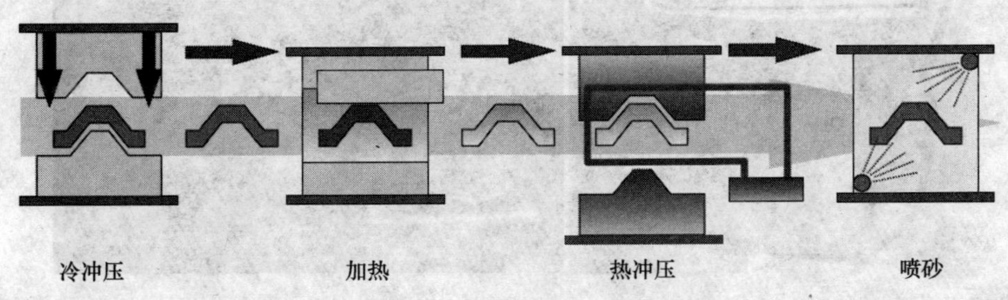

图 8-21　热冲压原理图

热冲压成形的优点主要包括以下几方面：可以得到超高强度（1000MPa 以上）的车身零件；能够减轻车身重量，提高车身安全性、舒适性；改善冲压成形性；控制回弹，提高零件尺寸精度；提高焊接性、表面硬度、抗凹性和耐腐蚀性；降低压机吨位要求。德国大众速腾车身上，采用了超过 60% 的超高强度和高强度车身材料，具有极高的机械安全性。其中，热成形钢板主要应用于前、后保险杠骨架以及 A 柱、B 柱等重点部位，在发生撞击时，尤其在正面和侧面撞击时，可有效减少驾驶室变形，保护驾乘人员的安全。图 8-22 中箭头指向的部分为迈腾车身采用热成形钢材的部分，凭借热成形钢材的高强度特质减少驾驶室变形。常见热冲压成形零件如图 8-23 所示。

图 8-22　迈腾车身采用热成形钢材实图

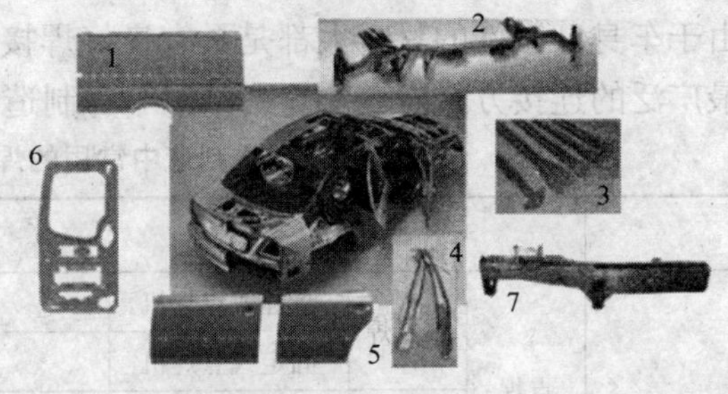

图 8-23　热冲压成形零件

1—侧门　2—支架和梁　3—各种突出梁
4—B 柱加强板　5—外门板　6—加强板　7—纵梁

（3）注射成形技术

随着塑料制品应用日益广泛，人们对塑料制品的精度、形状、功能、成本等提出了更高的要求，发展了一些新的注射成形工艺，如气体辅助注射、低压注射、层状注射、熔芯注射、剪切控制取向注射等，以满足不同应用领域的需求。例如，大型平板类零件：如桌面、车门板、汽车外饰件、冰箱托盘、散热格栅和机器外罩；以及形状复杂、薄厚不均的零件，如汽车车身、保险杠、仪表板、计算机和彩电外壳等，如图 8-24 所示。

（4）发泡铝成形技术

发泡铝是空气与铝复合而成的材料，它是一种在铝基体中均匀分布着大量连通或不连通孔洞的新型轻质多功能材料，分为胞状铝（闭孔泡沫铝）和多孔铝（通孔泡沫铝）两类，密度

图 8-24　应用注射成形技术的车门内板及仪表板

为铝的 1/10。向铝模具内充气或把将要发生化学反应的小颗粒注入铝模具，形成发泡铝的多孔组织，就能充分吸收能量，缓冲和降噪。泡沫铝的生产加工工艺比较复杂。制备泡沫铝的原材料(铝粉或铝合金)也较贵，但是泡沫铝是集优良的机械、物理、热学、声学等性能于一身的多功能集成材料，因此发挥泡沫铝的多功能集成特性，是泡沫铝走向实用化的关键(泡沫铝在汽车上的应用前面已有介绍)。

2. 结构件优化连接工艺——可靠连接

汽车车身壳体是一个复杂的结构件，它是由百余种甚至数百种薄板冲压件经焊接、铆接、机械连接及粘接等方法连接而成的。

(1)焊接

由于车身冲压件的材料大都是具有良好焊接性能的低碳钢，所以焊接是现代车身制造中应用最广泛的连接方式。表 8-6 列举了车身制造中常用的焊接方法。

表 8-6　车身制造中常用的焊接方法及典型应用实例

<table>
<tr><th colspan="4">焊接方法</th><th>典型应用实例</th></tr>
<tr><td rowspan="7">电阻焊</td><td rowspan="4">点焊</td><td rowspan="2">单点焊</td><td>悬挂式点焊机</td><td>车身总成、车身侧围等分总成</td></tr>
<tr><td>固定式点焊机</td><td>小型板类零件</td></tr>
<tr><td rowspan="2">多点焊</td><td>压床式多点焊机</td><td>车身底板总成</td></tr>
<tr><td>C 形多点焊接</td><td>车门、发动机盖总成</td></tr>
<tr><td colspan="2" rowspan="2">缝焊</td><td>悬挂式缝焊机</td><td>车身顶盖流水槽</td></tr>
<tr><td>固定式缝焊机</td><td>油箱总成</td></tr>
<tr><td colspan="3">凸焊</td><td>螺母、小支架</td></tr>
<tr><td rowspan="3">电弧焊</td><td colspan="3">CO_2 气体保护焊</td><td>车身总成</td></tr>
<tr><td colspan="3">亚弧焊</td><td>车身顶盖后两侧接缝</td></tr>
<tr><td colspan="3">手工电弧焊</td><td>厚料零部件</td></tr>
<tr><td>气焊</td><td colspan="3">氧—乙炔焊</td><td>车身总成补焊</td></tr>
<tr><td>钎焊</td><td colspan="3">锡钎焊</td><td>散热器</td></tr>
<tr><td rowspan="2">特种焊</td><td colspan="3">微弧等离子焊</td><td>车身顶盖后角板</td></tr>
<tr><td colspan="3">激光焊</td><td>车身底板</td></tr>
</table>

电阻电焊通过施加在电焊电极上的电流将零件的接触表面熔化，然后在压力作用下连接在一起。电阻焊占汽车整个焊接工作量的 60% 以上，有的车身几乎全部采用电阻焊。由于车身零件大都是薄壁板件或薄壁杆件，其刚性很差，所以在装焊过程中必须使用多点定位夹紧的专用装焊夹具，以保证各零件或合件在焊接处的贴合和相互位置，特别是门、窗等孔洞的尺寸等。这也是车身装焊工艺的特点之一。但是对铝件进行电阻电焊时，由于铝比钢的热传导快、电传导快、热膨胀系数大、凝固收缩率大，使电焊的形式变差，因此必须增加压力和加大电流，致使电极变大，成本增加。另外，铝板表面的氧化铝膜也会增加电焊的困难，因此目前使用电阻电焊接合铝件的并不多。

激光焊是通过施加在电焊电极上的激光将零件的接触表面熔化，然后在压力作用下连接在一起。汽车车身用激光焊是从 20 世纪 90 年代的平面坯料的焊接开始的，激光拼焊板是将几块不同材质、不同厚度、不同涂层的钢材焊接成一块整体板，以满足零部件对材料性能的不同要求，也可以把相同材质的等厚材料焊接到一起冲压，以提高材料利用率。激光拼焊工艺与传统工艺对比，如图 8-25 所示。

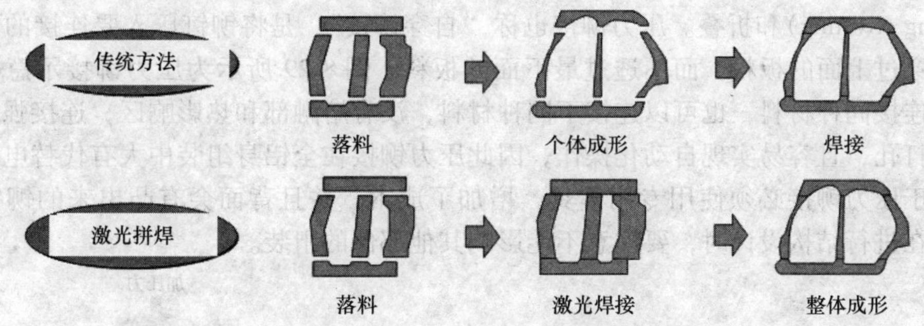

图 8-25　传统工艺和激光拼焊的对比

采用激光拼焊技术可以从部件的一个侧面焊接、不用两面夹紧，热影响区小，非常适合型材和封闭断面零件的焊接，并且可以减少零件数量和材料消耗，降低整车重量，简化装配工艺，可应用于车身生产线上，如大众高尔夫车型上的激光焊接缝长度已超过 70m。激光焊的焊枪头尺寸小，可以在较窄的沟槽中焊接，如日产-FUGA 顶盖与边梁焊接处的沟槽宽度缩小了，而顶盖边梁断面可以扩大，从而提高了整车的刚性。图 8-26 所示为采用激光拼焊的车身外围板。激光焊目前主要有 CO_2 激光焊和 YAG 激光焊，激光电弧混合焊作为辅助焊接方法已经应用于奥迪 A8 的车身组装焊接中。另外，激光铜焊也正在逐步发展，并已经应用于大众波罗车型上。图 8-27、图 8-28 所示为激光焊及激光焊汽车车架。

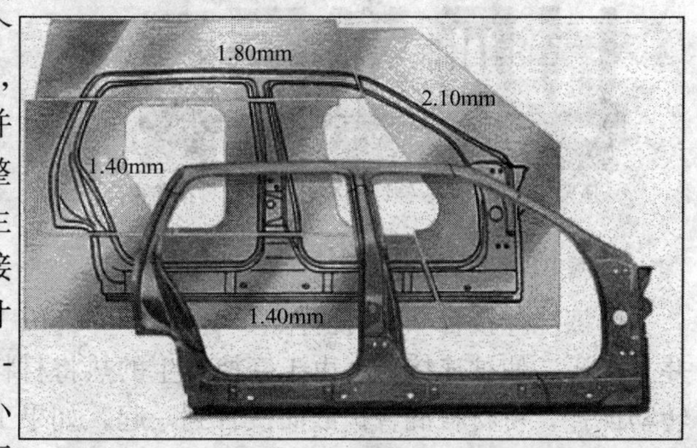

图 8-26　采用激光拼焊的车身外围板

汽车车身在组装中采用哪种接合方法，各汽车公司都会将现行的接合方法与本公司的具体条件接合起来综合考虑。第一代的奥迪 A8 的接合方法有 4 种，且还有电阻焊点，而新奥迪 A8 则成倍增加了 SPR 的点数，取消了电阻电焊，并开始采用激光焊。捷豹 XJ 全铝车身的接合方法绝大多数使用 SPR，并以 MIG 和摩擦搅拌为辅助，还采用了粘结技术。

图 8-27 激光焊

图 8-28 激光焊汽车车架

(2)机械连接

压力铆接(Adhesive Bonding)、钳铆(Clinching)、自冲铆接(Self-piercing Riveting)、盲铆(Blinding Riveting)和折叠。压力铆接也称“自穿铆接”，是将铆钉压入要连接的两层或多层板料，穿过上面的板料，而不透过最下面的板料。图 8-29 所示为压力铆接示意图。压力铆接既能连接同种材料，也可以连接不同种材料，没有熔融部和热影响区，连接强度大，不需要预先打孔，且容易实现自动化操作，因此压力铆接在全铝身组装中大有代替电阻焊的趋势。但由于压力铆接必须使用专用模具，增加了成本，并且背面会有凸出来的铆钉尾部拱起，因此在进行结构设计时，要注意不能影响其他部件的组装。

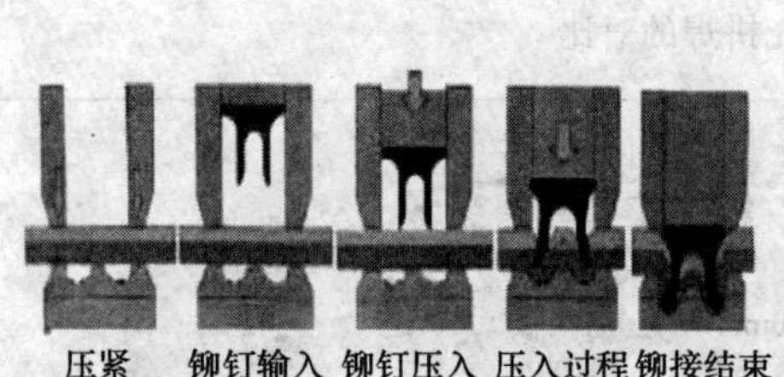

图 8-29 压力铆接过程示意图

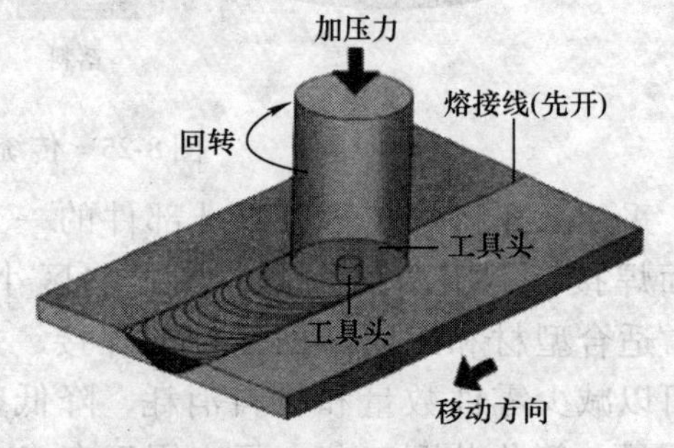

图 8-30 摩擦搅拌结合原理

摩擦搅拌接合/摩擦搅拌点接合(Friction Stir Welding, FSW)是通过棒状工具头高速转动并且加压，使被连接材料由于摩擦产生的热将材料接合处加热到能塑性蠕动，随着工具头的转动搅拌，将材料混合扩散而接合到一起，如果工具头连续转动又移动，使摩擦搅拌成为连续的线，那就是 FSW，如图 8-30 所示。摩擦搅拌接合不用铆钉，不需要焊丝，设备简单，加工温度低，没有熔融区，因而变形小，且接合部因晶粒细化而使强度和韧性都得到提高。但是由于工具头需要较高的硬度，因此目前还只是应用于铝、镁、铜等比较软的金属材料上。

由于人们对安全性和舒适性要求的提高，汽车自重不断增加，油耗和污染亦随之增加，为降低油耗减轻污染，必须实现汽车轻量化。新的成形工艺以及和新型材料的结合，如发泡铝、成形轧制等将在汽车轻量化中发挥重要作用，但尚有成本高、工艺复杂等问题。

8.2.3　通过合理化结构实现汽车的轻量化

车身结构设计需要满足车身刚度、模态、碰撞安全性、疲劳寿命和 NVH 特性等诸多方面的性能要求以及相关法律、法规和标准。进行轻量化设计也要满足上述性能的要求。同时要考虑车身的结构设计、车身结构的可加工性和生产成本。从 20 世纪 90 年代以来，汽车轻量化技术得到了迅速的发展，其中又以汽车轻量化结构的设计和分析与轻质材料的研究发展最为迅速，成为实施汽车轻量化技术的主要手段。然而轻质材料的应用存在研发成本高、时间长、工艺不成熟等问题。而汽车结构的轻量化主要是通过对汽车的整体及零部件进行结构分析和优化，改进汽车结构，使部件薄壁化、中空化、小型化和复合化，对内饰、发动机和底盘等汽车零部件进行结构和工艺改进，从而实现了汽车零部件的精简、整体化和轻质化。

1. 将车身划分为吸能区和刚性区

吸能区能吸收部分碰撞能量，并使剩余碰撞能量分散性地传到刚性区，而刚性区能确保有足够的刚性和强度保护乘员不受损伤或少受损伤。各公司根据这种理念结合自身条件给出了相应的设计方案。如丰田公司的 GOA 式安全车身，马自达 6 的 3H 安全车身，沃尔沃的龙式车身，日产的 ZONE BODY 区域车身结构，本田的 G-CON 车身等。

2. 增加焊点

焊接总成在适当位置增加焊点点数、布置重要焊点来提高组件强度。以侧围总成为例，前门洞共 60 个焊点，后门洞共 54 个焊点。

3. 车身部件薄壁化、中空化、小型化和复合化，尽可能提高断面效率，减少零件数

近年来，Downsizing 受到关注，其意为“采用小排量发动机，降低整车尺寸和总质量”，即在不增加成本的情况下，维持车身功能与抗冲击安全性的同时减轻车身重量。采用新型材料以及新工艺可以实现超轻车身，从而实现省能源、省资源、轻量化、低排放、低成本的目的，如图 8-31 所示。

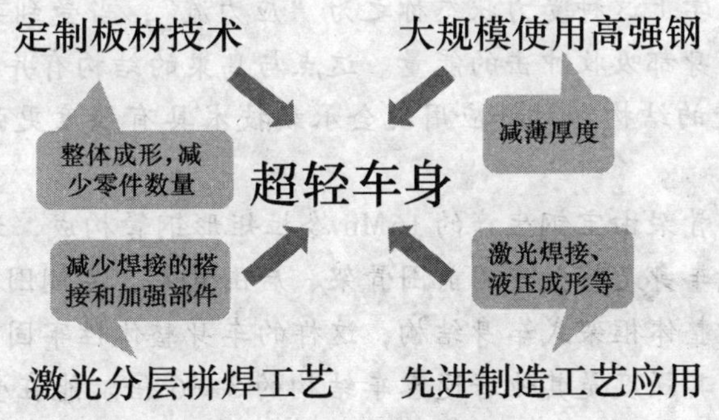

图 8-31　超轻车身轻量化实现方法

真正要实现在满足使用性能不变前提下的 Downsizing，并不是让用户在牺牲汽车动力性能的情况下选择 A00、A0、A 级的微型车、小型车。小型化的对象是 B 级以上的 C、D、F 级的中级、中高级和高级乘用车。措施是综合采用各种现代发动机技术和整车技术，将车辆上的部件充分小型化、轻量化，从而降低车重，减小部件所占空间，使较低一级车的各项性能达到或十分接近较高一级车的性能指标。

4. 采用承载式车身

对家用车来说，非承载式车身最大的问题就是车身重量太大，因而随着汽车技术的发展，人们取消了非承载式结构中独立的刚性车架，整个车身成为一个单体结构，即承载式车身。承载式车身的外壳、车顶和地板以及通常所说的 A、B、C 三根柱都是连接在一起的。在冲压阶段，钢板先被冲压成不同的形状，然后焊接成一个完整的车身。其实，这些部件按照功能可以大致分为两种：车身覆盖件和结构件，如图 8-32 所示。承载式车身的最大优点是车身强度高，钢架能够提供很强的车身刚性，也有利于提高安全性，对于载货车和越野车来说这一点非常重要。

图 8-32 车身覆盖件和结构件

【阅读材料 8-3】 安凯磨砺十五载“承载”起生命的价值

第二次世界大战后，德国大量飞机设计工程师转行进入了客车行业，并将飞机的制造技术应用于客车上。1951 年，德国凯斯鲍尔公司制造出第一台叫 S8 的全承载车身，宣告了客车行业“全承载技术”的问世。全承载技术以“鸟笼式”整体框式骨架结构代替底盘和车身的结构，如图 8-33 所示，其最大特点就是车架(底架)与车身一同受力，客车每一个截面都是一个封闭环，在力学上这种受力状态称之为“应力流”，当受到某一点的冲击时，它能迅速分散受力，整个车身都吸收冲击的能量。这点与鸟巢的结构有异曲同工之妙，所以也称为“鸟巢”结构。先进的结构和材料应用使全承载技术具有强度更强，重量更轻，舒适性和耐用性更好等特点。

安凯全承载车身的骨架由宝钢生产的 16Mn 冷拉矩形钢管构成，这种材料获得了凯斯鲍尔的认可。安凯全承载车身是将整车用前围骨架、后围骨架、左侧围骨架、右侧围骨架、顶盖骨架和底架构成一种整体框架式车身结构，这样的车身整体性牢固，同时车身整体结构经过有限元优化设计后，其强度是其他普通客车结构的 3 ~ 6 倍。能在受撞击时保证车厢内的变形最小，使乘客生存空间得到有利地保障，确保车内乘客的人身安全。

全承载车身取消了底盘结构的纵梁，车身重量大大减轻。目前，安凯采用全承载技术生产的 11m 城市公交车，较同长度、同动力总成和同配置的非全承载城市公交车能够轻 1% 左右，也就是轻 800kg 到 1t，从统计数据来看，车身轻 100kg，节省燃油 0.2% ~ 0.3%。通过用户的反馈和市场调研，一辆安凯公交车每天将节省燃油 5L 以上。

全承载车身结构由诸多的封闭环(三角形、梯形等)构成，从力学上来讲，稳定性好，车身不变形(油漆就不会受到伤害，如果车身变形产生位移，油漆就会脱落)；同时前后桥、发

图 8-33　大客车“鸟笼式”整体框式骨架结构

动机是直接装在车身骨架上的，没有底盘，传动系的状态保持良好，能处于最佳状态，不容易错位和位移，磨损就小，振动就小，所以耐用性就好，舒适性也好。

8.3　车身轻量化设计实例

车身结构的轻量化设计可以分为两种方法：

1）在概念设计阶段就将轻量化的思想融入到车身结构设计中，设计出全新的轻量化车身。

2）对现有车型的轻量化改型设计。

考虑车身结构设计以及车身结构的可制造性的基础上，车身结构设计需要满足车身刚度、模态、碰撞安全性、疲劳寿命和 NVH 特性等诸多方面的性能要求和相关的法律、法规及标准。车身结构轻量化的车身设计包含了如下所示的七大要素：安全、耐久、NVH、功能、工艺、成本及重量，如图 8-34 所示。其中，安全、NVH、耐久代表了车身性能表现；车身设计质量的评价标准取决于这七大要素之间的平衡程度，即用最小的成本、重量和工艺投入换来最优的安全性、NVH、耐久性表现并实现相应的车身功能。由此可见，车身轻量化设计并不是单纯的车身减重，而是和车身性能设计紧密联系在一起的一个系统的平衡设计。

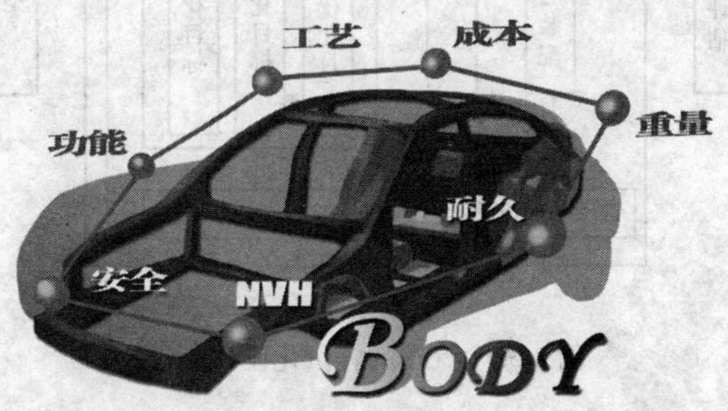

图 8-34　车身结构轻量化设计包含的七大要素

8.3.1　车身轻量化的评价指标

为评价白车身的轻量化效果，宝马公司提出了轻量化系数的概念，它由白车身质量 m（不含车门和玻璃），静态扭转刚度 k_i 和左右轮边宽度与轴距的乘积所得的面积 A 等参数共同决定，且满足：$L=m/(k_iA)$。对于车身单个零件或整体装配结构还可以通过控制单位质量的刚度进行方案对比及优化，即同时考虑质量最小和刚度最大两个条件。而对于车身碰撞变形区的吸能结构，可使用单位质量的吸能量来衡量其吸能效率。

8.3.2　车身结构轻量化设计方法

车身结构的轻量化设计是应用优化设计的方法，在保证车身结构性能要求的前提下，提高材料的利用率，减少材料的使用数量，从而降低整车质量，实现轻量化。以原型车为基础的轻量化改型设计，需要考虑车身结构的可制造性和加工经济性，因此尽量不修改模具，并且仅以车身结构零件厚度作为变量进行优化设计，其设计是在保证整车刚度、强度、碰撞安全及振动噪声性能不降低，并适当考虑制造成本的前提下，使车身质量最小，是典型的车身轻量化优化模式，优化流程图如图 8-35 所示。在概念设计阶段，可以应用拓扑优化技术对整体骨架和底盘结构形式、力传递路径进行优化；在详细的技术设计阶段，可以应用形状及尺寸优化技术对零件几何参数进行优化。

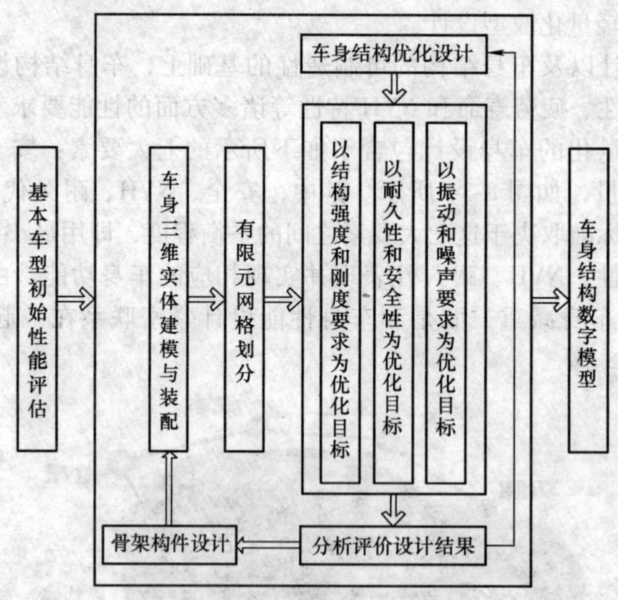

图 8-35　汽车的轻量化设计流程

涉及车身结构各项性能的约束优化设计过程比较复杂，因此一般会将该优化设计分成若干阶段进行。以车身结构的刚度和模态性能为约束条件的优化过程，是优化设计的第一阶段，也是最基本的阶段，由于车身结构零件主要由钢材构成，所以各零件的材料密度、弹性模量和泊松比的取值基本一致，只是塑性性能有差别，但是该阶段是弹性范围内的计算，可暂时不涉及材料的塑性性能；碰撞安全性和疲劳寿命则主要涉及材料的强度和塑性变形，以此为约束条件的优化过程作为优化设计的第二阶段；NVH 特性主要涉及乘坐舒适性，可将 NVH 特性为约束条件的优化过程作为优化设计的第三阶段。

车身结构的刚度和模态是最基本的静、动态性能，只需要确定材料的弹性性能和密度，其计算时间可控性强，迭代计算比较容易收敛，该阶段是轻量化设计的重要基础。在车身结构优化计算的基础上，根据可制造性和成本方面的考虑调整优化计算的结果，使其适合实际生产的需要。但是，由此带来的车身结构各项性能的变化需要再次进行验证。在经过调整—验证—再调整—再验证这样一个反复过程之后，直至满足各个方面的设计要求，最后形成可行的轻量化方案。

8.3.3　车身结构的优化设计模型

基于车身结构刚度及模态性能的约束优化问题可表述为

目标函数：$\min W(X)$

$$\text{约束条件：}\left.\begin{array}{l} g(X)\leqslant 0;\ j=1,\ 2,\ \cdots\cdots,\ m \\ t_i^L\leqslant t_i\leqslant t_i^U;\ i=1,\ 2,\ \cdots\cdots,\ n \end{array}\right\} \tag{8-2}$$

式中　$X=[t_1,\ t_2,\ \cdots\cdots,\ t_n]^T$——由参与优化计算的 n 个车身零件厚度组成的向量；

t_i^L，t_i^U——分别为设计变量的下限与上限值；

$W(X)$——车身结构质量函数，由零件厚度、零件中面的面积和材料密度构成，优化计算的目标函数设定为车身结构质量最小化；

$g(X)$——约束函数。

按照轻量化设计的要求，对于以刚度和模态为约束条件，以有限元模型为基础的优化计算中，通过设定相应位移测量点的最大变形量，确保不降低车身结构的弯曲和扭转刚度，并设定 1 阶扭转模态和 1 阶弯曲模态的频率值不低于原车型的相应频率值。在确定优化设计变量的过程中，通过对车身结构零件的设计灵敏度分析，结合实际生产中的一些限制，选择对目标函数影响较大的部分车身结构零件参与优化计算，并以这些零件的厚度作为设计变量。

在选择参与优化的车身结构零件和确定零件厚度变化范围时，还需参照以下的原则：①变更厚度的零件数量要尽量少。②车身零件的厚度调整要适度，使零件成型性的影响得到控制，有效地限制了模具的改动。

【阅读材料 8-4】　汽车驱动桥轻量化介绍

汽车驱动桥轻量化的目标就是用最紧凑的结构、最轻的重量设计制造出承载能力强、传动效率高的驱动桥，轻量化的驱动桥减少了材料的使用和自身消耗，并可以减轻簧下质量，降低运转噪声，提高整车舒适性。

1. 采用新型高强度材料和轻型合金材料实现汽车驱动桥轻量化

桥壳及安装支架钢板采用 QSTE500TM 或 B600QK，甚至更高强度级的钢替代原来的 16MnL 和 BL510 钢，套管采用 Q345B 或 HSM450 替代原来的 20 号钢。根据高强度钢板强度、厚度经验公式可知当钢板强度增加后，钢板厚度降低从而使零件减重。轮毂和差速器、减速器壳体都可以考虑用新型铝镁合金替代球墨铸铁（此方法国外已有应用，国内尚处于空白）。另外，主减速器从动齿轮也可用标准的齿轮钢材料 SAE8620H 代替 20CrMnTiH；半轴用 40Cr，而不再用 45 号钢。

2. 采用新型的制造工艺实现汽车驱动桥的轻量化

齿轮在提高材料强度的同时，通过喷丸表面强化等组合技术的应用，可进一步提高扭转传递能力，桥壳焊接过程采用智能机器人技术和自动控制技术，同时利用摩擦焊接或等离子焊接技术替代 CO_2气体保护焊，以增加桥壳的强度。桥壳本体由一块整板冲压成型避免了中段焊接缺陷，提高了桥壳的支撑强度和寿命。另外，半轴花键通过采用滚轧成型工艺可提高花键传递转矩的能力。

3. 合理布局，优化设计

通过改善受力分布，减小结构尺寸以提高支撑刚性和寿命。整车设计尽可能减小轮胎至弹簧的距离，减小桥壳危险截面的弯曲应力；通过增加套管直径而非壁厚来提高桥壳的承载能力；通过增加主、从动齿轮的强度而非只简单增加齿轮直径以提高主减速器的承载能力。

8.4 车身轻量化面临的主要问题

目前，我国汽车轻量化技术无论在理论研究方面，还是在实际应用方面与国外均有较大差距。轻量化技术的发展主要面临以下问题。

1. 轻量化技术涉及众多学科的研究领域

需要运用多学科交叉融合所形成的综合性、系统性知识体系，而在目前的研发体系下，各研发机构往往只注重单个技术的研发，很少开展各技术间的交叉与融合。

2. 汽车轻量化技术涉及众多的共性技术和前沿技术

汽车轻量化关键、核心技术的突破不可能由单个企业或科研机构独立完成，必须要由国家级的研究机构对其关键、重大问题进行战略性和前瞻性的超前部署，而目前此类机构尚未建立。

3. 产、学、研结合不够紧密

没有明确定位、合理分工。基础研究和技术开发研究的有机衔接不够。企业规模小而分散。轻量化技术开发能力薄弱，研发人才短缺，工艺水平落后。

另外，发展汽车材料还应注意以下问题：汽车材料的轻量化要科学、严谨，提高安全意识；处理好汽车材料轻量化与汽车配置增加的关系；处理好汽车材料轻量化与原材料资源和成本之间的关系；制定汽车材料轻量化规范标准；建立汽车材料轻量化技术人才培养基地和技术咨询服务机构。

综上所述，汽车材料轻量化是大势所趋，世界各国都在致力研究和发展汽车材料轻量化。但是，汽车制造商在汽车材料轻量化上要注重科技发展状况，科学、合理地进行。我国汽车材料轻量化目前正处在发展阶段，发展还落后于欧美等国家。中国汽车企业应该大力发展汽车轻量化，为中国汽车产业的跳跃式发展作出贡献。

【阅读材料 8-5】 最轻量化的超级跑车——柯尼塞格 Agera R

如图 8-36 所示，柯尼塞格 Agera R 的整个车身采用碳纤维材质打造，而底盘则由蜂窝式结构的铝合金制成，使得整车在保证刚度的同时，底盘重量仅为 700kg，车重仅有 1330kg，是超级跑车中最轻的车型。另外，新车还设计了可拆卸式的车顶，车门采用柯尼塞格式的拉开后旋转向下的开方式。碳纤维还因为其环保、耐磨的特点而应用在制动片上，碳纤维制动盘被广泛用于竞赛用汽车上，而且具有非常优秀的制动稳定性和热稳定性，大量应用于F1赛车。

图8-36　柯尼塞格 Agera R

【阅读材料8-6】　汽车轻量化技术应用的成功案例——奥迪

奥迪对轻量化技术的开发历史可以追溯到近一个世纪前，可谓是汽车轻量化设计的开山鼻祖。被称为ASF(Audi Space Frame)的铝合金车身结构技术，较传统钢板车身重量减轻约40%。而从1994年开始迄今，奥迪已经累积生产超过55万辆由ASF车体制成的量产汽车。在研发ASF铝合金车身结构的过程中，奥迪更以大自然为师，动物体内的骨骼结构，成为奥迪用来强化提升铝合金车身与结构强度的核心概念来源之一。奥迪在欧盟EuroNCAP实车撞击测试中呈现优异的成绩，奥迪结构设计特点如图8-37所示。这样轻量化但具备高强度的设计，可以充分吸收并且分散撞击能量，达到进一步保护乘员的效果。

目前在市场上销售的奥迪A8、R8、TT等车款，都可以说是ASF铝合金轻量化车身结构最佳的代言者。轻量化技术在奥迪上的应用如图8-38所示。

图8-37　奥迪结构设计特点

应用高强度轻量化概念的车身配置，奥迪Q5运动休旅车的车身结构仅重355kg，也成为同级车款中最轻盈的车体，高强度的车身结构在打造过程中采用了920℃的热成型技术，提供了同级车款中最佳的车身刚性表现。

除了车身结构外，奥迪也致力于将轻量化概念落实于底盘悬架系统的研发生产。目前奥迪车款所搭载的动力系统中，便有许多动力系统的曲轴箱已经全面采用轻量化材质，悬架系统各组件也换上铝合金。其他包括轻量化的制动钳、碳纤维陶瓷制动盘等。还有包括部分市售车款换上重量更轻的行李箱盖与掀背尾门材质，以及转向盘支架与仪表内衬结构采用更轻量化的镁合金。

图 8-38　轻量化技术在奥迪上的应用

复习与练习题

一、简答题

1. 简要说明汽车轻量化的设计路线。
2. 简要说明汽车轻量化的途径。
3. 查阅资料，简述轻金属在汽车中的主要应用状况。
4. 查阅资料，简述新工艺在汽车轻量化中的主要应用状况。

二、思考题

查阅资料说明汽车结构轻量化设计的现状和意义。

三、讨论题

举例说明现代轿车轻量化的成功实例。

参考文献

[1] 黄金陵. 汽车车身设计[M]. 北京：机械工业出版社，2007.
[2] 王宏雁. 汽车车身设计基础[M]. 北京：北京大学出版社，2009.
[3] 羊拯民. 汽车车身设计[M]. 北京：机械工业出版社，2011.
[4] 黄天泽，黄金陵. 汽车车身结构与设计[M]. 北京：机械工业出版社，2002.
[5] 谷正义. 轿车车身结构[M]. 北京：机械工业出版社. 2002.
[6] 陈家瑞. 汽车构造(下)[M]. 北京：机械工业出版社，2009.
[7] 杜子学. 汽车人机工程学[M]. 北京：机械工业出版社，2011.
[8] 唐新蓬. 汽车总体设计[M]. 北京：高等教育出版社，2010.
[9] 严扬. 汽车造型设计概论[M]. 北京：清华大学出版社. 2005.
[10] 杜广生. 汽车空气动力学[M]. 北京：中国标准出版社. 1999.
[11] 钟志华，等. 汽车碰撞安全技术[M]. 北京：机械工业出版社，2008.
[12] 黄世霖，等. 汽车碰撞与安全[M]. 北京：清华大学出版社，2000.
[13] 崔俊杰. 汽车安全与保养[M]. 北京：冶金工业出版社，2006.
[14] 刘如民. 道路交通安全技术[M]. 北京：中国地质大学出版社，2006.
[15] 顾文时. 防碰撞的车身结构设计［J］. 轻型汽车技术. 2004(10).
[16] 国家技术监督局. GB10000—1988 中国成年人体尺寸［S］. 北京：中国标准出版社，1988.
[17] 国家质量监督检验检疫. GB15084—2006 机动车后视镜的性能和安装要求［S］. 北京：中国标准出版社，2006.
[18] 国家质量监督检验检疫. GB14167—2006 汽车安全带安装固定点［S］. 北京：中国标准出版社，2006.
[19] 国家技术监督局. GB11562—1994 汽车驾驶员前方视野要求及测量方法［S］. 北京：中国标准出版社，1994.
[20] 任金东，范子杰，黄金陵. 数字人体模型技术及其在汽车人机工程设计中的应用综述［J］. 汽车工程，2006，28(7). 647-651.
[21] SAE Recommended practice. J1100Motor Vehicle Dimensions ［S］. Society of Automotive Engineers，Inc.，Warrendale，PA. USA. 2005.
[22] SAE Recommended practice. J826Devices for Use in Defining and Measuring Vehicle Seating Accommodation ［S］. Society of Automotive Engineers，Inc.，Warrendale，PA. USA. 2008.
[23] 李纯艺. 车身结构工艺性［J］. 上海汽车. 2007(7).
[24] 马迅，等. 车身结构中常用薄壁构件的刚度分析［J］. 湖北汽车工业学院学报 2009，14(4).
[25] 何志刚. 大客车车身结构强度及刚度分析［J］. 机械研究与应用. 2012，14(4).
[26] 张成宝，等. 轿车车身结构动力学分析［J］. 汽车研究与开发. 2009(1).
[27] 杨秀红. 现代轿车车身结构的分析与研究［J］. 上海汽车. 2010(12).
[28] 克里夫·吉福德. 李彦华，等译. 汽车的奥秘[M]. 北京：科学技术文献出版社. 1997
[29] 周全. 微型客车车门侧面碰撞有限元分析与研究［D］. 武汉：武汉理工大学，2009.
[30] 邓丽梅. 汽车车身有限元分析与研究［D］. 武汉：武汉理工大学，2007.
[31] 王新荣，陈永波. 有限元法基础及 ANSYS 应用[M]. 北京：科学出版社，2008.

[32] 李兵 . ANSYS Workbench 设计、仿真与优化[M]. 北京：清华大学出版社 . 2008.
[33] 颜廷雷 . 白车身结构分析及多目标优化研究 [N] . 长沙：湖南大学，2011.
[34] 王宏雁 . 汽车车身轻量化结构与轻质材料[M]，北京：北京大学出版社，2010.
[35] 杨通顺 . 竞争中的车身结构及材料 [J] . 汽车与配件 . 1997(4).
[36] 叶霭云 . 汽车发展史[M]. 北京：北京工业大学出版社，1998.
[37] 张国忠 . 现代设计方法在汽车设计中的应用[M]. 沈阳：东北大学出版社，2002.
[38] 蒲永峰 . 汽车工程材料[M]. 重庆：重庆大学出版社 . 2007.
[39] 傅立敏 . 汽车新技术[M]. 长春：吉林科学技术出版社，2000.
[40] 成伟华 . 汽车概论[M]. 重庆：重庆大学出版社，2008.
[41] 郎全栋 . 汽车文化[M]. 北京：高等教育出版社，2005.
[42] 庄继德 . 汽车系统工程[M]. 北京：机械工业出版社，1997.
[43] 张宝生 . 汽车优化设计理论与方法[M]. 北京：机械工业出版社，2000.
[44] 关文达 . 汽车构造[M]，北京：清华大学出版社，2009.
[45] 庄志 . 现代轿车车身的构造与修复[M]. 武汉：湖北科学技术出版社，2000.
[46] 张松青 . 汽车性能与使用技术[M]. 北京：北京理工大学出版社，2009.
[47] 王新华 . 汽车冲模技术[M]. 北京：国防工业出版社，2005.
[48] 余志生 . 汽车理论[M]. 北京：机械工业出版社，2000.
[49] 毛恩荣，张红，宋正河 . 车辆人机工程学[M]. 北京：北京理工大学出版社，2011.
[50] 谢庆森，黄艳群 . 人机工程学[M]. 北京：中国建筑工业出版社，2009.
[51] 任金东 . 汽车人机工程学[M]. 北京：北京大学出版社，2010.
[52] 刘涛 . 汽车设计[M]. 北京：北京大学出版社，2008.